オールカラーでわかりやすい!

日本史

NIHONSHI

西東社

第1章

日本文化の始まり

【古代→縄文→弥生→古墳】

第2章

律令国家の形成

【飛鳥→奈良→平安】

33―78

第3章

武士の時代

【鎌倉→室町→安土・桃山】

第4章

徳川幕府の成立と封建社会

【江戸初期→後期】

▼

137―180

第5章
近代国家の成立へ
【幕末→明治】

第6章

世界大戦と日本

【大正→昭和（初期）】

235－270

第7章

現代の日本

【昭和（戦後）→現代】

271－298

第1章

日本文化の始まり

［古代→縄文→弥生→古墳］

ダイナミックに変化していく日本の古代史

歴史の流れ【古代→縄文→弥生→古墳】

- 大陸から人類が日本へ
- 打製石器（旧石器）の時代
- 地球温暖化により日本が島に
- 動植物相の変化、縄文時代へ

次々と出てくる古代史の新説

二〇〇三年五月二〇日、「稲作伝来、五〇〇年早まる」（朝日新聞）というニュースが新聞の一面を飾りました。六月には古墳時代が一〇〇年早まるという説が浮上。日本の古代史像は大きく変わりつつあります。もっとも、記憶に新しい二〇〇〇年の出土品捏造事件以来、新説はこれまで以上に検証される必要があるかもしれません。

歴史には様々な説があり、特に古代史は解明されていないことが少なくありません。しかしながら、少しずつその姿は明らかになってきており、古代史が明らかになるのもそう遠い先ではないかもしれません。

採集生活から農耕社会へ

最近の調査で、採集生活をしていた縄文《じょうもん》時代が意外に豊かだったことがわかってきました。

食生活はバラエティに富んでいて、海を渡ってほかの地域と交流していた形跡

稲作の始まり、弥生時代へ

貧富の差、集落の発生

集落から小国へ

邪馬台国の登場

ヤマト政権の誕生、地方支配拡大へ

もあります。長い間続いたこの平和な時代は、稲作の伝来によって次第に変化していきます。

　大陸の文化を受容した弥生《やよい》時代には、「稲作」という共同作業が定着するにしたがって、リーダーと階級が発生してきます。その結果として、それまでになかった「社会」が生まれてくるのです。

　集落は大きくなり、小国が点在し、やがて「戦争」が始まります。その中から有力者が現れ、さらに広い地域を「クニ」としてまとめていきました。その中で最も知られているのは、今もなお論争が絶えない邪馬《やま》台国《たいこく》です。

現代に通じる国際関係

　邪馬台国との関係は明らかになっていませんが、日本初の「国家」であるヤマト政権が近畿地方で成立し、他地方へと支配地域を拡大していきます。この背景として重要なのは、東アジア諸国との関係です。卑《ひ》弥呼《みこ》と同様に倭《わ》の五王も中国の歴史書に登場しますが、ここにはヤマト政権の中国や朝鮮半島への関わりが色濃く現れています。特に朝鮮半島南部との関係は、その後の日本史を見ていく上で欠かせません。日韓問題の根はすでに古代にあったのです。

先史時代

先祖はマンモスを追ってやって来た？

今も論争が続く大陸から渡って来た日本人の起源は？

POINT
- 氷河時代、日本は大陸と陸続きだった
- 縄文人の祖先は古モンゴロイド
- 弥生人の祖先は新モンゴロイド

日本人は新人？

人類は猿人（四〇〇万～八〇万年前）、原人（八〇万～一五万年前）、旧人（一五万～三万年前）、新人（三万年前以降）と進化してきました。人類誕生の地は東アフリカだとされています。

地質学では二〇〇万～一万年より前を更新世《こうしんせい》（洪積《こうせき》世《せい》）、それ以後を完新《かんしん》世《せい》（沖積世《ちゅうせきせい》）と呼びますが、氷河時代でもあった更新世は海面が低下していて、日本は大陸と地続きでした。現在も諸説あり、完全には解明されていないものの、人類はマンモスやナウマンゾウを追って日本にやって来たと考えられています。

アジア人種はモンゴロイドと呼ばれます。二、三万年前に日本に来たのは、**古モンゴロイド**で**縄文人**《じょうもんじん》の祖先となったといわれています。その後、紀元前三〇〇年頃に**新モンゴロイド**が移ってきましたが、彼らは**弥生人**《やよいじん》となりました。弥生人は縄文人と混血を重ねながら全国に広がったと考えられています。

現代日本人には新モンゴロイドの特徴が色濃いものの、アイヌや沖縄の人々には古モンゴロイドの特徴が残っています。

明石原人はいたのか

一九三一年、兵庫県明石で発見された人骨が原人段階の骨とされましたが、戦災で焼失してしまいました。戦後、残された模型を調査した結果、原人と断定する研究者が現れます。そ

古モンゴロイド

新モンゴロイド

モンゴロイドの違い

古モンゴロイド	特徴	新モンゴロイド
狩猟採取	生活形態	農耕
彫りが深い	顔の特徴	扁平でのっぺり
二重	まぶた	一重
手足が長い	体型	胴が長い
濃い	体毛	薄い
湿っている	耳垢	乾いている

2万年前の日本列島と化石・人骨出土分布

港川人
1967～70年に沖縄県の採石場で発見された人骨の化石。ほぼ9体分の人骨が確認され、平均身長は150～155cm。その特徴は中国華南の柳江で発見された人骨化石に類似。

浜北人
1960～62年に静岡県の採石場で、動物の骨の化石とともに発見された。全身ではなく、頭骨、上腕骨など一部のみの出土。

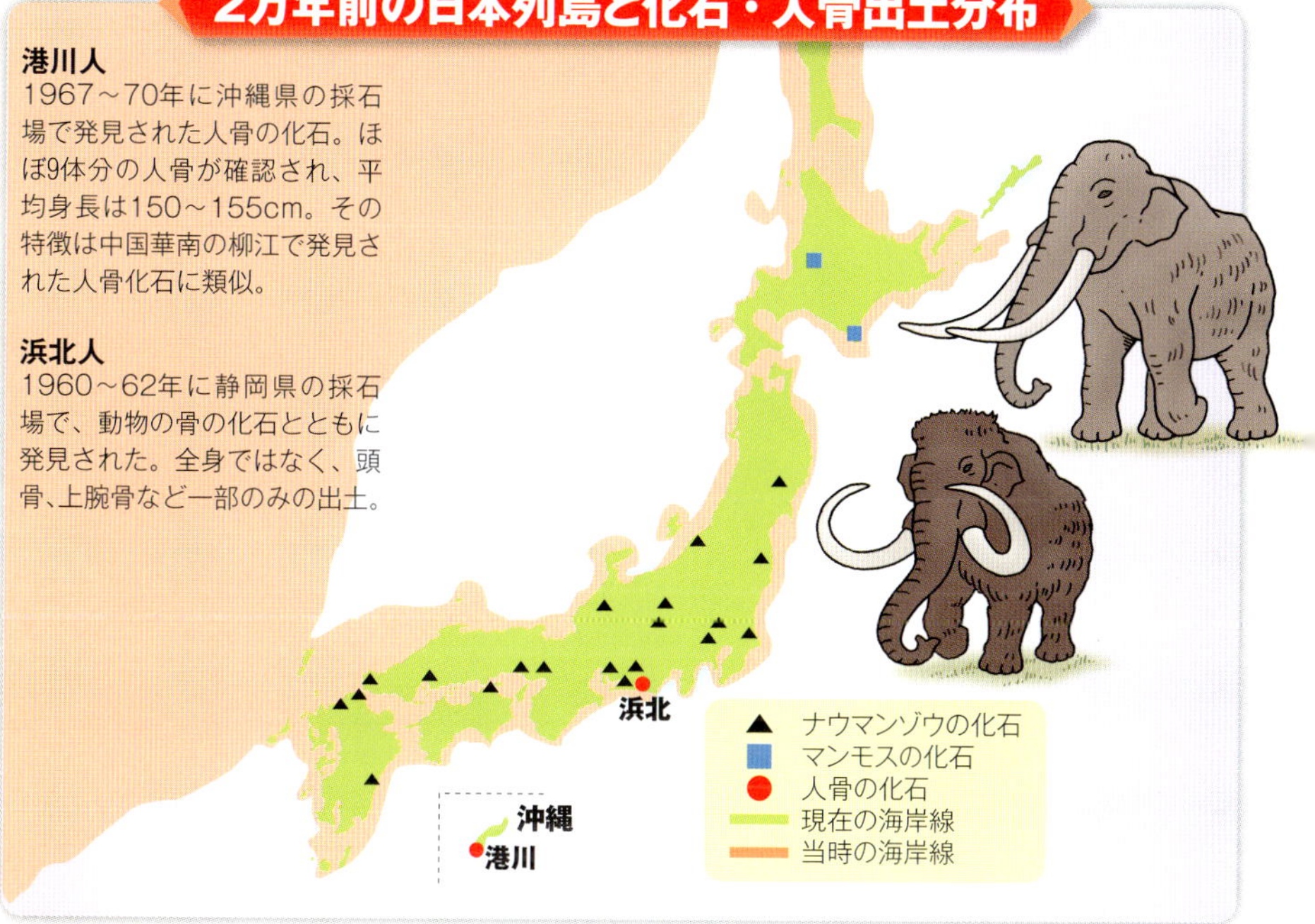

歴史CLOSE UP! 日本語のルーツは

日本人の起源を知るために、言葉の研究は重要。文法から考え、日本語は韓国（朝鮮）、モンゴル、トルコ語と同じアルタイ語属に含まれるという考えが主流です。でも音に着目した「オセアニア」ルーツ説、さらに文法、共通の単語などから、南インドの「タミル語」をルーツとする研究もあります。

の一方で、縄文時代以降の骨とする説も出されていて、いまだに決着はついていません。現在のところ、日本で発見された旧石器時代の化石人骨である**港川《みなとがわ》人**、**浜北《はまきた》人**は、両方とも新人段階のものとする説が有力となっています。

先史時代年表

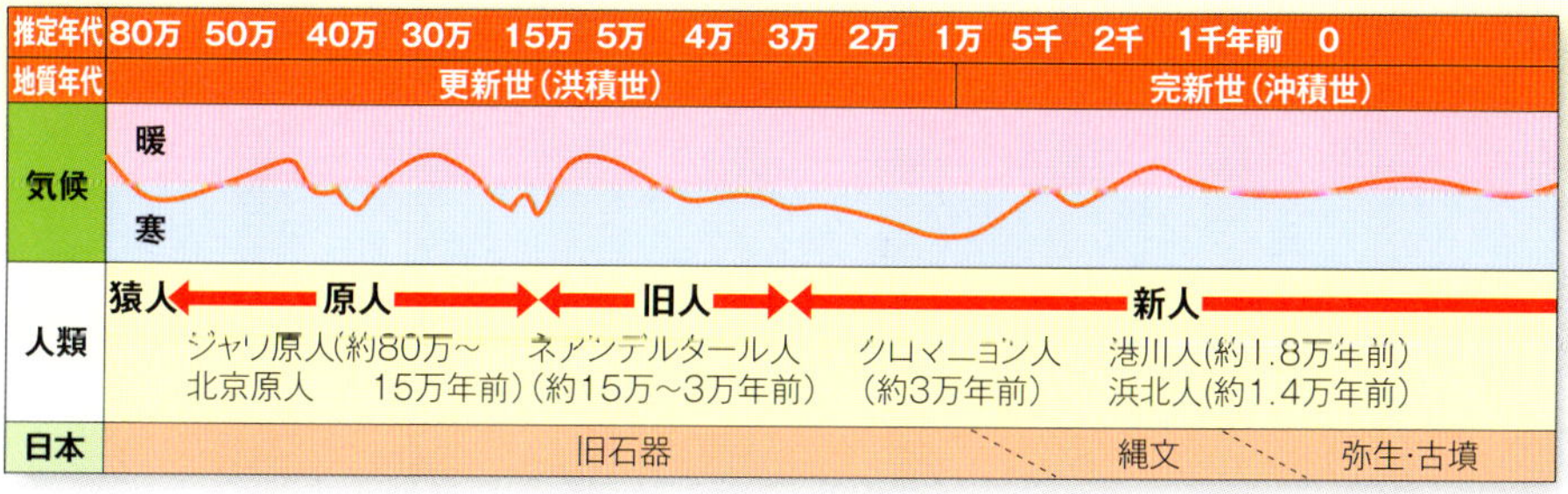

旧石器時代▼

覆った考古学者の定説

旧石器時代の存在を「岩宿」で発見したのは行商の青年だった

POINT

- 岩宿で2万4000年前の石器が発見される
- 人々は小集団で移動しながら暮らしていた

「岩宿」を発見した青年

考古学界では長い間、日本に人が住むようになったのは縄文時代からだと考えられていました。しかし一九四九年、群馬県**岩宿**《いわじゅく》で二万四〇〇〇年前の打製石器が発見され、日本にも旧石器時代が存在したことが明らかとなったのです。

発見者は**相沢忠洋**《あいざわただひろ》という二三歳の行商を営む青年でした。彼は苦しい生活を送りながら、考古学を独学で学んでいました。日本の考古学は、素人によって大きく変えられたのです。

当初は先土器時代という名称が使われていましたが、この時代の遺跡がその後相次いで発掘されたため、**旧石器時代**と呼ぶのが一般的となりました。ただし、その次の時代が新石器時代ではなく縄文《じょうもん》時代となるため、旧石器時代を岩宿時代と呼ぶべきだという説もあります。

旧石器時代の生活

旧石器時代にはナイフ型の石器が主流でしたが、やがて槍の先に付ける尖頭器《せんとうき》へと変化していきました。これは気候の温暖化にともなって動物相が変化し、動きの速いイノシシなどが中心となったためだと考えられています。

人々は少人数の集団で生活を営んでいたと考えられ

もっと楽しむ！

『「岩宿」の発見 幻の旧石器を求めて』

岩宿遺跡を発見し、日本に旧石器時代が存在したことを証明した、考古学に魅せられた青年の情熱と苦労が綴られています。

相沢忠洋著
講談社文庫

『発掘された日本列島 新発見考古速報2003』

文化庁編　朝日新聞社

刻々と新しい事実が発見されている考古学界の発掘・研究成果報告書。考古学の正確な知識を得るための必読書です。

旧石器時代の代表的遺跡の分布

岩宿遺跡（提供：邪馬台国大研究HP）

ています。一カ所に定住することはなく、食料を求めながら移動していたため、生活の痕跡はあまり残っていません。やがて部族的な集団が形成され、より大きな文化圏が作られていったことは、石器の原材料の分布などから明らかになっています。

歴史CLOSE UP! アマチュア考古学の限界？

岩宿の発見は1946年。それが公に認められたのは、相沢氏の要請により明治大学の研究チームが調査を行い、その存在が確認された3年後の1949年でした。考古学では学歴はなくとも、優れた研究を成し遂げたアマチュア研究者が多いのですが、それでもアマチュアには限界があったのです。

もっと知りたい！ 歴史を捏造した「神の手」

二〇〇〇年一一月五日、毎日新聞に驚愕すべきスクープが掲載されました。東北旧石器文化研究所の藤村新一副理事長が、地面に自ら石器を埋め、遺跡を「捏造」している写真が大きく報じられたのです。氏は、もともとアマチュア考古学者で、宮城県岩出山町の座散乱木（ざざらぎ）遺跡で、当時国内最古の四万数千年前の石器を発掘し、岩宿以前の「前期旧石器時代」の存在を巡る学界論争に決着をつける歴史的な発見を行い、その名が知られるようになりました。その後、数十万年前の石器を見つけるなど、数々の奇跡的な発見を行い「神の手」と言われていた人物でした。

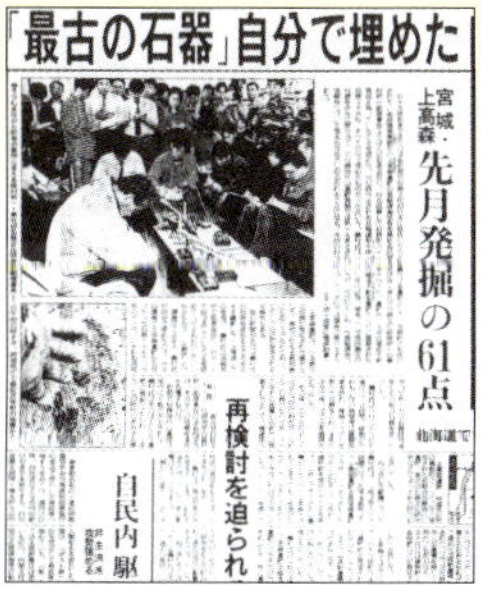
「最古の石器」自分で埋めた
宮城・上高森 先月発掘の61点
再検討を迫られ
自民内閣

縄文時代

生活環境を変えた世界で最も古い土器

縄文人が発明した、力強さに満ちあふれた縄文土器

POINT
- 気候の変化により動植物相も変化
- 土器の出現で食料の調理・保存が可能に
- 食生活の改善で定住が始まる

日本列島の誕生

気候の温暖化で海面が上昇し、日本列島が誕生したのは約一万年前のこと。動植物相など自然環境が変化した頃、**縄文《じょうもん》文化**が始まりました。

縄文時代は約一万二〇〇〇年前から一万年にわたり続いたとされていますが、新説（➡二〇ページ）が確実になると変わる可能性が高いです。ただ、縄文時代がたいへん長期に及んだことは確かです。

土器、弓矢の登場

縄文文化は縄文土器の出現とともに始まりました。縄文土器は世界的に見ても最も古い土器です。その形などにより、六つの時期に区分されます（左図）。

芸術家の岡本《おかもと》太郎《たろう》は、かつて縄文土器、特に中期の土器を激賞しました。中期は最も文様が装飾的な時代です。それには呪術的な意味も込められていたのかもしれません。

土器の登場により食料の煮炊きや、木の実などのアク抜きが可能となり、食べられるものが格段に増えました。食料の保存もできるようになり、生活環境は大きく変化したのです。

もっと楽しむ！

『縄文土器　民族の生命力』
岡本太郎著
ちくま現代日本文学大系97に収録
縄文土器の持つ「モリモリした生命力」を賛美した短い評論。岡本太郎の芸術論の本質がうかがわれる。土器そのものに当時の人々の生活や信仰を読み取る岡本の論は説得力があります。

『縄文人になる！縄文式生活技術教本』
関根秀樹著　山と渓谷社
「火」「石」「土」「木」「食」などの各章に分かれていて、火の熾し方、土器の作り方や竪穴住居での暮らしなど、縄文時代を実際に体験できる実験的な内容となっていて、ある意味ではアウトドアの実践本にもなっています。

年代別縄文土器

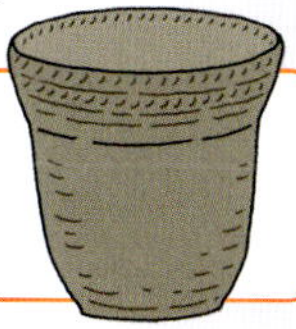

紀元前12000年頃～（草創期）　タイプ：丸底深鉢
特徴：豆粒文、貝殻でつけた爪形文、縁に粘土のひもをはり付けた隆起線文など一部に単純な文様をつけるのが特徴。長崎県の泉福寺洞窟から出土した豆粒文土器は世界最古の土器。

紀元前7000年頃～（早期）　タイプ：尖底深鉢
特徴：刻みをつけた棒や糸を巻きつけた棒を転がして土器全体に文様をつける。使用する際は、尖った先を地面にさして安定させる。

紀元前4000年頃～（前期）　タイプ：平底深鉢
特徴：安定して置ける平底土器が一般化。表面の模様も複雑に。円錐形だけでなく、円筒型の深鉢や浅鉢、台のついたものも出現。

紀元前3000年頃～（中期）　タイプ：深鉢平底
特徴：円筒と円錐を組み合わせ、より形が複雑に。炎のような装飾を施した火炎土器が出現。渦巻文など、文様にもより芸術性が加味される。注口のついた土器が出現。

紀元前2000年頃～（後期）　タイプ：多種多様
特徴：注口や持ち手、蓋が付くなど、形が多様化。形も深鉢・浅鉢など、様々なものが作られる。一度つけた文様の一部を磨いて消す磨消《すりけし》縄文などの装飾手法が発達。

紀元前1000年頃～（晩期）　タイプ：多種多様
特徴：煮炊きや貯蔵用だけでなく、香炉など、用途により様々な大きさと形の土器が作られる。東日本を中心に芸術性の高い小型の土器が多数見られる。磨消縄文のほか、繊細で洗練された文様が出現。

もっと知りたい！　縄文時代の道具

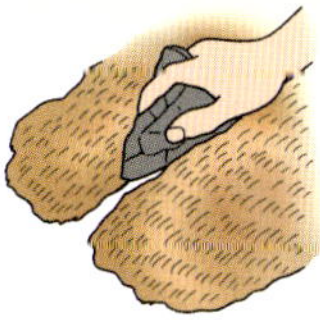

石匙<石製のナイフ>

石皿とすり石

骨角器（釣針）

骨角器（銛の先端）

石斧

青銅器時代▼

稲作文化の広がりと鉄器・青銅器の登場

古代の「文明開化」稲作、鉄器、青銅器は大陸からやって来た

POINT

- 稲作伝来時期は早まる可能性がある
- 採集から農耕社会へ徐々に移行
- 生産性を高めた鉄器、祭器となった青銅器

稲作の伝来

稲作は紀元前四~五世紀に朝鮮半島から伝わったと考えられてきました。この頃、中国は戦国時代であり、その余波が朝鮮半島に及んで日本に人が移動したという見解です。これに対し、それより五〇〇年前に伝わっていたという新説が出されています。

縄文《じょうもん》末期から**稲の栽培**が始まっていたことは確かです。稲作文化を受け入れる下地は整っていました。半島から九州にやって来た少数の渡来人が、縄文人とともに次第に稲作を広めていったと考えられます。農耕社会へ急変したわけではなく、縄文文化はしばらく引き継がれていったのです。

鉄器と青銅器

稲作は灌漑施設を作る農業土木技術とセットで伝わりました。酷似した石製農工具が朝鮮半島南部と九州北部から出土しています。

鉄器ももたらされました。弥生中期になると朝鮮半島南部の伽耶《かや》地域から鉄を入手し、鉄器の国内生産も開始。弥生後期には鉄製農工具が主流となり、石器は全国からほぼ消えました。

鉄器の登場によって稲の生産力は高まりましたが、弥生初期や地域によってはその後も十分な収穫が上げられませんでした。

集落では豊作祈願が行われ、この時、使われたのが**青銅器**でした。一説には祈りを捧げるシャーマンが**銅《どう》鐸《たく》**を叩き、踊ったと考えられています。

もっと知りたい！

稲作伝来の新説

二〇〇三年五月一九日、国立歴史民俗博物館は、水田稲作が日本に伝わり弥生時代が始まったのは、定説より約五〇〇年早い紀元前一〇〇〇年頃とする研究結果を発表しました。現在、研究者の間でも、さらなる検証が必要とされていますが、この発表により東アジア全体の古代史を再検討しなければならない状況となっています。

銅鐸（桜ヶ丘4号銅鐸／神戸市立博物館蔵）

稲の伝来ルート

諸説あり議論が続いているが、山東半島から朝鮮半島を経る②説が有力。

銅鐸の絵画

シカを狩る男

トリとカメ

米をつく女

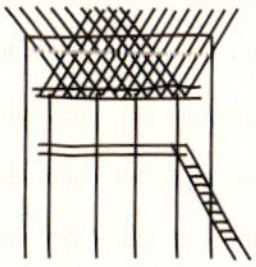

高床建築

銅鐸には様々な文様や絵画が施された。絵画に関しては諸説あるが、狩猟、農耕に関連した場面が描かれていることが多く、農耕祭に関わりをもつ祭器であるという考えが有力。

武器だった銅剣や銅矛《どうほこ》も、後に祭器となりました。青銅器が祭器とされたのは、何よりも貴重なものであり、色や音が神秘的だったためであるようです。

従来の説と新説の比較
（朝日新聞記事を参考に作成）

	紀元前				紀元後
年	1000	500		200	
時代	縄文時代	弥生時代			
従来説	晩期	早期	前期	中期	後期
新説	晩期	早期	前期	中期	後期

環濠集落から小国分立の時代へ

豊かさが原因？　縄文時代にはなかった「戦争」の始まり

POINT
- 農作業（＝共同作業）で生まれた階級
- 争いの元となった財産
- 集落の争いから小国が誕生した

環濠集落

弥生時代《やよい》の住居のスタイルは、縄文時代と特に変化があったわけではありませんでした。しかし縄文時代にあまり見られなかった**環**《かん》**濠**《ごう》**集落**が登場します。これは住居群を守るため濠と柵で囲んだ集落のことで、そのルーツは朝鮮半島に見られます。

佐賀県の**吉野**《よしの》**ヶ**《が》**里**《り》**遺跡**はその代表格で、弥生中・後期の小国のひとつと考えられています。後期には堀の内側にさらに濠ができ、その場所は内郭と呼ばれており、物見やぐらも建てられていたようです。農作業は共同作業で、それをまとめる強力なリーダーが出現し、集落内に階級ができました。支配者階層が居住したのが内郭でした。

小国の分立と戦争

吉野ヶ里遺跡のような集落は、九州北部や近畿を中心に点在していました。防御施設があったのは、当然、敵に備えていたということです。各地の遺跡から発見された弥生時代の人骨には武器により傷ついたものが多く、集落間の激しい争いがあったことを示しています。もちろん、縄文時代にも争いはありました。だが、殺し合う戦争は弥生時代に始まったのです。

農業が発展するに伴って人口が増えると、農地を拡大する必要が出てきます。良い土地を確保しようと思えば、当然ながら他の集落と争うことになります。また余剰作物は高床倉庫に蓄

もっと知りたい！

吉野ヶ里遺跡

佐賀県神埼郡にある日本最大規模の弥生時代遺跡です。前期、中期、後期と約六〇〇年にわたる弥生時代すべての時期の出土品が発見されており、この時代の社会の変化を知ることができる極めて貴重な文化遺産です。現在遺跡は吉野ヶ里歴史公園として、復元された当時の建物など、様々な歴史体験ができる公園になっています。詳しくは、http://www.yoshinogari.jp/index.html

吉野ヶ里遺跡

農業の発展から戦争へ

農業の発展
道具の進歩（石器から金属器へ）
生産力増大（湿田から乾田へ）
↓
食料が豊かに
↓
人口の増加
↓
農地拡大の必要性
↓
戦争へ
灌漑用水の水利権確保
余剰生産物の収奪
専用の武器が充実

えられましたが、これも他の集落との争いの元になったと考えられます。やがて強い集落が周辺の集落を支配することにより政治的にまとめ、小国が誕生し、分立していくのです。

　日本が初めて登場する中国の歴史書『漢書《かんじょ》』地理志には、倭人が「分かれて百余国」を成していたとあり、『後漢書』東夷伝《とういでん》によれば、倭国は「大いに乱れ」ていました。

　ちなみに、この東夷伝には**倭の奴国《なのくに》**に印綬《いんじゅ》を授けたことが記されています。それが博多湾の志賀島《しかのしま》で見つかった金印です。

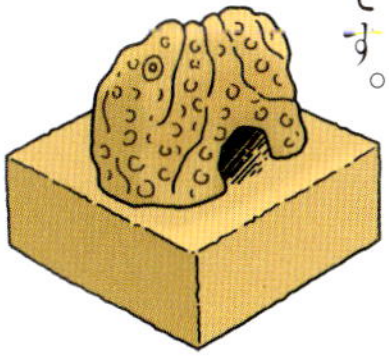

流れを知る！

紀元前二〇〇頃
弥生文化が各地に波及

紀元前五〇頃
近畿地方で銅鐸、西日本で青銅器の祭器の製作が始まる
倭人が百余国に分立し、その一部は前漢の楽浪郡と交渉を持つ

紀元五七
倭の奴国王、後漢に朝貢して光武帝より印を授けられる
この頃、瀬戸内海沿岸を中心とした各地に軍事的性格を帯びた集落が出現し始める

紀元一〇〇頃
鉄器が普及し始め、石器は急速に衰退する
この時期より倭が朝鮮半島南部から鉄を盛んに輸入し始める

紀元一四七
この頃から倭国で大乱が始まり、三〇年ほど続く

紀元二三〇頃
倭の諸国、邪馬台国の卑弥呼を連合の盟主にする

紀元二三九
卑弥呼、魏に使いを送る

弥生時代

議論が絶えない邪馬台国の場所と女王の死

邪馬台国の卑弥呼が死んだ理由は？ 自然死、それとも暗殺？

POINT

- 倭人の国は乱れていた
- 卑弥呼を弟がサポートしていた
- 邪馬台国の場所はいまだ解明されていない

卑弥呼の鬼道

倭《わ》国の争いは**邪馬台国**《やまたいこく》を中心に三〇国ほどの小国連合が成立して収束。頂点には女王**卑弥呼**《ひみこ》がいました。

二二〇年、中国では後漢が滅び、魏《ぎ》・呉《ご》・蜀《しょく》の三国時代となりました。二三九年に卑弥呼は魏に使いを送り「**親魏倭王**《しんぎわおう》」の称号を授かります。その当時の様子を伝えるのが『魏志《ぎし》』倭《わ》人伝《じんでん》です。卑弥呼は「鬼道《きどう》を事とし、よく衆を惑わす」と記されています。「鬼道」とは神の意志を聞くシャーマニズムで、政務は弟が担当していました。

邪馬台国は南の狗奴国《くなこく》と争っていました。二四七年、卑弥呼は魏の植民地である朝鮮半島の帯方郡《たいほうぐん》に使いを送り事情を報告。翌年、卑弥呼が死んだため男の王を立てましたが国が乱れました。そこで壱与《いよ》という少女を王にしたところ国は治まったといわれています。

卑弥呼は自然死だったと考えられています。しかし狗奴国に敗れ責任を取るため殺されたという説もあります。「鬼道」の能力がなくなった卑弥呼に存在意義がないというわけです。二

もっと楽しむ！

『火の鳥』
手塚治虫著　角川文庫ほか
壮大な物語の始まりには、ヤマタイ国とクマソの抗争が描かれています。卑弥呼は「日巫女」で太陽神に仕え、ヒミコ＝アマテラスとする説があります。天の岩戸隠れを日食と考えたのは荻生徂徠が最初だとされますが、卑弥呼が死ぬ年に皆既日食があった事実はこの説の有力な根拠となっています。

『箸墓《はしはか》幻想』
内田康夫著　角川文庫
奈良県三輪山麓にある箸墓古墳は卑弥呼の墓なのか？　卑弥呼と邪馬台国の研究に生涯を費やした考古学者の殺害事件を浅見光彦が追う、人気シリーズ・サスペンスです。

3世紀の東アジア（三国時代）

国内体制を整えた漢は対外政策を行い、支配下とした地「郡」を直接統治した。朝鮮半島の楽浪郡もその1つで、倭国はここを通じて漢と接触していた。後漢時代末には楽浪郡の南に帯方郡が置かれた。後漢が滅びた後、三国時代は魏が引き続き倭に使者を送っていたが、楽浪郡は313年、高句麗に滅ぼされた。

四八年九月五日に皆既日食があった事実も興味深いものがあります。古代人が天変地異の原因を卑弥呼の呪力の衰えと考えても不思議はありません。

邪馬台国論争

邪馬台国はどこにあったのか？ 有力なのは九州説と近畿説です。近畿説を採れば、三世紀にはすでに近畿から九州にかけて政治連合国があったことになり、九州説ではまだ強大な連合国はなかったことになります。『日本書紀《にほんしょき》』では卑弥呼を神功《じんぐう》皇后としており、近畿説。九州説では邪馬台（国）が東へ移り「ヤマト」となったと推定しています。議論は尽きません。

日本書紀による初代～26代の皇室系譜

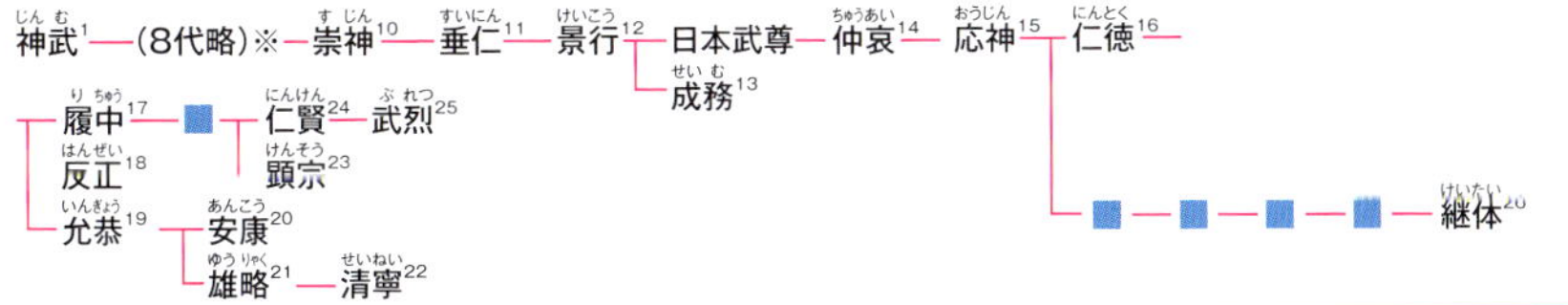

※2～9代は、御名、皇居、配偶者、皇子女、在位期間、享年、陵墓などの記録のみで、その他歴史的記述がいっさい残されていないため、「欠史8代」と呼ばれている。ちなみにその8代は以下のとおり。
2代 綏靖天皇（すいぜい） 3代 安寧天皇（あんねい） 4代 懿徳天皇（いとく） 5代 孝昭天皇（こうしょう）
6代 孝安天皇（こうあん） 7代 孝霊天皇（こうれい） 8代 孝元天皇（こうげん） 9代 開化天皇（かいか）

古墳時代

宋への遣使を続けた倭の五王と呼ばれた天皇

古代から関係は複雑だった　倭王たちが目指した朝鮮半島の情勢

朝鮮半島との関係

倭《わ》国は鉄資源確保のため、**伽耶**《かや》**地域**と密接な関係を持っていました。四世紀に中国王朝が弱体化すると、その影響が朝鮮半島にも及び、**高句麗**《こうくり》が南下を始めました。半島南部の**百**《く》**済**《だら》、**新羅**《しらぎ》の国々と小国連合の伽耶地域は複雑な攻防を繰り返すことになります。倭国は百済、伽耶とともに高句麗と戦いましたが撃退されました。そのことは中国吉林省の広開土王《こうかいどおう》の碑に記されています。

なお、『日本書紀《にほんしょき》』では伽耶周辺が**任那**《みまな》という倭の植民地だったとしていますが事実ではありません。これは朝鮮半島南部への強いこだわりの表れだと考えられています。

倭の五王

高句麗の勢力を逃れて、百済や伽耶から多数の人々が倭国にやって来ました。彼らは最新の技術や知識をもたらしました。日本語の漢字表記を始めたのも彼らだったのです。

倭国の王は五世紀になると、相次いで中国の宋《そう》王朝へ使節を派遣し、朝鮮半島南部を支配下に置く権利を認めてもらおうと朝貢しましたが、思い通りの称号は得られませんでした。『宋《そう》書《じょ》』倭国伝には、**讃**《さん》、**珍**《ちん》、**済**《せい》、**興**《こう》、**武**《ぶ》の五人の倭王（倭の五王）が約一世紀の間に使者を派遣したことが記されています。最初の二人は不明ですが、後三人は済（允恭《いんぎょう》）、興（安康《あんこう》）、武（雄略《ゆうりゃく》）の各天皇であること

POINT

- 盛んに行われた中国王朝への使節派遣
- 朝鮮半島南部とは密接な関係にあった
- 多数の渡来人が先進文化をもたらした

もっと知りたい！

倭の五王と天皇

●**日本書紀（○数字は即位順）**

応神⑮ホムタワケ
仁徳⑯オホサザキ
履中⑰イザホワケ
反正⑱ミズハワケ
允恭⑲ヲアサヅマワクゴノスクネ
安康⑳アナホ
雄略㉑オホハツセワカタケ

●**宋書（　）内は梁書の記述**

讃（賛）
珍（彌）
済
興
武

それぞれ
讃＝仁徳（または応神・履中）
珍＝反正（または仁徳）
済＝允恭
興＝安康
武＝雄略
の各天皇とされている

5世紀の東アジア（南北朝時代）

稲荷山古墳（提供：さきたま史跡の博物館）

とが確実視されています。

雄略天皇は埼玉県**稲荷山《いなりやま》古墳**から出土した剣に記された「ワカタケル大王」だとされています。雄略天皇は敵対する有力豪族を没落させ、天皇の権力を強化させました。宋への遣使は雄略天皇の時を最後に打ち切られています。

流れを知る！

- **三〇〇頃** 国土の統一が進む（ヤマト政権）
- **三九一** 倭が百済、新羅を破り、高句麗と戦う
- **四二一** 宋の武帝、倭王讃に称号を授ける
- **四三八** 倭王珍（讃の弟）、宋に朝貢し「安東将軍倭国王」の称号を受ける
- **四四三** 倭王済、宋に朝貢し「安東将軍倭国王」の称号を受ける
- **四六二** 倭王興、宋に朝貢し「安東将軍倭国王」の称号を受ける
- **四七八** 倭王武、宋に朝貢し「安東将軍倭国王」の称号を受ける

古墳時代

日本初の本格的「国家」の誕生

豪族の連合政権？　支配体制を築いていったヤマト政権

POINT
- 大王を中心とした豪族連合体制
- 渡来人たちの大きな役割
- 豪族を取りまとめた氏姓制度

「氏」と「姓」

三世紀後半から大規模な古墳が近畿の大和に出現するようになります（⬇三〇ページ）。強力な政治勢力の現れと見られ、これがやがて**ヤマト政権**と呼ばれるようになります。ヤマト政権は五世紀から支配体制を整えていきました。

その中核となるのが、**氏**《し》**姓**《せい》**制度**でした。この制度については様々な説がありますが、中国や朝鮮半島の制度をもとに作られたのは確かです。政権のトップである大王《おおきみ》が、豪族たちを支配体制に組み込むために作ったのが氏姓制度でした。

氏《うじ》は支配者層の集団であり、氏上《うじのかみ》を中心に多くの血縁者などから成り立っていました。氏は私有民（部《かき》曲《べ》）や私有地（田荘《たどころ》）の所有を認められており、氏上は政治に参加しました。**姓**《かばね》は氏に授けられた家格を示す称号です。政治的地位や職業の位に基づいて定められ、中でも**臣**《おみ》と**連**《むらじ》を授かった豪族が政権の中枢を担いました。特に有力者は大臣《おおおみ》（蘇《そ》我《が》）、大連《おおむらじ》（大伴《おおとも》、物《もの》部《のべ》）に任じられたといわれます。政務、祭祀などの様々な職業は**伴造**《とものみやつこ》や、その配下の**伴**《とも》と呼ばれた豪族によって分担されました。

専門職を担った渡来人

先進文化をもたらした百済からの渡来人は、ヤマト政権に欠くことのできない存在でした。彼らは専門職集団の品部《しなべ》として、鍛冶、祭祀、陶器作製、文書作成など様々な仕事をしまし

もっと楽しむ！

「日本誕生」

ハリウッドのスペクタクル史劇大作に対抗して東宝が製作。日本神話の国づくり、天照大神の岩戸隠れ、八岐大蛇《やまたのおろち》退治などが描かれています。日本武尊《やまとたけるのみこと》を演じる三船敏郎のほか、豪華キャストが勢ぞろいです。特撮は円谷英二が担当しており、八岐大蛇にその特徴が表れています。

映画　59年　稲垣浩監督
東宝ビデオ【期間限定プライス版】
DVD発売中　2500円＋税

た。ヤマト政権の発展は、彼らの技術に支えられていたのです。

一方、地方支配の確立のため、ヤマト政権は各地の豪族を**国造**《くにのみやつこ》に任命していきました。国造はその地を統治する代わりに、人や特産物などを政権に献上しました。また、地方支配を強化するため大王の直轄領（屯倉《みやけ》）や直轄民（名代《なしろ》・子代《こしろ》）を設置し、屯倉は周辺の農民（田部《たべ》）を徴集して耕作が行われました。

大和、河内のおもな豪族

氏《うじ》と姓《かばね》

氏

支配者層豪族集団
大王を補佐・職を分担

氏の名前は…

職名にちなんだもの

大伴（伴《とも》造《みやつこ》を統括）
物部《もののべ》（モノノフ―軍事担当）
中臣《なかとみ》（ナカツオミ―祭祀担当）

本拠地地名から

蘇我、葛城《かずらき》、平群《へぐり》、巨勢《こせ》など

姓

政治的地位、職位に基づく、家格を示す称号

政権中枢を担う

臣《おみ》…最有力中央・地方豪族
連《むらじ》…特定職位を持つ有力伴造豪族
君《きみ》…地方有力豪族
直《あたえ》…国造に任じられた地方豪族
造《みやつこ》…伴造の首長
首《おびと》…伴造豪族

豪族の呼び方（例）

大伴	連	金村
氏の名	姓	人名
蘇我	臣	入鹿
氏の名	姓	人名

古墳時代

ヤマト政権の誕生と巨大古墳の登場

古代の豪族勢力の変遷を物語る、謎に満ちた2つの関係とは

POINT
- 強大な権力を示す大規模な古墳
- 大和川流域で古墳群が移動
- 大部分の古墳は未調査のまま

古墳の出現

大規模な墳丘墓は弥生時代後期から見られましたが、三世紀後半になると、より大きな**前方後円墳**《ぜんぽうこうえんふん》などが西日本各地に出現しました。特に大規模なものは、奈良県桜井市の箸墓《はしはか》古墳をはじめとして大和地方に集まっています。近畿の政治勢力を中心としたヤマト政権の存在が、巨大古墳が出現した前提だと考えられています。

一方、伊勢湾以東の東日本には、方形の丘がつながった前方後方墳が同時期に存在しました。諸説ありますが、東西で別々の政治連合が進行していた可能性が高いようです。両者が合体してヤマト政権が成立したという見方もあります。

古墳時代は三世紀後半から七世紀後半までとされ、前期（〜四世紀末）、中期（〜五世紀末）、後期（〜七世紀）と区分されています。しかし六世紀末までを古墳時代とし、終末期の七世紀は飛鳥《あすか》時代とする方がわかりやすいでしょう。

まだ謎の多い古墳

最大規模の古墳は奈良盆地と大阪平野に築かれており、ヤマト政権の大王の墓と考えられています。渋谷《しぶたに》向山《むかいやま》古墳（景行《けいこう》天皇陵）のある天理市の柳本《やなぎもと》古墳群や、大仙陵《だいせんりょう》古墳（仁徳《にんとく》天皇陵）のある堺市の百舌鳥《もず》古墳群など、古墳群は大和川に沿うようにして、いくつかに分かれています。この古墳群の移動については、ヤマト政権中枢での権力闘

もっと楽しむ！

『王陵の考古学』
都出比呂志著　岩波新書
日本の古墳から秦の始皇帝陵、エジプトのピラミッドまで、世界各地の王陵を埋葬方法、埋葬品などから考察。その歴史的な背景を探っていきます。

もっと知りたい！

大和川流域のおもな古墳

ヤマト政権の支配構造

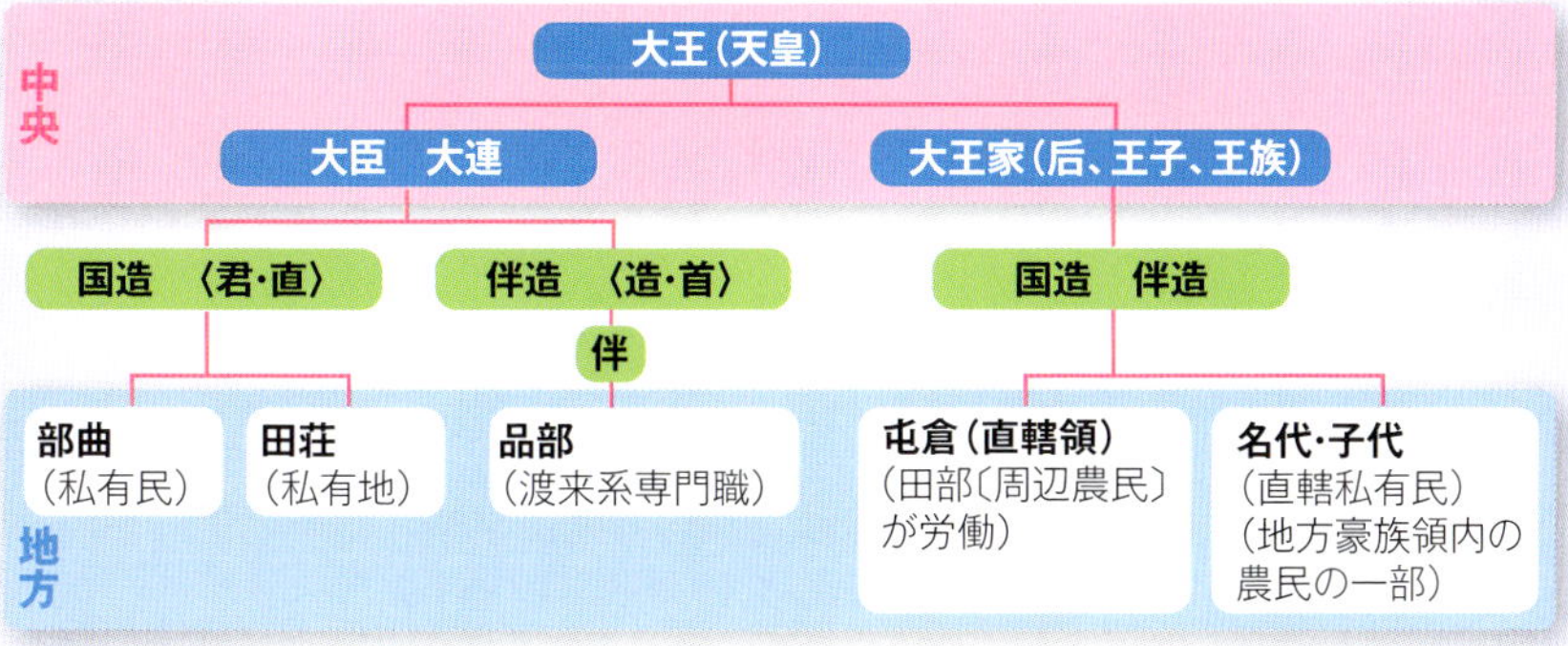

※国造や伴造はいわば中間管理者。国造が伴造を兼務して、屯倉や部民を管理する場合もある。実際の支配構造はもっと複雑。
※部（部民）とは大王にとっては公的な「王の民」だが、直接それを領有する王族や豪族にとっては隷属民。

氏の構造　氏上（首長）は　部曲（私有民）　奴〔奴婢〕（隷属民）
田荘（私有地）　を所有する
政治的立場や職務に応じて姓を受けられる
蘇我、大伴…住んでいる場所や職業を表す

歴史 CLOSE UP! 古墳は今でも謎のまま

大部分の古墳は誰のものかわかっていません。○○天皇陵と決めたのは明治初期の宮内庁で、実際の内部調査は何も行われていないのです。現在も古墳は宮内庁の管轄下にあり、これまで考古学者らが発掘許可を要求してきましたがいずれも却下。古墳は依然として謎のままです。

争説、計画的に行われたという説など諸説あります。

後期になると、近畿以外で大規模な古墳は見られなくなり、各地の豪族がヤマト政権に服属していったと考えられるでしょう。副葬品は埴輪《はにわ》などから須恵器《すえき》などに変化しており、朝鮮半島の影響がうかがえます。

古墳のパターン

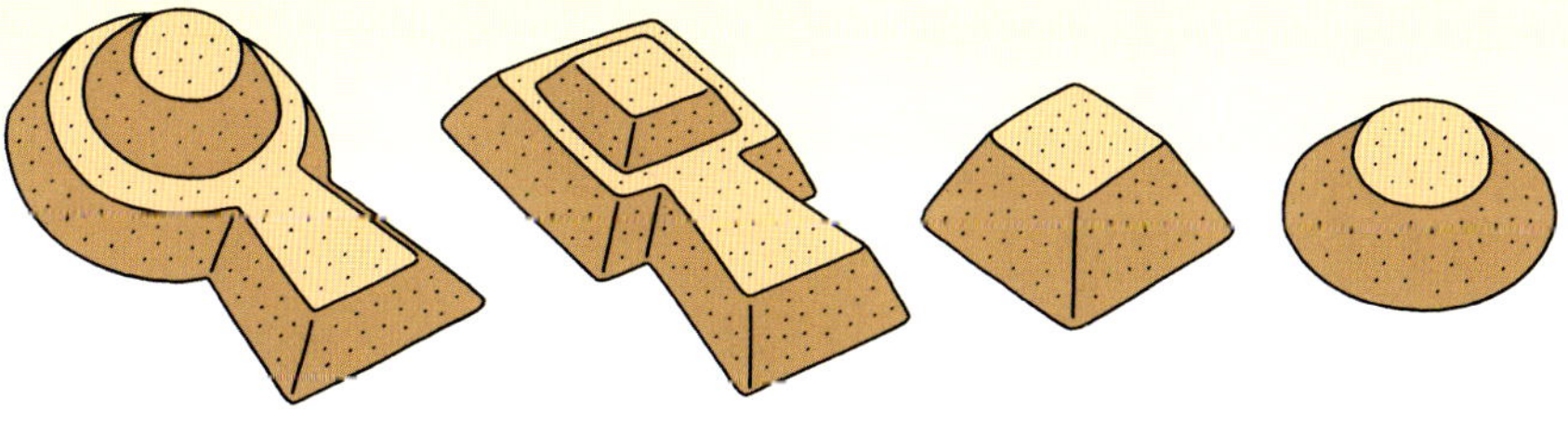

COLUMN 1

『古事記』と『日本書紀』

『古事記《こじき》』と『日本書紀《にほんしょき》』の書名は誰でも聞いたことがあるはずです。「国生《くにう》み」「天《あま》の岩戸《いわと》」「因幡《いなば》の白《しろ》兎《うさぎ》」や「海幸彦《うみさちひこ》、山幸彦《やまさちひこ》」などはよく知られたエピソードでしょう。

しかし、実際に原典や訳を読んでみたことがあるという人は、少ないのではないでしょうか。特に若い人にとって、この二冊はなじみの薄い本かもしれません。

『古事記』はその名の通り、「古事（民族の起源）」を記した書。天皇の系譜の記録である「帝紀《ていき》」と神話・伝承の記録の「旧辞《きゅうじ》」をまとめたものです。三巻からなり、上巻は天皇の先祖である古代の神々について、中巻は初代神武《じんむ》天皇から応神《おうじん》天皇まで、下巻は仁徳《にんとく》天皇から推古《すいこ》天皇までについて記されています。七一二年一月に完成したとされていますが、不明な点も少なくありません。神話的・物語的なのが『古事記』の特色とされます。

一方『日本書紀』は対外的であることを意識した歴史書のような体裁。神代《じんだい》から第四一代持統《じとう》天皇（天《てん》武《む》天皇の后）までを扱っています。日本国家の成立と当時における「現代史」の書であると言えるでしょう。『古事記』と共通する部分もありますが、その内容は微妙に異なっています。

「記紀《きき》」とも呼ばれるこの二冊の本は、天武天皇の命によって編纂されましたが、この点は重要です。つまり、天武自身の「史観」が反映され、天武にとって都合の良い記述になっている可能性が高いと考えられるのです。何が記され、何が抹消されているか。想像しながら読んでみるのも歴史の楽しみ方のひとつでしょう。

明治以降、天皇の神格化を称揚する書であったこともあり、敗戦後「記紀」は教育の場で積極的に取り扱われませんでした。最近では歴史教育における「記紀」の見直しも行われてきたようですが、これに対して嫌悪感を抱く人も少なくないようです。

確かに「記紀」はかつて皇国史《こうこくし》観《かん》に取り込まれました。しかし、日本史を理解するために「記紀」を知ることは大切ではないでしょうか。日本の文化や天皇制について、そして明治国家や明治時代以降の日本人の考え方についてなど、「記紀」を通して理解できることや考えるヒントになることは多いのです。

歴史同様「記紀」に対する解釈も様々です。しかし何よりもまず必要なのは読んでみること。現在、訳書や注訳書は数多くあります。「記紀」は歴史理解の助けとなるはずです。

第2章

律令国家の形成

［飛鳥→奈良→平安］

日本史
第2章

中央集権国家の誕生と権力争い

歴史の流れ［飛鳥→奈良→平安］

仏教伝来

仏教を取り入れた天皇中心の国家作り

中央集権国家の建設

政治・経済体制の整備

キーワードは「仏教」

飛鳥《あすか》、奈良《なら》、平安《へいあん》時代を貫くキーワードは仏教です。百済《くだら》より伝わった仏教を巡り、豪族が対立。導入を支持した蘇我《そが》氏が反対派の物部《もののべ》氏を滅ぼします。仏教を核に天皇中心の国家建設を目指した聖徳太子《しょうとくたいし》は蘇我氏の血筋です。

七世紀になると大化改新《たいかのかいしん》を経て中央集権が確立されます。本格的に国家体制が整備されるようになったのです。

奈良時代には国を守るために仏教が国教化され、それを象徴する奈良の大仏が造られました。大仏が完成した頃、遣唐使《けんとうし》船で鑑真《がんじん》が来朝。日本の仏教は本格的に整えられました。

その一方で僧の地位が向上し、政治家と癒着するようになります。この時代の仏教は庶民のものではなく、国や権力者を守護するものでした。平安京への遷都が行われた一因は、仏教勢力の強い奈良から離れるためだったのです。

平安時代、仏教は空海《くうかい》と

最澄《さいちょう》によって刷新されました。その後は浄土信仰が流行します。

貴族の「無」政治と武士

国家の体制が整えられていく一方で、中央政界の権力争いも熾烈でした。頭角を現したのは藤原《ふじわら》氏です。長年にわたり天皇と親戚関係を築くことによって、藤原氏は摂政《せっしょう》・関白《かんぱく》という天皇を補佐する権力を握ることに成功。貴族の世の中となり、華やかな文化が花開きます。

しかし中央政界の貴族たちは政治を行いませんでした。そのため地方政治は乱れ、農民たちは土地を離れて浮浪人となり、田畑は荒れ果てます。公地公民の制度は崩れ、土地と人の私有が始まりました。

混乱する地方の豪族や有力農民は武装をするようになりました。武士の誕生です。やがて中央にも武士の勢力が及び、貴族たちは身を守るために武士を利用してゆきます。

その武士の代表が源氏と平氏でした。源平の争いの後、中央権力に結びついたのが平氏です。

ところが、平氏はいつしか貴族になってしまい、武士たちの反感を買い、やがて滅亡します。まさに「驕《おご》れるものは久しからず」だったのです。

飛鳥時代

天皇を中心にまとめた聖徳太子の政治

仏教伝来による仏教派・蘇我氏と反仏教派・物部氏の対立

内外の混乱と仏教伝来

雄略《ゆうりゃく》天皇の後、短命天皇が四代続きました。最後の武烈《ぶれつ》天皇には子がなく、日本書紀《にほんしょき》には、**大伴金村《おおとものかねむら》**と**物部麁鹿火《もののべのあらかび》**が図って、応《おう》神《じん》天皇の五世の孫を越前から迎えて**継体《けいたい》天皇**として即位させたと記されています。

この頃、朝鮮半島のヤマト政権の拠点である伽耶《かや》が、百済《くだら》と新羅《しらぎ》の抗争の中で失われつつありました。ヤマト政権の新羅出兵計画に反発した筑紫の豪族、**磐《いわ》井《い》**が五二七年、九州で反乱を起こします。翌年、鎮圧されましたが、政権の動揺は続きます。継体天皇の死後、王位は混乱し、**安閑《あんかん》**、**宣化《せんか》**両天皇と**欽明《きんめい》天皇**が二朝並立して対立しましたが、五三九年、欽明天皇の王権に統一します。

欽明天皇を支えていたのは、渡来人を支配下に置いた新興氏族である**蘇我《そが》氏**でした。五三八年、百済から仏教が公に伝わると、仏教派の蘇我氏と反仏教派の物部氏が対立します。最初、反仏教派が優勢でしたが、やがて立場が逆転します。五八七年、**蘇我馬子《うまこ》**は**厩戸皇子《うまやどのおうじ》**（のちの**聖徳太《しょうとくたい》子《し》**）らとともに**物部守屋《もののべのもりや》**を滅ぼしました。

豪族の再編成

蘇我氏は欽明天皇に娘を嫁がせ権力を強化。五九二年、初の女帝**推古《すいこ》天皇**が即位すると、大臣に就任していた馬子と、摂政に就いた聖徳太子が政権を支えることになります。

聖徳太子の政策は、蘇我

POINT

- 伽耶を失ったヤマト政権の対応
- 昏迷する政権と蘇我氏の登場
- 仏教を取り入れた聖徳太子の政策

もっと知りたい！

冠位十二階の制（六〇三）

	1	2	3	4	5	6
位階名	大徳（だいとく）	小徳（しょうとく）	大仁（だいにん）	小仁（しょうにん）	大礼（だいらい）	小礼（しょうらい）
冠色	紫		青		赤	
	7	8	9	10	11	12
位階名	大信（だいしん）	小信（しょうしん）	大義（だいぎ）	小義（しょうぎ）	大智（だいち）	小智（しょうち）
冠色	黄		白		黒	

6～7世紀の政情（蘇我vs物部）

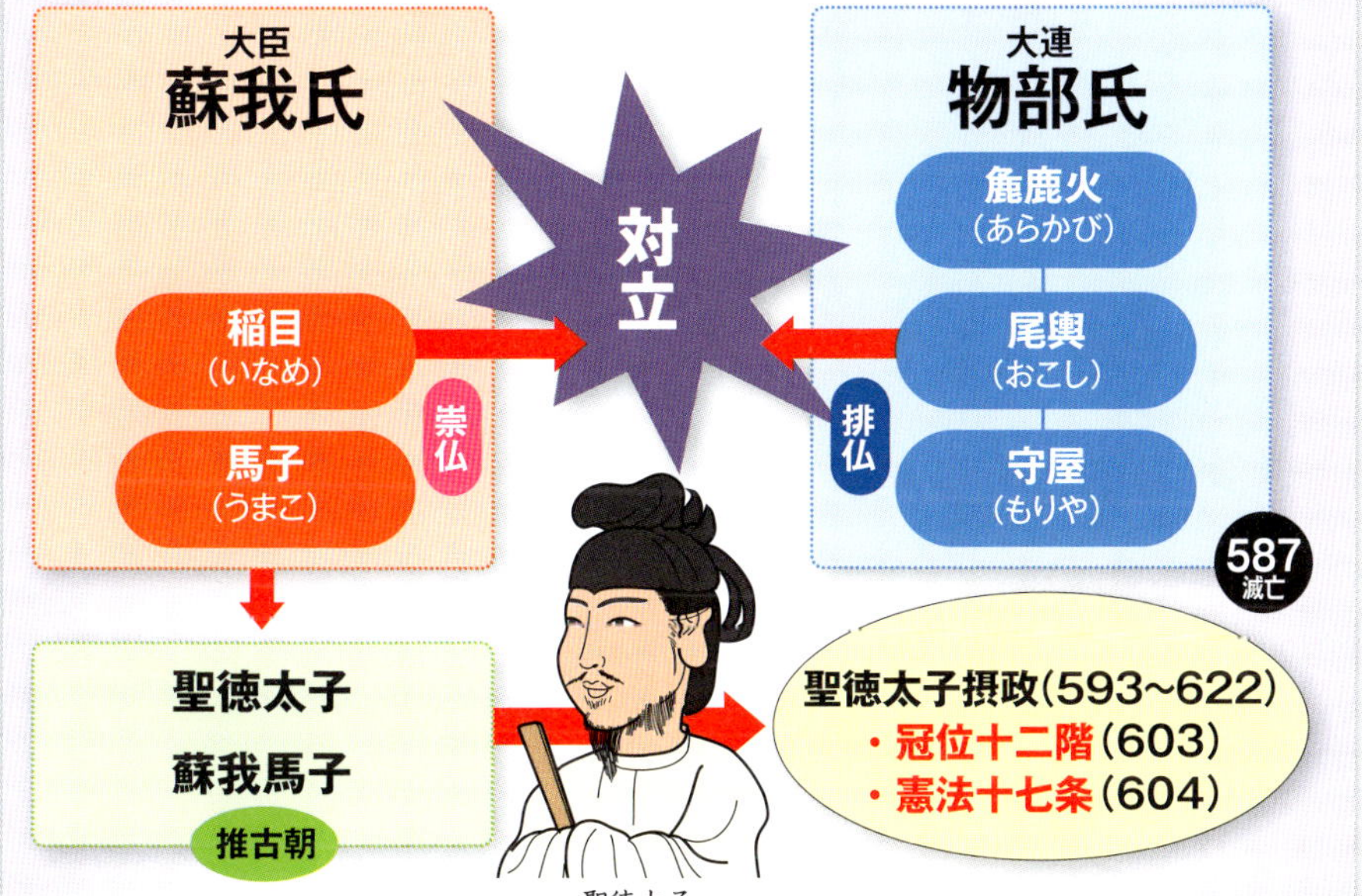

聖徳太子

氏を牽制して天皇の権威を高めることでした。

「和」という日本特有の精神が、六〇四年に制定された**憲法十七条**の中心となり、その前年の**冠位十二階の制**は、それまでと異なり個人が昇進可能でした。豪族は天皇の下に再編成されたのです。

歴史CLOSE UP! 武人聖徳太子

聖徳太子が蘇我馬子とともに物部氏を滅ぼしたのは14歳の時でした。争いには関わりのない平和主義者といったイメージが強い聖徳太子ですが、青年時代はひとりの武人でもあったのです。際限なく続く権力闘争が、聖徳太子に「和」の精神を目覚めさせたのかもしれません。

憲法十七条（六〇四）

一 和を尊ぶこと
二 仏教を敬うこと
三 天皇に服従すること
四 礼法を基本とすること
五 訴訟は公平に裁くこと
六 勧善懲悪を徹底すること
七 自分の職務を守ること
八 早く出仕し遅く退出すること
九 信を義の根本とすること
十 怒りは捨てること
十一 官人の功績と過失により賞罰を行うこと
十二 国司・国造は百姓から不当に税を取らないこと
十三 官吏は自分の職務を熟知すること
十四 他人に嫉妬しないこと
十五 私心を取り去ること
十六 民を使う時は時節を考えること
十七 物事は独断で行わず議論すること

飛鳥時代

巨大帝国を相手にした外交政策の成果は？

遣隋使により再開した中国との外交と、聖徳太子の謎の死

POINT
- 朝鮮半島問題打開のための政策
- 隋に求めたのは朝鮮諸国に対する優位性
- 聖徳太子の死をめぐる諸説

外交政策は成功

伽耶《かや》は五六二年に新羅《しらぎ》が併合し滅亡。ヤマト政権は対新羅軍を派兵しましたが敗北しました。以後、伽耶勢力の回復が政権の重要外交課題となりました。

第一回の新羅征伐軍を送り出し、六〇〇年に**聖徳**《しょうとく》**太子**《たいし》は第一回の**遣隋使**《けんずいし》を派遣しています。朝鮮半島問題を打開するため、五世紀以来途絶えていた中国との交渉を再開したのです。ただこの時の遣隋使は隋の文帝に追い払われたも同然でした。国内の制度改革の必要性を感じたのは、この影響も大きかったのです。

六〇七年、第二次遣隋使として**小野妹子**《おののいもこ》が派遣され「日出《ひい》づる処《ところ》の天子」で始まる国書を皇帝に渡しました。かつて卑弥呼や倭の五王は中国王朝から冊封《さくほう》を受けましたが、聖徳太子はそれを受けませんでした。対等とは言わないにせよ、朝鮮諸国に対する優位性を確立しようとしたのです。

日本からの使者が君臣の礼をとらなかったことに対し煬帝《ようだい》は不快感を示しましたが、隋が高句麗《こうくり》征伐を目指していたこともあり、妹子の帰国の際に**裴世清**《はいせいせい》を国使として送ってきました。

実際のところ、聖徳太子の外交目的は達成されませんでしたが、中国との交流を再開したことにより、後に先進知識が輸入されたことを考えると成果があったと言うべきでしょう。

病死か自殺か

聖徳太子には多くの謎が

もっと楽しむ！

『日中交渉史　文化交流の二千年』
山口修著　東方選書
倭の時代から、遣隋使、遣唐使を経て宋との交流、さらには現在までの日中関係を検証し、中国が日本に及ぼしてきた影響を考察した研究書。過去の交流を通して、今後の両国の関係を提唱しています。

もっと知りたい！

小野妹子と裴世清
隋の煬帝は倭国と高句麗が結びつくのを恐れたため裴世清を送り、倭国のスパイをさせたと考えられます。同時に裴世清は隋皇帝の徳を知らせました。しかし、裴世清を送り再度隋に渡った妹子が奉じた国書は以前と同様で、倭国は臣下の礼を取ることはなかったのです。

冊封体制

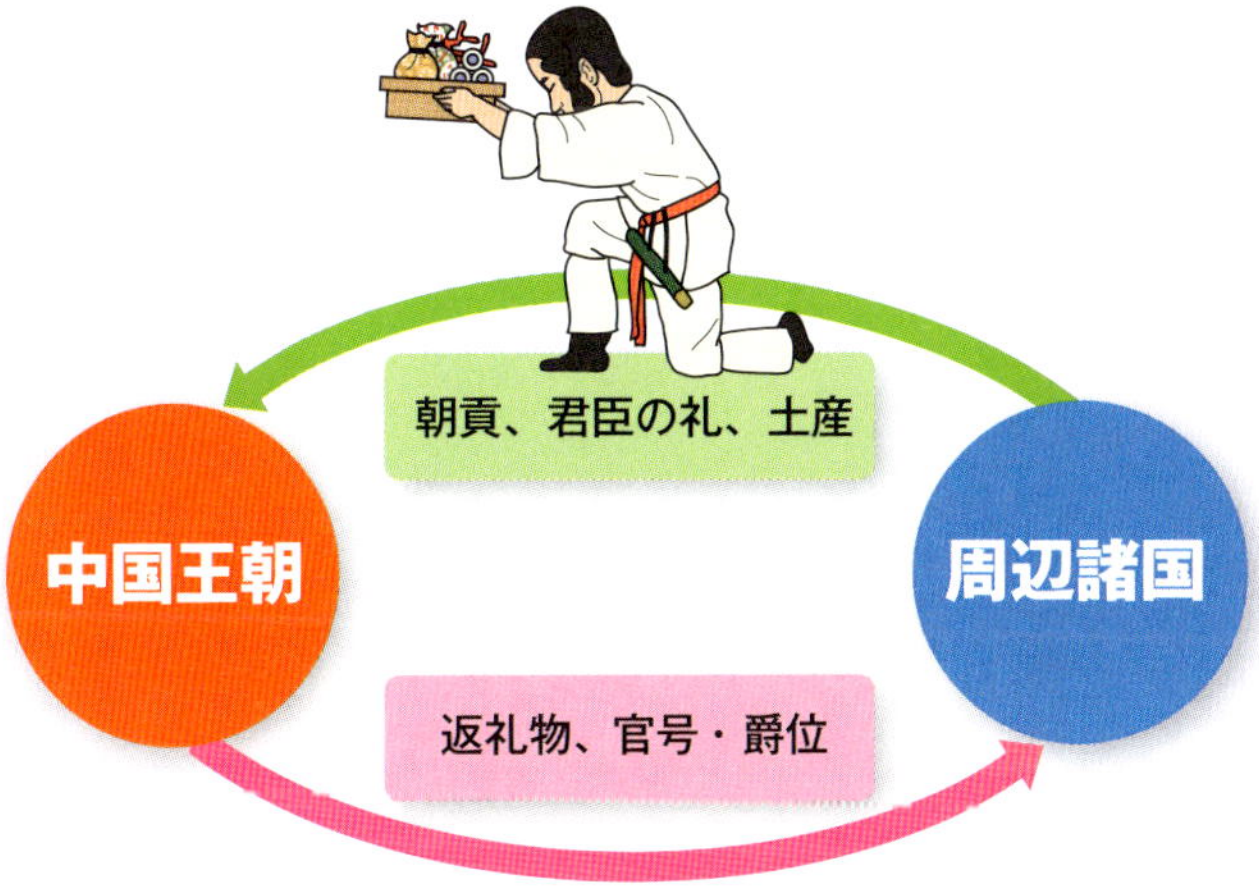

中国王朝は清の時代まで、他国と対等な外交関係を結ぶことはなかった。中国王朝は世界の中心であり、周辺諸国は「配下」であるという思想である。このため周辺諸国は代々、中国に使節を派遣し、中国王朝に敬意を表明し爵位などを授かった。わかりやすく言えば「子分」になるということである。その代わり「親分」である中国王朝は「子分」が求めれば軍を派遣し助けた。朝鮮半島諸国は冊封を受けている。

あり死の真相もその一つです。聖徳太子が死んだのは、六二二年二月二二日。その前日に妻が、前年には太子の母が亡くなっています。蘇《そ》我《が》氏を牽制したこと、遣隋使の目的が果たせなかったことなど、その後の聖徳太子の立場がどうなったかは気になるところです。

歴史CLOSE UP! 呪われた「徳」

「聖徳」の諡号が太子の不幸を暗示しているという説があります。というのも「徳」が付けられた天皇は、暗殺されたり不幸な最期を遂げている場合がほとんどなのです。例えば、孝徳は家臣に放置されて孤独死。称徳には暗殺説があります。崇徳は天皇家を呪って憤死したのでした。

流れを知る!

- **五三九** 継体天皇の死後分裂していた王朝が欽明天皇に統一
- **五八七** 蘇我馬子、物部守屋を滅ぼす
- **五九二** 蘇我馬子、崇峻天皇暗殺。推古天皇即位。翌年厩戸皇子が摂政に
- **六〇〇** 任那救援の軍を派兵。第一回遣隋使派遣
- **六〇三** 冠位十二階制定
- **六〇四** 憲法十七条制定
- **六〇七** 第二次遣隋使、小野妹子を派遣
- **六〇八** 妹子、裴世清と帰国。第三次遣隋使として妹子再び隋へ。翌年、妹子帰国
- **六一四** 第四次遣隋使。犬上御田鍬派遣、翌年帰国
- **六二二** 聖徳太子死去

飛鳥時代

シルクロードとつながる飛鳥文化

日本最初の仏教文化　人々を畏怖させた寺院や仏像

POINT

- 国が保護した仏教
- 仏教は一般の人には「呪術」
- 随所に見られる国際的な文化の影響

仏教を理解していたのは？

仏教の伝来は、五三八年（日本書紀《にほんしょき》では五五二年）とされていますが、それ以前にも渡来人は信仰していました。新興氏族の**蘇我《そが》氏**と伝統的氏族の**物部《もののべ》氏**の対立を経て、国の保護を受けることになった仏教は、この時代の文化の核となるものでした。

五九四年、**仏教興隆の詔《みことのり》**が出されて、仏教が政策の軸となることが決まりました。六一五年には、**聖《しょう》徳太子《とくたいし》**は経典の注釈書（**三《さん》経《ぎょうの》義疏《ぎしょ》**）を書いたと伝えられています。

ただこの時代、仏教を理解していたのは、ごく一部の人だけで、一般には、病気回復や先祖供養のための「呪術」の一つと考えられていたのでした。

圧倒的な建築、仏像

六世紀後半から七世紀前半にかけて、飛鳥寺《あすかでら》、四天王寺《してんのうじ》、法隆寺《ほうりゅうじ》など、壮大な寺院が次々と建てられていきました。

その内部には様々な仏像や工芸品、絵画が置かれました。初めてそれらを目にした人々は、自然と畏怖の念を感じたに違いありません。仏教の知識がなくても、それらの迫力、美しさに圧倒されたことでしょう。

仏教はインドから中国を経て、日本に伝わりました。また、工芸品の忍冬唐草文《にんとうからくさもん》様《よう》や、膨らみを持った寺院の柱の様式は、ギリシャなどの西の方角であるシルクロードを経由してやって来たものでした。

もっと楽しむ！

『斑鳩宮始末記』

黒岩重吾著　文春文庫

聖徳太子の舎人《とねり》となった百済系の調首子麻呂《つぎのおびとねまろ》たちの活躍を描いた、いわば古代の「事件簿」です。

もっと知りたい！

エンタシスの柱

ギリシャやローマ、ルネサンスなどの建築様式の柱に用いられた様式で、円柱の中ほどがわずかに膨らんでいます。代表的な建築物はギリシャのパルテノン神殿。法隆寺金堂の柱にも、この様式が使われています。

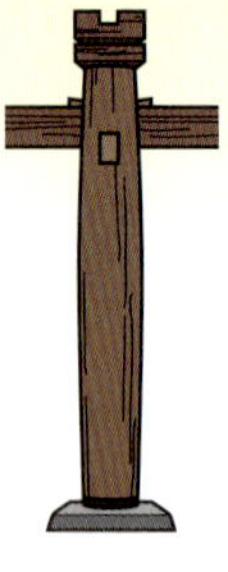

仏教伝来地図

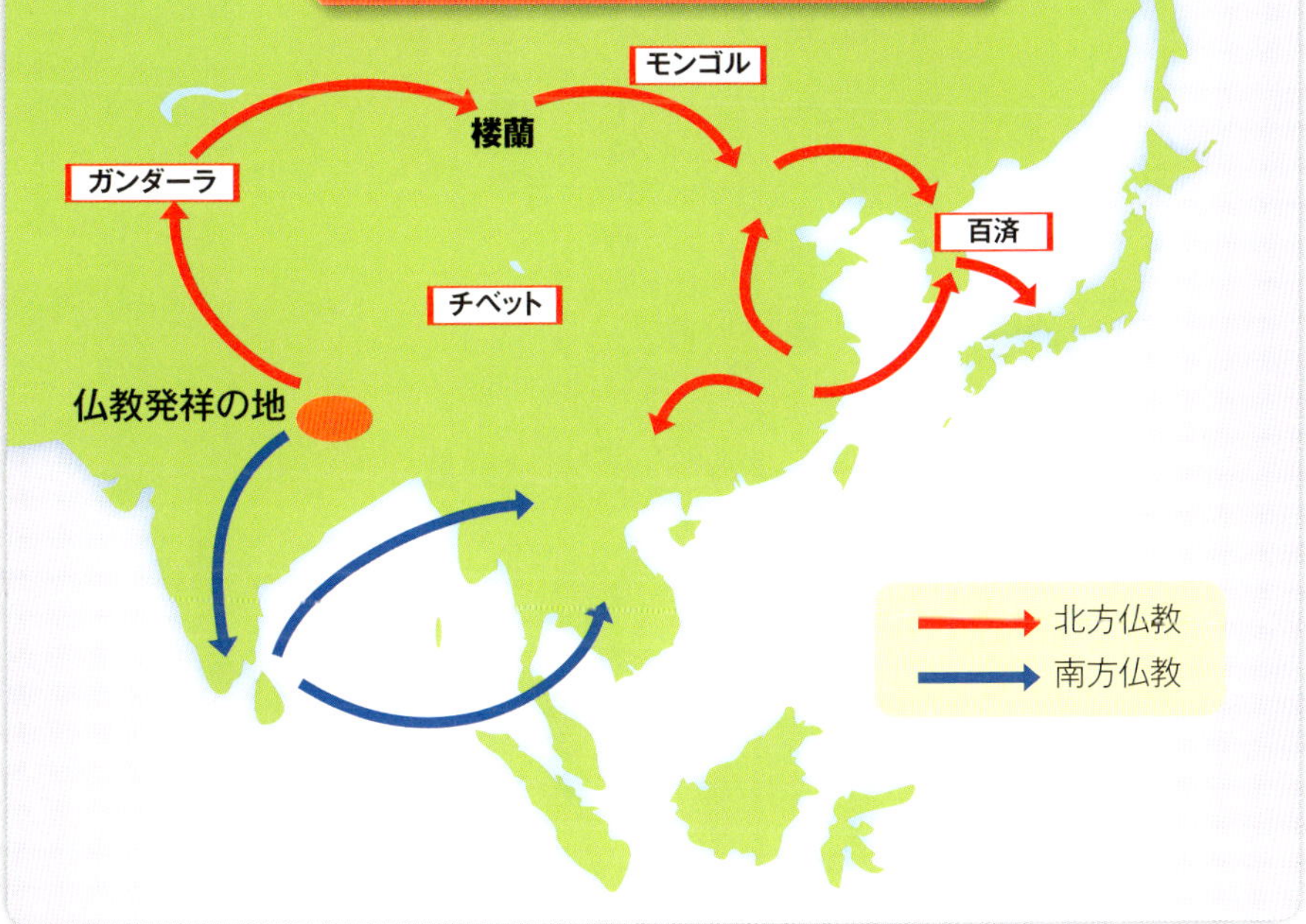

歴史 CLOSE UP!

仏像の特徴

この時代の仏像は北魏様式と南梁様式の2系統に分かれます。飛鳥寺釈迦如来像に代表される北魏様式は力強く端正な姿。広隆寺弥勒《みろく》菩薩《ぼさつ》半跏《はんか》思惟《しい》像《ぞう》に代表される南梁様式は、温かみがあって丸みを帯びているのが大きな特徴となっています。

飛鳥文化の代表作品

建築	法隆寺　金堂・五重塔・回廊
彫刻	法隆寺金堂釈迦三尊像 法隆寺夢殿救世観音像 法隆寺百済観音像　飛鳥寺釈迦如来像 広隆寺半跏思惟像　中宮寺半跏思惟像
絵画	法隆寺玉虫厨子扉絵

万葉仮名

この頃の書物はすべて漢文で書かれていました。飛鳥時代になると漢字の意味を考えず、その文字が持つ音を表音文字として使い、日本語を表記する方法が始まり、それらがひらがなに変化していきました。

流れを知る!

五三八 仏教伝来（日本書紀では五五二）
五九三 聖徳太子摂政に。四天王寺建立
五九四 聖徳太子、仏教興隆の詔を出す
五九六 飛鳥寺（法興寺）建立
六〇七 第二次遣隋使。法隆寺建立
六一五頃 聖徳太子「三経義疏」完成

飛鳥時代

蘇我氏抹殺と中央集権国家の確立

大化改新は東アジアの国際情勢に対応していた

POINT
- 朝鮮半島でもクーデターが同時期に起こる
- 先進知識を得たエリートたちの政治改革
- 反対派も出た急進的な改革断行

蘇我氏の滅亡

推古《すいこ》天皇は次期天皇を明確に示さずに亡くなりました。そして**蘇我蝦夷《そがのえみし》**は**聖《しょう》徳太子《とくたいし》**の子である**山背大兄王《やましろのおおえのおう》**を推す一派を抑え、**舒《じょ》明《めい》天皇**を擁立。**蘇我入鹿《いるか》**は父**蝦夷**に勝る実権を握り、女帝**皇極《こうぎょく》天皇**の時代の六四三年、山背大兄王一族、つまり聖徳太子の子孫を滅ぼします。

六四五年、蘇我氏の勢力に危機感を抱いた**中臣鎌足《なかとみのかまたり》**と**中大兄皇子《なかのおおえのおうじ》**（舒明《じょめい》と皇極《こうぎょく》の子）は、入鹿を謀殺。蝦夷もその翌日に自殺しました。蘇我氏本家が滅びたこの事件は**乙巳《いっし》の変**と呼ばれています。

エリートによる改革断行

この時代、中臣鎌足や中大兄皇子、そして蘇我入鹿も、隋《ずい》の滅亡と唐《とう》の成立を体験して帰国してきた留学生たちから、先進の知識を学んでいました。

皇極天皇は退位し、その後、中大兄皇子の叔父に当たる弟の**孝徳《こうとく》天皇**が即位します。鎌足は内臣《うちつおみ》という地位に就任。留学生の僧たちが政権のブレーンとなり、六四六年に改新の詔が出され、大化改新が始まったのです。

税制改革などが断行されましたが、反対派も少なくなく、何より孝徳天皇が急な改革に失意したまま、六五四年に亡くなります。六五八年中大兄皇子は孝徳天皇の子で、改革反対派の有《あり》間皇子《まのおうじ》を謀略で捕え処刑。皇太子のまま断固として改革を進めたのでした。

もっと楽しむ！

『落日の王子　蘇我入鹿』

横暴な蘇我入鹿、英雄の中大兄皇子といった固定観念を解きほぐしてくれる小説。歴史解説としても読みやすい。入鹿が暗殺される場面は圧巻。藤原氏の祖となる中臣鎌足があくまでも黒幕に徹していたところに、権力者の何たるかがうかがわれる作品です。

黒岩重吾著
文春文庫

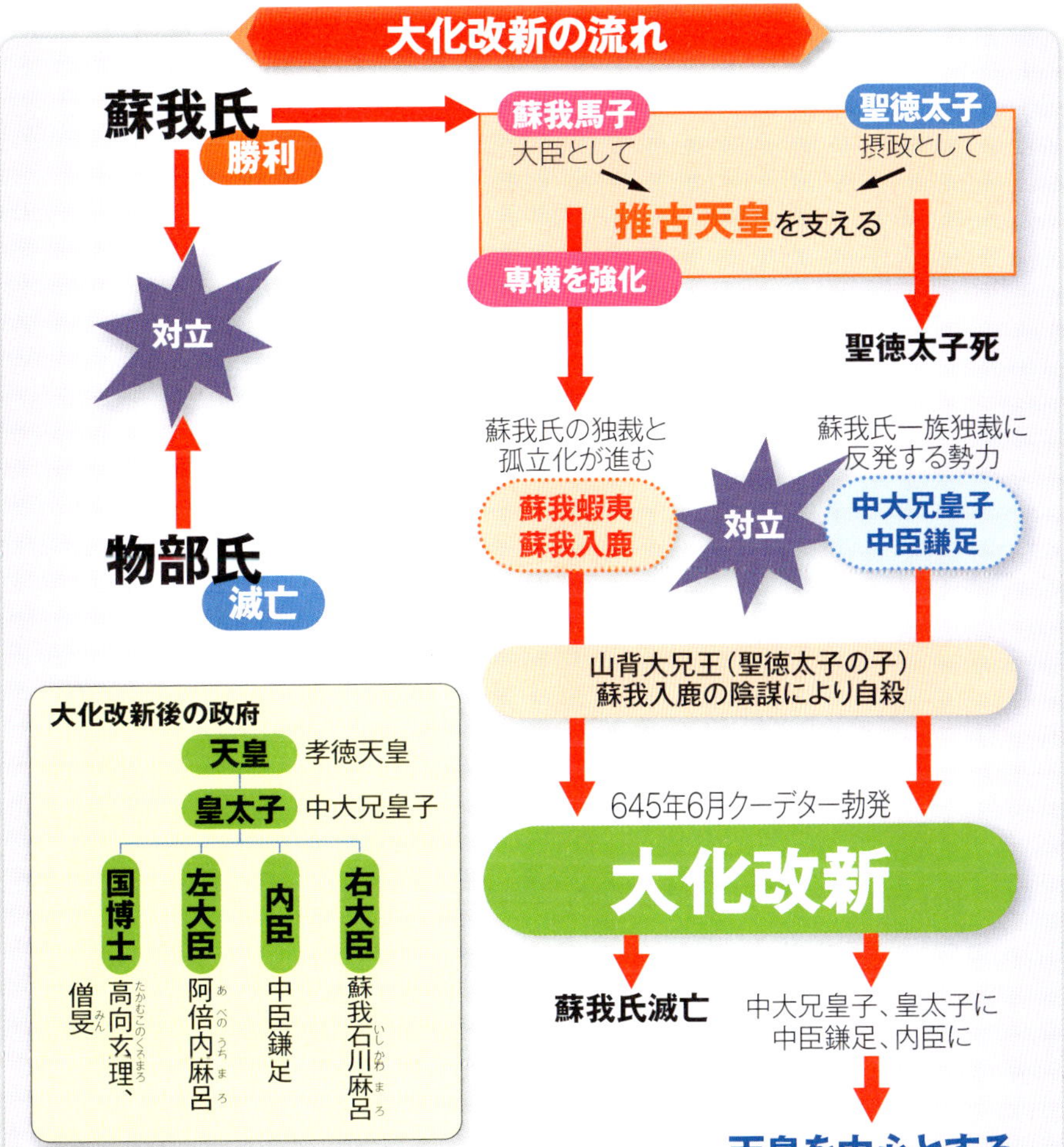
天皇を中心とする
中央集権国家の確立

内臣は天皇の補佐役。国博士は政治顧問。大臣《おおとみ》・大連《おおむらじ》は廃され代わりに置かれたのが、右・左大臣

もっと知りたい！

改新の詔

- 一 公地公民
- 二 地方行政組織制定
- 三 戸籍
- 四 新しい税制制定
- その他、品部の廃止

※詔が実際に出されたかは定かでない

流れを知る！

- 六四三 山背大兄王一族滅亡
- 六四五 乙巳の変 年号を大化と定める
- 六四六 改新の詔
- 六四七 七色一三階（後一九階）
- 六五〇 白雉と改元
- 六五三 中大兄皇子、孝徳と不和になり飛鳥へ移る。翌年、孝徳天皇死
- 六五八 阿倍比羅夫、蝦夷を討つ。有間皇子、謀反のかどで処刑

飛鳥時代

白村江での大敗と古代最大の内乱

対外戦争敗北と改革断行に国内の不満が爆発

対外政策の失敗

六五八年、**阿倍比羅夫**《あべのひらふ》は蝦夷を討ち、東北地方の海岸部要地を押さえました。これは斉明《さいめい》天皇・中大兄《なかのおおえの》皇子《おうじ》の対外政策のひとつで、中でも最も重要視したのは朝鮮半島の情勢でした。

六五五年、**高句麗**《こうくり》**・百済**《くだら》連合は**新羅**《しらぎ》に侵攻しましたが、唐の援軍により新羅が反撃。六六一年、斉明天皇は降伏した百済の復興のため援軍を送りました。

ところが斉明天皇が急死。代わって中大兄皇子が指揮を執り、百済に派兵しましたが、**白村江**《はくすきのえ》**の戦い**で唐、新羅連合軍に大敗します。危機感を募らせた中大兄皇子は、各地に堤や山城を築くなど国土防衛を強化したほか、豪族を取りまとめ序列化するため**甲子**《かっし》**の宣**を出し、国政改革を断行しました。

飛鳥《あすか》の宮から大津宮へ遷都した皇子は**天智**《てんじ》**天皇**として即位。初の全国規模の戸籍、**庚午年籍**《こうごねんじゃく》を作成し、徴税と徴兵を行いやすくしました。

天智天皇の心変わり

天智天皇は当初、弟の**大海人皇子**《おおあまのおうじ》に皇位を継承させるつもりでしたが、晩年に心変わりして長子である**大友皇子**《おおとものおうじ》を後継者としました。この心変わりが、**壬**《じん》**申**《しん》**の乱**の原因です。天智天皇が病床に伏すと、大海人皇子は出家し吉野に潜伏。そして天智天皇の死の翌年、東国へ脱出し挙兵したのです。

大海人皇子の下には多数の地方豪族が集まりまし

POINT

- 百済復興のための派兵が失敗
- 甲子の宣や遷都など国内改革を断行
- 王位継承争いを発端にした壬申の乱の勃発

もっと楽しむ!

『額田女王』

井上靖著　新潮文庫

『万葉集』に登場する額田女王《ぬかたのおおきみ》は、天智・天武両天皇から愛された宮廷歌人。大化改新後から、朝鮮半島出兵と敗退、蝦夷征伐、そして壬申の乱と激動の時代を生きた額田女王の劇的な生涯が描かれています。

もっと知りたい!

白村江の敗戦

六六〇年、百済は滅亡しますが、百済遺民は国家再興のため、日本に援軍を要請。天皇自身が畿内を離れ陣頭指揮に向かうことは前例がなく、斉明女帝の決意がうかがえます。二万七千の軍を送り、当初は優勢だった日本軍でしたが、

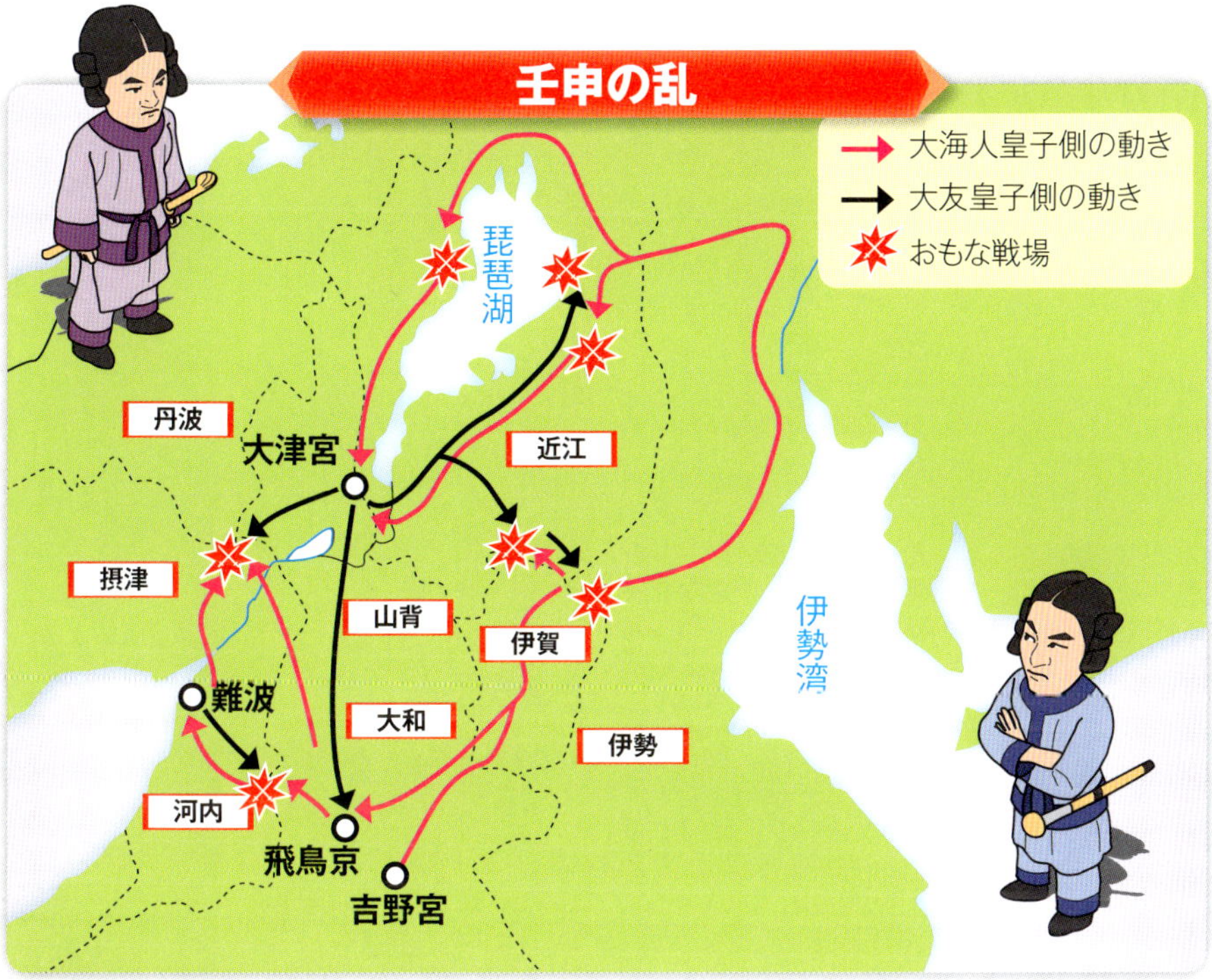

た。彼らは天智天皇の政治に不満を抱いていたのです。大海人皇子は、大津宮を攻撃。大友皇子は自害し、大海人皇子は飛鳥《あすか》浄御《きよみ》原宮《はらのみや》で、**天武天皇**として即位しました。実力で皇位に就いた天武天皇は、批判勢力を弾圧し、強大な権力を持つようになりました。

歴史 CLOSE UP!

さ迷う天皇

天智天皇(中大兄皇子)は約20年の間に飛鳥→難波→飛鳥→筑紫→飛鳥→近江と遷都を繰り返しました。筑紫の朝倉宮は白村江の戦いのための本営で、斉明天皇が亡くなった場所です。遷都の度に造営工事に狩り出された庶民は、不満を募らせていきました。

唐の軍勢参加により惨敗。日本は朝鮮半島から締め出されたのです。

甲子の宣の詳細

一 冠位を一九階から二六階に
→下級冠位の増加

二 氏上を政権が定める
→氏族の勢力、国への功労度により豪族を再編成

三 豪族の私有民領有を再確認
→豪族との融和に配慮

流れを知る!

- 六六〇 百済の王、新羅に降伏
- 六六三 新羅征伐へ派兵 白村江の戦いで大敗
- 六六四 甲子の宣→国政改革断行
- 六六八 中大兄皇子、天智天皇として即位
- 六七〇 庚午年籍作成
- 六七一 天智天皇死去
- 六七二 壬申の乱
- 六七三 大海人皇子、天武天皇として即位

飛鳥時代

現代にも影響を及ぼす律令制度の確立

苦しい生活を送った下級役人と優遇された有力貴族

POINT
- 早急に進められた律令体制の確立
- 税制、地方行政、官僚制度が整備される
- 身分が代々保障された上級貴族

官僚制度の確立

天武《てんむ》天皇の時代から律令体制国家の建設が始まりました。天武天皇は皇族・皇親を重用し、天皇の権力を確実なものとします。貴族たちはその支配下に入ることになり、官僚としての地位を確保することを余儀なくされました。**姓**《かばね》は**八色**《やくさ》の姓として再編成され、上級貴族の氏族は明確に分けられました。

多様な体制整備、改革が行われる中、天武天皇は国史の編纂も命じました。『**古事記**《こじき》』は私的な歴史書編纂から始まりましたが、『**日本書紀**《にほんしょき》』は国家レベルの歴史書でした。ただし、天武天皇に都合のよい内容となっていました。

有力貴族の優位

天武天皇の死後、后だった**持統**《じとう》**天皇**が即位し、天武天皇の事業を引き継ぎました。計画的な都市づくりの下に完成した**藤原京**《ふじわらきょう》は、東西二キロ、南北三キロに及ぶ最初の本格的な都城で、律令国家の完成を象徴するような都でした。

息子が早世したため持統天皇は孫の**文武**《もんむ》**天皇**に譲位し、後見する太上《だいじょう》天皇となり、大宝律令を完成させました。中央の律令官制が整い、地方には中央貴族が派遣され国司として統治する体制が確立。外交や軍事の要地には管轄する役所（摂津職《せっつしき》、**大宰府**《だざいふ》）が置かれました。

戸籍に登録された農民には**口分田**《くぶんでん》が貸し与えられ、最低限の生活が保障されれま

もっと楽しむ！

『美貌の女帝』

藤原京遷都後、女帝持統天皇を補佐していた高市皇子《たけいちのみこ》が病死し、持統天皇の孫、軽皇子《かるのみこ》が皇太子と決められました。主人公は軽皇子の姉で美貌で知られた皇女永高。後に前例のない未婚の女帝となる元正天皇です。

永井路子著
文春文庫

律令体制国家建設の流れ

天皇	特徴	おもな政策・活動
天武天皇	(在位673年~686年) 天皇独裁色が強い	●大宝律令の原型が作られる 〔律令の制定に着手(681年)〕 ●身分別の服装規定、宮廷内の礼儀規定 ●国史の編纂開始 〔古事記(712年成立)、日本書紀(720年成立)〕 ●藤原京の造営に着手 ●皇親の優位確立ー八色の姓制定(684年)
持統天皇	(在位690年~697年) 天武時代の引継ぎとその政策の実施	●飛鳥浄御原令の施行(689年) ●庚寅年籍完成(690年) ●藤原京の完成、遷都(694年)ー最初の中国風都城
文武天皇	(在位697年~707年) 独自の律令制度の完成	●大宝律令完成(701年)→ 初の律令完備 持統太上天皇、藤原不比等主導 刑部親王　編纂総裁 ●班田収授法の開始 〔戸籍整備→公民に口分田(既墾地)〕 租〔稲〕、調〔人頭税〕、 庸〔労役の代納物(布、米…)〕の徴収　労働・兵役の義務

歴史CLOSE UP! 持統天皇即位の背景

天武天皇の死後、皇后の菟野皇女《うののひめみこ》は称制(即位せずに政務を行うこと) して、自分の子草《くさ》壁《かべ》皇子と共同統治を行う。二年以上続いた天武の後、草壁皇子が即位するはだったが、二八歳で死去。皇子の子はまだ七歳だったため、皇女自らが即位することになったのでした。

したが、重い税や労働など義務がありました。

役人は細かく等級化され、下級役人が苦しい生活を送った一方で、上級貴族は優遇され、蔭《おん》位《い》の制によって代々の位階が保障されました。この制度を利用していった有力貴族の代表が藤原氏でした。

流れを知る!

六七三　大海人皇子が天武天皇として即位
六八六　天武天皇死去
六九〇　皇后菟野皇女、持統天皇として即位。庚寅年籍完成
六九四　藤原京に遷都
七〇一　大宝律令完成

もっと知りたい!

律令の官制(二官八省)

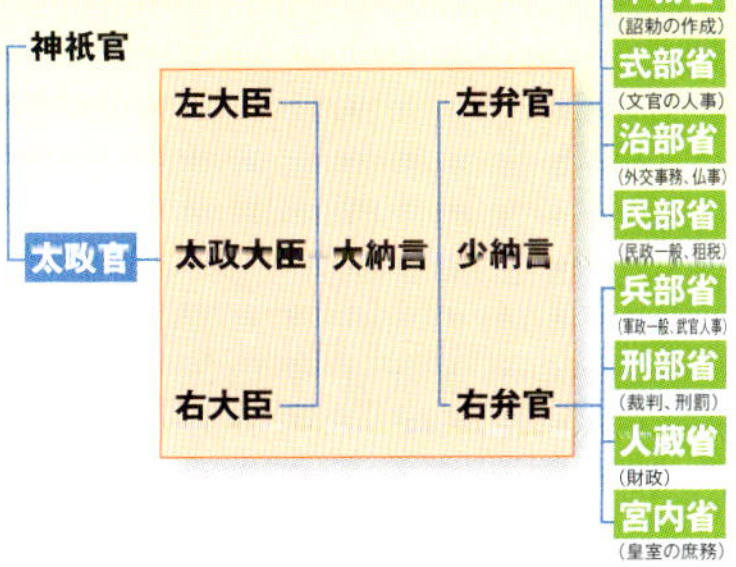

飛鳥時代

中国やインドの影響が強い貴族中心の白鳳文化

法隆寺金堂や高松塚古墳壁画　宮廷では本格的な和歌も成立

POINT

- 神祇制度の整備。現在に残る行事開始
- 私的な信仰から国による仏教の統制へ
- 万葉集に載る和歌が誕生

神道と仏教

天武天皇《てんむ》は神道《しんとう》、仏教とともに大切にしました。天皇が即位した後、最初に行う大規模な新嘗祭《にいなめさい》「**大嘗会**《だいじょうえ》」は、天武・持統《じとう》時代に始まりました。

新嘗祭は天皇が秋の新穀物を神に捧げる行事で、現在の暦では、勤労感謝の日です。皇祖神である天照《あまてらす》大神《おおみかみ》を祀る伊勢神宮の**式**《しき》**年遷宮**《ねんせんぐう》（二〇年ごとの社殿建て替え）は、天武時代に定められました。

神祇《じんぎ》**制度**が整備される一方で、仏教も保護されました。国家仏教への統制が進められ、国家が造営費用を負担する大寺が建てられたのもこの頃からです。

朝廷は神道、仏教の整備・統制によって、国家の精神的支柱を確立していきました。

絵画と和歌

建築、彫刻、絵画の分野ではこの時代、より一段と成熟した姿を見ることができます。

法隆寺金堂の壁画には、インドのアジャンター石窟《せっくつ》寺院や中国敦煌《とんこう》の壁画の様式が取り入れられており、天武天皇の皇子が埋葬されたとされる**高松塚**《たかまつづか》**古墳**壁画には高句麗《こうくり》の古墳壁画の影響が見られます。当時の世界観や生活がうかがえる貴重な遺跡です。

宮廷では本格的な和歌が成立しました。後の**万葉集**には、**斉明**《さいめい》**天皇**や**額田王**《ぬかたのおおきみ》ら皇族の和歌があり、持統・文武天皇の時代には**柿本人麻呂**《かきのもとのひとまろ》が現れました。

もっと楽しむ！

『猿丸幻視行』

三十六歌仙のひとり猿丸大夫。実際には存在しなかったとも、実は柿本人麻呂と同一人物だともされるこの人物を、民俗学者の折口信夫《おりくちしのぶ》を登場させて追跡します。

井沢元彦著
講談社文庫

もっと知りたい！

この時代の生活

人口…約六〇〇万人
食事…味噌、醤油などの発酵食品はすでに存在。煮物、焼き物など調理法は現在とほぼ同じ

白鳳文化の代表的作品

薬師寺東塔
（提供：一般財団法人奈良県ビジターズビューロー）

六重の塔に見えるが、三重の塔。屋根と屋根の間にある庇は裳階（もこし）と呼ばれる。明治初期に来日した美術史家フェノロサが「凍れる音楽」と形容したことで知られる。

建築	薬師寺東塔
彫刻	法隆寺阿弥陀三尊像 法隆寺夢違観音像 薬師寺金堂薬師三尊像 薬師寺東院堂聖観音像 興福寺仏頭
絵画	法隆寺金堂壁画 高松塚古墳壁画 上淀廃寺金堂壁画
文学	和歌の誕生

薬師寺金堂　薬師如来像

歴史CLOSE UP! 日本最古の仏教建築遺構

1982年、山田寺の東側の回廊が当時の姿のまま発掘され、現存する日本最古の仏教建築遺構ということが確実となっています。この回廊は保存処理が施され復元が終了。1997年から、奈良国立文化財研究所の飛鳥資料館で展示、公開されています。

住居…庶民は竪穴住居。貴族は床板のある館で生活
恋愛…男性が女性のもとに通う「妻問い婚」

菩薩の二〇〇〇年の旅

法隆寺金堂に描かれた観音菩薩像のオリジナルと言われているインド西部アジャンター石窟寺院の壁画は五世紀頃に描かれたと考えられています。インドで仏教が衰退した後、シルクロードを通って日本に伝わり、七世紀に建立された法隆寺の壁画に描かれるまでに二〇〇〇年の月日が経っていたのです。

流れを知る！

- **六八〇** 天武天皇、皇后が発病したため薬師寺の建立を発願（六九八に建立）
- **六九四** 藤原京に遷都
- **七〇〇** 僧道昭没、初の火葬が行われる
- **七〇二頃** 高松塚古墳築造
- **七一〇** 平城京に遷都

飛鳥時代

命懸けで海を渡った留学生たち

文化から政治・経済まで日本の土台を築いたのは遣唐使たちだった

POINT

- 外交関係によって変わったルート
- 帰ってこなかった留学生も
- 文化導入と日本の地位確保が目的

遣隋使から遣唐使へ

遣唐使《けんとうし》は六三〇年から二〇回近く派遣されましたが、その前に**遣隋使**《けんずいし》が送られていました。

六一四年、第四次遣隋使として派遣された**犬上御**《いぬかみのみ》**田鍬**《たすき》は、第一回目の遣唐使でもありました。隋が滅んで唐が興るのは、六一八年のことです。王朝の交代を経験して帰国した留学生たちは、**大化改新**《たいかのかいしん》の理論的指導者となりました。

七三〇年代に帰国した**吉**《き》**備真備**《びのまきび》や**玄昉**《げんぼう》は、奈良の朝廷でブレーンとして活躍。彼らとともに渡った**阿倍仲**《あべのなか》**麻呂**《まろ》は、唐の皇帝に気に入られ、そのまま中国に留まりました。

悲劇の数々

他にも帰国できなかった留学生は多数おり、唐に辿り着けないこともしばしばでした。難破し、命が助かったとしても、数年かけて筆写した経典が海に沈んでしまうということもありました。

五回の失敗の末、失明しながらも目的を果たした**鑑**《がん》**真**《じん》の来朝からもわかるように、遣唐使は命懸けだったのです。

九州から東シナ海を渡るルートは危険でしたが、八世紀にこのルートを取らざるを得なかったのは、新羅との関係が悪くなったためです。遣唐使は、日本に先進文化をもたらし、唐に対して日本の地位を確保するための使節でもありました。それらの成果は多くの犠牲の上に成されたのです。

もっと楽しむ！

「天平の甍」

映画　80年　熊井啓監督

原作井上靖。天平年間に日本仏教確立のため唐に渡った青年僧と、鑑真の来日までの苦難を壮大なスケールで描いた作品です。密出国を犯してまでも日本を目指す鑑真の姿と、彼が日本にもたらしたものを考えると、鑑真来朝という出来事は奇跡だったように思われてきます。

中国への渡航ルート

Ⓐ～Ⓓはだいたいのルート。往復の行路が異なっているものもある。Ⓐルートは新羅との関係が良好だった時期。

回	ルート	出国／帰国年	規模	備考
1	A	出630 帰632	?	使節 犬上御田鍬
2	A	出653 帰654	241人、2隻	
3	A	出654 帰655	2隻	第1船漂着
4	A	出659 帰661	2隻	
5	A	出665 帰667	?	
6	A	出669 帰?	?	
7	A	出702 帰704	?	
8	B	出710 帰718	557人、4隻	
9	B	出733 帰734	549人、4隻	(往)阿倍仲麻呂
10	B	出752 帰753	20余人、4隻	第1船遭難 鑑真渡来
11	C	出759 帰761	99人、1隻	第1船遭難
12		761	中止	
13		762	中止	第1船遭難 2～4船漂着
14	B	出777 帰778	4隻	
15	B	出779 帰781	2隻	
16	D	出804 帰805	4隻	(往)最澄、空海
17	D	出838 帰839	600余人、4隻	(往)円仁 第3、2船遭難
18	D	894	中止	廃止に

流れを知る！

- 六四五 大化改新
- 六六三 白村江の戦いで敗北
- 六七二 壬申の乱
- 七〇一 大宝律令完成
- 七一〇 平城京遷都
- 七四三 大仏造立の詔
- 七五二 大仏開眼供養
- 七六四 恵美押勝（藤原仲麻呂）の乱
- 七九四 平安京遷都
- 八六六 藤原良房、摂政に
- 八八七 藤原基経、関白に

奈良時代

平城京遷都と台頭し始めた藤原氏

政界を牛耳るために藤原氏の一族が計画した謀略

POINT

- 藤原不比等が政界のドンに
- 日本の勢いを誇示した平城京
- 不比等の取った外戚戦略が藤原氏繁栄の基礎に

藤原不比等と遷都

大化改新《たいかのかいしん》を断行した**中**《なか》**臣鎌足**《とみのかまたり》は死の前日に天智《てんじ》天皇から藤原《ふじわら》の姓と大臣の位を贈られ藤原氏の祖となりました。藤原は一族の居地の名前です。

その子**不比等**《ふひと》は、右大臣となり政界を動かします。七一〇年、人口増加により藤原京が手狭になったため、平城京に遷都が行われました。日本の国力を誇示するものでもあり、不比等はこの遷都を主導しました。

ライバルは消せ

もちろん不比等にも政敵がいました。権力を手中にするため、彼は天皇との外戚（母方の親族）関係を築いていきました。当時の貴族社会では、夫婦は妻方の家で生活し、生まれた子は妻の父（外祖父）が養育、後見する習慣だったのです。不比等は娘**宮子**《みやこ》を**文武**《もんむ》**天皇**の后にし、文武天皇の子**首皇子**《おびとのおうじ》（後の聖武天皇）にも娘**光明子**《こうみょうし》を嫁がせました。こうして藤原家繁栄の礎を築いた不比等は、七二〇年に死去します。

その後政界の首領となったのは、天武天皇の孫で不比等の死後左大臣として権勢を振るった**長屋王**《ながやおう》です。七二四年、聖武《しょうむ》天皇が即位しましたが、光明子の子は満一歳で死去。一方で、聖武天皇の別の夫人に子ができました。

危機感を抱いたのは、不比等の子**武智麻呂**《むちまろ》、**房前**《ふささき》、**宇合**《うまかい》、**麻呂**《まろ》の四兄弟でした。他氏に皇位が移る可能性が出てきたからです。四

もっと楽しむ！

『天風の彩王　藤原不比等』
黒岩重吾著　講談社

大化改新の黒幕だった中臣鎌足の次男史《ふひと》（後の不比等）は、一〇代半ばの多感な時期に壬申の乱を体験しました。天武天皇に嫌われたものの、後の女帝持統天皇に登用され、実力派官僚としての手腕を発揮します。以後、藤原家の地位を確固たるものにしていく不比等でしたが、内心に抱いていた大きな不安も作品には描かれています。

もっと知りたい！

木簡と長屋王

木の札をメモ用紙のように使った木簡は、当時の生の史料として重要視されています。長屋王は平城宮の横に六万平方メートルという

8世紀の皇室・藤原家の系図

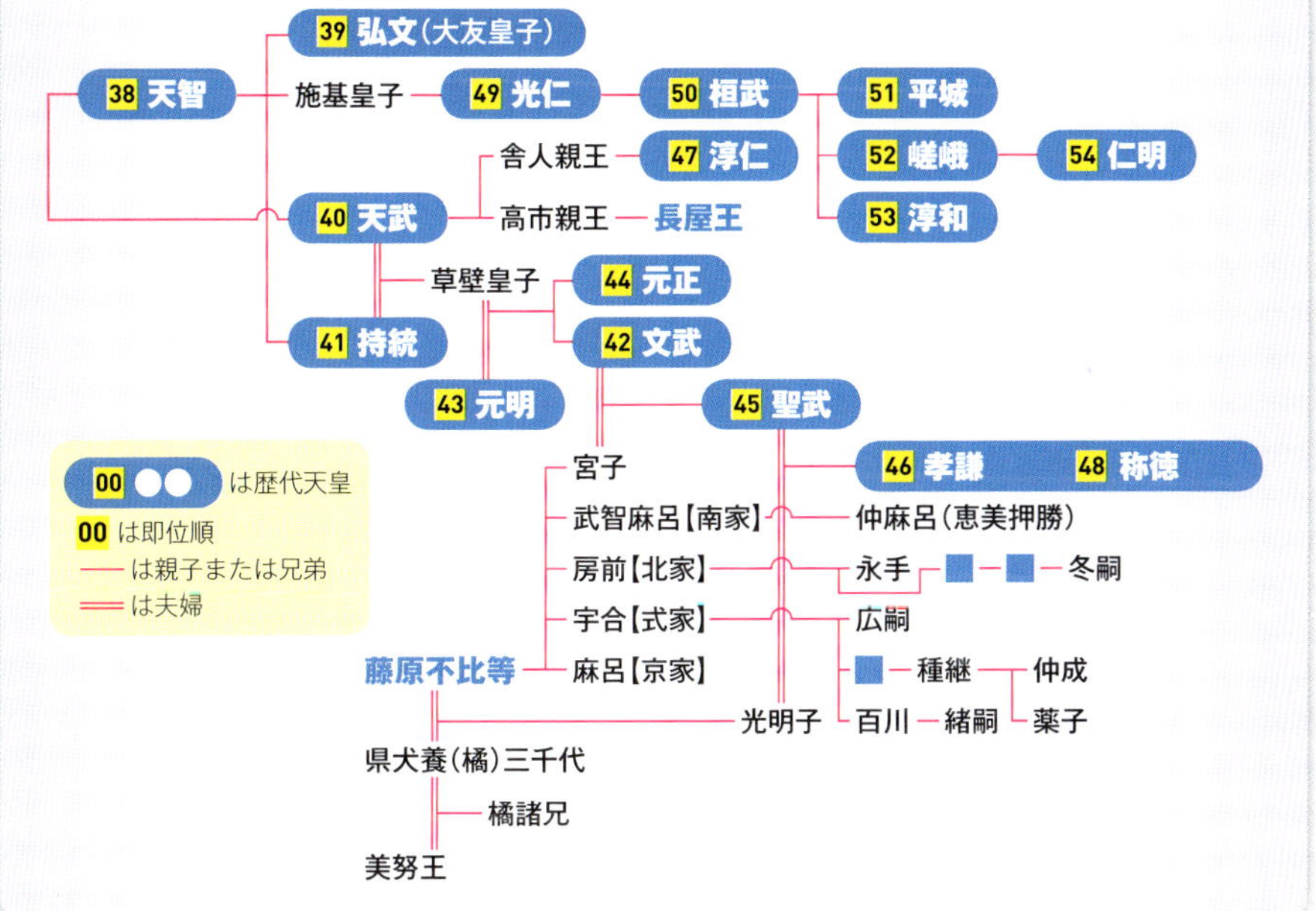

兄弟は光明子を皇后にする計画を立てましたが、皇后になれるのは皇族のみです。長屋王の反対は明らかでした。

七二九年、四兄弟は謀略で長屋王を自殺へ追いやったのです（**長屋王の変**）。光明皇后が立てられたのは、その半年後でした。

歴史 CLOSE UP! 日本最古の貨幣

この時代、日本最古の貨幣である「富本銭」が鋳造されました。1999年1月、奈良県明日香村の遺跡から天武天皇期の『丁亥年(687)』と書かれた木簡とともにこの貨幣が発見され、708年に鋳造された「和同開珎」より約25年も前にこの貨幣が造られていたことが証明されたのです。

広大な敷地を構えていました。牛乳を煮詰めたものが食され、家畜の犬の餌が白米だったことが、発掘された木簡からわかっています。

流れを知る！

- 六六九 中臣鎌足に藤原姓。翌日、死去
- 六七二 壬申の乱
- 六八四 八色の姓の制定
- 六九四 藤原京へ遷都
- 六九七 文武天皇即位
- 七〇一 大宝律令完成
- 七一〇 平城京へ遷都
- 七一八 藤原不比等ら、養老律令撰上
- 七二〇 藤原不比等死去
- 七二三 三世一身の法制定
- 七二九 長屋王の変

奈良時代▼

大仏造立と藤原氏の攻防

権力争いで政治は大混乱！　聖武・孝謙天皇の時代

長屋王の祟り？

藤原《ふじわら》四兄弟は念願の権力を握りました。ところが、七三七年に四人は相次いで死去します。天然痘《てんねんとう》が原因でした。藤原氏の勢いは衰え、反藤原派で皇族の**橘《たちばなの》諸《もろ》兄《え》**が政権を握り、唐から帰国した**吉備真備《きびのまきび》**らが政権のブレーンとなりました。これに反発した大宰府《だざいふ》の**藤原広《ひろ》嗣《つぐ》**（宇合《うまかい》の子）が反乱を起こしました。

混乱する世の中に最も動揺したのは**聖《しょう》武《む》天皇**でした。四年半にわたって遷都を繰り返し、その間に国分寺建立、大仏造立の詔《みことのり》を出します。仏教によって国を鎮めようとしたのでした。天皇位を譲り、大仏の完成を見届けた聖武は、大仏開眼の四年後死去しました。

仲麻呂の栄光と没落

聖武天皇が譲位し女帝**孝《こう》謙《けん》天皇**が即位した年、紫微《しび》中台《ちゅうだい》という役所が朝廷に置かれ、**藤原仲麻呂《なかまろ》**が長官となりました。これは光明《こうみょう》皇后の世話をするために設置されたものでしたが、皇后と仲麻呂が政権の実権を握るために作られたのは明らかでした。仲麻呂は橘諸兄を引退させます。その後、諸兄の子奈良麻呂《ならまろ》がクーデターを計画しますが、発覚して処刑されてしまいます。

さらに仲麻呂は淳仁《じゅんにん》天皇を即位させ、**恵美押勝《えみのおしかつ》**の名を賜ります。この名には、広く恵みを施す美徳を備え、強敵にも勝つという意味が込められていました。そして、太政大臣となりましたが、光明皇太后が

POINT

- 鎮護国家を目指した聖武天皇
- 権力の頂点を目指した藤原仲麻呂
- 僧道鏡を天皇にしようとした孝謙天皇

もっと楽しむ！

「大仏開眼」
映画　52年　衣笠貞之助監督
長谷川一夫演じる彫刻の天才・国人を主人公に、大仏造立をめぐる政治抗争や当時の社会情勢を描いています。聖武天皇の信任を得るため大仏造立に賛成する藤原仲麻呂と、反対派の橘奈良麻呂は鋭く対立。大仏造立が技術的な面だけではなく、政治的な背景からも難事業だったことがわかる作品。

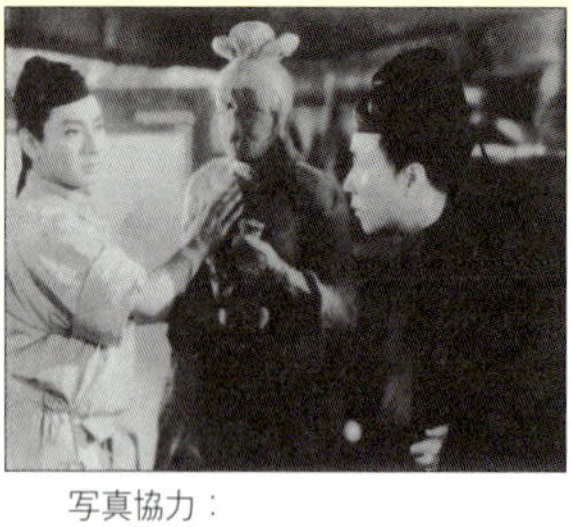

写真協力：
（財）川喜多記念映画文化財団

迷走する聖武天皇

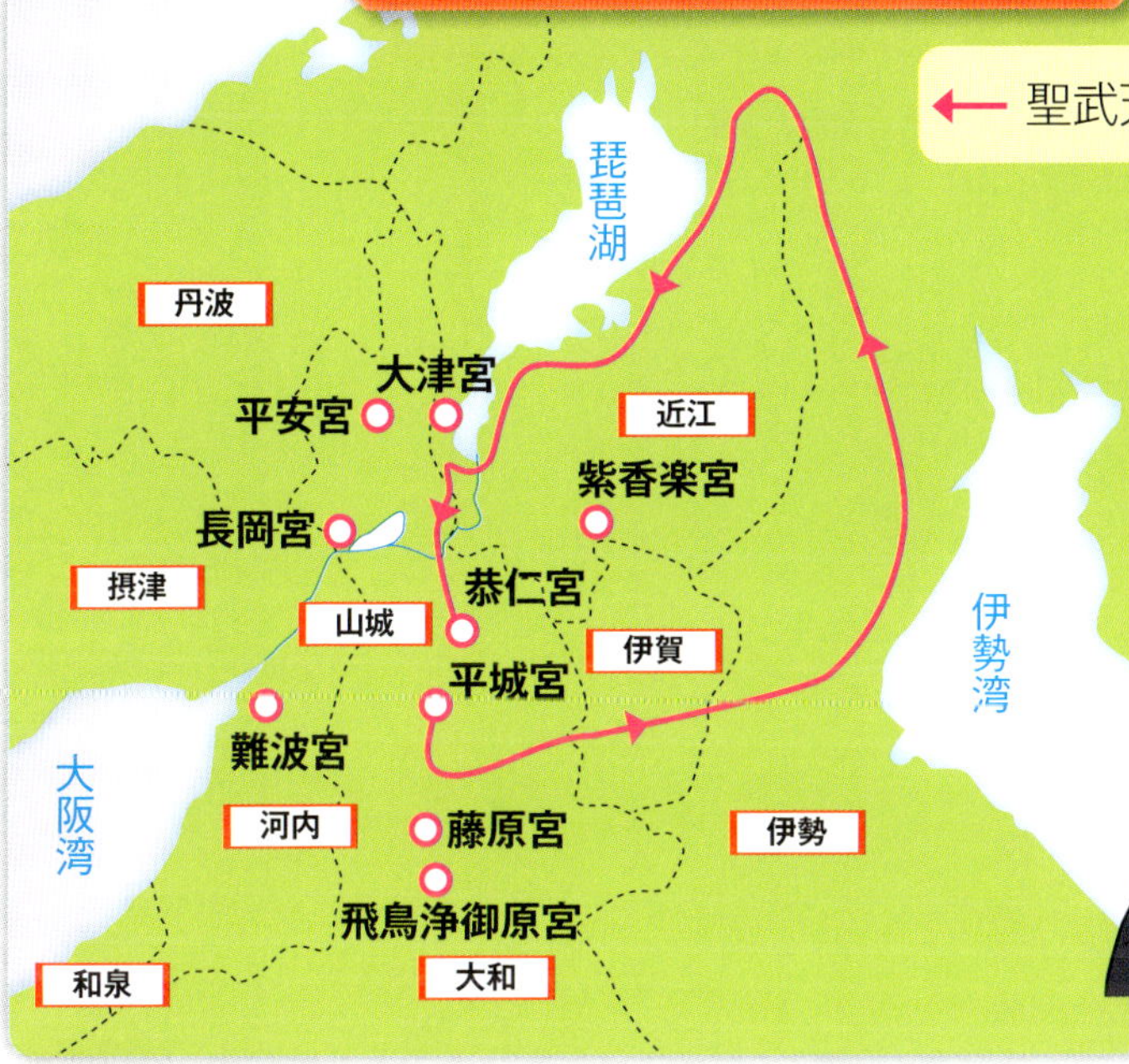

聖武天皇

死ぬと、押勝（仲麻呂）は孤立してしまいます。

勢いを取り戻したのは孝謙太上天皇でした。呪術によって病を治した僧**道鏡**《どうきょう》を寵愛し、淳仁天皇と対立した孝謙は、親政を宣言。反乱を起こした押勝は処刑され、孝謙は再び即位して**称徳**《しょうとく》**天皇**となりました。

歴史CLOSE UP!

道鏡の野望

道鏡は、天皇位を得ようと宇佐八幡宮から「道鏡を即位させれば天下泰平になる」との神託を奏上させます。称徳天皇は神託の真偽を確かめるため和気清麻呂を派遣。清麻呂は偽りであると報告し、道鏡の野望はくじかれました。これは道鏡を失脚させるために藤原百川らがしくんだとされています。

流れを知る！

- **七四〇** 聖武天皇伊勢へ行幸
- **七四一** 恭仁京造営
- **七四二** 紫香楽宮造営
- **七四三** 紫香楽宮へ御幸し、そこで大仏造立の詔を発する。恭仁京造営中止
- **七四四** 難波へ御幸。再び紫香楽宮へ御幸
- **七四五** 事実上、紫香楽宮へ遷都　平城京が再び都に

道鏡と孝謙太上天皇

公地公民制の崩壊と「有力者」の出現

地方の有力者たちが私有地作りに熱中　初期「荘園」の誕生

POINT
- 律令制度から逃げ出す農民たち
- 大仏造立とも関連した土地政策
- 公地公民制の崩壊による大土地所有者の発生

三世一身法の成立

大宝律令《たいほうりつりょう》によって、原則として農民は田を与えられ、最低限生活することは可能でした。しかし税や労役義務の負担は重く、それから逃れるために、逃亡して豪族のもとに身を寄せたり、貴族の配下に入ったりする農民が増加しました。当然税は徴収できません。また、農民人口も増えたため、田が不足しました。

そこで未開の地を開墾すると三代にわたってその土地が私有できる**三世一身法**《さんぜいっしんのほう》が、七二三年に成立しました。これにより開墾は進みましたが、三代目の後は国に土地を差し出さなければならず、私有期限が近づくと農民は耕地を放棄してしまいました。

大仏と墾田永年私財法

三世一身法の二〇年後に土地の無期限私有を許可する**墾田永年私財法**《こんでんえいねんしざいほう》が成立します。これは単に三世一身法で問題となっていた土地の放棄を防止するためだけではなく、より開墾を促進し、早期に税収入を得る必要があったために取られた措置でした。

墾田永年私財法が**大仏造立の詔**《みことのり》の五カ月ほど前に出されたことも重要です。この国家事業を成功させるためには、農民や有力豪族たちの協力が不可欠でした。土地の私有を認める代わりに、労力などの提供が求められたのです。

土地の私有により、公地公民制は崩壊しました。有力者たちは「私有地作り」

もっと楽しむ！

『穢土荘厳』
杉本苑子著　文春文庫ほか
蘇我系の女帝たちと藤原一門の皇統争いの中で苦しむ聖武天皇は、放浪ともいうべき遷都を繰り返し、世論の反感を買います。国分寺などを建立し、さらに国家鎮護のため大仏造立を決定。しかし、国は財政難であり、資金を得るため墾田永年私財法が発布されます。社会の底辺で苦しむ農民などが描かれることで、大仏も人間の愚かさの象徴のように思われてきます。

もっと知りたい！

農民のおもな税
租…口分田《くぶんでん》の収穫の約三%を稲で
庸…都で一〇日働く代わりに布を納める

土地制度の変遷

改新の詔（646年）	公地公民制 ➡	すべての土地は国家の所有
大宝律令（701年）	班田収授法 ➡	公民（戸籍に登録された人）に田を貸し、税を徴収
三世一身法（723年）	期限付き土地私有 ➡	開墾地を一定期間所有可能
墾田永年私財法（743年）	無期限土地私有 ➡	開墾した土地は本人が所有
	貴族・寺社 ➡	一般農民も使って土地開墾
		➡ 大土地所有者に→ 初期荘園が出現

に熱中し、一般農民を使って開墾を進めたため、農民所有の田が荒廃してしまいました。そのような土地を集め、貴族、豪族や寺社などは大土地所有者となり、初期の荘園が現れます。混乱する中央政界に対し、地方では確実に有力者たちが力を持ち始めたのでした。

歴史CLOSE UP! 土地問題から知る朝廷の力

墾田永年私財法は貴族・官僚等の有力者のみに有利だったため、765年には禁止されました。しかし、7年後には再び開墾と無期限の土地所有が認められることとなります。単なる土地問題ではなく、朝廷の実力低下がこの点からも明らかとなっていたのです。

調…絹、生糸、特産物などを納める
雑徭…一年のうち最大六〇日まで国司のもとで労働
兵役…二一～六〇歳の男子三分の一が徴兵。食糧・武器は各自負担

農民の窮状

万葉集の第五巻におさめられている山上憶良による『貧窮問答歌』には、「ボロをまとい、まともに食べる物もないのに、戸口から、税を取り立てる里長の鞭の音が聞こえてくる。」など、当時の農民の悲惨な状況が歌われています。厳しい税から逃れるため、戸籍を偽って税が軽い女と届出をしたり、自らを奴婢（奴隷）の身分におとしめたりする人が大勢いたのです。

墾田永年私財法で身分により認められた所有面積

一位―五〇〇町歩
二位―四〇〇町歩
三位―三〇〇町歩
四位―二〇〇町歩
五位―一〇〇町歩
六～八位―五〇町歩
初位～庶民―一〇町歩
（一町歩＝約一万㎡）

奈良時代

より仏教色の強い貴族文化の成立

日本仏教に戒律を伝えた鑑真の功績と天平文化の特徴

POINT
- 平城京を中心とした貴族の文化
- 濃厚な唐の影響
- 仏教と鎮護国家の思想

寺院中心の仏教文化

「天平《てんぴょう》」は、聖武天皇の時代の年号のことです。この文化は、天皇や貴族、一部の僧侶などの限られた階層だけに広められたものでした。

天武天皇時代に作り始められた『**古事記**《こじき》』『**日本書紀**《にほんしょき》』が完成。地方の様子を伝える『**風土記**《ふどき》』がまとめられ、漢詩、和歌などの文芸作品も現れました。すでにこの時代、官吏養成のために中央に大学、地方には国学が設置されています。

天平文化は、仏教文化です。聖武天皇は仏教と国家の関係を密接に結びつけることで、仏教で国を守るという鎮護国家政策を進めていきました。

平城《へいじょう》京には大小の寺院が建立され、寺院には数々の美術・工芸品が納められました。調和の取れた美しい仏像も数多く作られました。特に東大寺に寄進された、聖武天皇が愛でたといわれる品々は**正倉院**《しょうそういん》に保存され、正倉院宝物として有名です。

高まる僧侶の影響力

この時代、日本の仏教に多大な貢献をしたのは唐の僧**鑑真**《がんじん》でした。まだ混乱が見られ、まとまっていなかった日本仏教に戒律（僧が守るべき生活規律）が伝えられ、日本に本格的な仏教が広まったのです。後に鑑真は**唐招提寺**《とうしょうだいじ》を建て、そこで亡くなりました。

仏教は政府から統制を受けていて、僧侶が一般民衆に布教することは禁じられていました。しかし、僧

もっと知りたい！

東大寺大仏殿の大きさの変遷

東大寺は、七四三年に聖武天皇が総国分寺として建立を発願しました。平安末期、戦国時代に兵火に遭い、鎌倉初期、江戸初期にそれぞれ再建されて、現在の大仏殿は江戸初期に再建されたものです。高さ四七・五メートルは世界最大の木造建築物です。

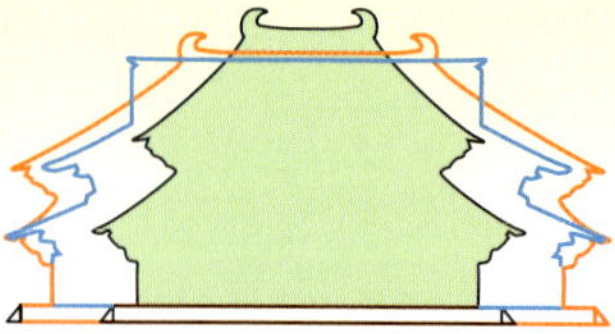

行基《ぎょうき》は布教とともに、橋や用水施設の建設などを行い、民衆から支持されていました。政府は最初、行基を取り締まりましたが、その影響力は無視できず、大仏造立の際、行基の力を頼るようになりました。

行基のみならず、影響力を持つ僧は少なくありませんでした。当時、僧は最新文化を身につけた知識人だったのです。やがて僧と政治は深く結びついていきます。**道鏡《どうきょう》**がその一例でしょう。仏教の政治化は、今後大きな問題となっていきます。

天平文化の代表的作品

文学

内容	完成	年	編者
古事記	神代～推古時代までの神話・歴史	712年	太安万侶
日本書紀	神代～持統時代までの神話・歴史	720年	舎人親王ら
風土記	各地の伝承、産物、自然などをまとめたもの。常陸、出雲、播磨、豊後、肥前5カ国の風土記が伝えられている	713年作成を命じる	
懐風藻	現存最古の漢詩集	751年	不詳
万葉集	約4500首を収録した歌集	771年	不詳

建築

法隆寺	夢殿、伝法堂
東大寺	法華堂、転害門
唐招提寺	金堂･講堂

彫刻

唐招提寺	鑑真像	乾漆像
唐招提寺金堂	盧舎那仏像	乾漆像
興福寺	須菩提像	乾漆像
興福寺	阿修羅像	乾漆像
東大寺法華堂	日光･月光菩薩像	塑像
東大寺	戒壇院四天王像	塑像

興福寺阿修羅像

法隆寺夢殿（提供：一般財団法人奈良県ビジターズビューロー）

流れを知る!

- 七一二 太安万侶、「古事記」を撰上
- 七一三 諸国に「風土記」撰上を命ず
- 七二〇 舎人親王ら、「日本書紀」を撰上
- 七二九 長屋王の変。光明子、皇后に
- 七三〇 光明子、施薬院を設置
- 七四一 国分寺・国分尼寺建立の詔
- 七四三 大仏造立の詔
- 七五一 「懐風藻」完成
- 七五二 東大寺大仏開眼供養
- 七五四 鑑真来日
- 七五九 唐招提寺建立
- 七七一 この頃より七八〇年代にかけて「万葉集」完成

平安時代

造りかけの都を捨て新たに造られた「平安京」

平安京への遷都を桓武天皇に決意させたのは弟の怨霊だった!?

POINT

- 藤原百川の謀略で天皇系図が大転換
- 仏教政治の弊害絶つための遷都と怨霊
- 新官職設置の原因となった薬子の変

「平安」を願った遷都

称徳《しょうとく》天皇の死後、道鏡《どうきょう》を追放した後、次の皇位に**光仁《こうにん》天皇**が即位したという背景には**藤原百川《ももかわ》**がいました。壬申《じんしん》の乱から約一〇〇年、天武《てんむ》天皇系の天皇の時代が続いていました。女帝が相次いで、皇位を巡る陰謀が絶えず、藤原氏は危機感を抱いていました。百川は天《てん》智《じ》系への大転換を図り、光仁天皇を擁立しました。

桓武《かんむ》天皇を即位させたのも百川の謀略です。政権基盤の弱い桓武天皇は、政治に関与する僧侶から離れるために長岡京遷都を決めます。しかし、造営責任者、腹心の**藤原種継《たねつぐ》**が遷都反対派により暗殺。桓武天皇は関与した貴族のほか、弟の**早良《さわら》親王**も退けました。早良親王は潔白を示すため、飲食を断って死にます。

その後、桓武天皇の母と后が相次いで亡くなると、桓武天皇は弟の祟りだと恐れます。長岡京の建設も遅れ、桓武天皇は再度都を移すことを決め、願いをこめて平安京と名付けます。

遷都後、桓武天皇は蝦夷《えぞ》征伐で制圧地域を拡大します。地方政治も改革し、国司の交替事務を監督する**勘《か》解由使《げゆし》**を設置。また軍団を廃し、志願兵を採用する制度を成立させました。

薬子の変

桓武天皇の子である**平城《へいぜい》天皇**は弟の**嵯峨《さが》天皇**に譲位した後、女官長の**藤原薬子《くすこ》**を寵愛し、平城京へ移りました。太上天皇として実権を握ろうとした平城側を嵯

もっと楽しむ!

「空海」
映画 84年 佐藤純彌監督
北大路欣也が空海、加藤剛が最澄を演じるスケールの大きな作品。空海は命がけの修行を終え中国に渡り、密教を授けられて帰国。平安京遷都、薬子の変など当時の政治状況も丁寧に描かれています。

「陰陽師」
映画 01年 滝田洋二郎監督
夢枕獏の原作をもとに陰陽師・安倍晴明を描いた映画です。物語の舞台は平安遷都から一五〇年経った都。早良親王の怨霊が物語のカギとなっている。SF的な世界が展開されるものの、怨霊信仰は日本史の重要な要素です。

峨天皇は迅速に討ち、平城天皇は出家、薬子は服毒自殺しました。これは薬子の変と呼ばれていますが、実際には平城太上天皇の変でした。

この事件により、天皇の命令が太上天皇に漏れずに太政官に伝わるように**蔵人所**《くろうどどころ》が設けられ、平安京を警備する**検非違使**《けびいし》が置かれました。これらは令外《りょうげ》の官《かん》、いわば法規定外の機関でした。また法令が現実に沿うよう弘仁格式も編纂されました。担当したのは、後に台頭する藤原北家の**冬嗣**《ふゆつぐ》でした。

8〜9世紀の政情

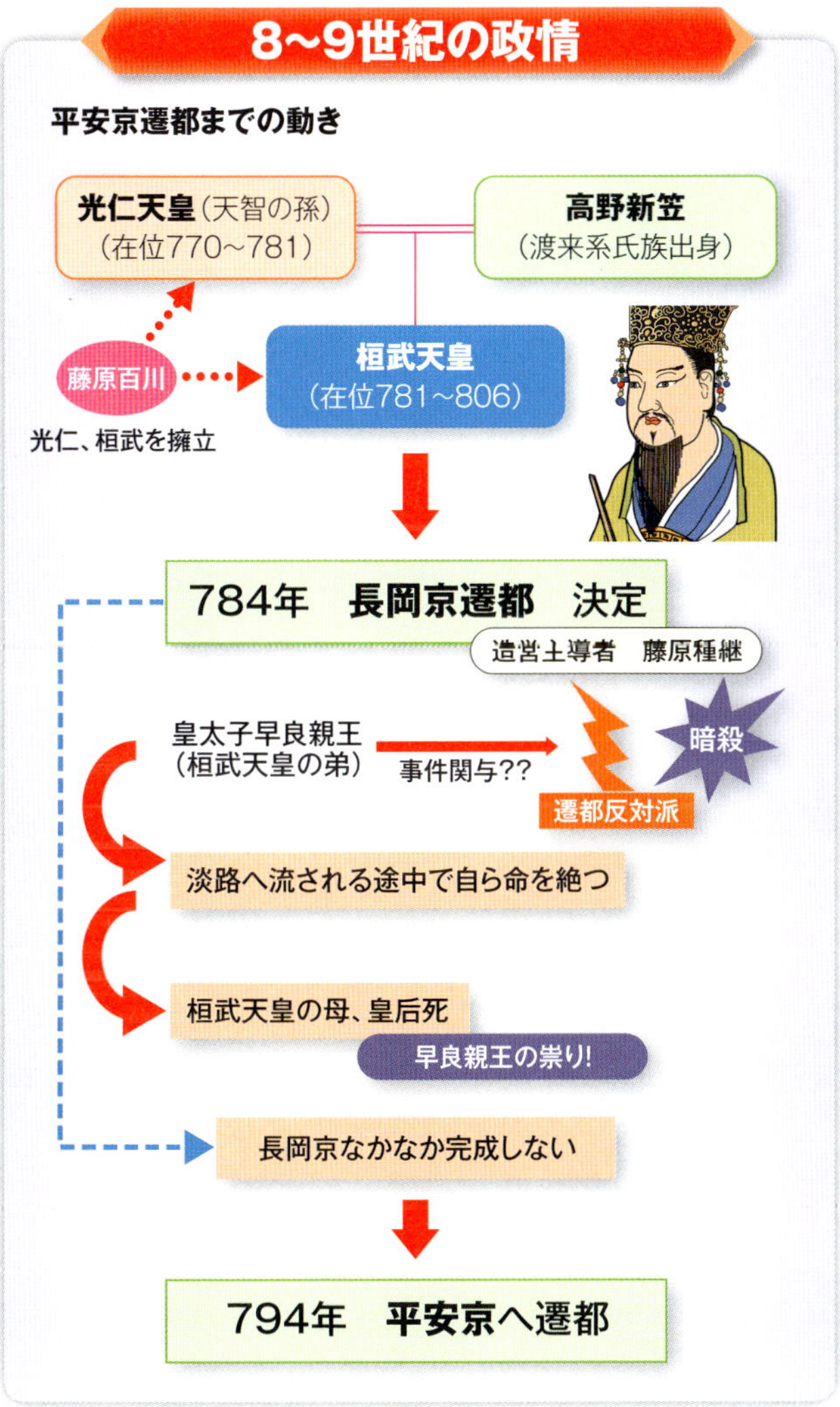

もっと知りたい!

蝦夷征伐

平安遷都と同時に、桓武天皇は蝦夷征伐で制圧地域拡大政策を進めます。数年前、蝦夷征伐軍は蝦夷の族長アテルイに完敗していましたが、征夷大将軍に任命された坂上田村麻呂《さかのうえのたむらまろ》はアテルイを帰順させることに成功したのでした。一方、桓武天皇は地方政治の改革にも着手し、国司の交代事務を監督する勘解由使《かげゆし》を設置します。また、軍団は廃止され、志願兵を採用する健児《こんでい》制度が確立されました。

流れを知る!

- **七九四** 平安京へ遷都
- **七九七** 坂上田村麻呂、征夷大将軍に
- **八〇二** 蝦夷族長アテルイ帰順する
- **八〇五** 最澄、帰国し、後に天台宗創始
- **八〇六** 空海、帰国し、後に真言宗創始
- **八一〇** 藤原薬子の変

平安時代

関白の地位を作らせた藤原北家の台頭

政権を排除し、絶対権力を目指して次々と天皇の親戚関係に

POINT
- 再び始まった藤原氏の外戚政策
- 天皇の代行・補佐役を独占
- 敵は謀略で失脚させる

皇族以外で初めての摂政に

一時衰えた藤原氏の勢力は、**北家**（↓次ページ系図）の**藤原冬嗣**《ふゆつぐ》が実権を握ったことで再び拡大し始めます。

冬嗣と、子の**良房**《よしふさ》は娘を天皇に嫁がせて外戚関係を築いていきます。良房は本来の皇太子恒貞《つねさだ》親王の部下が謀反を企てていたとして逮捕し、恒貞親王も廃して、冬嗣の娘の子を文徳《もんとく》天皇にします。

また応天門《おうてんもん》で放火事件が起きた時には、政敵の**伴**《ともの》**善男**《よしお》を失脚させたといわれています。この事件の後、良房は若い清和《せいわ》天皇の代行として、皇族以外で初めて**摂政**となり、以降、藤原北家による人臣（皇族外）摂政が始まります。

関白の誕生

良房の後を継いだ養子の基経《もとつね》は、光孝《こうこう》天皇から**関白**に任じられます。ただし、この時代にはまだ関白という言葉はなく、関白の語が出てくるのは、次の宇多《うだ》天皇の即位後です。

宇多天皇は基経を「阿《あ》衡《こう》」に任じるとしましたが、中国古典では「阿衡」が名誉職に過ぎないため基経が抗議して政務をやめたところ、天皇はこの語を撤回しました。阿衡の紛議と呼ばれています。

基経の死後、宇多天皇は関白を置かず自ら政務に当たりました。その頃学才ぶりを発揮していた**菅原道**《すがわらのみち》**真**《ざね》が重用され、後に右大臣となります。これを不満に思った基経の子時平《ときひら》は、

もっと楽しむ!

『王朝序曲』
永井路子著　角川文庫

藤原四家の間の激しい権力争いを制し隆盛することになる北家。その基礎を築いた藤原冬嗣が物語の主人公です。巧みな手腕で政治の主導権を握っていく冬嗣は、まさに「藤原王朝」の序曲を奏でていたのでした。

もっと知りたい!

太政大臣を断り続けた良房

藤原良房は人臣初の太政大臣でもありました。これも良房の権力欲の表れと見られていますが、良房は太政大臣職を何度か断っています。最終的に良房は、太政大臣が天皇の輔弼《ほひつ》として政務も担当することを認めさせ、就任しました。

藤原北家の権力拡大

天皇	藤原家	事件など	事件の影響など
嵯峨(在位809~823) 淳和(在位823~833)	冬嗣	蔵人頭に任命(810) 薬子の変(810)	嵯峨天皇の信任得る 藤原式家没落
仁明(在位833~850) 文徳(在位850~858) 清和(在位858~876)	良房	承和の変(842) 太政大臣に(857) 事実上の摂政に(858) 応天門放火事件(866) 正式に摂政に(866)	伴健岑、橘逸勢ら失脚 大納言伴善男失脚 皇族以外初→人臣摂政開始
陽成(在位876~884) 光孝(在位884~887) 宇多(在位887~897)	基経	事実上の関白に就く(884) 阿衡の紛議(887) 正式に関白になる(887) 基経死後、 関白置かず親政	藤原氏が天皇の力を抑える 遣唐使廃止(894年) 宇多天皇、菅原道真抜てき
醍醐(在位897~930)	時平	延喜の治(897~930) 時平の陰謀(901)	醍醐天皇の親政 右大臣菅原道真、左遷

※摂政…天皇(幼少)の権限をほぼ代行　関白…成長した天皇を補佐

藤原北家と皇室の関係

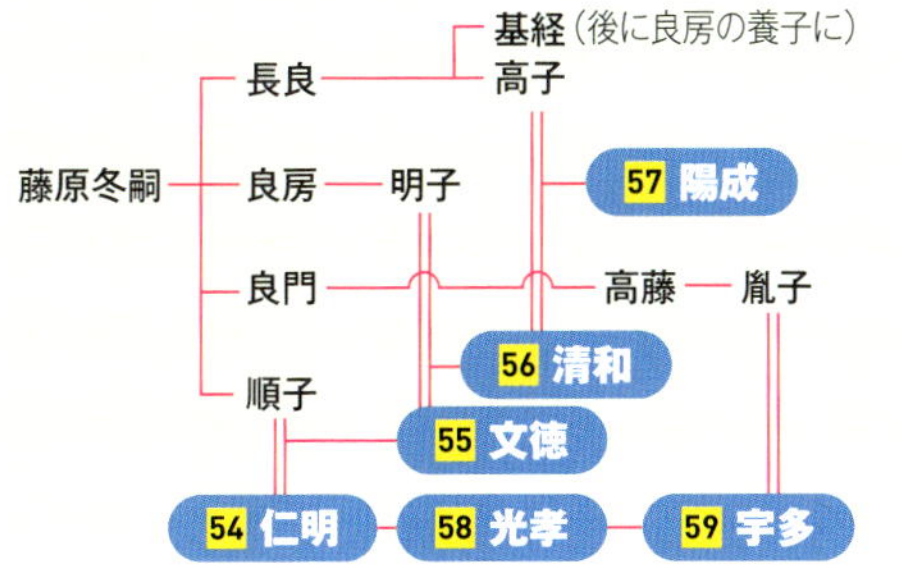

謀って道真を大宰府《だざいふ》に左遷させました。任地で不遇のうちに亡くなった道真の死後、不吉な事件が続発したので、道真の祟りだと噂されました。そこで道真は供養され、今では学問の神として祀られるようになったのです。

文徳天皇が病弱で皇太子も幼かったため、万一の時のためにという配慮もあったようです。実際、間もなく天皇は急死し、幼くして清和天皇が皇位に。良房はさらに人臣初の摂政への道を歩んでいくのです。

流れを知る!

- **八四二** 承和の変。恒貞親王廃される
- **八五七** 藤原良房、太政大臣に
- **八六六** 藤原良房、摂政に。応天門の変、伴善男ら配流
- **八七二** 良房没。藤原基経、摂政に
- **八八七** 基経、関白に。阿衡の紛議
- **八九四** 菅原道真の建議により遣唐使廃止される
- **八九七** 醍醐天皇即位。延喜の治開始
- **九〇一** 菅原道真、大宰府に左遷される
- **九〇三** 菅原道真死去

平安時代▼

摂関政治と権力争いで乱れる国内

この世をば我が世とぞ思う…のは藤原氏だけ　崩れる地方統治

道長、藤原のトップに

醍醐《だいご》天皇は摂政、関白を置かず親政（**延喜《えんぎ》の治《ち》**）を行いました。醍醐天皇譲位後、朱雀《すざく》天皇が即位すると藤原忠平《ただひら》が摂政となります。次の**村上《むらかみ》天皇**は再び親政（**天暦《てんりゃく》の治《ち》**）を行いますが、以後、忠平の子孫が摂関を独占するようになります。九六九年には醍醐天皇の子、左大臣源高明《たかあきら》が藤原氏の陰謀で大宰府《だざいふ》に左遷され、他氏にはもはや敵がいなくなりました。

その後は、藤原氏内の兄弟や叔父・甥の間で「氏《うじの》長者《ちょうじゃ》」と呼ばれたトップ争いが展開され、最終的に勝利したのが**道長《みちなが》**でした。四人の娘が天皇の后となったのです。藤原氏の全盛期を謳歌した道長は、出家して一〇二七年に六一年の生涯を閉じました。この頃、世の中には不穏な空気が漂い始めていたのです。

政治は不在

大きな政治権力を握った藤原氏摂関の時代は、上級貴族に富が集中しており、貴族層の家柄も固定するようになりました。

ところが、朱雀天皇の代に**平将門《まさかど》の乱**は始まっています。道長の死の翌年には、**平忠常《ただつね》の乱**、その約二〇年後には前九年《ぜんくねん》の役が起こります（➡六八ページ）。

地方、特に関東では、荘園の拡大などにより地方統治が崩れていたのです。藤原氏を中心とする中央政府は、権力争いだけで、まともな政治を行っていなかったのです。一〇一九年には

POINT

- 他氏を排斥した後は藤原氏内部で抗争
- 地方政治は混乱状態へ
- 末法思想の世の中

もっと楽しむ！

「千年の恋　ひかる源氏物語」

映画　01年　堀川とんこう監督

吉永小百合（紫式部）、天海祐希（光源氏）、常盤貴子（紫の上）ら豪華キャストがそろった歴史絵巻。紫式部が源氏物語に登場する女性たちの運命を語っていきます。華麗な着物など美しい映像が印象的。

『この世をば』

「権力の権化」のイメージの藤原道長は、兄たちの陰に隠れた平凡な男だった―そんな道長が政界に躍り出て、華やかな王朝を築く過程を描いた作品。平安朝の貴族社会がよく描写されています。

永井路子著
新潮文庫

10～11世紀の藤原氏と皇室の関係

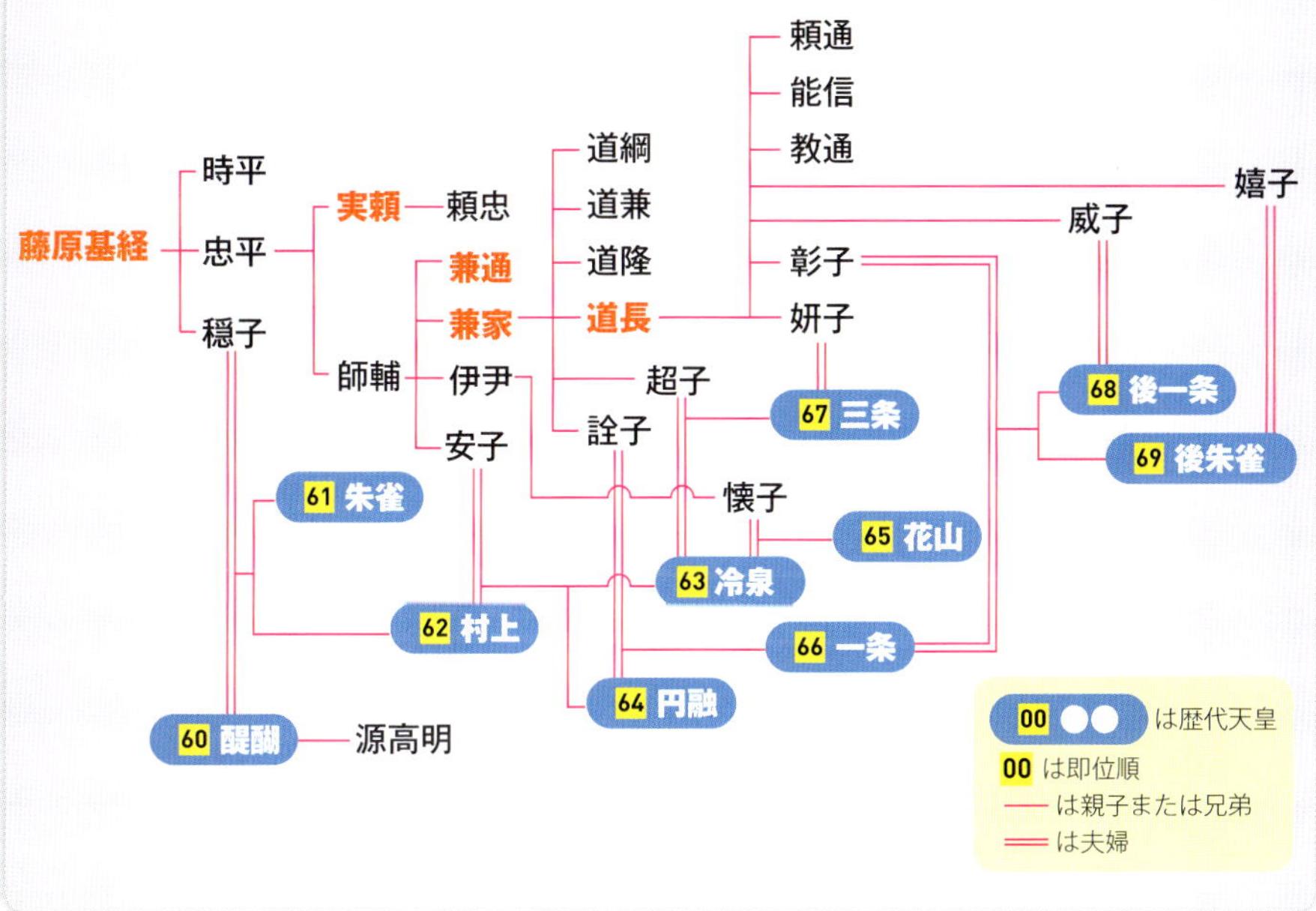

女真族《じょしん》が九州を襲う事件（刀伊《とい》の入寇《にゅうこう》）が起きますが、政府はほぼすべてを国司に任せ切りでした。都には盗賊が増え、火災も頻発しました。

仏教思想で乱世になるという「**末法**《まっぽう》」が一〇五二年から始まるとされていました。まさに時代は末法のようになっていたのです。

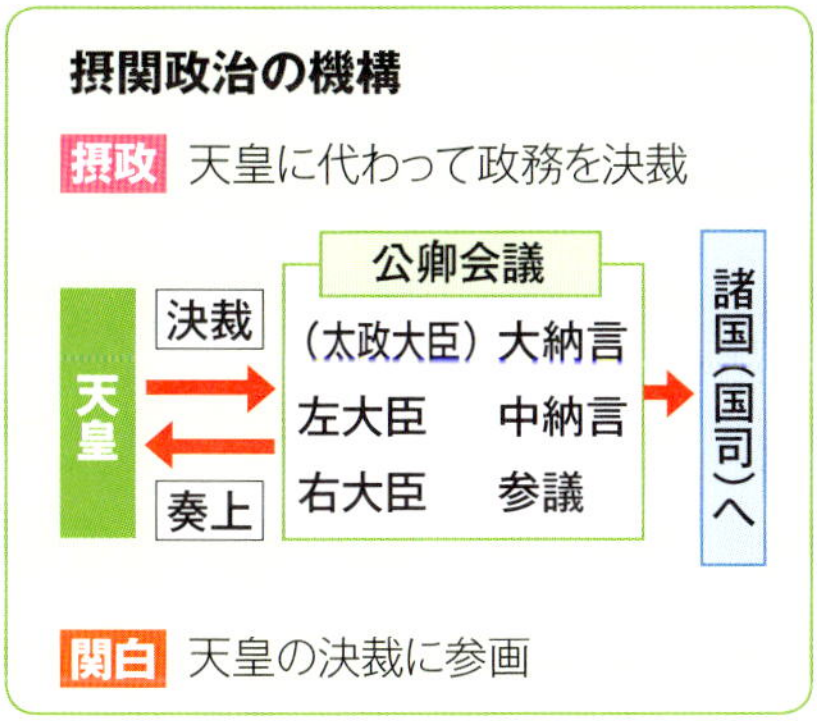

流れを知る！

- **九六九** 安和の変。左大臣源高明、大宰府に左遷される（藤原氏の他氏排斥が完了する）
- **九九〇** 関白兼家の後継めぐり道隆・道兼兄弟不和。道隆、関白、摂政に
- **九九五** 道長、内覧に。伊周と争う
- **一〇一七** 道長、太政大臣に
- **一〇一九** 刀伊の入寇
- **一〇二七** 道長死去
- **一〇二八** 平忠常の乱（前上総介平忠常、下総で反乱）
- **一〇三五** 園城寺・延暦寺の僧徒争う
- **一〇五一** 前九年の役始まる
- **一〇五二** 末法の世に入るとされる
- **一〇五三** 平等院鳳凰堂落成

平安時代▼

律令制の崩壊と武士の台頭

開発領主の誕生と荘園寄進　藤原利権体制と荘園の公認

POINT
- 国司に任された地方政治
- 国司と有力農民の勢力拡大
- 荘園の私的支配が始まり武士が登場

国司と開発領主

初期の荘園は、中央や国司などの行政組織に組み込まれていました。やがて摂関政治が始まり地方の政治が混乱したので、国司に地方統治が任されることになります。そして、中央集権は弱体化し、律令体制は崩壊していきました。

力を持った国司は、**田堵**《たと》（有力農民）を使って租税を徴収するようになり、さらに田堵の中からは国司に取り入って勢力を拡大する者が現れました。彼らはのちに大名田堵、そして開発領主と呼ばれるようになります。

一方、国司の中には任命されても赴任せずに代理を任地に派遣する**遙任**《ようにん》を行うものが現れました。また任国に赴任した国司の最上級の者は**受領**《ずりょう》といわれ、私腹を肥やしていく者が多数いました。

開発領主の成長

もともと税（年貢）は荘園の管理者である開発領主から国司に差し出されるものでした。ところが、国司が土地に手出しをできないように、自分が管理する荘園を有力貴族や寺社に寄進する領主が出てきます。最有力貴族とはもちろん藤原一族のことです。この頃、藤原体制は巨大な利権構造を築いており、荘園の拡大は重要な基盤となっていたのです。

中央政府の要職を占めていた藤原氏ですが、右記のようにその一族が自ら国の律令体制（公地公民制）を

もっと楽しむ！

「山椒大夫」

映画　54年　溝口健二監督

森鷗外原作。安寿と厨子王の物語として知られています。人買いによって山椒大夫に売られたこの二人は、ある時母親が佐渡にいることを知り、厨子王は逃亡。それを助けた安寿は命を落とします。平安末期の地方の実態が垣間見られる作品。

もっと知りたい！

荘園の利権で「天下り」？

増え続ける荘園の整理令は何度か出されました。しかし、藤原氏自らが膨大な荘園を所有していたため、当然のことながら不徹底なものに終わっていました。本格的な整理が始まるのは、藤原氏の影響

否定した行いをしているという、大きな矛盾を抱えていた時期でした。

寄進を受けた貴族などは、その荘園を私有し、朝廷には免税特権などを承認させました。

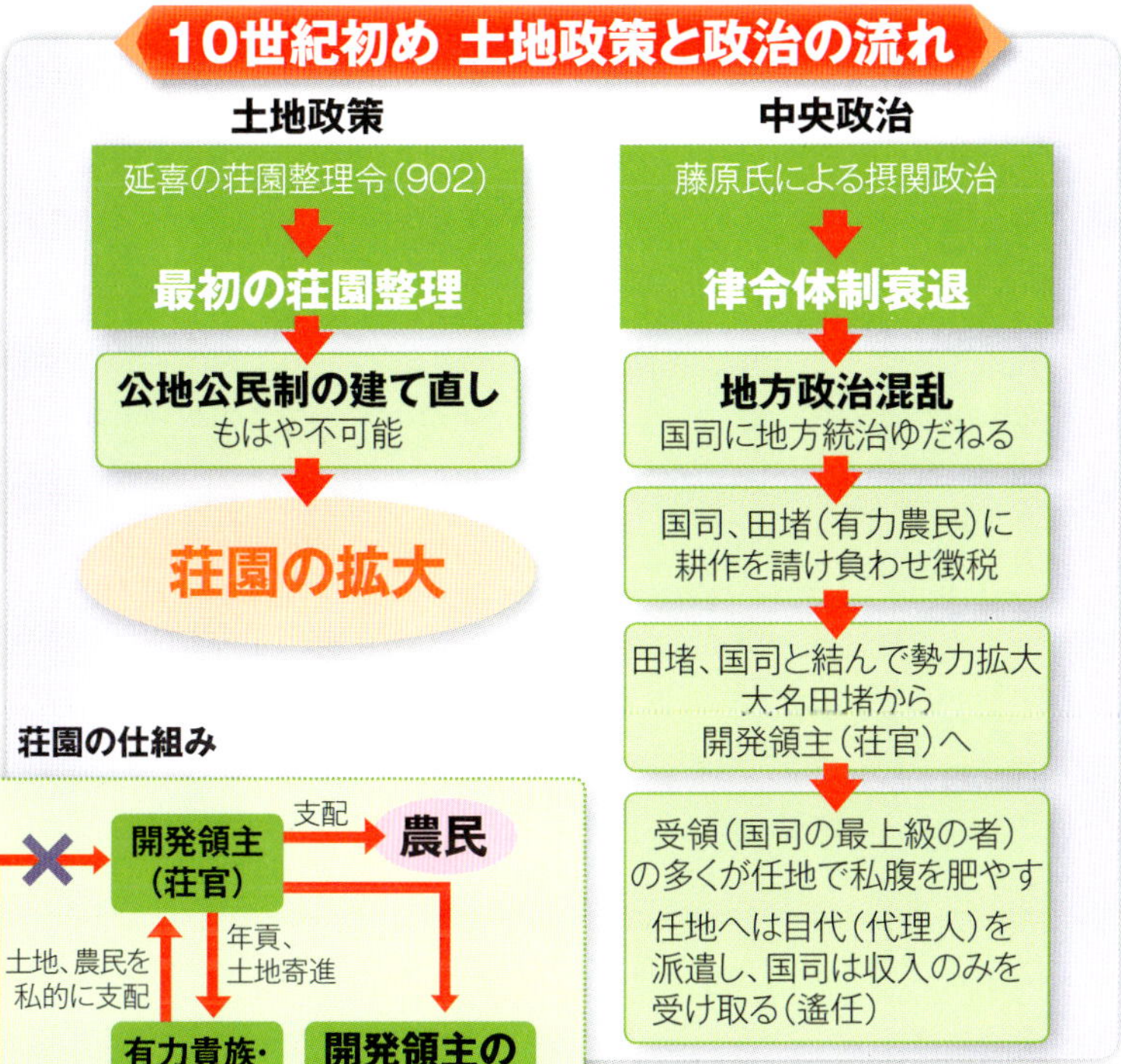

こうして保護された荘園には、租税の免税（**不輸**《ふゆ》）や国司が派遣する荘園を調査する役人を拒否する特権（**不入**《ふにゅう》）が認められました。

成長する開発領主と国司はますます対立してゆきます。そして領主たちは自衛のため武装するようになり、武士が生まれていったのです。

荘園の仕組み

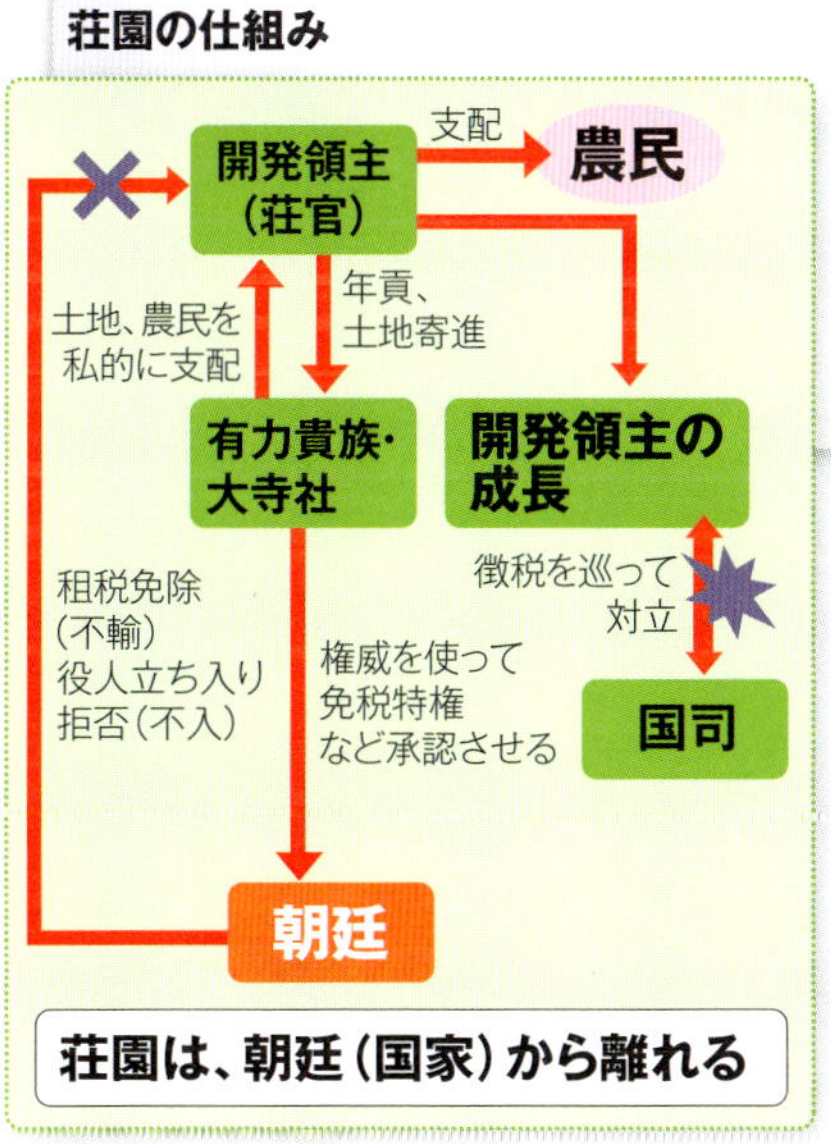

力が弱まる後三条天皇の時代からです。

一方、開発領主と対立しているはずの国司の中には、任期終了が近づくと荘園の拡大を領主に認める代わりに利権を得る者もいました。国司は中央貴族としての身分が低かったため、退任後に備えたわけです。現在の役人の「天下り」に似ているかもしれません。

流れを知る！

九〇二 延喜の荘園整理令（最初の整理令）。法に背く荘園禁止

九六九 安和の変。藤原氏の他氏排斥完了

一〇四五 寛徳の荘園整理令。前任国司以後の新荘園を停止

一〇五一 前九年の役始まる

一〇五五 天喜の荘園整理令。一〇四五年以後の新荘園を停止

一〇六五 治暦の荘園整理令。新荘園を停止

一〇六八 後三条天皇即位

平安時代

着実に成長してきた武士たち

地方を仕切る武士の力を見せつけた平将門と藤原純友

POINT

- 豪族、有力農民が武士団を形成
- 平氏と源氏の登場
- 東北での合戦と源氏の台頭

承平・天慶の乱

一〇世紀、国司と荘園領主の対立や地方政治の混乱の中で、武装する豪族や有力農民が現れ始めました。彼らは一族で結びつき武士団を形成していきます。特に、良馬を産する関東地方でいち早く武士団が成長しました。最も早くから関東に根拠を構えていたのは、**桓武《かんむ》天皇**の曾《ひ》孫から始まる**桓武平氏**でした。

九三五年から私闘を繰り返していた下総の**平将門《まさかど》**は、国司の無道ぶりを訴えた常陸《ひたち》の豪族とともに反乱を起こしました。将門は国府を攻め落とし関東を支配。下野国府で新皇と称しましたが、九四〇年に討たれました。

その前年、伊予《いよ》の役人だった**藤原純友《すみとも》**は瀬戸内海を中心に反乱を起こしましたが、清和《せいわ》天皇の孫で清和源氏の祖である源経基《つねもと》らに平定されます。

この二つの乱は、年号から**承平《しょうへい》・天慶《てんぎょう》の乱**とも呼ばれています。

源氏の東国進出

藤原道長《みちなが》が死んだ一〇二七年の翌年には、関東で勢力を広げていた平氏の平忠《ただ》常《つね》が反乱を起こしました。これに対し、初めに朝廷は平氏に追討させようとしましたが失敗したため、源頼《より》信《のぶ》を派遣。頼信の力を恐れた忠常は戦わずに降伏しました。

これ以降、源氏は東国に基盤を築き、**前《ぜん》九《く》年《ねん》・後《ご》三《さん》年《ねん》の役**でさらに進出しました。一〇五一～六二年に起

もっと楽しむ!

『平将門』
海音寺潮五郎著　新潮文庫
『平将門』では内向的だが剛直で勇敢な将門と、才覚がきいて要領のいい、いとこの平貞盛を対照的に描いています。

『炎立つ』
前九年・後三年の合戦から奥州藤原氏の興亡を描いています。平泉の繁栄は朝廷から一目置かれ、源頼朝からも恐れられていました。

高橋克彦著
講談社文庫

こった前九年合戦は陸奥の安倍《あべ》氏の反乱を源頼信の子頼義《よりよし》と孫義家《よしいえ》が平定した戦いです。この時、頼義らを助けた出羽の清原《きよはら》氏が起こした内紛が後三年の合戦（一〇八二〜八七）です。陸奥守となっていた源義家が、**藤原清衡《きよひら》**に味方してこれを平定。清衡は奥州藤原氏の基礎を築きました。

源義家は東国の武士団との主従関係を深め、そのトップである棟梁《とうりょう》の地位を固めていきました。

承平・天慶の乱

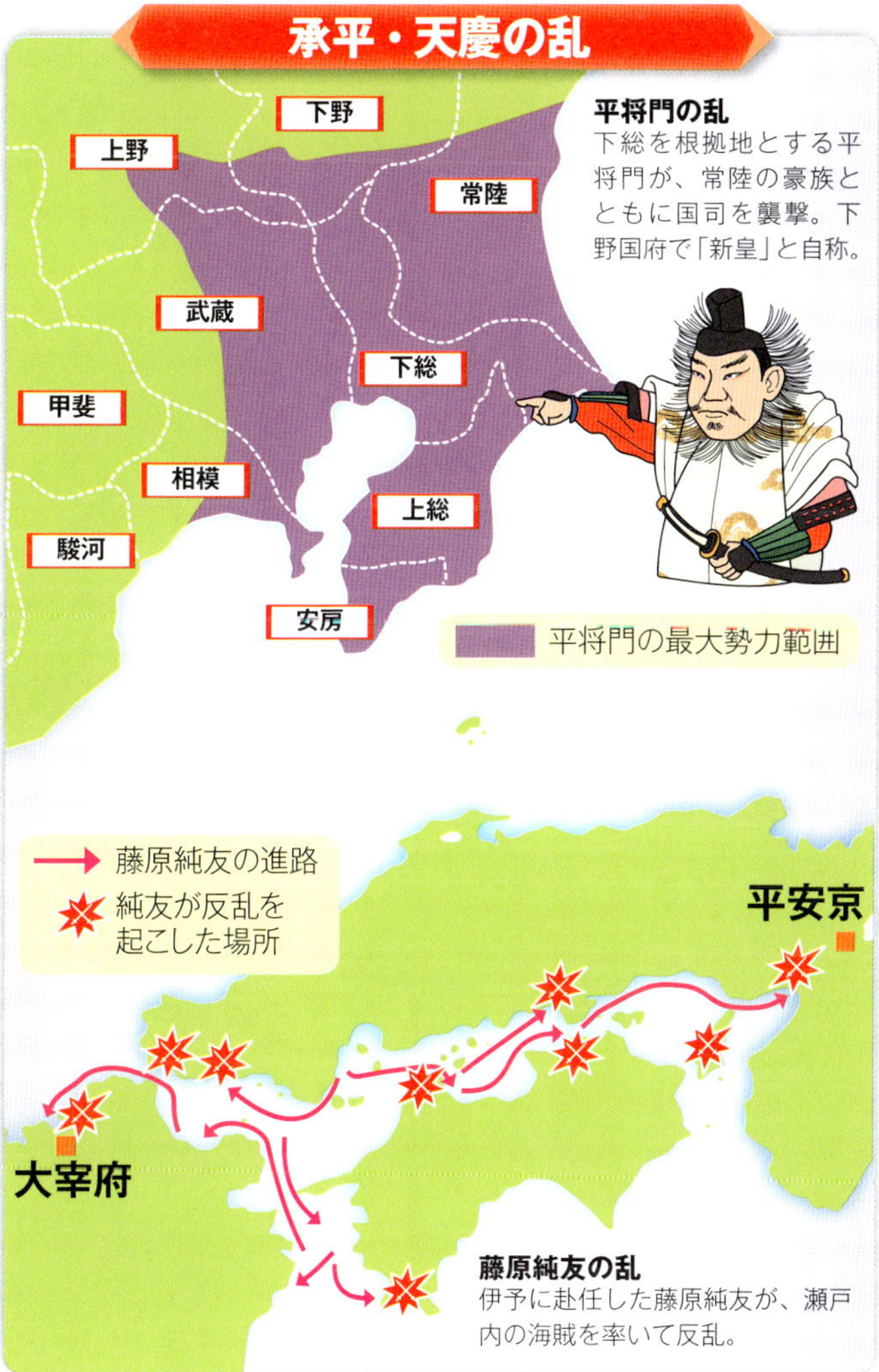

源氏・平氏系図

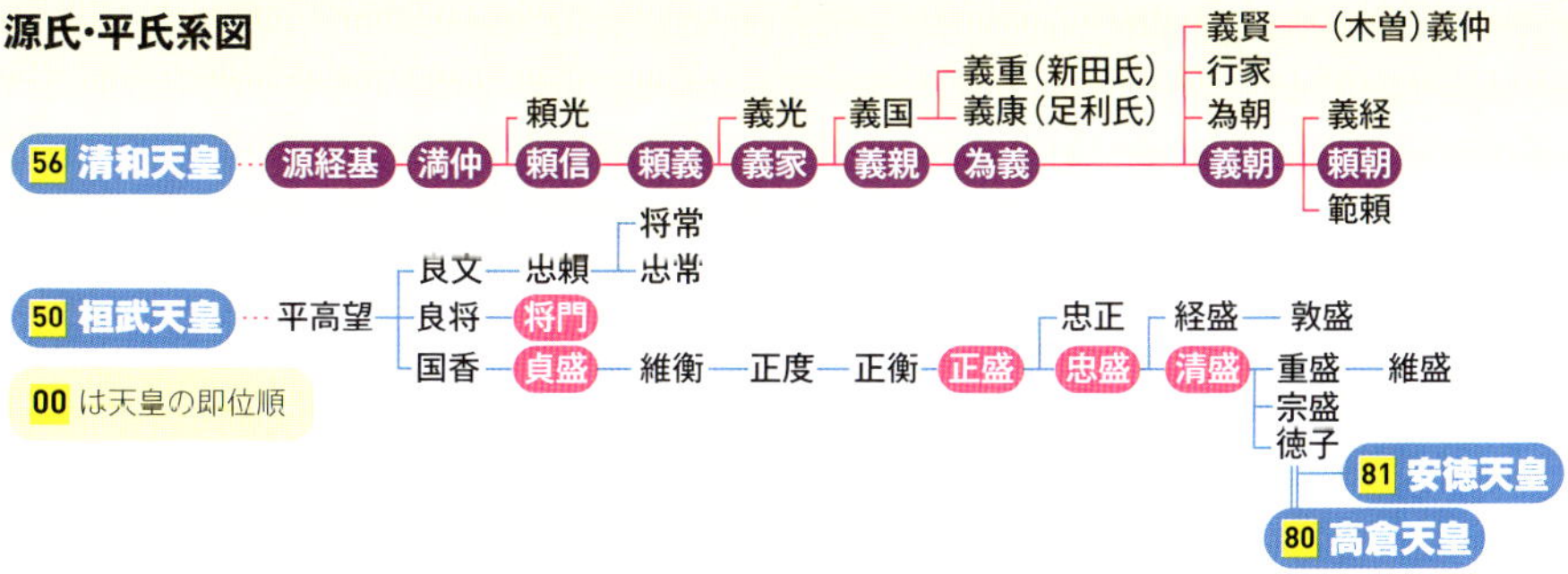

平安時代

「上皇」が実権を握る院政の成立

藤原氏の次に政治を動かすのは、天皇を退位した上皇だった

POINT

- 藤原氏の外戚の終了
- 院の権力強化に一役買った武士
- 知行国制度で院への権力が集中

摂関家の弱体化と院政

後冷泉《ごれいぜい》天皇と藤原氏の間に子ができなかったため、次に即位した**後三条《ごさんじょう》天皇**は親政を始めました。藤原氏が外戚とならないのは、一七〇年ぶりのこと。後三条は公領を圧迫していた荘園の整理を断行しました。

その子**白河《しらかわ》天皇**は、一〇八六年に幼少の堀河《ほりかわ》天皇に譲位し、**上皇《じょうこう》**として天皇を後見する院政を開始。政治の実権は白河が握り、摂関家の権力はほぼ消滅しました。この頃、婚姻形態が妻取婚《つまどりこん》になり、父方の発言力が強まったことも影響していたと考えられています。

白河上皇は荘園整理を支持する国司を取り込み、武士に警護をさせました。院庁の警護は**北面《ほくめん》の武士**が担当し、源平の武士も側近にします。院庁から朝廷に下される「**院宣《いんぜん》**」は、最終的な指示や裁断であり、このことからも院の権威がわかります。その後、鳥羽《とば》、後《ご》白河《しらかわ》と一〇〇年にわたり、院政が続いてゆきます。

院への荘園寄進

院政では特定の皇族や貴族に地方の国の支配権を与えて収益を得させ、経済的奉仕を求める**知行国《ちぎょうこく》制度**が行われます。院（上皇）自身が収益を握る制度も始まり、公領は院や知行国主、国司の私有地同然になります。院への荘園の寄進も急増し、これらが院政を支える基盤となっていました。

同じく荘園を経済的基盤としていたのは大寺院です。ここでも地方の武士が

もっと楽しむ！

『望みしは何ぞ』
永井路子著　中公文庫

『王朝序曲』『この世をば』に続く著者の平安朝三部作の三作目。藤原道長の息子・頼通《よりみち》と腹違いの弟である能信が主人公。頼通らに対抗し権力を握ることを目指しますが、計らずも藤原摂関政治から院政への橋渡し役を担ってしまいます。能信は歴史の表舞台に出てこなかった重要人物でした。

院政

院政関係略図

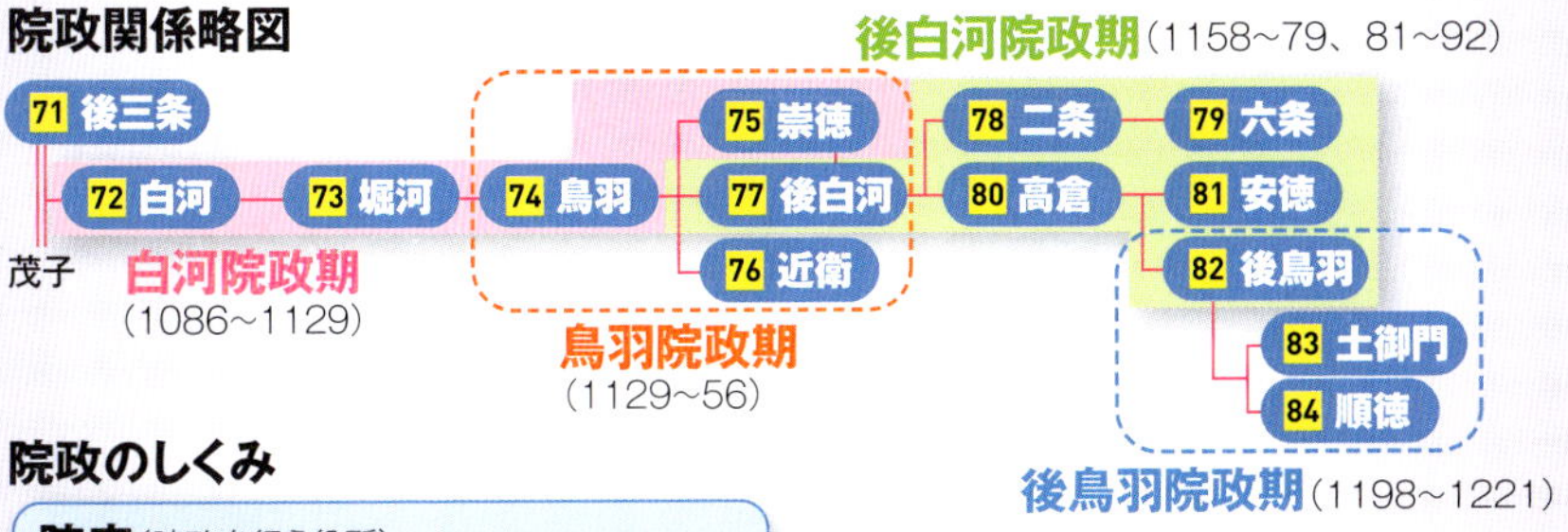

院政のしくみ

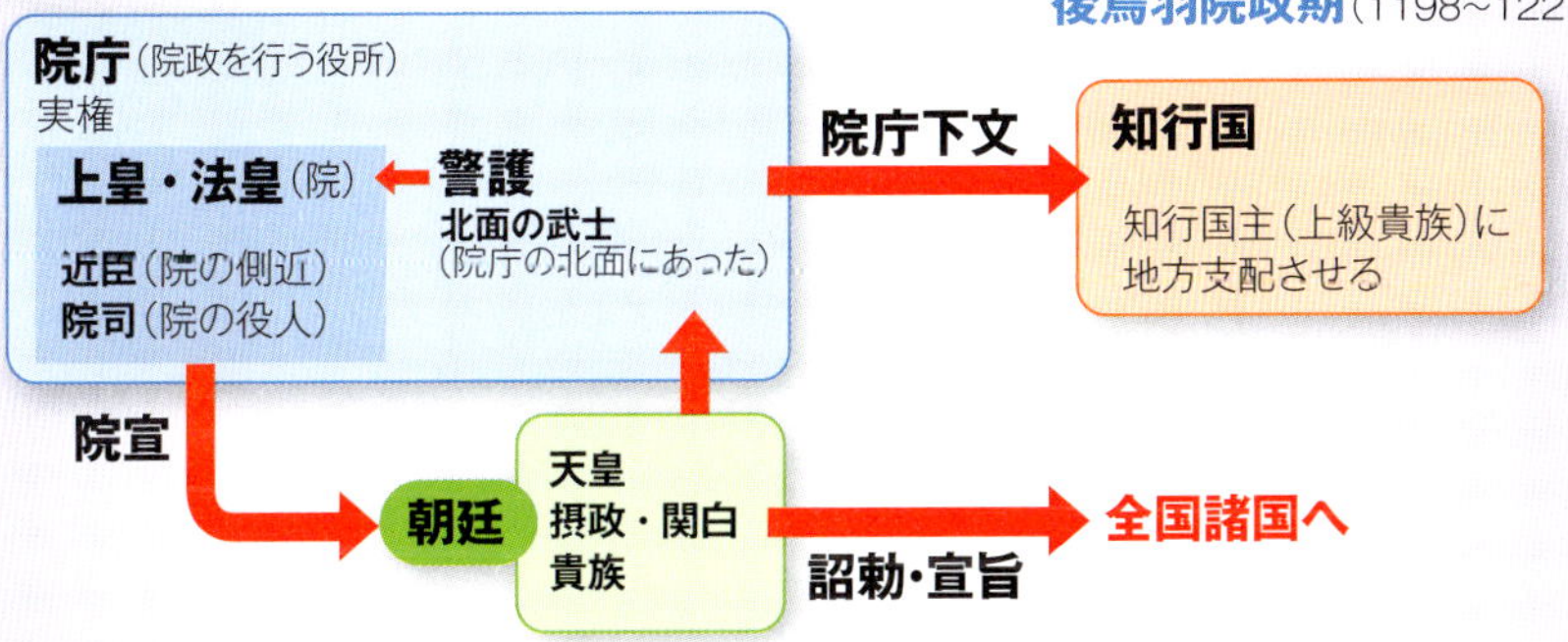

集められ、僧兵として国司と争ったり朝廷や院庁に強訴を行うようになりました。特に興福寺《こうふく》と延暦寺《えんりゃく》は南都《なんと》北嶺《ほくれい》と呼ばれ、大きな影響力を持ちました。僧兵に対抗するためにも、武士の存在は重要であり、次第に武士は中央政界での勢力を拡大していくのです。

歴史CLOSE UP! 武士の役割

この時代になると、大寺院の僧兵による強訴や狼藉はますます激しくなっていきました。神仏を恐れる貴族たちは、もはやその圧力には対抗できません。暴力や戦いといった貴族が「汚らわしい」と考える仕事は、武士が行うようになります。つまり武士は貴族の用心棒だったわけです。

流れを知る!

- 一〇六八 後三条天皇即位
- 一〇六九 延久の荘園整理令。初めて荘園の記録所設置
- 一〇八〇頃 僧兵による強訴が激化
- 一〇八三 後三年の役始まる
- 一〇八六 白河上皇、院政を始める
- 一〇九六 白河上皇、出家して法皇となる
- 一一一三 延暦寺・興福寺僧徒、狼藉と強訴。源平二氏が防ぐ
- 一一二九 鳥羽上皇の院政始まる
- 一一三二 平忠盛、院の殿上の間への出仕を許される

平安時代▼

武士の中央進出を招いた朝廷の権力争い

保元・平治の乱　「驕れる時代」を迎える平氏

POINT
- 皇位継承問題が原因の保元の乱
- 院の近臣間の対立から起きた平治の乱
- 乱を平定した平清盛の台頭

不倫から保元の乱へ？

院政で力を持ち始めた武士の中で、平氏は着実に勢力を伸ばしていきました。その一方で、源氏の勢いはやや弱まっていきました。その時代に起きたのが、**保《ほう》元《げん》・平治《へいじ》の乱**です。

保元の乱の原因は皇位継承問題でした。**白河上皇《しらかわじょうこう》**に続いて上皇となった**鳥羽《とば》**は、子の崇徳《すとく》天皇を譲位させ、崇徳天皇の子にも皇位を与えませんでした。一説にはこれは崇徳天皇が、鳥羽上皇の后と祖父白河上皇の不倫の子だと考えられていたからです。

鳥羽上皇の死後、崇徳上皇と弟の**後白河《ごしらかわ》天皇**の間に争いが起きます。このことを予想していた鳥羽上皇は、**平清盛《きよもり》**に後白河天皇への忠誠を誓わせていました。摂関家（藤原氏）、源平両氏の親兄弟も複雑に対立した争いは、後白河天皇が勝利します。平清盛は大いに活躍し、その後の平氏繁栄の基礎を築いていったのです。

貴族化した平氏

その後の平治の乱は、後白河上皇の近臣の対立が原因でした。平清盛と藤原通《みち》憲《のり》の昇進に危機感を持った藤原信頼《のぶより》と**源義朝《よしとも》**が挙兵。通憲は討たれましたが、清盛は二人を討伐し、義朝の子である**頼朝《よりとも》**を伊豆へ流しました。

清盛は紛争鎮圧の功労と院と朝廷の取り次ぎ役で、武家初めての太政大臣に。さらに娘を高倉《たかくら》天皇の后とし、子の**安徳《あんとく》天皇**が即位す

もっと楽しむ！

『新・平家物語』
保元・平治物語、吾妻鏡などを軸に著者自らの創作が加えられた作品です。昭和二八年第一回菊池寛賞を受賞。著者は「戦後世相の今の読者の心」を捉えようとしたと語りました。

吉川英治著
講談社吉川英治歴史時代文庫

「地獄門」
映画　53年　衣笠貞六助監督
原作は菊池寛の『袈裟の良人』ですが、初のカラー時代劇として注目されました。戦場で出会った男女の愛憎劇が、平家全盛期の平安

保元の乱・平治の乱

保元の乱（1156年）関係図 ＜皇位継承を巡る対立＞

	天皇家	藤原氏	平氏	源氏
勝利	後白河天皇（弟）	忠通（兄）	清盛（甥）	義朝（子）
敗北	崇徳上皇（兄）	頼長（弟）	忠正（叔父）	為義（父）
	↓ 讃岐へ流刑	↓ 戦死	↓ 斬首	↓ 斬首

平治の乱（1159年）関係図 ＜後白河上皇の近臣間の対立＞

	近臣の藤原氏		
勝利	藤原通憲（信西）	平氏 平清盛 平重盛	→ 平氏、朝廷内での勢力伸張
敗北	藤原信頼 ↓ 殺害	源氏 源義朝 源頼朝	→ 謀殺 → 伊豆へ流刑

ると外戚として権威を振るいます。結局、藤原氏のような貴族となり、官職を独占しました。

一一七七年には、近臣の謀反計画が発覚（**鹿ケ谷《ししがたに》の陰謀**）。後白河上皇が平氏排斥に動くと、清盛は上皇を幽閉。まさに「驕《おご》れる平氏」となったのでした。

歴史 CLOSE UP! 上皇の予言が現実に

崇徳上皇は『太平記』などの古典では「大魔王」扱いされています。流刑地の讃岐で反省した崇徳は、写経した経文を寺に納めてほしいと願いましたが天皇は拒否します。崇徳は天皇家を没落させると宣言して憤死しますが、鎌倉幕府成立により、それは現実となったのでした。

末期の華やかな時代を背景に描かれています。翌年、着物など日本の美が話題となり、カンヌ映画祭でグランプリを受賞しました。

流れを知る！

- 一一五五 後白河天皇即位
- 一一五六 鳥羽上皇死去。保元の乱
- 一一五八 後白河上皇の院政始まる
- 一一五九 平治の乱
- 一一六七 平清盛、太政大臣となる
- 一一六八 平清盛、病気により出家
- 一一六九 後白河上皇、出家
- 一一七一 清盛の娘徳子、高倉天皇の女御に
- 一一七七 鹿ケ谷の陰謀発覚
- 一一七九 清盛、後白河を幽閉

平安時代

密教が様々な形で影響した弘仁・貞観文化

唐から帰国した最澄と空海が教えたものとは？

POINT

- 最澄・空海により密教が伝わる
- 建築や美術の分野密教の影響
- 漢文学、唐風の書が大流行

最澄と空海

桓武《かんむ》天皇の平安遷都の目的の一つは、僧侶たちの政治介入を避けるためでしたが、仏教刷新のために僧侶を活用しました。その代表が**空海**《くうかい》と**最澄**《さいちょう》です。

二人は同じ年に唐へ渡り、最澄が先に帰国します。最澄は学んできた**天台**《てんだい》**宗**《しゅう》を伝え、延暦寺《えんりゃくじ》で法華《ほけ》経《きょう》、禅、そして密教を教え始めました。延暦寺は仏教や学問の中心地となり、いわば総合大学のような存在となりました。ただ密教については、最澄は雑密《ぞうみつ》と呼ばれる密教のごく一部を書物で読んだにすぎませんでした。

空海は長安で二年間、密教の第一人者から正統な密教を学びました。最澄の一年後に帰国した空海は、日本の密教の不完全さに驚きます。最澄は密教理解のため空海に教えを請いますが、延暦寺を出て修行僧になるのが条件と言われ、あきらめてしまいます。

空海は高野山に金剛峰寺《こんごうぶじ》を建て、**真言宗**《しんごんしゅう》を開きます。後に教王護国寺《きょうおうごこくじ》（東寺）を天皇から賜り、その近くには身分を問わない学校、綜芸種智院《しゅげいしゅちいん》を作ります。

密教は、様々な分野に影響を及ぼしました。絵画の分野では、密教の教えを表した曼荼羅《まんだら》や不動明王《ふどうみょうおう》などが描かれ、彫刻も作成されています。

修験道と漢文学

この頃、日本古来の神への信仰と仏教が結びついて**神仏習合**が始まります。天

もっと楽しむ！

『空海の風景』

司馬遼太郎著　中公文庫

著者独特の語り口で、空海の世界をたどります。遣唐使の姿や当時の長安などの様子も描写されています。ほかの司馬作品に比べると、密教を追求しているため専門書的な重みもあって、難解な部分も多少ありますが、それでも「真言」を扱った書籍としてはわかりやすいでしょう。

もっと知りたい！

曼荼羅

曼荼羅はサンスクリット語で「凝縮したもの」「本質を兼ね備えたもの」などの意味を表しており、仏の悟りの境地を絵画として現前させたものです。一口に曼荼羅と

台宗・真言宗では密教と在来の山岳信仰が結びつき修験道の源となりました。

この時代には中国風の文化が重んじられ、盛んに漢詩の文集が作られました。文学史の「国風暗黒時代」といわれているほどです。

最澄と空海

最澄（伝教大師）	名	空海（弘法大師）
767~822	生没	774~835
804年入唐　805年帰朝	唐留学期	804年入唐　806年帰朝
天台宗（比叡山延暦寺）	開宗	真言宗（高野山金剛峰寺）
法華経、禅宗、密教（雑密）など	教義	密教
台密	各密教の俗称	東密
後に円仁・円珍が本格的に密教導入	宗派	教王護国寺（東寺）賜る

弘仁・貞観文化の代表的作品

●建築
室生寺金堂・五重塔
●彫刻
薬師寺僧形八幡神像
東寺講堂不動明王像
観心寺如意輪観音像
室生寺弥勒堂釈迦如来像
法華寺十一面観音像
神護寺薬師如来像
元興寺薬師如来像

●絵画
神護寺両界曼荼羅
教王護国寺両界曼荼羅
園城寺不動明王像
●文学
＜漢詩文集＞
凌雲集（撰者小野岑守ら）
文華秀麗集（撰者藤原冬嗣ら）
経国集（撰者良岑安世ら）
＜説話集＞
日本霊異記（景戒）

室生寺金堂・五重塔（撮影：飛鳥園）

言っても様々ですが、代表的なのは「金剛界」と「胎蔵界」。この二つは対になっていて、両界曼荼羅、両部曼荼羅などと呼ばれます。難解な密教にとって、曼荼羅は教えを悟るのに欠かせないものです。つまり密教は言葉では伝えきれないものであり、修行は不可欠。空海が最澄を批判したのも当然だったと言えます。

流れを知る！

- **七八八** 最澄、比叡山に一乗止観院（後の延暦寺）建立
- **七九四** 平安京へ遷都
- **八〇四** 最澄・空海、入唐
- **八〇五** 最澄、帰国し天台宗を伝える
- **八〇六** 空海、帰国し真言宗を伝える
- **八一〇** 藤原薬子の変
- **八一六** 空海、高野山金剛峰寺建立
- **八二八** 空海、綜芸種智院創立

平安時代

優雅な貴族文化と末法思想の浄土信仰

唐風文化をアレンジ　その後の日本に影響を与えていく国風文化

POINT
- かなが成立し文字が発達
- 頂点に達した貴族生活
- 末法思想の不安な時代が到来

和歌と物語

八九四年の遣唐使廃止は、平安文化に大きな影響を与えました。それまでの唐風文化が消化吸収され、日本独自の文化が誕生したのです。

この時代、国文学が大いに発展しました。その最大の理由はかな文字が作られたことです。七世紀ごろから漢字で一字一音を表す万葉仮名が使われていましたが、九世紀には、漢字のへんやつくりを使ったカタカナ、漢字を簡略化したひらがなが完成し、日本語の表現の幅が広がりました。

最初の**勅撰《ちょくせん》和歌集**『**古《こ》今《きん》和歌集**』が完成し、その後も同様な和歌集の作成が行われていきます。それらは三代集、八代集と呼ばれることになります。

物語では紫式部《むらさきしきぶ》の『**源《げん》氏《じ》物《もの》語《がたり》**』と清少納言《せいしょうなごん》の『**枕《まくらの》草子《そうし》**』が、宮廷文芸サロンの双璧で、貴族世界の様子を伝えています。その他、日記文学も多数著されました。

末法思想

宗教の面では、神と仏が同一であるとする神仏習合思想で、日本の神は仏（本地仏）が仮の姿で現れたものとする**本地垂迹説**《ほんじすいじゃく》が唱えられました。

また、極楽浄土での往生を求める浄土信仰が流行。天台宗《てんだいしゅう》の円仁《えんにん》が伝えたもので、その後、民間布教者の空也《くうや》や天台宗出身の源信《げんしん》が説きました。

浄土教流行の背景には末法思想がありました。庶民

もっと楽しむ！

「羅生門」
映画　50年　黒澤明監督
原作は芥川龍之介の『藪の中』です。主演は三船敏郎。平安時代、盗賊が侍夫婦の妻を強姦し、その後現場には夫の死体が残されました。この事件をめぐって目撃者、盗賊、侍の妻、さらには巫女によって侍の霊も呼び出されますが、証言は食い違い、真相はまさに「藪の中」となります。

『散華　紫式部の生涯』
杉本苑子著　中公文庫
紫式部が『源氏物語』を書き上げる過程を丹念に描いています。宮廷の華やかな世界だけではなく、庶民の対照的な暮らしも描写している点が特徴的。

は現世の苦しみから逃れることを求め、現世を謳歌《おうか》する貴族たちは来世を心配したのです。

平安後期の末法の世となり、世の中に武士が台頭し始めると、国風文化に地方文化の影響が及びます。武士や庶民の生活に結びついた**『今昔物語集《こんじゃくものがたりしゅう》』**や、**『将門記』**のような軍記物語のほか、当時の様子を描写した絵巻物が、この頃から数多く作られるようになりました。

国風文化の代表作品

●文学・和歌

作品名	作者
物語	
竹取物語	作者不詳
伊勢物語	作者不詳
源氏物語	紫式部
日記・随筆	
土佐日記	紀貫之
蜻蛉日記	藤原道綱の母
枕草子	清少納言
和泉式部日記	和泉式部
紫式部日記	紫式部
更級日記	菅原孝標の女
歌謡	
梁塵秘抄	後白河法皇
歴史・説話	
大鏡詳	作者不詳
今鏡	藤原為経
将門記	作者不詳
今昔物語集	作者不詳

●和歌（勅撰和歌集）

作品名	成立	撰者
三代集		
古今和歌集	905	紀貫之ら
後撰和歌集	951	清原元輔ら
拾遺和歌集	1006	藤原公任（?）
八代集（上の三代集に下を加える）		
後拾遺和歌集	1086	藤原通俊ら
金葉和歌集	1127	源俊頼ら
詞花和歌集	1151	藤原顕輔ら
千載和歌集	1187	藤原俊成ら
新古今和歌集	1205	藤原定家ら

●建築

- 平等院鳳凰堂
- 法界寺阿弥陀堂
- 醍醐寺五重塔

●彫刻

- 平等院鳳凰堂阿弥陀如来像
- 法界寺阿弥陀如来像

●絵画

- 高野山聖衆来迎図
- 平等院鳳凰堂扉絵

平等院鳳凰堂

流れを知る！

八九九頃 「竹取物語」「伊勢物語」完成

九〇五 最初の勅撰和歌集「古今和歌集」を紀貫之ら撰上

九三八 空也、都で念仏を勧める。この頃より浄土教盛んになり始める

九六九 安和の変。藤原氏の他氏排斥完了

九八五 源信、「往生要集」著す

一〇一二頃 紫式部、清少納言ら作品著す

一〇五三 平等院鳳凰堂完成

一一〇八頃 「今昔物語集」完成

COLUMN 2

神道と仏教

日本にはキリスト教やイスラム教、仏教のような確立された「宗教」はないといわれますが、古来より「信仰」はありました。古代の人々は自然に対し「畏《おそ》れを覚えればすぐ、そのまわりを清め、みだりに足を踏み入れてけがさぬように」（『この国のかたち』司馬遼太郎）しました。それが神道《しんとう》です。「神道には教祖も教義も」（同）ありませんでした。

しかし現在、神道という言葉に不快感を抱く人がいることも事実です。戦前の神道は「国家神道」でした。明治以来「敬神愛国《けいしんあいこく》」などのスローガンのもと、神道は国民教化に利用され、やがて戦争へのプロパガンダとなっていったのです。

「教祖も教義も」ない神道に大きな影響を与えたのは仏教でした。古代神話が理論化され、やがて神道は体系化されます。ただし、それは鎌倉時代以降のこと。それまでは仏と神は同一であるという神仏習合《しんぶつしゅうごう》思想や、神は仏の化身だとする本地垂《ほんじすい》迹《じゃく》説が広まり仏教と神道は共存していました。

両者の大きな違いは、仏教に「救済」があることです。奈良時代の大仏建立など、朝廷が鎮護国家《ちんごこっか》思想で仏教に頼ったのはそのためでした。仏教は伝来以来、日本にとって不可欠なものとなっていたのです。その一方で朝廷は神仏分離も行います。宮中やそれに準ずる神社への僧侶の参与は制限。特に伊勢神宮では仏教が忌避されました。

仏教が国教とされつつも、天皇と神道はいわば「神聖にして不可分」なものでした。これが明確にされたのが明治維新《めいじいしん》です。明治新政府は、近代国家の臣民を統合するため神道を活用しました。廃仏毀釈《はいぶつきしゃく》で仏教は弱体化します。神社の統廃合により仏教系の神は捨てられ、国が神社を格付けしました。やがて天皇を神格化するいわば「国家神道」となり、日本は「神の国」となったのです。

明治時代、神社の統廃合に反対した博物学者の南方熊楠《みなかたくまぐす》は、「神社の森こそ日本人の根源的な生命感、自然観の根幹をなすもの」であり、山・川・草・木に神、命が宿るのだと訴えました。神道本来の姿は、八百万《やおよろず》の神を信仰することにあります。八百万の神は、明治政府の近代化により消滅したのでした。

なお、昭和になると仏教界でも政治色は強くなり、国粋《こくすい》主義と結びつきます。血盟団《けつめいだん》を率いた井《いの》上日召《うえにっしょう》は日蓮宗《にちれんしゅう》の僧侶でした。満州事変《まんしゅうじへん》の中心人物だった石原《いしはら》莞爾《かんじ》も日蓮の教えに傾倒していました。

第3章

武士の時代

［鎌倉→室町→安土・桃山］

武士主導の時代が到来
乱世から天下統一へ

歴史の流れ【鎌倉→室町→安土・桃山】

- 平氏滅亡
- 武士政権の成立（鎌倉幕府）
- 北条氏実権掌握（執権政治）
- 元寇と世の中の混乱

主従関係が基本の鎌倉政権

平《たいらの》清盛《きよもり》の独裁政治は武士の反感を買い、再び源平の戦いを経て平氏《へいし》は滅亡します。関東に基盤を置く源頼朝《みなもとのよりとも》は、幕府と御家人《ごけにん》の間の主従関係を軸として、武士による鎌倉政権を打ち立てました。しかし、頼朝が死ぬと北条《ほうじょう》氏が実権を握っていきます。敵対する武士や朝廷勢力を封じ込め、やがて北条氏は独裁的な地位を確立しました。

土地を介して成り立っていた幕府と御家人の関係は、分割相続により、御家人たちが貧しくなっていったことが原因で次第に崩れていきます。また貨幣経済が浸透し始め、社会が大きく変わりつつありました。その時、幕府最大のピンチ「元寇《げんこう》」が起こります。

元寇から社会・政治の混乱期へ

何とか元寇を凌いだものの、幕府衰退の火種はしっかりと残されました。地方は混乱し、領主らに反抗する「悪党《あくとう》」が出現。同じ頃

◀ 幕府滅亡、南北朝から室町時代へ

◀ 守護大名と庶民の台頭

◀ 戦国大名の覇権争い

◀ 天下統一へ（信長、秀吉、家康）

分裂していた朝廷に「政治家」天皇後醍醐《ごだいご》が登場します。この天皇と悪党が鎌倉幕府崩壊の口火を切り、足利尊氏《あしかがたかうじ》が鎌倉に継ぐ室町《むろまち》幕府を誕生させます。

室町幕府は、初期には朝廷の分裂が解決されず、南北朝時代が続きます。朝廷の対立がようやく終わる頃、「日本国王」を任された三代将軍・足利義満《よしみつ》が現れ、室町幕府は最盛期を迎えます。しかしその時代はほんのわずかで、再び社会は混乱します。

応仁の乱から下剋上の世界へ

家督相続を発端とする応《おう》仁《にん》の乱は地方をも巻き込みます。地方の守護や農民の一部はすでに実力を持った存在となっていて、中央が混乱する中、頭角を現していきました。

それまで続いてきた主従関係を破壊する下剋上《げこくじょう》が当たり前となり、戦国大名が時代の主役になります。

群雄割拠する大名の中から「天下取り」を公言する者が現れます。それが織田《おだ》信長《のぶなが》でした。この異端児は天下を治める寸前まで迫りましたが、本能寺《ほんのうじ》に倒れます。その天下統一の夢を果たしたのは彼の家来であった豊臣秀吉《とよとみひでよし》でした。しかしその政権も長くは続かず、次の時代への天下分け目の戦いを迎えるのです。

鎌倉時代

平氏の独裁政権に反旗を翻した武士たち

貴族にも武士にも嫌われた平氏　源平の争いと平氏の滅亡

源頼朝、源義仲の挙兵

平清盛《きよもり》が**後白河法皇《ごしらかわ》**を京都洛南の鳥羽殿に幽閉した翌年、後白河の子以仁王《もちひとおう》は諸国に平氏追討の令旨《りょうじ》を発し、自らも源頼政《よりまさ》と挙兵しました。以後、五年にわたり続く争乱は治承《じしょう》・寿《じゅ》永《えい》の乱と呼ばれます。清盛は以仁王らを討ち、福原（神戸）に遷都しましたが、貴族が反発したため半年ほどで京に戻りました。

一方、平治の乱で伊豆に流されていた**源義朝《よしとも》**の子**頼《より》朝《とも》**も挙兵しました。

同じ頃、信濃で挙兵した頼朝のいとこ**源（木曽）義《よし》仲《なか》**は、北陸から京を目指しました。二年で平氏を都落ちさせた義仲ですが、都での乱暴な振る舞いのため、後白河法皇は頼朝に追討を命令。義仲は頼朝の弟範頼《のりより》と**義経《よしつね》**に討たれ戦死しました。

義経、変幻自在の戦い

平氏は、すでに貴族化していました。清盛の孫**維盛《これもり》**が派遣された富士川の戦いでは、水鳥の飛び立つ音を夜襲と勘違いして敗走したと言われています。

一方、源氏には力量のある武士が揃っていました。特に大活躍したのが義経です。一の谷の戦いでは、山に囲まれた海岸を絶壁の鵯《ひよどり》越えの坂から駆け下りて奇襲。**屋島の戦い**では、嵐の中たった五隻の船で讃岐に渡り、平氏を背後から襲いました。平氏は海戦を得意としていましたが、義経が源氏の勢力を示したため平氏側の水軍は寝返りました。多数の水軍を得た義経

POINT

- 暴走する平氏（清盛政権）に追討の令旨
- 源頼朝は鎌倉で政権基盤作りに専念
- 源義経の大活躍で源氏は勝利

もっと楽しむ！

『義経』

源平戦争の最大のヒーローは、軍事的には天才でしたが、政治的感覚がない人でした。悲劇の主人公として義経をその生い立ちから丹念に描くことで、イメージとは違う人物像が浮き彫りにされます。

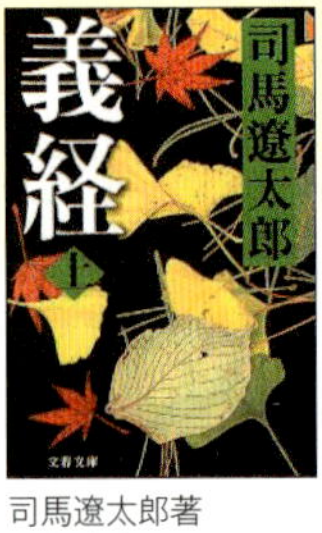

司馬遼太郎著
文春文庫

源平の戦い

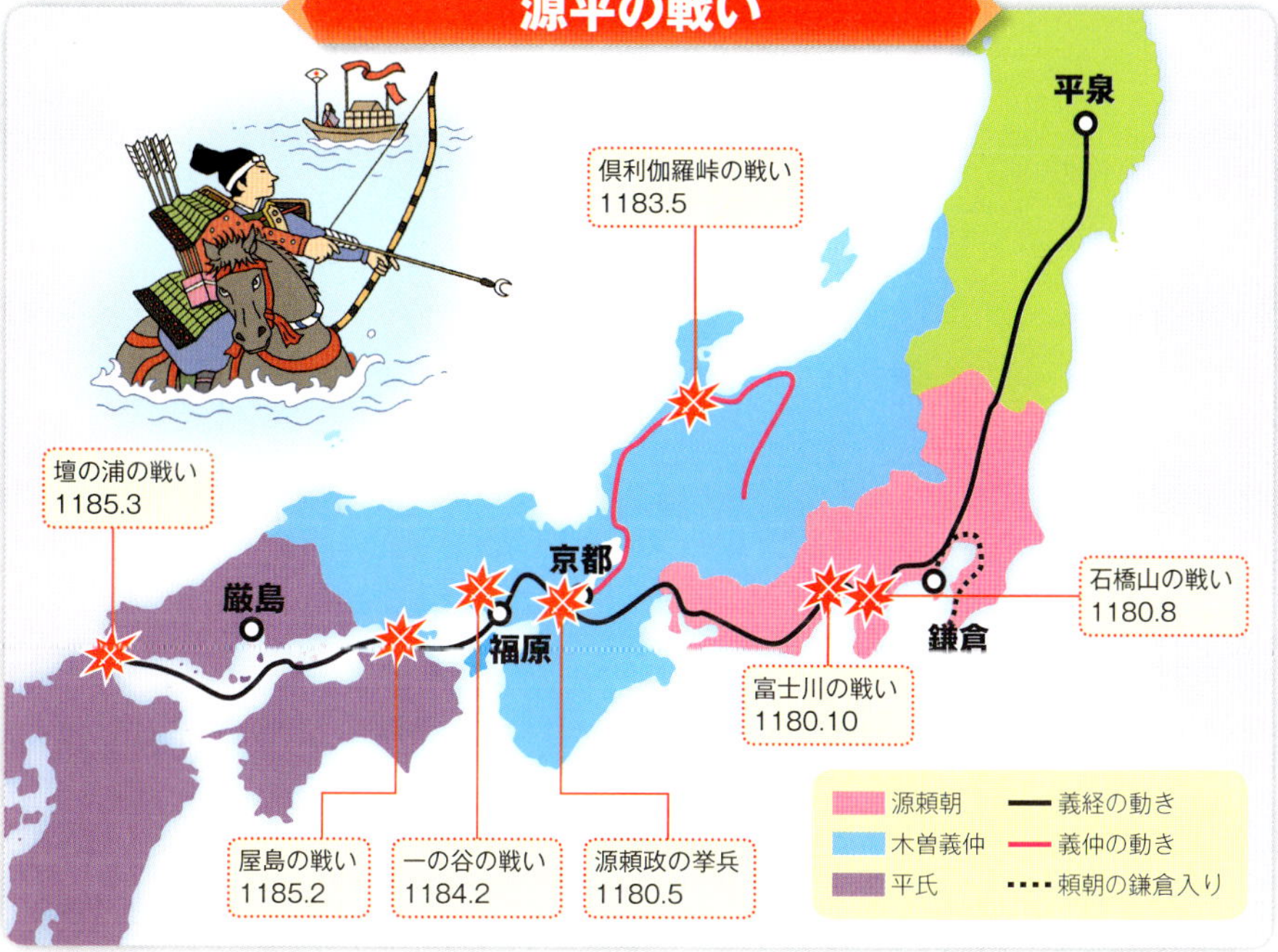

は、**壇の浦の戦い**で平氏を敗北させました。八歳の**安**《あん》**徳**《とく》**天皇**とともに平氏は滅亡したのです。

　この騒乱の間、頼朝は鎌倉に腰を据えて幕府創設のため尽力していました。しかし義経に腹を立てていたのです。その経緯には後白河法皇が絡んでいました。

歴史 CLOSE UP!

源平争いは庶民の苦しみにあらず

源平の争いが本格化する1180年、西日本は干ばつに見舞われ、翌年は全国的な大飢饉となりました。京に棄てられていた死人の数は、4万人以上に及んだと伝えられています。お膝元の庶民のたいへんな苦しみを尻目に、院や朝廷、そして武士たちは権力争いに明け暮れていたのでした。

流れを知る！

一一八〇
- **五月** 以仁王、平氏追討の令旨を諸国に出し、源頼政と挙兵
- **八月** 源頼朝、挙兵。石橋山の戦いで平氏に敗れ、安房へ
- **九月** 木曽義仲、信濃で挙兵
- **一〇月** 頼朝、鎌倉入り。富士川の戦いで平氏（平維盛）大敗
- **一一月** 頼朝、侍所を設置

一一八一
- **閏二月** 清盛没（六四歳）

一一八三
- **五月** 倶利伽羅峠の戦い（義仲、平氏撃破）
- **七月** 義仲入京。後白河法皇、比叡山に隠れる。平氏、安徳天皇を連れて都落ち。
- **一〇月** 後白河法皇、頼朝の東国支配承認

一一八四
- **一月** 源範頼・義経、義仲を討つ
- **二月** 一の谷の戦い（義経、鵯越えの坂から奇襲）

一一八五
- **二月** 屋島の戦い（義経、平氏を急襲）
- **三月** 壇の浦の戦い（平氏滅亡）

鎌倉時代

後白河法皇の陰謀と源頼朝の東国平定

「大天狗」と兄の狭間で苦しんだ源義経の悲劇

POINT

- 権力掌握のため暗躍した「大天狗」後白河法皇
- 兄を理解できなかった義経
- 征夷大将軍を目指した頼朝

法皇の政治勢力操作

源平が争う中、**後白河法皇**《ごしらかわ》は権力の掌握に必死でした。平氏が驕《おご》ると子の以仁《もちひと》王《おう》に追討令を出させ、有力な**源頼朝**《よりとも》に権限を与えて対抗させました。平氏が滅び、頼朝が権力を拡大すると、**義経**《よしつね》に位を与えて頼朝を討たせようとしましたが、これがうまくいかないと、今度は頼朝に義経追討を命じます。義経の悲劇は法皇の策略により生まれたものでした。

義経と奥州藤原氏の滅亡

義経は、育ての親である**藤原秀衡**《ひでひら》のもとへと落ち延びます。しかし秀衡の死後、子の泰衡《やすひら》に討たれ自害。平氏を滅亡させた英雄の悲劇的な最期でした。

頼朝は後白河法皇からの叙位を独断で受けた義経に激怒し追討しましたが、それには大きな理由がありました。賞罰や官職決定など、すべての権限は鎌倉幕府の長である頼朝が握っていたためです。その大原則が崩れてしまうと、朝廷の配下に入る武士が出かねません。義経の行動は、主従関係を軸にした武家社会を否定するに等しかったのです。もっとも後白河法皇の狙いもそこにあり、義経は頼朝の考えをよく理解しないまま策にはまってしまったのでした。

頼朝は様々な権利を得ながら、着々と朝廷への権限を拡大。奥州《おうしゅう》藤原氏も征伐しました。

東日本を平定した頼朝は、武家政権の独自性を示

もっと楽しむ!

「虎の尾を踏む男達」

映画　52年　黒澤明監督

謡曲「安宅」をもとにした物語。いわゆる歌舞伎の「勧進帳」の話で、追われる身の義経、弁慶ら一行が山伏姿で奥州へと向かう途中、北陸の安宅の関所で危うく正体を見破られそうになりますが、弁慶が機転を利かせてこれを乗り切ります。

写真協力：（財）川喜多記念映画文化財団

後白河法皇の権力掌握への執念

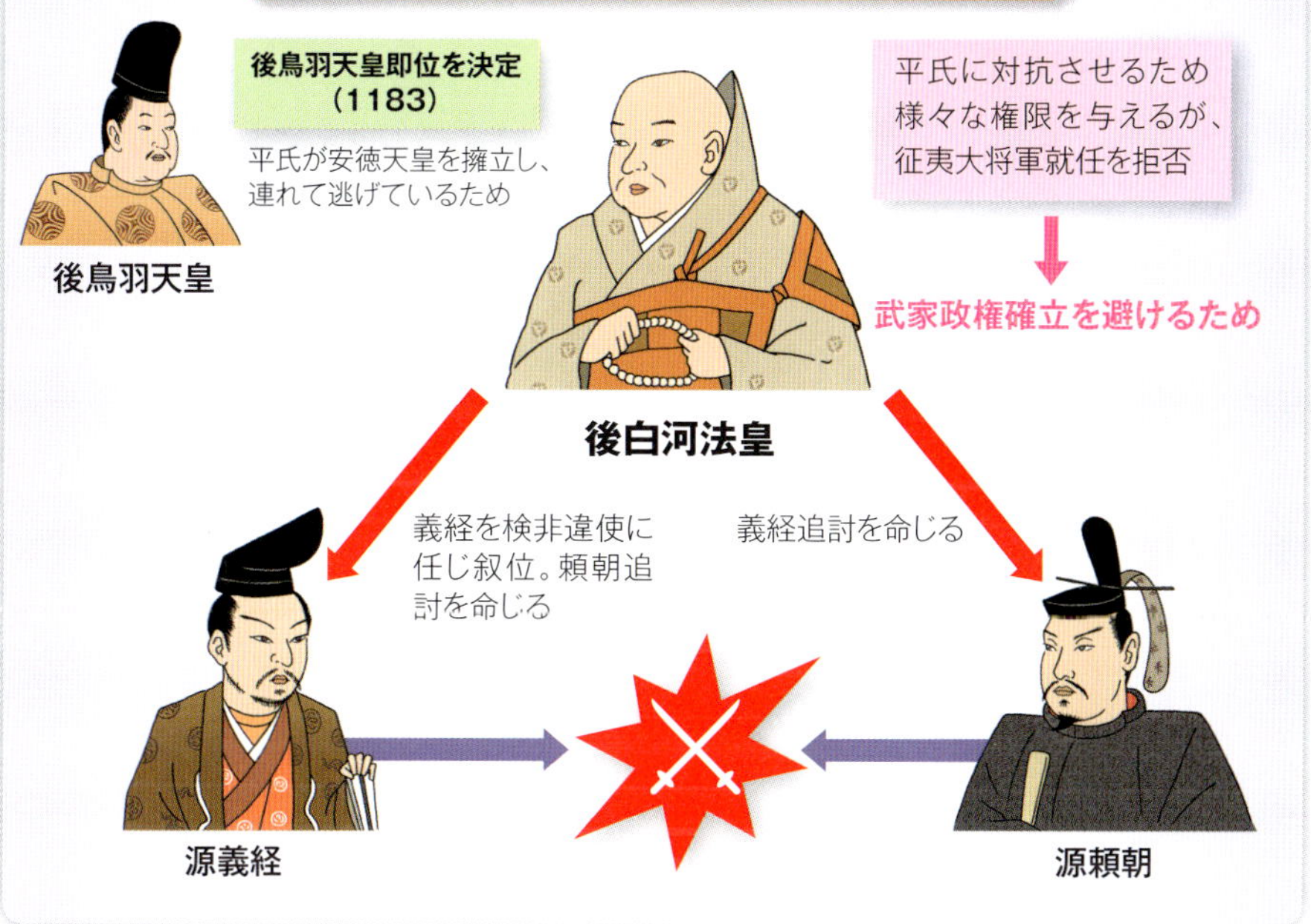

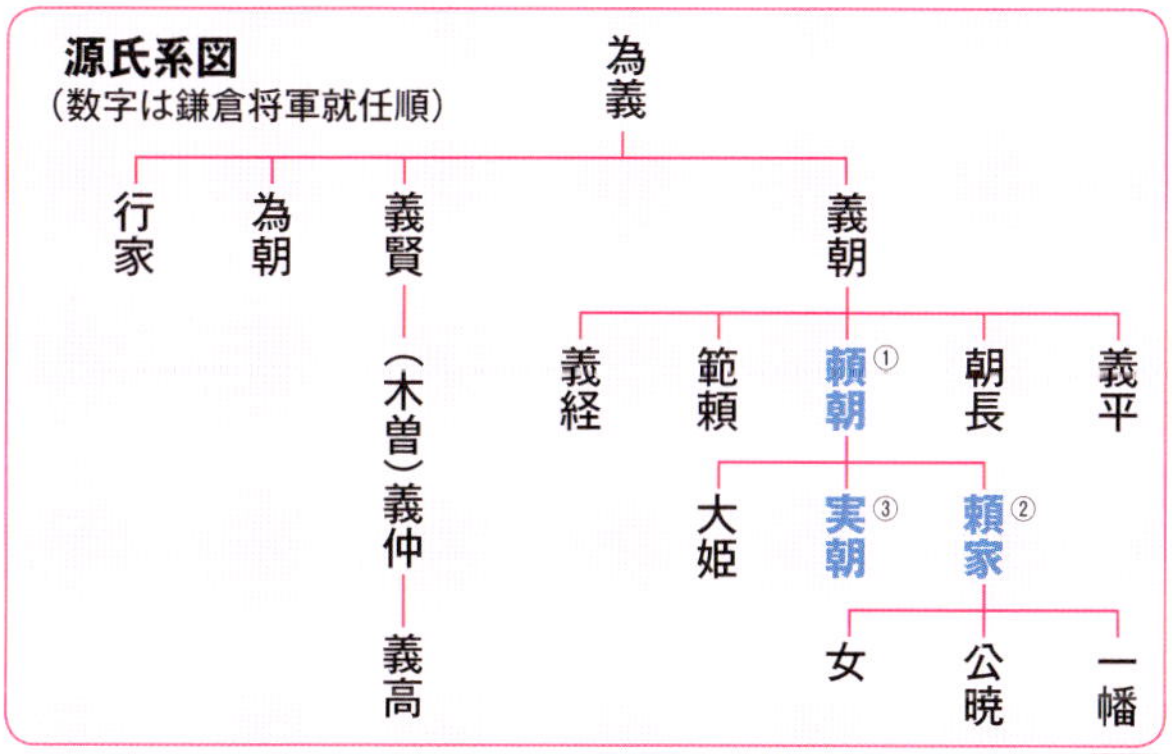

すため、征《せい》夷《い》大《たい》将《しょう》軍《ぐん》の位を求めます。後白河法皇はそれを頑なに拒否しましたが、法皇の死後、頼朝は征夷大将軍に任じられたのでした。

もっと知りたい！

判官贔屓（はんがん〈ほうがん〉びいき）

後白河法皇から判官という官位をもらった義経は様々な逸話に溢れた薄命の英雄でした。それは彼に同情する「判官贔屓」という言葉からもわかります。

流れを知る！

一一八三 頼朝、後白河法皇に東海道・東山道の支配権承認させる

一一八五 頼朝、義経への追討令に抗議。撤回させ、逆に義経追討令を受ける

一一八七 源義経、奥州平泉の藤原秀衡のもとへ落ち延びる
藤原秀衡没

一一八九 秀衡の子泰衡、義経討つ。義経、自害。奥州征伐。奥州藤原氏滅亡

一一九二 法皇没。頼朝征夷大将軍に任じられる

鎌倉時代

徐々に固められた幕府の体制

「いい国（一一九二）作ろう」ではなかった？ 鎌倉幕府の成立

POINT
- 幕府の機構は少しずつ作られていった
- 幕府成立の時期については諸説あり
- 将軍と御家人の主従関係が幕府の柱

シンプルな統治機構

頼朝《よりとも》の権力掌握と幕府の機構設置は徐々に行われていきました。そのため幕府成立の時期については、主に六つの学説が出されています。

いずれにせよ、幕府の機構はかつての律令《りつりょう》体制に比べるとだいぶシンプルです。中央の鎌倉には政務、裁判、**御家人**《ごけにん》統率を司る三つの役所が置かれ、地方は京都、東北、九州に役所が設置されたほか、諸国には**守護**《しゅご》、公領や**荘園**《しょうえん》には**地頭**《じとう》が配置されました。

最も基本的な社会的機構は、将軍と、御家人と呼ばれる将軍と強固に結んだ武士との関係です。御家人が将軍に奉公する代わりに、将軍は御家人に土地の所有権を保障しました。

朝廷と幕府の土地支配

幕府機構自体はシンプルですが、諸国の支配はやや複雑でした。これまでの公領、荘園制度の上に支配体制が成り立っていたためで、幕府と朝廷がともに土地を支配していたのです。

当初、守護の権限は大犯《たいぼん》三カ条（京都警備役の催促、謀叛人逮捕、殺人犯逮捕）に限られていましたが、やがて警察権を行使し、地方行政にも関与していきます。

朝廷は依然として国司を任命していましたが、次第に地方行政は守護に握られていきました。地頭も御家人となった武士が多くなり、影響力を強めます。幕府は守護や地頭の配置を全

もっと楽しむ！

『**炎環**』
永井路子著　文春文庫
武士時代の幕開けを描いた作品。四編の連作から構成されており、脇役ともいえる人物たちを通して、この時代を浮かび上がらせています。直木賞受賞作です。

もっと知りたい！

いざ鎌倉へ
鎌倉幕府が成立した頃、将軍家と御家人の関係が最も強固なころでした。鎌倉に何か事あれば、関東一円の御家人は「いざ鎌倉へ」とはせ参じられるよう、周辺の街道を整備しました。

国に拡大。当然、御家人ではない国司や荘園領主との間に対立が生まれることとなりました。

鎌倉幕府の機構（頼朝時代）

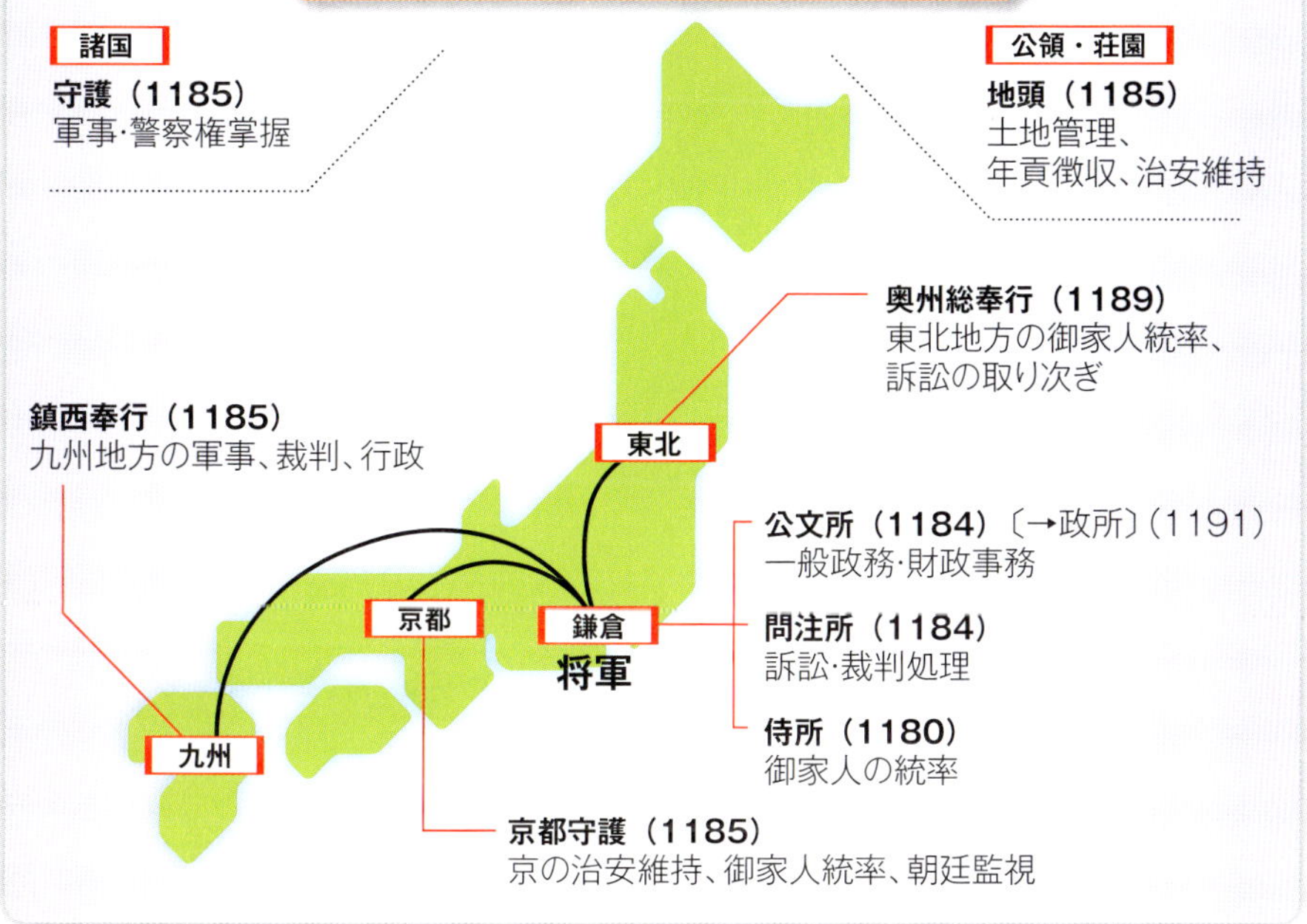

将軍と御家人の主従関係

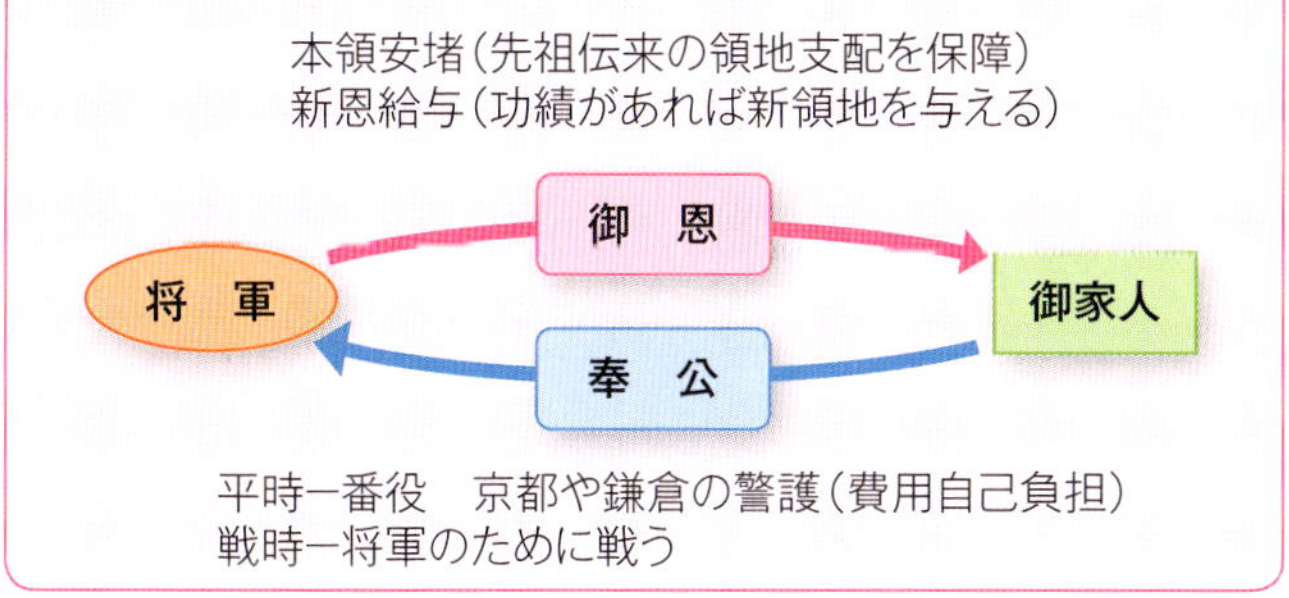

鎌倉幕府成立年の諸説

①1180年…頼朝が鎌倉に住み、侍所を設置。南関東を支配
②1183年…頼朝の東国支配権が朝廷から承認される
③1184年…公文所、問注所を設置
④1185年…守護・地頭の任命権を獲得
⑤1190年…頼朝、右近衛大将に任命される
⑥1192年…頼朝、征夷大将軍に任命される

鎌倉幕府の成立は？

左の⑤や⑥は古くから主張されてきた学説で、幕府という言葉に着目したものです。一方その他は、実際の政権確立に注目したものです。現在では最も重要な時点である④を支持する学者が多いと言われます。なお、頼朝が東国の支配政権であることを強調すると②、実力支配の時期を重視すれば①の学説が主張されることになります。

鎌倉時代

幕府の実権を握り始めた北条氏の台頭

頼朝の妻政子が黒幕？　わずか三代で断絶した源頼朝の正統

POINT

- 頼朝の死後、権力争いが勃発
- 北条時政と政子が実権を握る
- 北条氏が執権体制確立

頼朝の妻北条政子の策略

源頼朝《よりとも》は落馬して死んだことになっていますが、これは謎に包まれています。晩年、頼朝は娘を天皇家に嫁がせようとしました。朝廷との協調を目指すためとされていますが、これに対して反感を持った御家人がいても不思議ではありませんでした。

頼朝の死後、幕府では権力闘争が始まりました。主導権を握っていたのは、重臣の**北条時政《ときまさ》**たちでしたが、その娘で頼朝の妻だった**政子《まさこ》**も影響力を持っていました。

頼家《よりいえ》がまだ若かったため、重臣たちによる**一三人の合議制**が取られました。実際は、頼家の乳母と妻が**比企《ひき》氏**であることに政子が危機感を抱いて根回ししたようです。

つまり息子よりも実家の北条氏を取ったわけです。頼朝に忠実なあまり、ほかの御家人から嫌われていた梶原景時《かじわらかげとき》も、追放され滅ぼされました。

北条氏権力掌握

時政と政子は頼家の後継者擁立にも口を出します。これは比企氏の勢力を排除するためで、二人の思惑通り比企氏と頼家は滅ぼされました。頼家の弟が**源実朝《さねとも》**として三代将軍になると、時政は**執権《しっけん》**となります。執権とは院庁職員の統括のことでしたが、一三世紀中頃から幕府の実権を握る北条氏をこう呼ぶようになったのでした。

時政は増長して実朝を退

もっと楽しむ！

『北条政子』
永井路子著　文春文庫
源頼朝亡き後、政権を握っていく政子ですが、この作品では夫頼朝の浮気に悩み、平穏な生活を望んでいた普通の女性として描かれています。

もっと知りたい！

源氏正統の断絶
のちに三代将軍実朝も暗殺されることになります。犯人とされる頼家の子、公暁《くぎょう》も殺されたことから、黒幕がいたものと考えられています。武家政権を打ち立てた頼朝の正統は、わずか三代で断絶したのでした。

北条氏執権体制の確立までの流れ

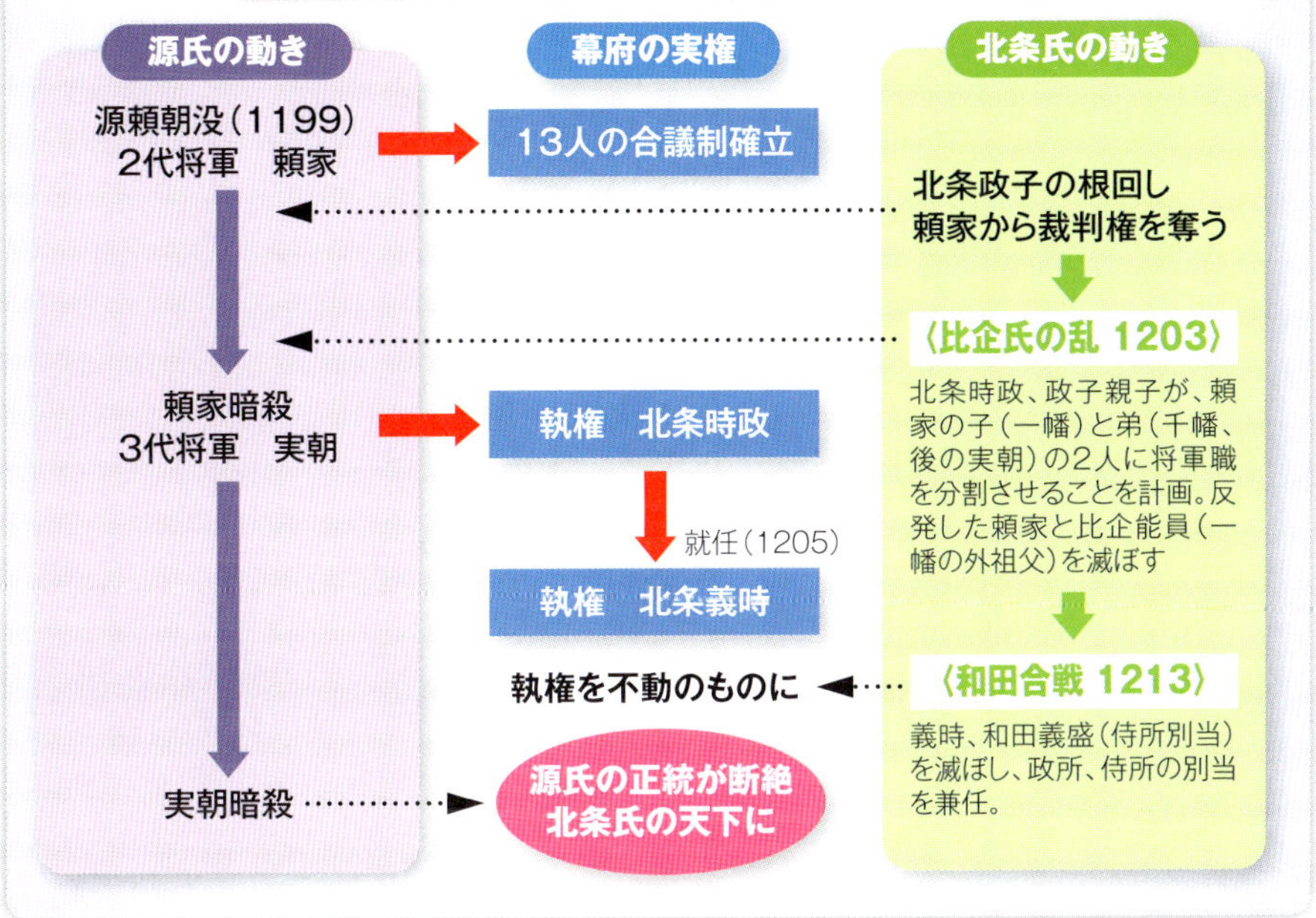

承久の乱直前（北条義時の執権時代）の守護設置状況

けようとしましたが、これは政子たちに反対されました。時政はこれをきっかけに引退します。時政の子**義《よし》時《とき》**は執権になると、侍所別《べっ》当《とう》（長官）の**和田義盛《よしもり》**を滅ぼします。執権の地位は不動のものとなり、北条宗家（**得宗《とくそう》**）に政務実権は集中するようになりました。

流れを知る！

一一九九 源頼朝死去、頼家が家督を継ぐ　北条時政ら、三人の合議制を始める
一二〇〇 梶原景時敗死
一二〇二 頼家、征夷大将軍に
一二〇三 北条時政、政所別当（執権）に　比企氏の乱、比企能員敗死、頼家、伊豆修禅寺に幽閉　源実朝、三代将軍に
一二〇四 頼家暗殺
一二〇五 北条義時執権に
一二一三 和田合戦、和田義盛敗死　義時、侍所の別当を兼任

鎌倉時代

北条氏をさらなる発展へ導いた承久の乱

源実朝の暗殺をきっかけに院宣を出すも、北条征伐は叶わず

後鳥羽上皇伸張の背景

前述したように、源頼朝《よりとも》は娘を後鳥羽《ごとば》天皇に嫁がせようとしました。天皇に影響力を持つ反幕派の源通親《みちちか》にも接近。その後、通親が親幕派の九条兼実《かねざね》を失脚させる事件が起きますが、頼朝は黙認しました。

院政を始めた後鳥羽上皇は、様々な強権を発し専制体制を強めていきます。

後鳥羽上皇が北条氏征伐を決意したきっかけは、源実朝《さねとも》の暗殺でした。実朝は公家文化に理解を示していたのです。実朝には子がなかったため、北条氏は後鳥羽上皇の子を将軍職に就任させる密約を結んでいました。しかし上皇はこれを反故にして、北条征伐の院宣《いんぜん》を出したのです。

はずれた朝廷の思惑

御家人たちは院宣に動揺しました。しかし朝廷側に集まった御家人は予想より少数でした。**北条政子《まさこ》**は御家人たちの地位を築いたのは頼朝であることを訴え、朝廷に味方するなら「私を斬って行け」と涙ながらに演説したといいます。

北条義時《よしとき》の子**泰時《やすとき》**や弟時房《ときふさ》らが京を攻め、わずか一か月足らずで幕府軍は圧勝しました。この戦いが**承久《じょうきゅう》の乱**と呼ばれます。

義時は後鳥羽上皇に近い天皇を退け、後堀河《ごほりかわ》天皇を即位させました。後鳥羽をはじめとする上皇たちは各地へ配流。乱に関係した貴族は処刑されましたが、これはあまり前例がないことでした。

POINT

- 娘を天皇に嫁がせようとした頼朝
- 源実朝が暗殺され、朝廷は北条氏征伐を決意
- 乱後は幕府の立場が圧倒的に優位

もっと楽しむ！

『つわものの賦』

鎌倉幕府の成立から承久の乱によって北条政権が確立していく時代を描きます。東国の武士たちがいかにして立ち上がり、何を行い、どのように発展あるいは消えていったのか。歴史の表と裏を丹念に追って、複雑なこの時代のうねりをわかりやすく書いています。

永井路子著
文春文庫

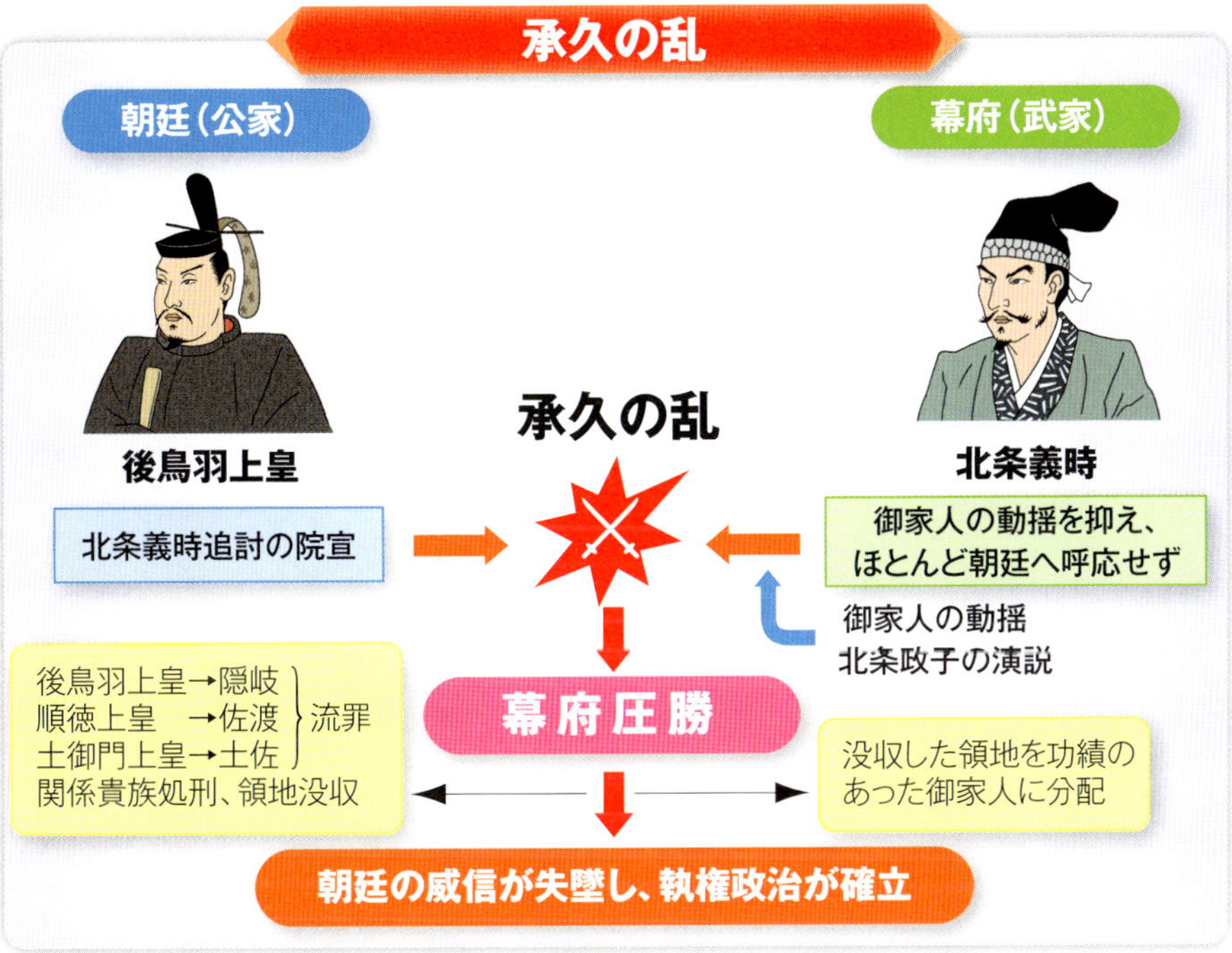

上皇方の領地は没収され、功績のあった御家人たちに与えられました。領地の数は三〇〇〇か所。これは平氏からの没収領地の六倍です。膨大な土地が幕府に転がり込んだのでした。朝廷は権威を失い、幕府の立場は絶対的に優位なものとなりました。

歴史 CLOSE UP! 後鳥羽上皇と実朝

後鳥羽上皇は源実朝を厚遇しました。幕府に介入するのが大きな目的でしたが、実朝の人柄もたいへん気に入っていたようです。上皇は実朝に破格の官位を与え、后の実家から妻をめとらせたりしました。また上皇の側近を学問の師として送り、実朝は貴族文化への傾倒をより深めていったのです。

流れを知る！

- **一二一三** 和田義盛挙兵して敗死。北条義時、執権の地位を不動のものに
- **一二一九** 源実朝、公暁に暗殺される。源氏正統断絶
- **一二二一** 承久の乱。後鳥羽上皇、北条義時追討の院宣下す。幕府軍、京を制圧し、六波羅探題を置く。上皇ら流罪に
- **一二二四** 義時死去。北条泰時、執権に
- **一二二五** 北条政子死去。幕府評定衆を置く
- **一二三二** 貞永式目（御成敗式目）制定
- **一二四九** 幕府、引付衆を置く

鎌倉時代

御成敗式目の制定と徳宗への権力集中

執権政治の安定と北条氏の権力集中　シンボル化した将軍たち

POINT
- 幕府機構の整備と頻発する訴訟への対策
- 将軍はただの「象徴」に
- 北条一族内からも敵を排除

領地を巡る紛争の増加

承久の乱後、京都守護は六波羅探題《ろくはらたんだい》に格上げされ、朝廷監視や西国御家人の統轄が強化されました。

北条義時《よしとき》が没すると、子の泰時《やすとき》が執権を継承します。泰時は連署《れんしょ》と評定衆《ひょうじょうしゅう》を定め、北条氏や有力御家人による集団指導体制を築きました。

幕府の支配が全国に拡大するに連れ、土地を巡る問題が各地で増加しました。泰時は行政、民事、そして刑事訴訟に関する法典として、御成敗式目《ごせいばいしきもく》を定めます。後に、頻発する所領の紛争を迅速に処理するため引付衆《ひきつけしゅう》が設置されました。

理想の将軍

執権政治が安定すると、得宗《とくそう》（北条宗家）へのさらなる権力集中が行われるようになりました。平安時代、実権を確固たるものとした藤原氏が「氏長者《うじのちょうじゃ》」を争った経緯に似ています。執権の時頼《ときより》は、名越《なごえ》氏、三浦《みうら》氏を排除し、得宗への権力集中を進めます。

将軍は四代目からはシンボルに過ぎなくなりました。四代・五代は摂家から迎えられました。しかし執権略奪を画策する勢力と結びついたため両者とも廃されます。理想的な将軍は朝廷との潤滑油となり、北条氏の傀儡《かいらい》であることを否定しない存在でした。承久の乱の前に、三代実朝の後任を後鳥羽天皇の子にしようとしたのもそのためです。第六代の将軍候補に後嵯峨《ごさが》天皇の子、宗尊《むねたか》親王を擁

もっと楽しむ！

『執念の家譜』

七編からなる短編集。表題の作品は北条氏を倒そうとしながらも、一族の存続のため北条側につき、裏切り者とされた三浦義村の息子たちの物語です。兄は北条との融和を図りますが、弟は北条打倒に執念を燃やします。ほかの短編も歴史上はマイナーな人物たちを取り上げています。

永井路子著
講談社文庫
※品切れ中　再版予定なし

もっと知りたい！

朝廷権威の失墜

一二四二年、四条天皇が一二歳で

立。新将軍にさせることに成功し、以後、親王将軍という理想的なシンボルが続いていきます。

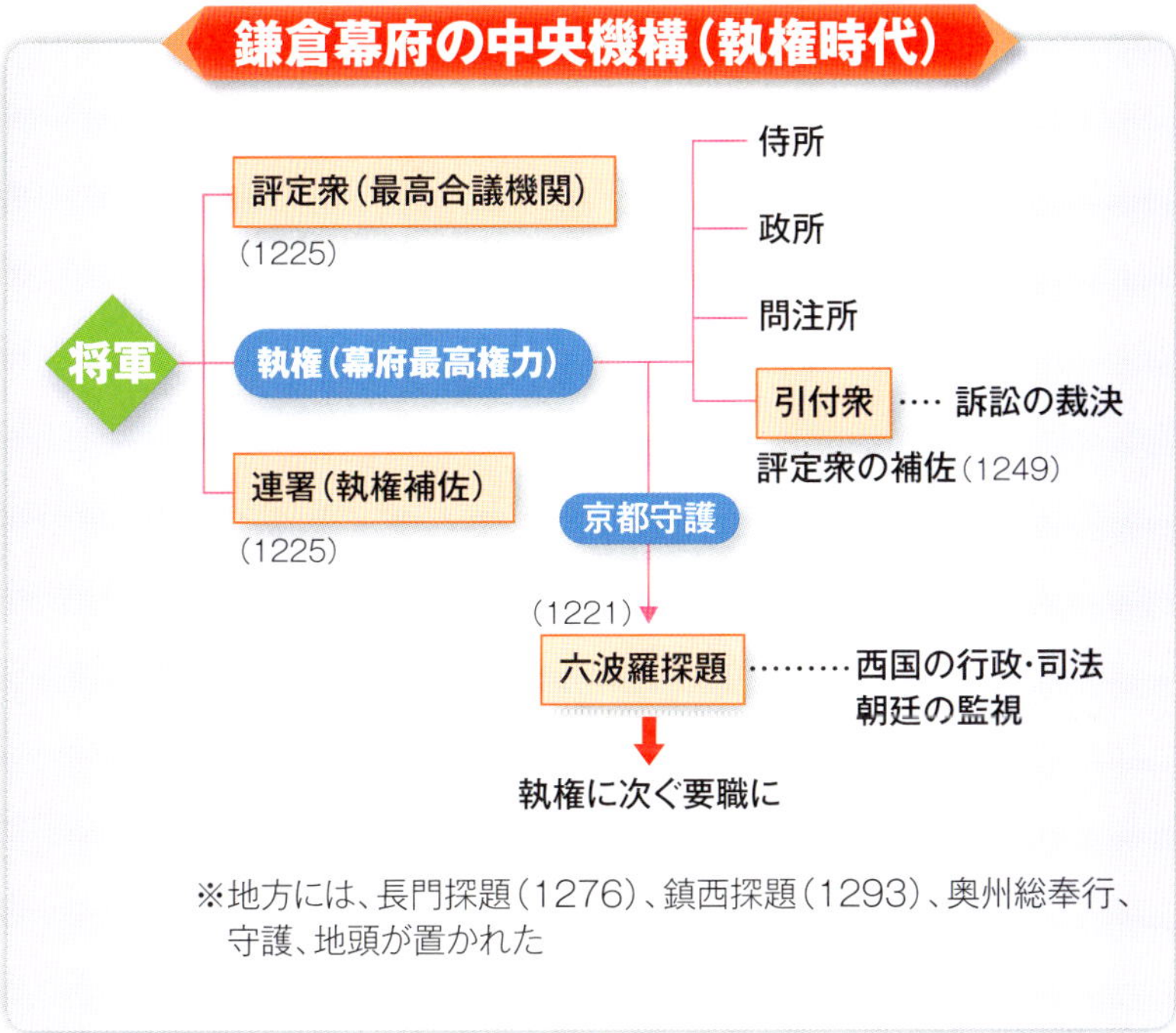

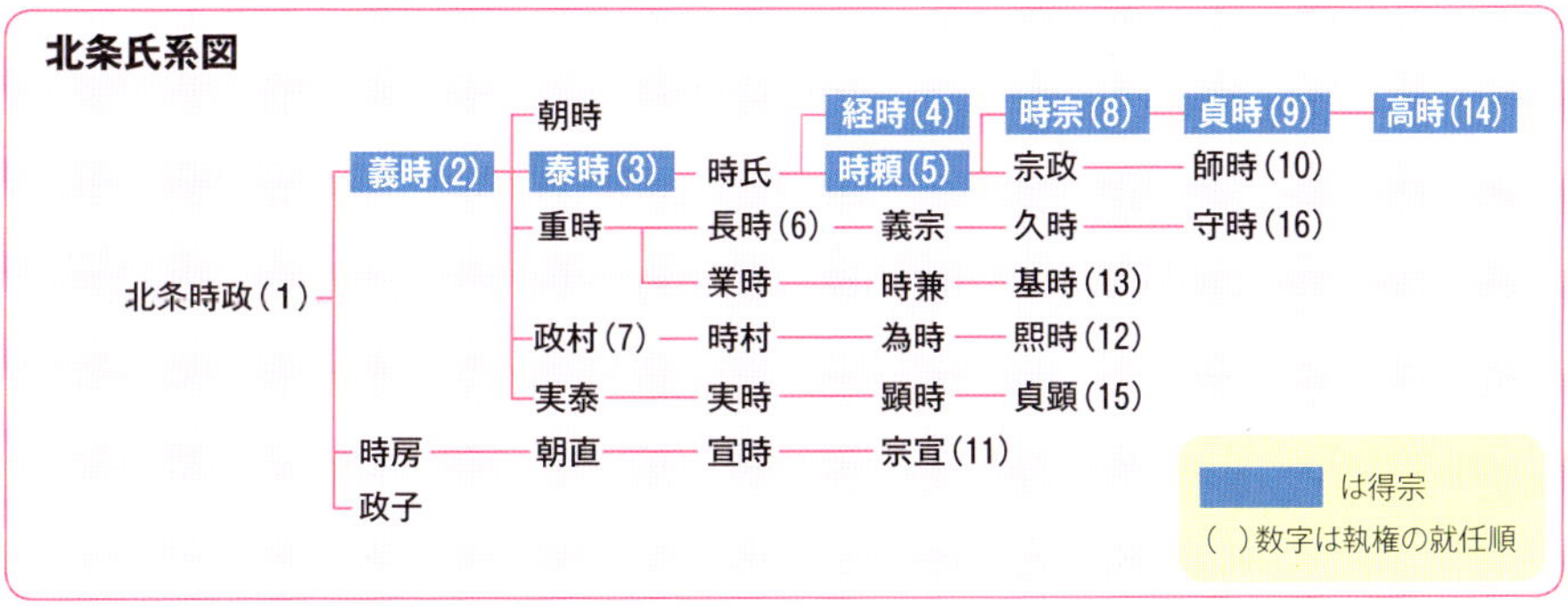

亡くなります。朝廷は後継者を選ぶ際、幕府の意向を聞きました。承久の乱以降、幕府は皇位継承問題にまで口出しするほど力をもったのです。そして後継者となったのが後嵯峨天皇でした。

流れを知る!

- **一二二一** 承久の乱
- **一二二四** 泰時執権に
- **一二二五** 連署・評定衆設置
- **一二二六** 藤原（九条）頼経、四代将軍に
- **一二三二** 貞永式目（御成敗式目）定める
- **一二四二** 経時、執権に
- **一二四四** 藤原（九条）頼嗣、五代将軍に
- **一二四六** 北条時頼、執権に 一族の名越家一掃
- **一二四七** 宝治合戦、三浦氏一族滅亡
- **一二四九** 引付衆設置

鎌倉時代

北条氏の専制体制と御家人の不満

元寇の波紋による社会混乱　貧しさを増す御家人の行く末は？

POINT

- 分割相続の行き詰まりで御家人が窮乏化
- 「外交」が一切行われなかった元寇
- 得宗専制政治確立と社会の混乱

平和が御家人を貧乏に

鎌倉時代中期になると、戦争もなく平和が続きました。しかし、その平和が武士の生活を追い詰めます。

当時は惣領《そうりょう》と呼ばれる家長が、子弟に土地を与える分割相続が行われていました。この所領は戦争の褒美なので、戦争がないと所領は増えず、次第に分割地が小さくなっていきました。やがて貧しい御家人が増加。そんな時代に**元寇**《げんこう》が起こります。

元寇と幕府の破綻

元は突然やって来たわけではなく、事前に何度か国書を持った使節が訪ねています。ところが、時の執権**北条時宗**《ときむね》は、国書を無視し返書もしませんでした。そして**文永**《ぶんえい》**の役**が起こります。日本にとって初めての外国勢との大きな戦争だった元寇で、幕府は交渉や相手についての情報収集など、外交政策を一切行っていません。**弘安**《こうあん》**の役**では「神風」に救われましたが、防衛できたのは元軍が**高麗**《こうらい》人などの混成軍であり、何よりも元の不得意な海上戦だったためでした。

国家の危機を乗り切ったものの、御家人たちへの戦利品である土地がないため、主従関係が動揺し、幕

もっと楽しむ！

『蒙古来たる』
海音寺潮五郎著　文春文庫
蒙古使節への対応をめぐり、国論は分裂し、執権北条時宗は決断を迫られていました。朝廷では、皇位継承から外れてしまった公家の西園寺実兼が、商人たちと結託して蒙古に通じようとしていました。巨大な帝国を前に、動揺する国内と時宗の最後の決断、そして蒙古との戦いを描きます。

『風濤（ふうとう）』
井上靖著　新潮文庫
元寇を朝鮮半島の高麗側から描いた作品。蒙古に国土を占領された後に、日本出兵という過酷な命令を受けた高麗の人々。歴史の多面性を感じる作品です。

武士の生活と元寇

元寇前

戦争がない＝褒美（土地）がもらえない

↓

分割相続される所領が細分化 → 単独相続へ

↓

貧しい御家人が増加

元寇
文永の役（1274）　弘安の役（1281）

元寇後

御家人

自腹で出征
↓
窮乏化
↓
土地売却

幕府

戦利品（土地）なし
御家人への恩賞（土地）なし
↓
永仁の徳政令（1297）

社会混乱（永仁の徳政令 → 土地売却）

府への不満が噴出することになりました。

当時は貧しい御家人は土地を売って生活していました。幕府は売却地を無償で御家人へ返却させる**徳政令**を発布。しかし、御家人が土地を抵当に金を借りようとしても、金融業者から断られ、かえって彼らの生活は苦しくなりました。

歴史CLOSE UP! 3回目の元寇

元は３回目の日本攻撃も考えていました。しかし高麗をはじめ、広大な支配地域のいたるところで反乱が起こったため、実現することはありませんでした。２回の元寇で社会が大きく混乱していたことを考えると、もう一度攻撃にさらされていたら、日本の歴史は大きく変わっていたかもしれません。

流れを知る！

一二六八 高麗使節、フビライの国書携え大宰府に。国書、鎌倉に転送。幕府、返書しないことに決定。蒙古襲来の防備を西国守護に命ずる。北条時宗、執権に

一二六九 蒙古使節、対馬に

一二七〇 朝廷、蒙古への返書を作成するが、幕府はこれを送らず

一二七一 蒙古、国号を元に
幕府、御家人を九州警備に送る。
元使節、大宰府へ。上京拒否

一二七三 元使節、再び大宰府へ。幕府、上京拒否

一二七四 文永の役

一二七五 幕府、元使節を鎌倉で斬殺

一二七九 元使節を博多で斬殺

一二八一 弘安の役

鎌倉時代▼

不安な時代に開祖された六つの鎌倉新仏教

戦争、飢饉、大地震…庶民が救済を求めた鎌倉六宗とは

POINT
- 国の仏教から庶民の仏教へ
- 社会が大きく変わった「末法」の世の中
- 臨済宗を取り入れた北条氏

救いを求めた庶民たち

平安時代の途中まで仏教は国家と貴族のものでしたが、平安末期からは鎌倉六宗と呼ばれる新仏教が現れました。

平安末期からは末法《まっぽう》の世。鎌倉時代は、器具の進歩により農業が発展し、手工業が発達して商業も盛んになり始めますが、政治的な動乱や地震などの天変地異が起こり、庶民は末法の不安を感じていました。新仏教の目的は、末法の世からの救済。庶民たちは新仏教に救いを求めたのです。

鎌倉六宗

鎌倉六宗は三つの系統に分けられます。

浄土宗系は共通して阿弥《あみ》陀仏《だぶつ》を信仰の対象としています。**浄土宗**の**法然**《ほうねん》や**浄土真宗**の**親鸞**《しんらん》は新しい宗派を開く意思はありませんでしたが、多くの信者を獲得。宗派は弟子たちが後世に広めました。**時宗**《じしゅう》の**一遍**《いっぺん》は全国を巡って教化にあたったため「遊行上人」と呼ばれました。

禅宗は坐禅を通じて悟りを開く教えです。その厳しさのためか武士の人気を得ていました。**曹洞**《そうとう》**宗**の**道元**《どうげん》は幕府から度々招かれましたが断り、出家主義を貫きました。

日蓮《にちれん》は他の宗派を激しく攻撃したことで有名です。幕府からも迫害され、二回流罪となりました。元寇を予言したため注目されましたが、**日蓮宗**を国教にするよう北条氏に迫ったため受け入れられませんでした。

もっと楽しむ!

『日蓮』
安房の小さな漁村に生を受けた男が、救国の道を求めて懸命に修行に励む物語です。あらゆる迫害を乗り越えて、己の信じる道を進んだ日蓮の生涯を描いた作品です。

山岡荘八著
講談社

「日蓮」
映画　79年　中村登監督
萬屋錦之介が日蓮を演じています。日蓮がいかなる迫害を幕府から受けていたのか、庶民がどれだけ苦しい生活を送っていたのかがわか

鎌倉新仏教開祖

宗派	浄土宗系			法華宗	禅宗系	
	浄土宗	浄土真宗(一向宗)	時宗	日蓮宗	臨済宗	曹洞宗
開祖	法然	親鸞	一遍	日蓮	栄西	道元
開宗年	1175	1224	1274	1253	1191	1227
教理	教義を知ることも、修行をする必要もない。ひたすら念仏(南無阿弥陀仏)を唱えれば救われる=専修念仏	1度でも心から念仏を唱えれば極楽往生できる。罪深い人こそ阿弥陀仏が救済しようとする対象=悪人正機説	信心の有無にかかわらず、すべての人は念仏を唱えさえすれば救われる。全国を巡り、踊念仏を広める	題目(南無妙法蓮華経)を唱えれば、そのまま仏になることができる。他宗を激しく非難する	坐禅を組み、公案(師から与えられる問題)を解決することで、悟りに達する	ひたすら坐禅を組むことで悟りを得る=只管打坐
主要著書	選択本願念仏集	教行信証、歎異抄(唯円編)	一遍上人語録	立正安国論	興禅護国論	正法眼蔵
中心寺院	知恩院(京都)	本願寺(京都)	清浄光寺(神奈川)	久遠寺(山梨)	建仁寺(京都)	永平寺(福井)

新仏教開祖図

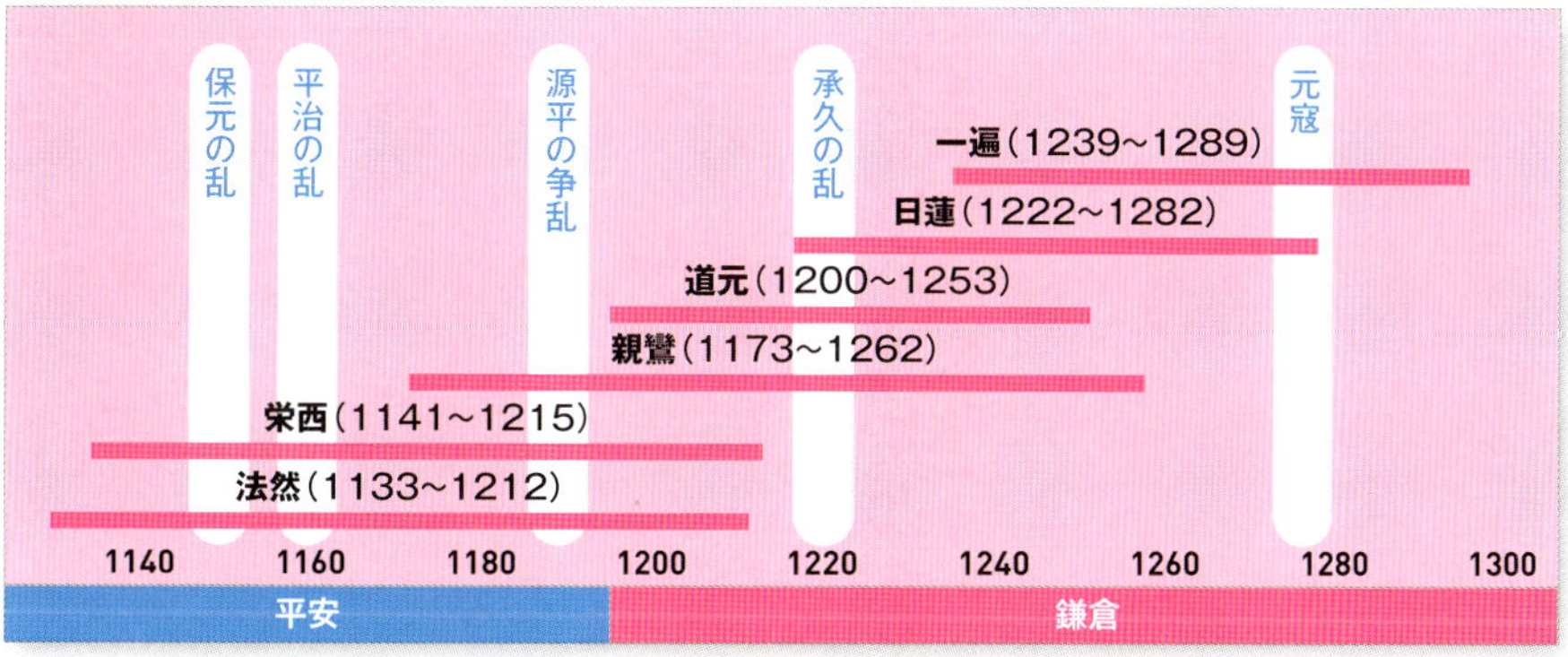

ります。カリスマ的な日蓮は庶民だけではなく、一部の武士からも次第に頼られるようになり、熱心な信者を獲得していきますが、島流しなど過酷な運命が続きます。元寇を予言したものの、日蓮は失意のうちにこの世を去るのでした。

流れを知る!

- 一一七五 法然、浄土宗を広める
- 一一九一 栄西、臨済宗を広める
- 一一九二 源頼朝、征夷大将軍になる
- 一二二一 承久の乱
- 一二二四 親鸞、浄土真宗を広める
- 一二二七 道元、曹洞宗を伝える
- 一二三二 御成敗式目制定
- 一二五三 日蓮、日蓮宗を広める
- 一二七四 一遍、時宗を広める。文永の役

鎌倉時代

写実的で現実的な鎌倉時代の文化

貴族的な雰囲気が消え、武士や庶民に広まっていった文化

POINT

- 中央の文化が地方へ波及
- 貴族や僧侶の独占から開放された文化
- 武士の素朴さ、剛健さが国風文化に反映

新しい建築、彫刻

鎌倉時代の文化の特徴は、武士の気風がそれまでの文化に加えられたものでした。貴族や僧侶の文化は、伝統に執着していましたが、鎌倉文化には武士や農民の力強さ、現実に即した感覚が漲っています。

その特徴をよく示しているのは、**運慶**《うんけい》、**快慶**《かいけい》が作った、東大寺南大門金剛力士像《とうだいじなんだいもんこんごうりきしぞう》です。

現実的な感覚は建築にも表れました。武士の生活に適した実用的で簡素な**武家造**の住宅は、この時代に登場したものでした。禅宗とともに、円覚寺舎利殿に代表される禅宗様も伝えられました。

東大寺再建の際に取り入れられた宋の建築様式は**大仏様**《だいぶつよう》と呼ばれます。これらに対して、平安以来の様式は和様《わよう》と呼ばれました。

親しみやすい物語

文学では『**平家物語**』に代表される軍記物語が広まります。平氏の栄枯盛衰は、初めから琵琶法師が語ることを前提として作られていたと言われていました。このように、「聴く」物語は文字の読めない民衆たちにも広まりました。

鴨長明《かものちょうめい》の『**方丈記**《ほうじょうき》』や吉田兼好《けんこう》の『**徒然草**《つれづれぐさ》』などの傑作も、鎌倉時代に誕生したものです。

一方、貴族文学では最後の勅撰《ちょくせん》和歌集である『**新古今和歌集**《しんこきんわかしゅう》』が作られました。公家文化に親しんだ三代将軍実朝《さねとも》は『**金槐和歌集**《きんかいわかしゅう》』を残しています。

もっと楽しむ！

『右大臣実朝』

太宰治著　ちくま文庫ほか

「アカルサハ、ホロビノ姿デアロウカ。人モ家モ、暗イウチハマダ滅亡セヌ」の言葉でも有名な太宰の小説です。「吾妻鏡」を引用しながら、将軍実朝の言動が語られていきます。文芸に才能を発揮した青年将軍の理知的な姿を通して、北条時代の権力抗争や幕府の動きが描かれるほか、都から来た鴨長明との交流などにも触れられています。

鎌倉文化の作品

文学	著者・編者
和歌集	
山家集	西行
新古今和歌集	藤原定家ら
金槐和歌集	源実朝
説話集	
十訓抄	作者不詳
宇治拾遺物語	作者不詳
古今著聞集	橘成季
随筆	
方丈記	鴨長明
徒然草	吉田兼好
日記	
十六夜日記	阿仏尼
軍記物語	
保元物語	作者不詳
平治物語	作者不詳
平家物語	信濃前司行長
源平盛衰記	作者不詳
歴史	
水鏡	中山忠親
愚管抄	慈円
吾妻鏡	作者不詳

代表的建築物	様式
東大寺南大門	大仏様
円覚寺舎利殿	禅宗様
三十三間堂	和様
観心寺金堂	折衷様

美術	作者
彫刻	
東大寺南大門金剛力士像	運慶、快慶
東大寺重源上人像	快慶
興福寺竜灯鬼像	康弁
六波羅蜜寺空也上人像	康勝
鎌倉大仏（高徳院阿弥陀如来像）	
絵巻物	
春日権現験記	高階隆兼
平治物語絵巻	作者不詳
蒙古襲来絵巻	作者不詳
一遍上人絵伝	円伊
似絵	
伝源頼朝像	藤原隆信
伝平重盛像	藤原隆信

その他

■刀剣　岡崎正宗、長船長光　■甲冑　明珍

■陶器　瀬戸焼（加藤景正）

金剛力士像（撮影：飛鳥園）

流れを知る！

- 一一九九　東大寺南大門再建
- 一二〇三　運慶・快慶、金剛力士像完成
- 一二〇五　「新古今和歌集」完成
- 一二一二　「方丈記」完成
- 一二二〇頃　「保元物語」「平治物語」
- 一二三五　「小倉百人一首」完成
- 一二四三頃　「平家物語」完成
- 一二五四頃　「源平盛衰記」完成
- 一二六八頃　金沢文庫創立
- 一二八二　鎌倉円覚寺開山
- 一二八五　円覚寺舎利殿完成
- 一二九三　「蒙古襲来絵巻」完成
- 一三三一頃　「徒然草」完成

室町時代

打倒鎌倉幕府！「王政復古」を夢見た天皇

鎌倉幕府滅亡　後醍醐天皇の建武の新政と足利尊氏の裏切り

POINT
- 朝廷の討幕計画と悪党の活躍
- 性急すぎた新政で朝廷への不満も高まる
- 足利尊氏は二度裏切った

後醍醐天皇、討幕へ

鎌倉幕府が揺らいでいた頃、朝廷では後嵯峨《さが》上皇が後継者を決めずに死んだために、二つの系統が皇位を争う事態となりました。地方では農民の抵抗運動が見られ、領主に逆らう「**悪《あく》党《とう》**」が出現します。社会全体に不穏な空気が流れていました。

幕府が朝廷に両統交互に即位することをすすめた翌年、**後醍醐《ごだいご》天皇**が即位。積極的に政治を行います。後醍醐天皇の目的は討幕でしたが、その計画は二度も幕府に漏れます。最初は幕府も寛大でしたが、二度目は後醍醐天皇が島流しになり、その近臣は斬首されました。

しかし、時代の流れは討幕へ向かっており、悪党たちが挙兵します。島を脱出した後醍醐天皇を討つために、幕府から派遣された**足利高氏《たかうじ》**（尊氏）は天皇側に寝返ります。そして鎌倉は**新田義貞《よしさだ》**により陥落。鎌倉幕府は滅亡しました。

逆らえない武士の実力

後醍醐天皇は武士政権を否定し、天皇の権限を強化するため、様々な改革を断行。**建武《けんむ》の新政**と呼ばれますが、その改革は性急すぎて武士の反乱を招きます。

北条高時《たかとき》の遺児時行《ときゆき》は、鎌倉将軍府の足利直義《ただよし》（尊氏の弟）を破り鎌倉を占拠しました（中先代《なかせんだい》の乱）。尊氏は時行征討の命令を求めたものの、尊氏が強大化することを嫌った後醍醐天皇は拒否します。

もっと楽しむ！

『私本太平記』

『新・平家物語』で描き切れなかった「権力の魔力」をつきとめるために執筆したと著者が語った作品。戦後の歴史研究の成果も取り入れられており、足利高氏(尊氏)が幕府に無断で上洛するところから、この世を去るまでが描かれています。

吉川英治著
講談社
吉川英治文庫

『太平記』
森村誠一著　角川書店

現代日本を代表する推理小説家が書き下ろした大河歴史小説。鎌倉幕府末期から南北朝の動乱期を雄大なスケールで描きます。

尊氏は勝手に出陣し、朝廷からは離反しました。後醍醐天皇は新田義貞に尊氏を追討させましたが失敗。

一時九州へ敗走した尊氏は、摂津の湊川で**楠木正成**《くすのきまさしげ》を討ち京都を制圧しました。そして光明《こうみょう》天皇を立て、政治方針である**建武式目**《けんむしきもく》を制定。翌々年、ここに**室町幕府**《むろまちばくふ》が誕生しました。

鎌倉幕府滅亡への動き

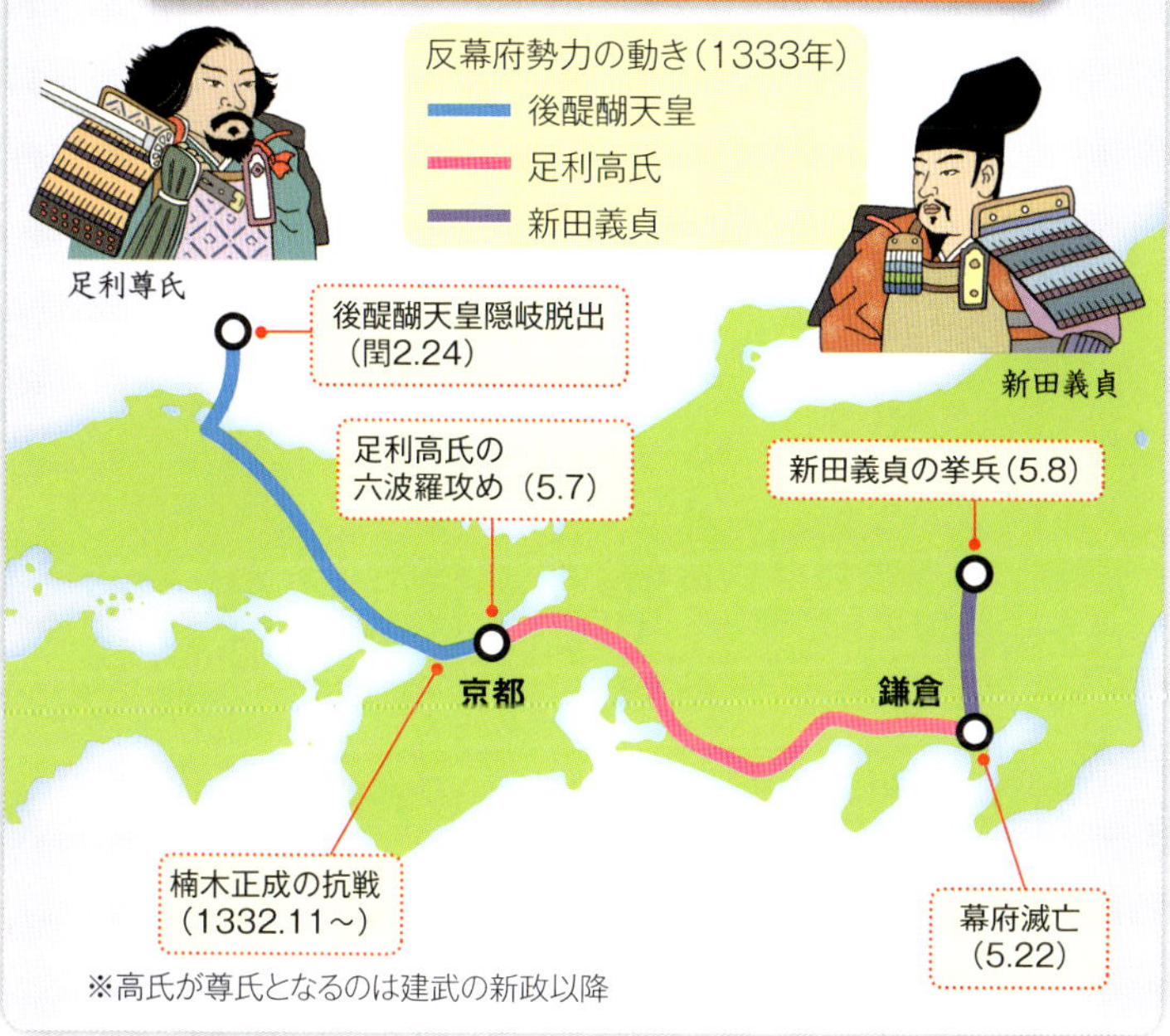

※高氏が尊氏となるのは建武の新政以降

建武の新政の機構

天皇
- 〈中央〉
  - 記録所…………建武政権の最高機関
  - 雑訴決断所……所領紛争などの訴訟機関
  - 恩賞方…………恩賞の査定機関
  - 武者所…………京都の警備機関（新田義貞ら）
- 鎌倉将軍府……関東の国を管轄（成良親王－補佐・足利直義）
- 陸奥将軍府……陸奥・出羽を管轄（義良親王－補佐・北畠顕家）
- 〈地方〉
  - 国司・守護……諸国に併置

後醍醐天皇

流れを知る！

- **一三一七** 文保の和談。幕府、一〇年ごとの両統迭立すすめる
- **一三一八** 後醍醐天皇即位
- **一三二四** 正中の変。最初の討幕計画発覚
- **一三三一** 元弘の変。再び討幕計画発覚。翌年、後醍醐天皇は流刑に
- **一三三三** 後醍醐、隠岐を脱出
  幕府、後醍醐征討のため足利高氏（尊氏）を派遣
  新田義貞、鎌倉攻める
  鎌倉幕府滅亡
- **一三三四** 建武の新政
- **一三三五** 中先代の乱
- **一三三六** 尊氏、建武式目を制定。後醍醐天皇、吉野に遷幸
- **一三三八** 尊氏、征夷大将軍に。足利幕府の誕生

室町時代

北朝二派と南朝の複雑な関係

朝廷も幕府も分裂　長引いた南北朝時代と足利尊氏の兄弟喧嘩

POINT
- 後醍醐天皇が神器を持って吉野へ脱出
- 幕府内も急進派と協調派が対立
- 南朝と幕府二大勢力が離合集散

観応の擾乱

室町《むろまち》幕府が成立すると、**後醍醐《ごだいご》天皇**は神器を持って吉野へ脱出し、南朝《なんちょう》を立てました。幕府側は北朝《ほくちょう》を立て南朝と対立。二人の天皇が並立する**南北朝時代**が始まります。

南朝はその後主力の武士や後醍醐天皇本人が没し弱体化しましたが、幕府は南朝を倒せませんでした。幕府でも内部対立が表面化したのです。

幕府では**足利尊氏《たかうじ》**が軍事を担当し、弟の**直義《ただよし》**が政務を担当しました。尊氏の執事（のちの管領《かんれい》）高師直《こうのもろなお》は急進的な人物で、協調派の直義と対立します。また直義は南朝との講和を画策したため、尊氏との間にも亀裂が生じました。こうして**観応《かんのう》の擾乱《じょうらん》**と呼ばれる幕府内部での対立が始まります。

急進派も協調派も南朝の権威に頼って勢力強化を図ったために、この三者は複雑に離合集散を繰り返しました。

南北朝の時代は単に南朝と北朝の対立ではなかったのです。

南北朝合一へ

南朝、北朝急進派、北朝協調派が入り乱れての動乱は全国に拡大しました。南朝は吉野を攻められたためここを脱出し、最終的に九州を拠点とします。

尊氏、直義、高師直らが死んだ後も、対立は子の代に受け継がれました。六〇年近く続いた動乱に終止符を打ったのは、三代将軍**義《よし》満《みつ》**でした。各地の武士を幕

もっと楽しむ！

『武王の門』

著者初の歴史長編。足利尊氏に追われ吉野に逃れた後醍醐天皇は、南朝を開いて反撃を開始します。天皇の皇子である懐良は、征西大将軍として九州統一を目指しますが、その胸中には大きな夢がありました。

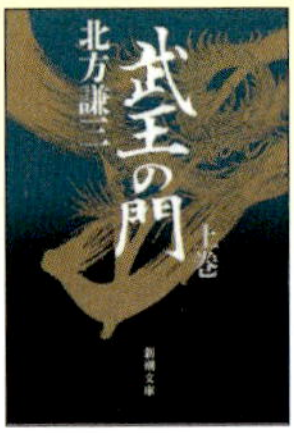

北方謙三著
新潮文庫

「鬼婆」

映画　64年　新藤兼人監督

南北朝時代、死んだ武士から刀や甲冑を奪い食料に換えて生き延びていた中年の女とその息子の嫁。ある日戦場から戻った若者が、女の息子が死んだことを告げます。

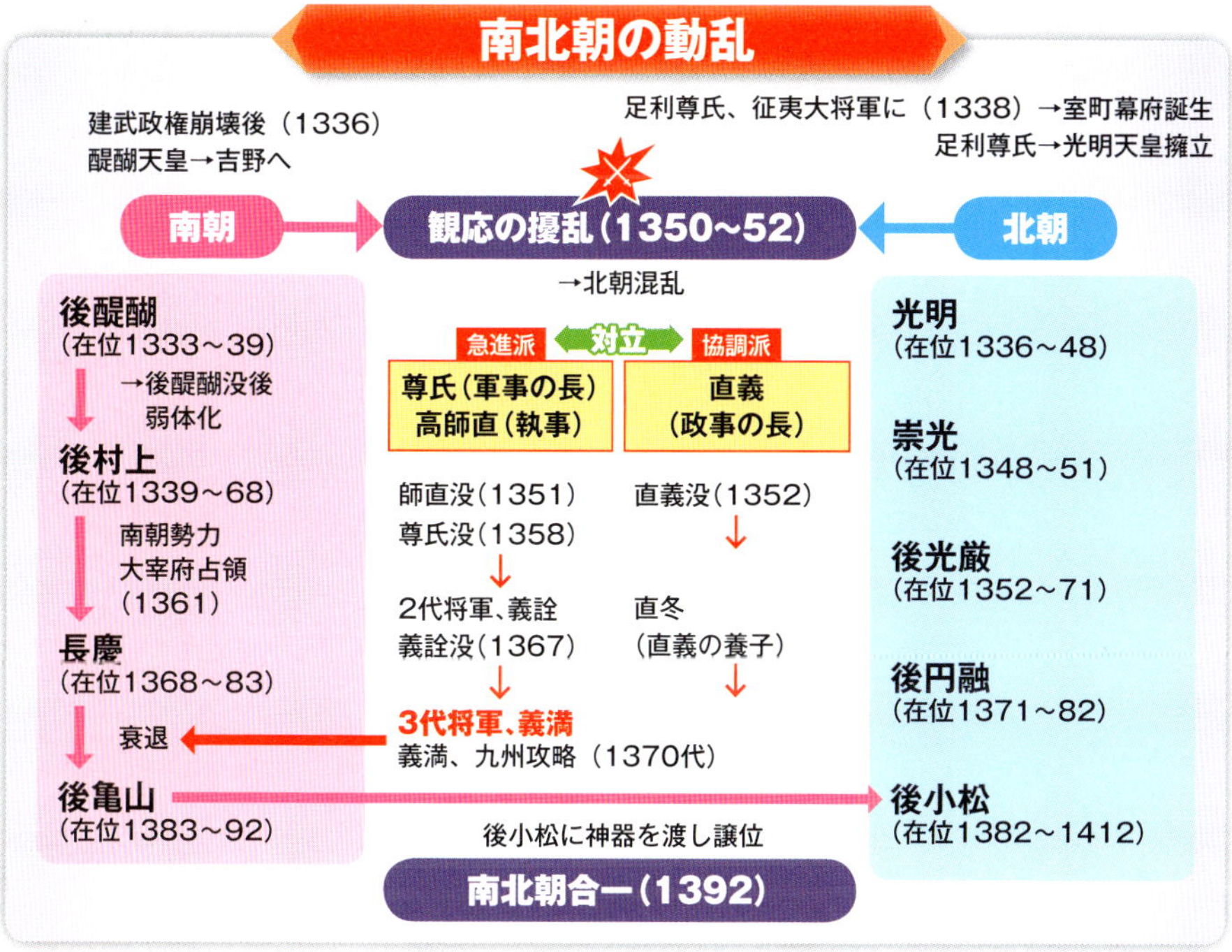

府の支配下に置き、南朝勢力を弱体化させた義満は、南朝と北朝の両統から交互に皇位継承者を出すことを条件に、後亀山《ごかめやま》天皇に譲位させ、南北朝を統一させました。しかし、この約束が守られることはありませんでした。さらに義満にはもっと大きな野望があったのです。

歴史 CLOSE UP! バサラって何?

この時代「婆娑羅（バサラ）」という言葉が流行しました。伝統を無視して派手な振る舞いをすることを指しましたが、傍若無人な大名たちも婆娑羅大名と呼ばれました。しかし、婆娑羅大名は異端ではなく、幕府の重臣として政治にも関わっていたのです。

若者が近くに住むようになったことで、女と嫁の関係は崩れていきました。戦乱の世に生きる底辺の人々の凄みと欲望が生々しく描写されています。

流れを知る!

- **一三三五** 足利尊氏、後醍醐天皇に反す
- **一三三六** 湊川の戦い。尊氏、楠木正成を討つ　後醍醐、吉野に移る
- **一三三八** 尊氏、征夷大将軍に。室町幕府成立
- **一三三九** 後醍醐天皇死去
- **一三五〇** 観応の擾乱始まる
- **一三五二** 近江・美濃・尾張に当年のみ年貢の半分を取る権利与える（最初の半済令）
- **一三五八** 足利尊氏死去
- **一三六八** 足利義満、三代将軍に
- **一三七八** 義満、花の御所に移る
- **一三九二** 南北朝の合一なる

室町時代

「日本国王」と任じられた足利義満の野望

朝廷にも進出し、天皇家から皇位を奪おうとした将軍の狙いとは？

POINT
- 関東と東北の統治を重視した幕府の機構
- 天皇に勝る権力を示した「御所」
- 上皇になる直前で死んだ義満

幕府の機構

室町《むろまち》幕府の機構は、三代将軍**義満**《よしみつ》の時代にほぼ整いました。

将軍補佐の**管領**《かんれい》には有力守護大名の三氏が交替で任命されました。地方では特に関東を重視し、鎌倉府の長（公方《くぼう》）として足利基氏《もとうじ》を派遣しています。

将軍の下には**奉公衆**《ほうこうしゅう》という直轄軍を編成。優勢な軍事力を利用して、義満は有力守護の統制を進めていきました。

義満の野望

義満は朝廷にも進出。将軍就任から約一〇年後に完成した邸宅は花の御所と呼ばれ、天皇の内裏を上回る規模を誇りました。その後、後円融《ごえんゆう》上皇の下、院の長となり公家の実権も掌握。その翌年には高位の准《じゅ》三宮《さんぐう》を宣下されます。

将軍職を義持《よしもち》に譲った義満は、本格的に朝廷内に入り込んでいきます。妻は天皇の准母《じゅんぼ》（名目上の母）となり、息子義嗣《よしつぐ》は親王と同等の格式を許されました。義満本人は明との貿易で「日本国王」を任じられることになります。

義満の野望はまだありました。皇位の簒奪、つまり天皇家の乗っ取りを考えていたのです。それは義嗣を天皇の養子にさせ、天皇位

足利義満

もっと楽しむ！

『天皇になろうとした将軍』
井沢元彦著　小学館文庫
足利義満の「野心」を著者独特の推理で解き明かしていきます。なぜ金閣の上に鳳凰が置かれているのか。義満「暗殺」の真相は。教科書からはわからない様々な謎が大胆に、しかし説得力を持って説明されていきます。

『獅子の座―足利義満伝』
平岩弓枝著　文春文庫
金閣寺をはじめ、絢爛たる北山文化を築き、室町幕府の最盛期に君臨した将軍義満。緻密で計算高く、野望に満ちた人物の裏側には、意外とも思える人間的な顔がありました。栄光につつまれた義満の人間性にスポットをあてた作品。

を譲位させて自分は上皇になるという計画でした。実際、義満の野望は半ば実現しかけました。ところが、一四〇八年五月、義満は突然病死したのです。

天が義満に味方しなかったのか。それとも、何者かが暗殺したのか。死因は流行病と伝えられますが、このタイミングの死は想像力を刺激します。

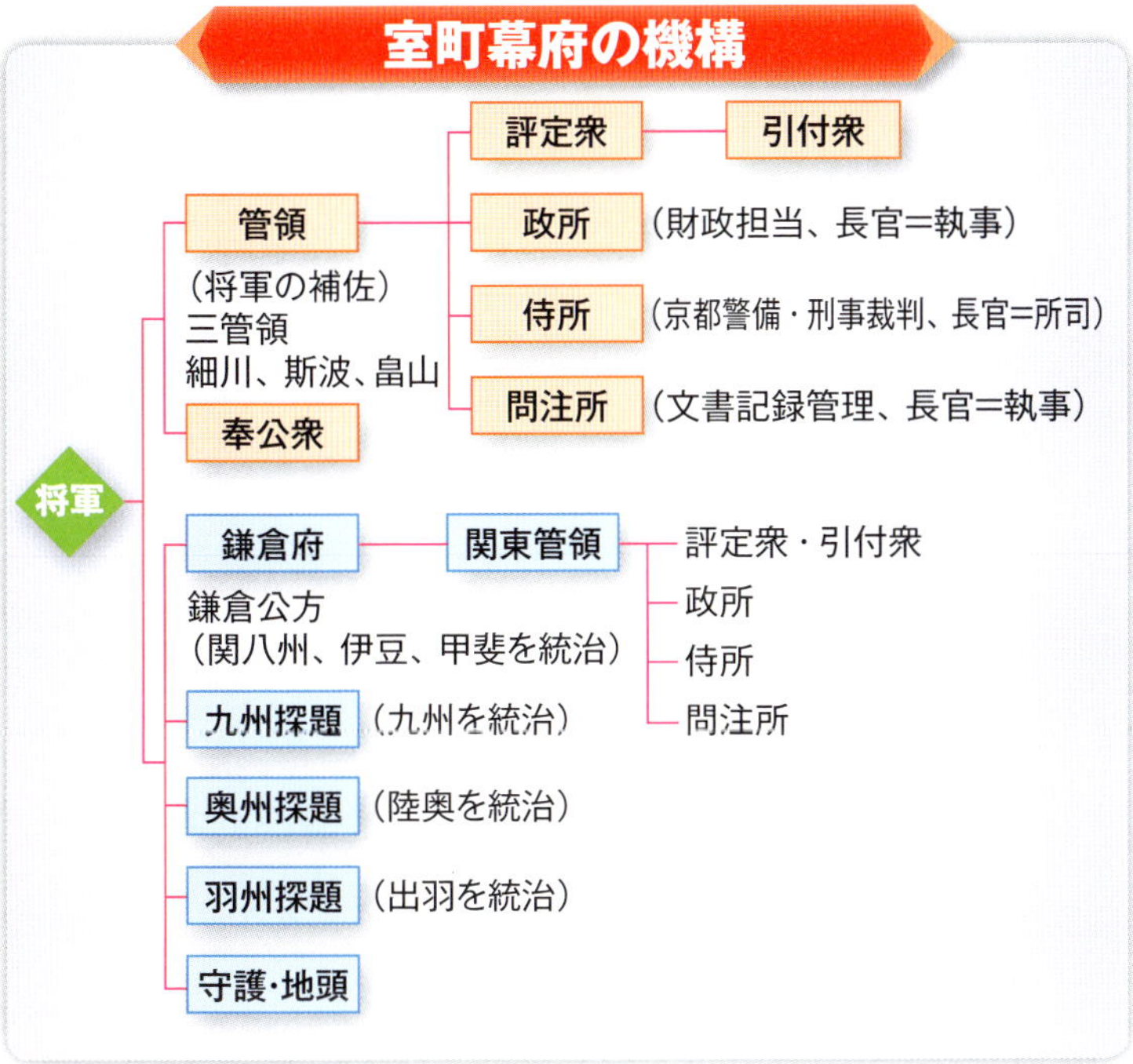

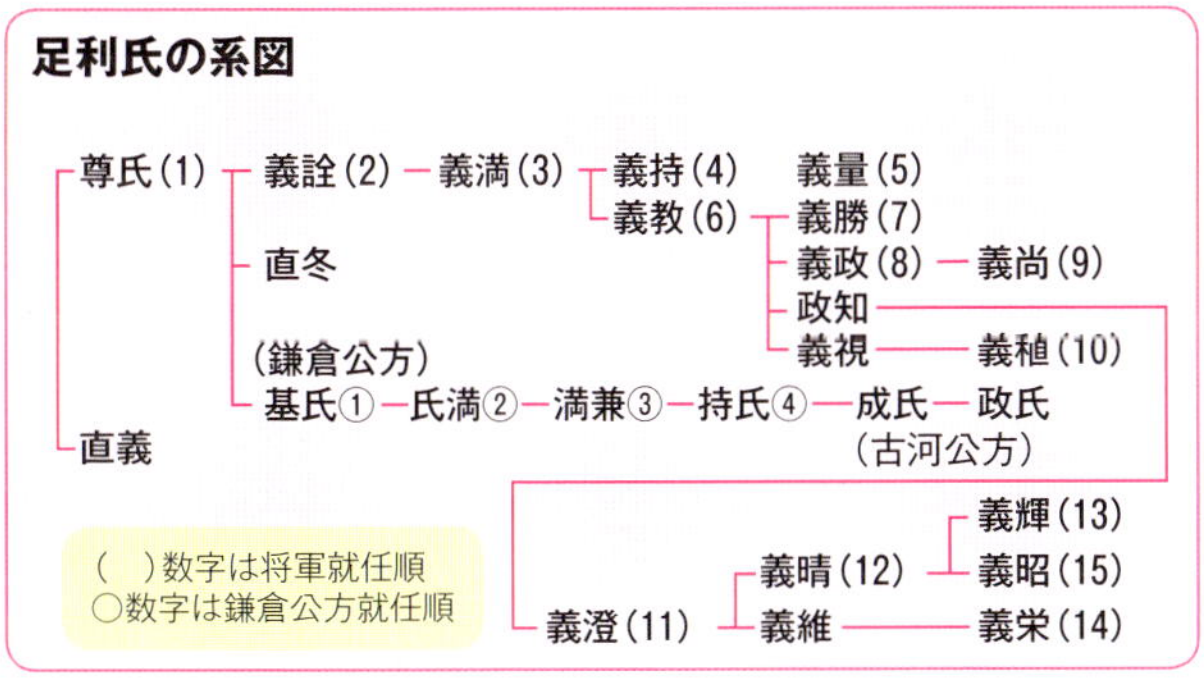

流れを知る！

- **一三六八** 足利義満、三代将軍に
- **一三七八** 義満、花の御所に移る
- **一三八三** 義満、准三宮となる
- **一三九〇** 土岐氏の乱。幕府、美濃・尾張・伊勢の土岐康行を討つ
- **一三九一** 明徳の乱。山陰の山名氏清挙兵、幕府に討たれる
- **一三九二** 南北朝の合一なる
- **一三九九** 応永の乱。大内義弘挙兵、堺で幕府に討たれる
- **一四〇一** 明と国交開始、第一回遣明船
- **一四〇二** 幕府、倭寇を禁止。義満、明の国書を受ける
- **一四〇四** 勘合貿易始まる
- **一四〇八** 義満死去

室町時代

連帯意識が強まり「一揆」が登場

地方の時代到来？ 支配力を強めた守護大名と農民の台頭

POINT
- 守護から地方支配力を強めた守護大名へ
- 集落が集まり、連帯意識が強い集団へ
- 幕府の権力弱体化を示す民衆の一揆

地方にも動乱が波及

幕府は地方の武士たちをまとめるために、足利氏一門から多くの**守護**を派遣しました。守護は**刈田狼藉**《かりたろうぜき》（他人の稲の刈り取り）の取り締まりや**使節遵行**《しせつじゅんぎょう》（土地に関する判決の実施）の権利を与えられ、地方の支配力を強めていきます。**観応の擾乱**《かんのうのじょうらん》の時、幕府は戦乱の激しい近江、美濃、尾張に限って、戦費調達のため一年だけ守護に年貢の半分を取る権利を与える**半済令**《はんぜいれい》を出しました。しかし、半済令は他の地域の守護も求めたため、次第に全国に拡大し、永続的に行われるようになりました。

農民の共同体

一方、農民たちは集落を形成し、やがて村ができていきました。農民が自発的に集まった自立的な村を**惣**《そう》**村**《そん》と呼びます。惣村が地域的に結びついて、惣《そう》荘《しょう》（または惣郷《そうごう》）という共同体が出現します。有力者は地侍《じざむらい》となって惣村を守り、まとめました。会議（寄合）が開かれ指導者が村を運営し、年貢などは惣村がまとめて領主に差し出しました。

共同体の連帯意識は強く、**一揆**《いっき》が結ばれました。一揆とは揆《みち》（方法、やり方）を一つにするという意味で、単なる武装蜂起ではありません。村人たちは団結して領主に様々な要求を訴えたり、時には実力行使に出たりしたのです。

正長の土一揆《しょうちょうのつちいっき》は日本初の民衆一揆でした。当時は

もっと楽しむ！

『北辰の旗』

加賀の守護大名・富樫政親の生涯を描いた長編小説。政親の父は八代将軍足利義政の怒りに触れ、国の半分を召し上げられましたが、政親は富樫家の復興に尽力。応仁の乱で武勲をあげ、加賀一国の守護大名となったのでした。

戸部新十郎著
徳間文庫

義教が次期将軍に決まっていましたが、将軍職は不在。嘉吉《かきつ》の土一揆の場合も将軍が代わる時に徳政が求められました。

こうして、地方の武士や農民がどんどん力を強めて幕府を動かすようになっていきます。

守護の権限拡大

守　護　**権限拡大**
- **刈田狼藉**　（土地紛争の際に他人の稲を刈り取る）の取り締まり
- **使節遵行**　幕府の出した裁判判決に対し、使者を現地に派遣して強制的に執行

↓

荘園・地方支配強化　**半済令の拡大** → 年貢の半分が守護に
守護の軍備がすすむ

↓

守護大名　自らは京にいて幕府に出仕。領国では守護代が管理

共同体の形成

惣荘・惣郷
- **惣村**：集落　集落　集落
- **惣村**：集落　集落
- **惣村**：集落　集落　集落　集落

村の有力者
↓ 守護大名と主従関係を結ぶ
地侍となる
（村の守り、まとめ役）

村の連帯意識の強化

- **愁訴**—要求を記した書状を領主へ
- **強訴**—要求が拒否されると大挙して領主のもとにおしかける
- **逃散**—全員で耕作を放棄し逃げる
- **一揆**—武器を使って実力行使

→ **領　主**

守護大名の状況（15世紀はじめ）

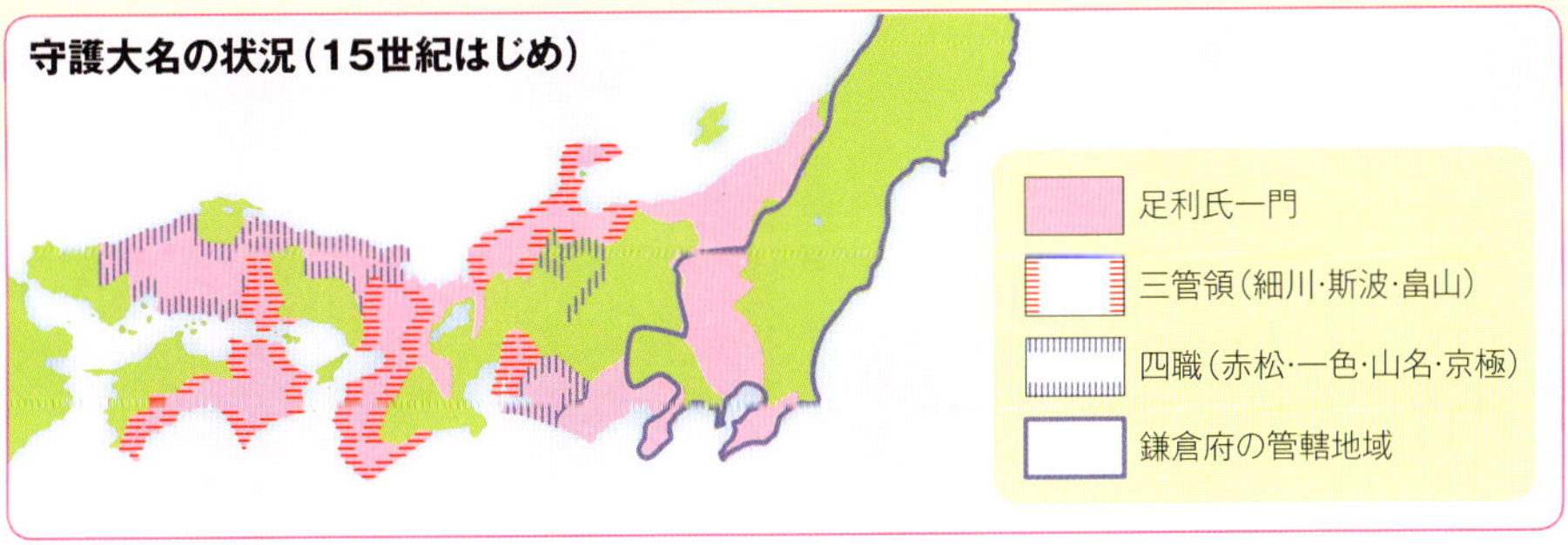

室町時代

戦国時代への序章 応仁の乱が勃発

権力争いの果てに起きた幕府と守護大名を二分化する争い

POINT

- 自立意識の高かった鎌倉公方
- 義教暗殺後、将軍の権威が動揺
- 家督争いから下剋上の乱世へ

くじで決まった将軍

室町《むろまち》幕府は有力大名の連合政権だったといえます。足利将軍家が権威を誇ったのは、義満《よしみつ》の時代まででした。四代**義持**《よしもち》の時も政治は比較的安定していましたが、鎌倉公方《くぼう》の独立意識の高さが目立ってきます。

将軍の地位をよく示しているのが、六代**義教**《よしのり》のくじ引きによる就任です。義持は義量《よしかず》が早世すると男子の誕生を待ちましたが、後継者を決めないまま亡くなります。

当時のくじ引きは「神のお告げ」です。そのためか義教は専制政治を行い、将軍に対抗する鎌倉公方や有力大名を追討しました。しかし、反感を買って暗殺され、以後、将軍の権威は大きく動揺していきます。

頻発する家督争い

将軍の権力が弱まると、幕府の実権は有力大名に移っていきました。彼らの間では、家督争いが激化。父親が相続者を決定するそれまでの伝統に対し、相続する者の能力と家臣の支持の獲得という新たな論理が出てきたのです。管領家と将軍家の家督争いは、実権を狙う**細川勝元**《かつもと》と**山名持豊**《もちとよ》の対立と結びついて応仁《おうにん》の乱へと発展します。

八代**義政**《よしまさ》は弟の義視《よしみ》を後継者としましたが、その翌年に義尚《よしひさ》が生まれると、母親の**日野富子**《とみこ》が山名持豊に補佐を依頼して義政・義視と対立。

義視が細川氏側から山名氏側に寝返ると、富子・義

もっと楽しむ！

『銀の館』
永井路子著　文春文庫

足利義政の妻となった日野富子を主人公とした物語。応仁の乱などが起こり激動していた時代、義政は政治に無関心だったため、富子は夫に代わって幕政に関わることとなります。やがて、幕府にとっても天皇家にとっても、富子は欠かせない存在となっていくのでした。

もっと知りたい！

応仁の乱以前の将軍

四代義持（在位一三九四～一四二三）
譲位

五代義量（在位一四二三～二五）
一九歳で早世

六代義教（在位一四二九～四一）
義持の弟の中からくじで決定

応仁の乱の対立関係

山名持豊

細川勝元

西軍	原因	東軍
山名持豊（宗全）	幕府実権争い	**細川勝元**
義尚・日野富子 寝返り **義視**	**将軍継嗣問題** （1468年以降）	**義政・義視** 移る 義政・**義尚・富子**
義就 義廉	管領家の家督争い 畠山家 斯波家	政長 義敏
大内　一色 土岐　六角	有力大名の対立	赤松　京極 武田

尚は細川氏側へ移りましたが、義政と富子の間は冷え切ったものだったといいます。義尚は九歳で将軍となりました。

地方も巻き込んだ戦乱は、細川勝元と山名持豊が死んだこともあり、ようやく和睦。将軍の権威は消滅し、幕府の体制は崩壊していきました。

歴史 CLOSE UP!

義持の言葉

4代将軍義持が後継者を決めなかったのはなぜだったのか。義持は自分が後継者を決めても「大名たちが納得しなければ意味はない」と言っていました。つまり、将軍家の権威がそれほど失墜していたのです。義教の暗殺を待つまでもなく、すでに将軍家の実力はその程度になっていたのでした。

応仁の乱勃発時の勢力図(1467年)

勢力伯仲の地域　東軍の勢力下の守護大名（細川方）　西軍の勢力下の守護大名（山名方）

専制政治への反乱により殺害

七代義勝（在位一四四二～四三）

夭折

八代義政（座位一四四九～七三）

弟義視を後継者に指名後、妻の日野富子に義尚誕生。継嗣問題勃発

室町時代

義満に莫大な利益をもたらした勘合貿易

国内の混乱に乗じた海賊・倭寇を取り締まり交易開始

POINT

- 海賊集団「倭寇」の登場
- 幕府の重要な収入源となった勘合貿易
- 海外交易にも進出した有力大名

義満、明との交易へ

南北朝の時代、混乱する国政は東アジアにも影響を与えていました。日本人の海賊、**倭寇**《わこう》の出現です。倭寇は朝鮮半島や中国の山東半島などで略奪を行いました。高麗などから倭寇の禁止が求められましたが、ようやく鎮圧されたのは義満《よしみつ》の時代になってからでした。義満は明との国交を開き、交易を開始。正式な交易を証明する**勘合**《かんごう》という証票を持参したため**勘合貿易**と呼ばれました。

明との交易は莫大な利益を生みました。貨幣経済が浸透していた当時、幕府は様々な税収に頼っていましたが、日明（勘合）貿易は重要な財源でした。

朝鮮半島では高麗の後に李《り》氏《し》朝鮮が建国し、日朝貿易が始まります。条約（癸《き》亥《がい》約条）により日本人には特権が与えられていたものの、暴動を起こし朝鮮の役人に鎮圧されました（三浦《さんぽ》の乱）。以後、貿易は縮小化していきます。

なお、一六世紀にも朝鮮半島周辺で倭寇が活発化しましたが、中国人やポルトガル人が多く、日本人は三割ほどでした。

琉球と蝦夷ヶ島

沖縄では一四二九年に琉

もっと楽しむ！

「もののけ姫」

映画　97年　宮崎駿監督

室町時代、ヤマトに敗れ東へ移った王家の血をひく青年アシタカは、エミシ一族の里を襲ったタタリ神を倒したために、腕に死の呪いをかけられます。呪いを払うために西へ旅立ったアシタカは、製鉄工場のタタラ場に立ち寄りました。そこでは森が破壊され、やがて人間たちと森の神々の戦いが起きます。タタラ場では明の火縄銃が使われ、鉄を作るために燃料として木が大量に伐採され始めていたのでした。

室町幕府の対外政策

日明貿易

勘合 …「本字壹號」の半券を明船と照合して倭寇と区別

銅銭、生糸、絹織物など

明 → 日本
明 ← 日本

刀剣、金、銅など

日朝貿易

三つの貿易港

三浦（塩浦、乃而浦、富山浦）に倭館があり、日本人が居留

木綿、経典など

朝鮮 → 日本
朝鮮 ← 日本

銅、南洋諸島の香辛料など

球王国が建国。琉球は明や日本との交易を盛んに行いました。蝦夷ヶ島と呼ばれた北海道には津軽から人が渡り、アイヌとの交易を拡大しました。一四五七年、アイヌ首長コシャマインの乱を鎮圧した蠣崎《かきざき》氏は道南地域を支配。これが後の大名松前氏となります。

歴史 CLOSE UP! 寧波の乱

応仁の乱後、勘合貿易の実権は細川氏と大内氏が握りました。明の寧波で細川氏が賄賂を使って厚遇を得ると、大内氏は細川氏を襲撃し、細川船の正使を殺害。1523年に起きたこの事件が寧波の乱です。以後、大内氏が貿易を独占しますが、1551年に大内氏の滅亡とともに勘合貿易も終わりました。

もっと知りたい！

室町幕府の財政

御料所…足利氏の土地。かなり少なく重要性低い

倉役・酒屋役…京都で高利貸を営む土倉や酒屋への課税

関銭・津料…関所での徴税。海上交通の場合が津料

日明交易の利潤

流れを知る！

- 一四〇四 勘合貿易開始
- 一四一一 明との国交中断
- 一四一九 応永の外寇（朝鮮の対馬襲撃）
- 一四三二 日明国交再開
- 一四三四 勘合貿易再開
- 一五一〇 三浦の乱
- 一五四七 最後の勘合船

室町時代

日本文化の原型 室町時代の三つの文化

現代にも受け継がれる北山と東山は室町の栄枯盛衰を象徴

POINT

- 中央・地方、各階層に受け入れられる文化
- 公家と武家が融合した北山文化
- 簡素さと幽玄を基調とした東山文化

日本固有の文化が誕生

伝統文化である茶の湯、生花、能・狂言などが確立された室町時代には、**南北朝**、**北山**、**東山**の三つの文化が誕生しました。

南北朝文化では動乱する時代を背景に、様々な歴史書や軍記物語が登場。この時代を描いた『**太平記**』は講釈の形で世に広まりました。また、喫茶の習慣が定着したことで、茶を飲んで判別する闘茶が流行しています。

義満と義政の違い

その後の北山文化と東山文化の雰囲気は対照的です。この差は**足利義満**《よしみつ》と**義**《よし》**政**《まさ》の違いから生まれたとも言えるでしょう。

北山文化を代表する**金閣**《きんかく》は義満が築いた広大な邸宅の敷地にあったもの。北山第《だい》と呼ばれたこの場所は、義満の「大内裏《だいだいり》」のようなものであり、天皇に勝る権威の象徴でした。

義満は寺社の格式の整備も行い、臨済宗《りんざいしゅう》の南禅寺《なんぜんじ》を頂点とする**五山十刹**《ござんじっさつ》**の制**を確立しました。そして禅の世界を具現化した水墨画が広まり、義満に庇護された**観阿弥**《かんあみ》**・世阿弥**《ぜあみ》父子などによる能も盛んに演じられました。

一方、東山文化の**銀閣**《ぎんかく》は、応仁の乱に疲れ切った義政が築いた隠棲の場でした。銀閣に見られる**書院造**は、和風住宅の原型となっています。東山文化を特徴付ける質素さ、幽玄、侘《わび》の美意識は、枯山水《かれさんすい》や**雪舟**《せっしゅう》らによる日本的な水墨画の

もっと楽しむ！

『華の碑文　世阿弥元清』

杉本苑子著　中公文庫ほか

能を作り上げた観世一家を、世阿弥の弟・四郎の視点から描いた作品。観阿弥は猿楽を発展させて身近な芸として確立していき、子の世阿弥は父から引き継いだ猿楽を能へと展開させたのでした。淡々とした中にも、その辛さが描かれています。

もっと知りたい！

御伽草子と盆踊り

この時代に盛んになった庶民の文化も、現在に受け継がれています。庶民文芸の代表は何よりも「一寸法師」「浦島太郎」などの御伽草子。また、正月やお盆に着飾った人たちが踊る風流踊りと念仏踊りが結

室町時代の文化

区分	南北朝文化	北山文化	東山文化
年代	14世紀中頃	14世紀末～15世紀はじめ	15世紀中頃
特徴	南北朝の動乱を反映	武家、公家文化の融合	庶民文化、幽玄の世界
文学	**〈歴史書・物語〉** 増鏡（不詳）、梅松論（不詳） 太平記（不詳）、 神皇正統記（北畠親房） **〈連歌〉** 菟玖波集、応安新式（二条良基）	**〈歴史書・物語〉** 義経記（不詳） 空華集 （義堂周信―五山文学）	**〈連歌〉** 新撰菟玖波集(宗祇) 犬筑波集(山崎宗鑑) **〈物語〉** 御伽草子
芸能		能楽の大成（観阿弥、世阿弥）	連歌、古浄瑠璃、小歌の流行 閑吟集（小歌の歌集、編者不詳）
建築		鹿苑寺金閣 興福寺五重塔、東金堂	慈照寺銀閣 慈照寺東求堂
庭園	観心寺金堂	西芳寺（苔寺） 天竜寺庭園	竜安寺石庭 大徳寺大仙院庭園
美術		**〈水墨画〉** 瓢鮎図（如拙）	**〈水墨画〉** 四季山水図巻、秋冬山水図（雪舟） **〈狩野派〉** 大徳寺大仙院花鳥図（狩野元信）

銀閣（提供：慈照寺）

金閣（提供：鹿苑寺）

確立などにも通じています。侘茶や花道の基礎もこの時期に作られました。

びついた盆踊りも、流行し始めたのは室町時代のことでした。

流れを知る！

〈南北朝文化〉
- **一三三九** 「神皇正統記」完成
- **一三四二** 幕府、五山十刹を定める
- **一三七一** この頃までに「太平記」完成

〈北山文化〉
- **一三九七** 義満、北山に金閣を造営
- **一四〇二** 「風姿花伝」完成
- **一四一〇頃** 茶の湯、生花など流行
- **一四三〇頃** 能楽大成

〈東山文化〉
- **一四六八** 雪舟、「四季山水図」を描く
- **一四八九** 慈照寺銀閣造営始まる
- **一五〇〇頃** 竜安寺庭園（石庭）完成

戦国時代

本格的な下剋上の時代 戦国大名の登場

室町幕府の主導権を奪っていった「地方政権」戦国大名の登場

POINT

- 一足早く本格的な戦国時代を迎えた関東
- 部下に奪われた足利将軍の実権
- 将軍も倒された下剋上の世界

北条早雲、関東支配へ

応仁《おうにん》の乱以前から自立意識が目立っていた鎌倉公方《くぼう》は、一五世紀半ば分裂。管《かん》領上杉《れいうえすぎ》氏を殺害した足利成《あしかがしげ》氏《うじ》は、幕府の追討を避け下《しも》総《うさ》の古河へ移りました。

幕府は成氏を討つため将軍の弟の足利政知《まさとも》を送りましたが、鎌倉に入れなかったため伊豆の堀越に拠点を構えました。

この混乱の中に登場したのが**北条早雲**《ほうじょうそううん》です。早雲は伊勢に生まれ、駿河の守護である今川義忠《いまがわよしただ》のもとで手腕を発揮します。その後、実力で伊豆を奪い取ります。まさに戦国大名の典型といえます。早雲は小田原を本拠とし伊豆を支配し、その後関東の大部分を奪っていきます。

傀儡に過ぎない将軍

地方で実力を行使していたのは、戦国大名だけではありませんでした。国人（地元の武士）や農民の一揆も引き続き起こっていたのです。

中央では幕府の実権が将軍から奪われていました。最初に管領の細川《ほそかわ》氏が主導権を握りましたが、その後家臣の三好長慶《みよしながよし》、さらにその家臣の松永久秀《まつながひさひで》に実権は移ります。いわゆる下《げ》剋《こく》上《じょう》です。

なお、一四代将軍義栄《よしひで》を擁立して威勢を振るった松永久秀は、織田信長《おだのぶなが》が足利義昭《よしあき》を奉じて入京してきたため信長に従い、一五七七年に信貴山城で挙兵しましたが、信長軍に敗北してしまいました。

もっと楽しむ!

『箱根の坂』
北条早雲の物語。五〇代以降から活躍し、八〇代後半まで第一線で指揮を執っていた早雲は、自ら庶民の模範となって「領国制」という異質の行政区を作ったのでした。

司馬遼太郎著
講談社文庫

『武田信玄』
新田次郎著　文春文庫ほか
吉川英治文学賞受賞作。著者がかつて気象庁に勤めていたこともあってか、自然現象、気象の変化も詳しく描写されています。

室町幕府後半の将軍とおもな出来事

将軍(在位)	将軍就任の経緯	おもな出来事	幕府の実権
8代義政(1449-73)	7代義勝の弟	応仁の乱(1467~77)	日野富子
9代義尚(1473-89)	義政の子	山城の国一揆(1485) 加賀の一向一揆(1488)	日野富子 足利義尚
10代義稙(1490-93、1508-21)	義政の甥 日野富子擁立	明応の政変(1493) 管領細川政元挙兵、義稙追放	日野富子(1496没) 細川政元
11代義澄(1494-1508)	足利政知の子 細川氏擁立	細川政元内部対立で暗殺(1507)	細川氏
12代義晴(1521-46)	義澄の子	細川氏家臣三好長慶、下剋上で実権奪取	細川氏→三好長慶
13代義輝(1546-65)	義晴の子	三好氏家臣松永久秀、義輝暗殺(1565)	三好氏
14代義栄(1568のみ)	11代義澄の孫 三好氏の傀儡	織田信長、足利義昭を奉じて上洛	三好氏 (松永久秀)
15代義昭(1568-73)	12代義晴の子 織田信長擁立	後に織田信長に廃され、 室町幕府の滅亡(1573)	織田信長

関東の混乱

鎌倉公方　室町幕府からの独立を目指す

関東管領　上杉氏

永享の乱(1438)
〈4代鎌倉公方　足利持氏　VS　管領上杉憲実+幕府大軍〉
幕府側の勝利、持氏自殺

↓

享徳の乱(1454)
〈持氏の子、足利成氏が上杉憲忠(憲実の子)を謀殺〉
幕府側の敗北

↓

分裂

幕府、成氏を追討。成氏、追討避け下総の古河へ(古河公方を自称)
幕府、将軍の弟足利政知を新たに関東に派遣(堀越公方に)

関東は混乱状態に

伊勢長氏(北条早雲)、混乱に乗じて勢力伸張

流れを知る！

- 一四六七　応仁の乱起こる(~七七)
- 一四九三　明応の政変。細川政元挙兵
- 一四九五　北条早雲、小田原城に入る
- 一五〇七　細川政元、暗殺される
- 一五二四　北条氏綱、江戸城奪取
- 一五四二　斎藤道三、美濃の土岐氏追放
- 一五四八　三好長慶、細川晴元に謀反
- 一五五三　最初の川中島の戦い
- 一五六〇　桶狭間の戦い
- 一五六五　松永久秀ら、将軍義輝暗殺
- 一五六八　織田信長、足利義昭を奉じて入京
- 一五七三　室町幕府滅亡

戦国時代

各地に群雄割拠する名将たちの勢力争い

「成り上がりもの」たちの天下を目指した「国盗り物語」

POINT

- それまでの常識を覆す異端児が登場
- 各地で繰り広げられた覇権争い
- 独自の法で領国を支配した戦国大名

戦国を体現した三人

関東の混乱に乗じて挙兵した**北条早雲**《そううん》は、本格的な戦国時代の到来を告げた武将と言えます。しかし、戦国大名の先駆者とされるのは、越前の**朝倉敏景**《としかげ》。荘園などを強奪して実権を握っていった敏景は、応仁《おうにん》の乱の際に裏切りで大名にのし上がりました。

一介の油売りから一国の領主になった**斎藤道三**《どうさん》。最近は父子二代で成し遂げたという説が有力ですが、戦国大名の代表であることは変わりありません。

戦国時代にはそれまでの常識が通用しませんでした。たとえどんな手段を使おうとも、最後に勝てばいいのです。

斎藤道三

朝倉、北条、斎藤の三人は、そんな時代の到来を最もよく体現していました。朝倉、北条は大大名となります。道三は夢半ばで敗れますが、その遺志は**織田信**《おだのぶ》**長**《なが》に引き継がれたと言えるでしょう。

京を目指した武田信玄

地方に群雄割拠していた戦国大名たちは、自らの法によって領国を治め、隣接する敵を倒し勢力の拡大を図っていきました。

中でも天才軍略家として

もっと楽しむ！

『国盗り物語〈一、二巻〉』
司馬遼太郎著　新潮文庫ほか
戦国大名・斎藤道三の生涯を描いた作品。まさに国を「盗って」しまった道三。天下は取れませんでしたが、織田信長と明智光秀を見出すという偉業も果たしています。

『武田信玄』
津本陽著　講談社
戦国最強の武将・武田信玄。その生涯と息子勝頼、そして最後には織田信長に滅ぼされる武田家の物語です。

知られていたのが甲斐《かい》の**武田信玄**《しんげん》です。五回にわたった**上杉謙信**《けんしん》との**川中島の戦い**は有名。信玄は京を目指した大名の一人であり、実現の可能性もありました。信長が最も恐れていたのが信玄でした。

しかし、信玄の死で武田軍の野望は潰えます。子の**勝頼**《かつより》が跡を継ぎますが、一族は信長に滅ぼされてしまいました。そして、信長が天下統一をほぼ実現しかけたのです。

戦国時代の勢力図（16世紀半ば）

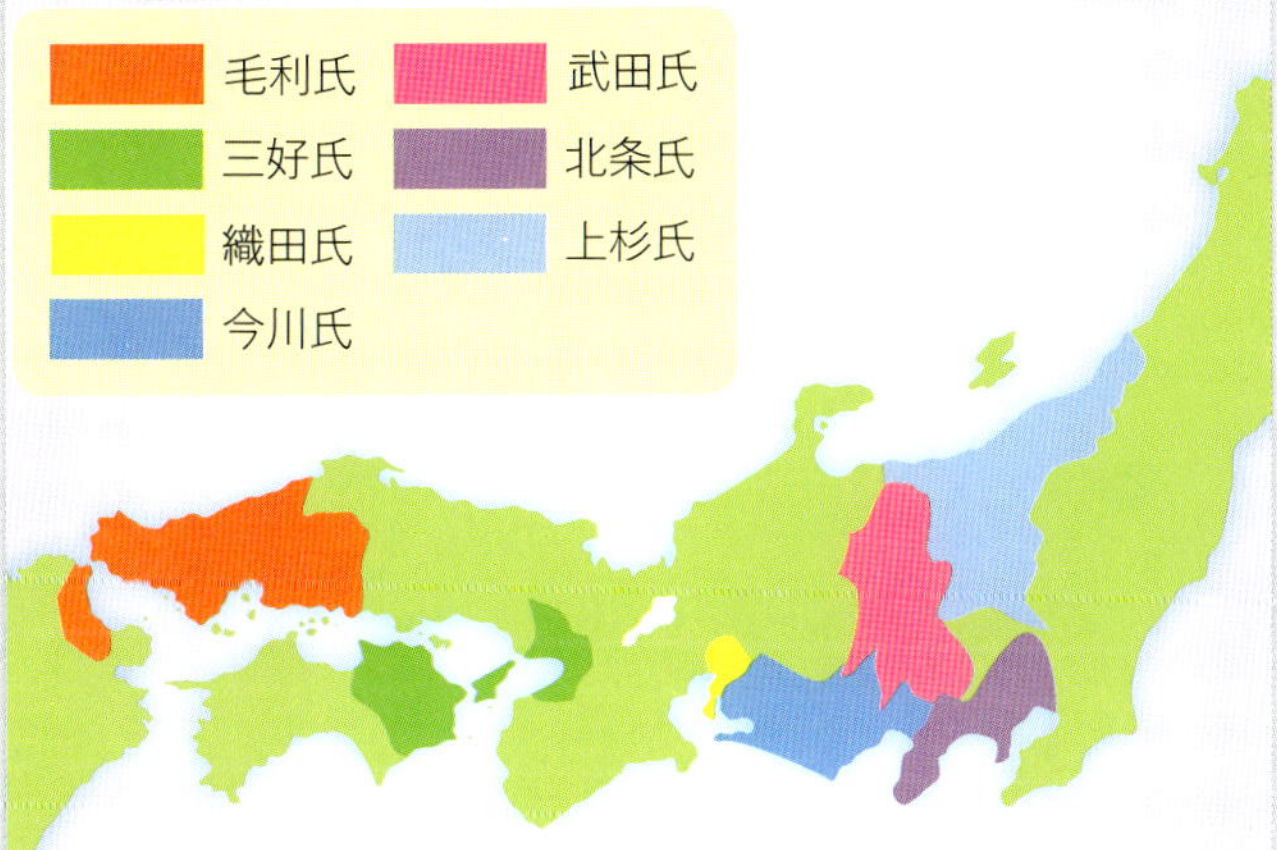

守護大名→戦国大名……　武田、宇都宮、佐竹、畠山、六角、北畠、河野、大友、島津

守護代・国人→戦国大名…　上杉、最上、伊達、芦名、結城、朝倉、浅井、織田、三好、尼子、毛利、長宗我部、竜造寺、相良

その他→戦国大名…………　北条、斎藤

名前	領地	別名	大名への道
朝倉敏景（1428-81）	越前	**戦国大名の先駆者**	公家・寺院の土地を強奪。応仁の乱で西軍から東軍に寝返り大名に
北条早雲（1432-1519）	関東	**時代の風雲児**	常識を覆す侵略戦争で、関東に一大勢力を置く。守護の家来から大名に
斎藤道三（1494?-1556）	美濃	**国盗り「まむし」**	酒、女で主君を操り国外へ追放。父子二代で一国の領主へ

流れを知る！

- **一五四一** 毛利元就、尼子晴久破る。武田信玄、領主に
- **一五四二** 斎藤道三、土岐氏追放
- **一五四三** 鉄砲伝来
- **一五四五** 今川・武田同盟軍、北条氏攻める
- **一五四七** 家康、人質として織田家へ（後、今川家へ）
- **一五五三** 川中島の戦い（第一回）。武田対上杉
- **一五五四** 武田、今川、北条の三国同盟成立
- **一五五六** 長良川の戦い。斎藤道三敗死
- **一五五八** 秀吉、信長に仕える
- **一五六〇** 桶狭間の戦い。今川義元敗死。家康、人質生活終える
- **一五六二** 信長と家康、同盟結ぶ
- **一五六四** 川中島の戦い（第五回）。両軍引き分け

戦国時代

交通の発達と地方に広まった文化

城下町や寺内町とベニスのような自由都市　様々な町と堺の発展

POINT
- 商品経済の発展により都市や町が増加
- 日明貿易で栄えた港町の自治
- 荒廃した京都から文化が地方へ波及した

交通の発達と都市

戦国時代、大名たちが築いた城のまわりには**城下町**《じょうかまち》が作られ、地方の新しい中小寺院の**門前町**《もんぜんまち》も増加しました。交通が発達したため、街道沿いには**宿場町**《しゅくばまち》が現れました。

浄土真宗《じょうどしんしゅう》（一向宗《いっこうしゅう》）の勢力が強い場所には**寺内町**《じないまち》が建設されました。これは寺院を中心に、周囲を壁や堀で防御した町で、門徒の商工業者などが集まって住みました。軍事的な力を持った町もあり、中でも**石山本願寺**《いしやまほんがんじ》は、後に織田信長《おだのぶなが》と戦いを繰り広げることになります。

日明貿易の根拠地となった港町も繁栄しました。これらの町は豪商たちの自治組織によって運営されていました。特に有名なのは**堺**《さかい》です。

三六人の**会合衆**《えごうしゅう》と呼ばれる豪商が会議で市政を行い、傭兵によって町を自衛しました。イエズス会の宣教師は、堺のことを「（イタリアの）ベニスのように執政官によって治められ、共和国のようだ」と伝えています。しかし、その豊かさゆえに、堺も信長の標的となったのです。

地方へ及んだ文化

応仁《おうにん》の乱により京都は荒廃してしまったため、貴族や文化人は地方へと去りました。各地の大名のもとで京文化を教えながら暮らしていたのです。京の文化に憧れを抱いていた大名は、積極的に彼らを受け入れました。

もっと楽しむ！

『黄金の日日』

城山三郎著　新潮文庫ほか

堺の町を舞台に、会合衆と織田信長や豊臣秀吉らとの攻防を描きます。堺は信長の直轄地となり、協力的だった今井家は発展していきました。しかし、秀吉の治世になると一転して圧迫されます。物語の中心人物は今井家の船頭の遺児呂宋《るそん》助左衛門。今井家の情報係だった石川五右衛門や、今井家の娘が身を寄せていた屋敷の主・千利休が命を落とすと、助左衛門は日本を脱出してルソン島へ渡ったのでした。

地方の武士や商人の間では、子弟を寺院に預けて教育を受けさせる習慣もありました。特に商人たちには職業上、読み、書き、計算が必要だったため、教育は熱心に行われ、農村にも同じような教育が広まっていきました。

おもな城下町・寺内町など

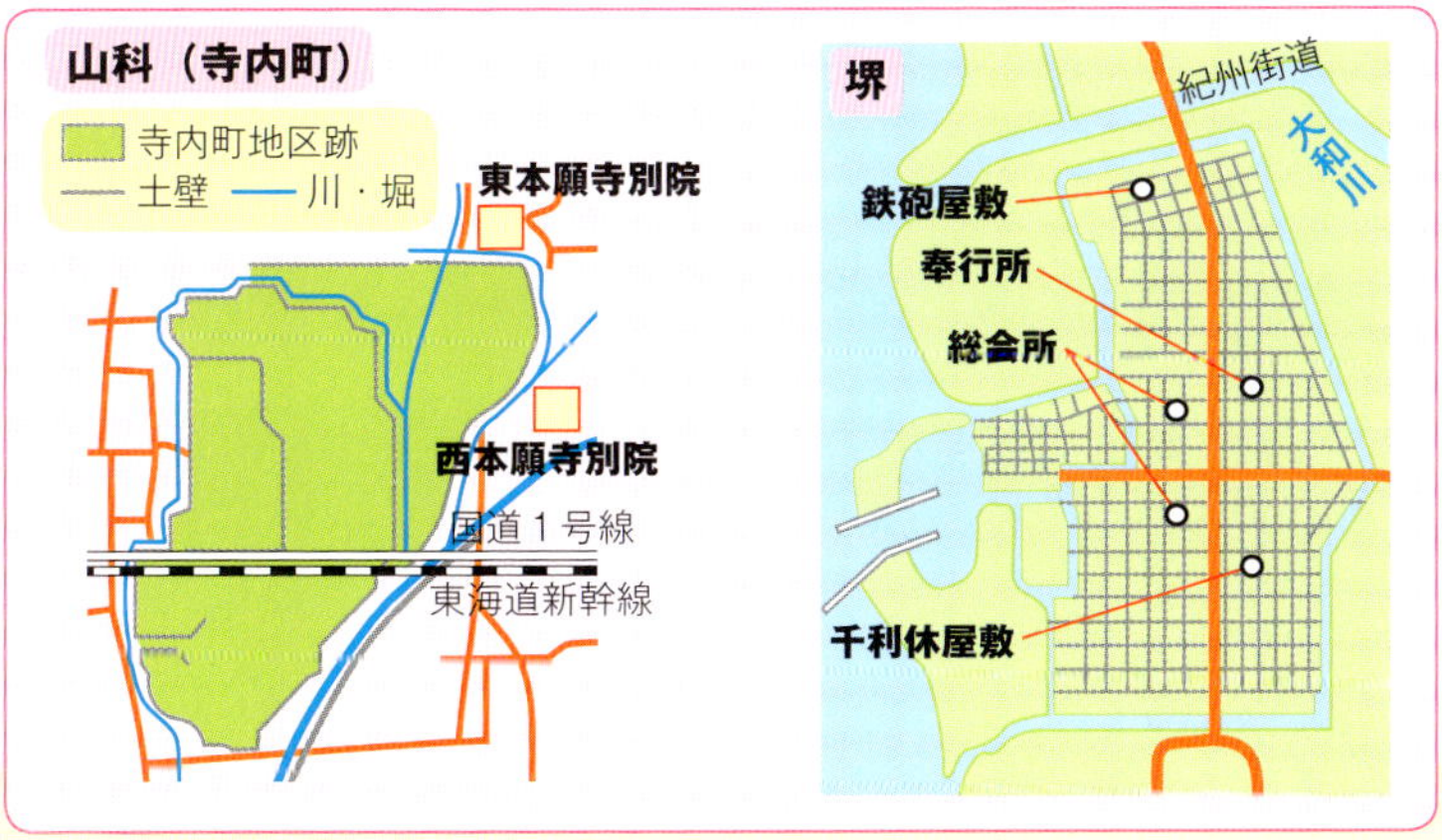

都市の発達

種類	自由都市	宿場町	寺内町	門前町	港町	城下町
成立過程	貿易で商人が繁栄、自治獲得	陸上交通路の発達により成長	一向宗門徒が集まって形成	寺社参詣者の増大により発達	海上交通の発達により成長	戦国大名の城の周辺に発達
代表的な町	堺、博多	近江草津、沼津、掛川	山科本願寺、石山本願寺	長野、宇治山田、坂本	桑名、敦賀、小浜、兵庫、尾道	江戸、小田原、一乗谷、駿河、鹿児島など

戦国時代▼

戦国大名の運命を変える南蛮文化の到来

日本に大きな影響を及ぼした鉄砲とキリスト教の伝来

POINT

- 日本に及んだ大航海時代の波
- 急速に大量生産されていった鉄砲
- イエズス会と急増するキリシタン

種子島銃の流行

日本の戦国時代、ヨーロッパは大航海時代という歴史の転換期を迎えていました。その先頭に立っていたスペインとポルトガルは、アジアへも進出。最初に日本へやって来たのはポルトガル人でした。**種子島《たねがしま》**に漂着した中国人密貿易商人の船に同乗していたのです。

彼らは**火縄銃**を持っていました。種子島の島主はそれを買い、製造法を習得しました。この銃は口径一六ミリ、銃身七一八ミリで種子島銃と呼ばれました。戦国時代の最中ということもあり、鉄砲の製法はすぐに各地へ広まります。特に、堺、根来《ねごろ》（紀伊）、国友《くにとも》（近江）で大量生産されました。そして、いち早く鉄砲隊を組織した織田信長《のぶなが》は、国友を勢力下に収めます。

南蛮貿易とキリスト教

鉄砲のすぐ後に日本に伝わったキリスト教も、その後の日本に大きな影響を与えています。布教を行ったのはカトリックの**イエズス会**宣教師たち。宗教改革によってプロテスタントが優勢となったため、イエズス会はアジアでの布教を始めたのです。

布教は貿易とともに行われました。貿易を望んだ大名の中からは、洗礼を受けるキリシタン大名も現れました。

大友氏らは**天正《てんしょう》遣欧使《けんおうし》節《せつ》**をローマ教皇のもとに派遣しました。イエズス会が医療や社会事業などに貢献したこともあり、信者は急

もっと楽しむ！

『王の挽歌』

遠藤周作著　新潮文庫ほか

九州豊後の名門守護大名・大友宗麟は、ザビエルと出会いキリスト教に帰依します。毛利家や島津家など敵との戦いに疲れた宗麟は、洗礼を受けてフランシスコとなりました。宣教師との出会いや遣欧少年使節などを通じて、西洋と対峙したキリシタン大名たちの時代を描いた作品です。

もっと知りたい！

天正・慶長遣欧使節

天正遣欧使節として四人の少年がローマ教皇に謁見しました。帰国した時、日本ではキリスト教が禁止されており、棄教したり、行方不明になるなど、それぞれ過酷な

増します。信長の時代はキリスト教の最盛期でした。しかし、その後、秀吉《ひでよし》や家康《いえやす》によって禁止・弾圧されることになり、信者や大名たちの運命は大きく変化していくのです。

おもなキリシタン大名

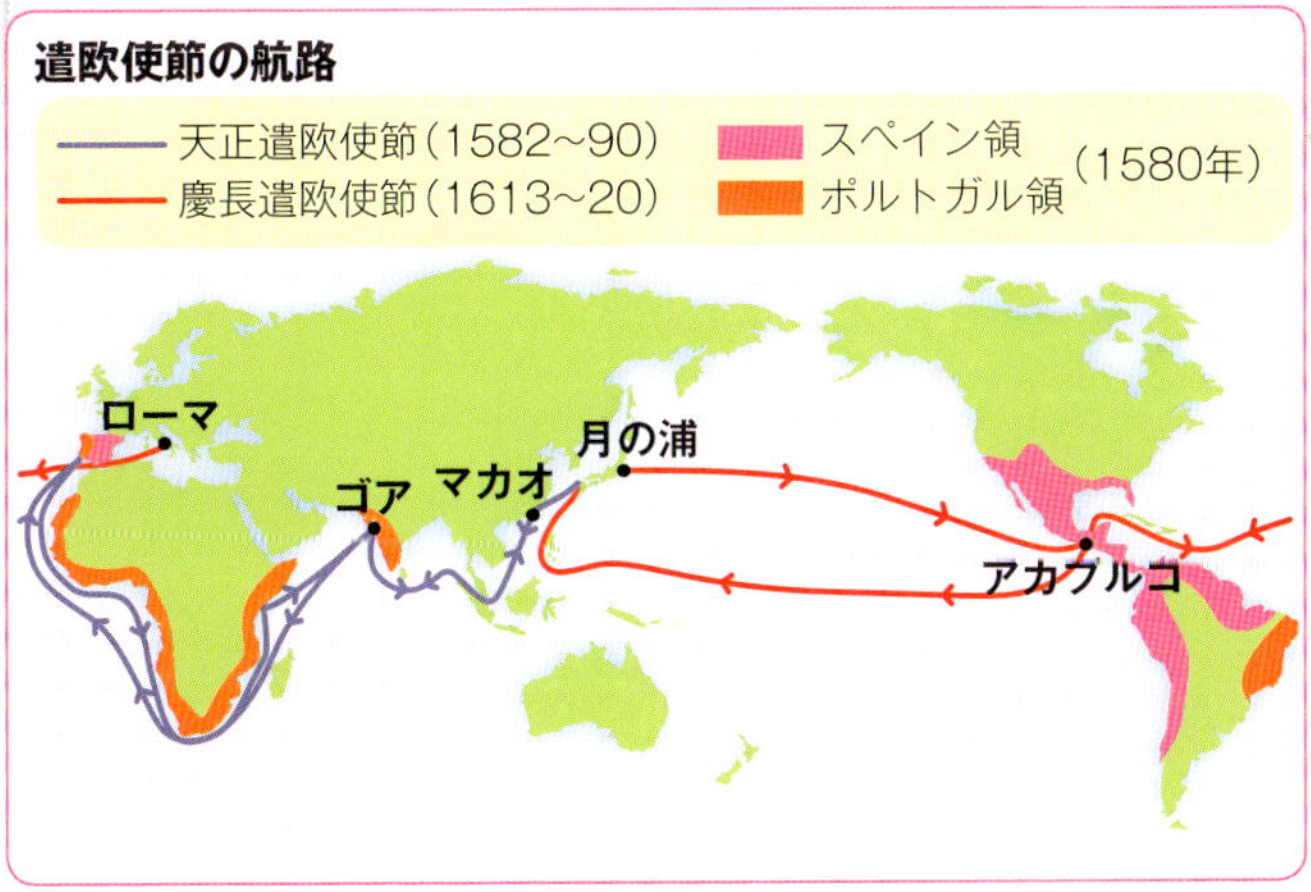

天正遣欧使節

運命を辿ります。一方、仙台藩主伊達政宗は家臣の支倉常長をスペインに派遣し、メキシコとの貿易を計画します。支倉もローマ教皇に謁見。こちらは慶長遣欧使節と呼ばれます。なお、貿易は実現されませんでした。

流れを知る!

- **一五四三** ポルトガル人、種子島に漂着し鉄砲を伝える
- **一五四九～五一** イエズス会宣教師ザビエル、キリスト教を広める
- **一五五六** アルメイダ、西洋医学を伝える
- **一五六九** 信長、ルイス・フロイスの京都宣教を許す
- **一五七九** イエズス会宣教師ヴァリニャーニ来日
- **一五八二** 大友・大村・有馬三大名、ローマに少年使節派遣（一五九〇年帰国）
- **一五八四** ポルトガル商船、平戸に来航

安土・桃山時代

「天下統一」を目指した武将・織田信長の躍進

冷徹な政治学に貫かれた政略と、室町幕府の滅亡

戦国時代の主役に

子どもの頃から奇行が目立った**織田信長**《おだのぶなが》に、将来性を感じたのは**斎藤道三**《さいとうどうさん》でした。それは見事に的中。尾《お》張《わり》を平定した信長は、**今川義元**《いまがわよしもと》を**桶狭間**《おけはざま》に破り、戦国の主役となります。

美濃《みの》の斎藤氏を滅ぼして濃尾平野を支配すると、信長は「**天下布武**《ふぶ》」（天下に武を布《あまね》くす）の印判を使用し、大名で初めて天下統一を宣言したのです。濃尾平野支配は、その大前提の仕事でした。

その頃、暗殺された足利《あしかが》義輝《よしてる》の弟**義秋**《よしあき》（**義昭**）は越前に赴き、**朝倉義景**《あさくらよしかげ》に入京を促していました。しかし、義景は優柔不断だったため、信長を頼るようになります。間を取り持ったのは**明智光秀**《あけちみつひで》でした。

室町幕府の滅亡

信長は、義昭を一五代将軍として入京させました。義昭は管領《かんれい》などへの任官をすすめますが、信長は固辞し、幕府とは距離を置きます。信長が求めたのは堺への代官所設置などの実権でした。

不満を感じた義昭は、諸国に反信長連合を呼びかけます。信長は天皇の皇子を形式上の養子にするなどして、朝廷の権威を利用しながら天下統一を進めたのです。

信長は義昭と結んで反抗的だった**浅井**《あさい》・**朝倉**《あさくら》**連合軍**を**姉川**《あねがわ》**の戦い**で破ると、翌年、両軍に加担した延暦《えんりゃく》寺《じ》を焼き打ちにしました。これは中世の権威だった寺

POINT

- 天下取りの前提だった濃尾平野支配
- 将軍返り咲きが夢だった足利義昭
- 朝廷の権威を利用して天下統一へ

もっと楽しむ！

『**下天は夢か**』
織田信長の生涯を描いた作品。側室との会話に信長の人間性が読み取れます。会話には尾張方言が使われているため、親しみが感じられ、人物たちが身近な存在に思えてきます。

津本陽著
講談社文庫
※品切れ中　再販予定なし

『**越前一乗谷**』
水上勉著　中公文庫ほか
信長に滅ぼされた越前の朝倉義景が主人公。足利義秋（のちの義昭）に将軍位に就くため力を貸してほしいと頼まれたものの、義景は決

院勢力を壊滅させ、政教分離を行ったもので、単なる仏教弾圧ではありませんでした。

その後、信長が最も恐れていた武《たけ》田《だ》信《しん》玄《げん》が急死。反信長勢にとっては決定的な痛手でした。信長は義昭を追放し、浅井・朝倉も滅ぼします。しかし、信長には大きな敵がもう一つ残っていました。

織田信長略年表

西暦	おもな出来事
1534	織田信秀の長男として誕生
1551	この頃、家督を相続
1555.4	清洲城奪う
1560.5	桶狭間の戦い。今川義元破る
1567.8	美濃斎藤氏滅ぼす。濃尾平野支配。井ノ口を岐阜に改名 「天下布武」を使う
1568.9	足利義昭を立てて入京 実権を奪ったため、義昭が反信長連合を呼びかける
1570.6 9	姉川の戦い。浅井長政（近江）・朝倉義景（越前）連合軍破る 石山戦争開始
1571.9	比叡山延暦寺焼き打ち
1573.7 8	義昭追放（室町幕府滅亡） 浅井・朝倉を滅ぼす
1574.9	伊勢長島の一向一揆平定
1575.5 8	長篠合戦。武田勝頼破る 越前一向一揆平定
1576	安土城築城
1577.6 11	楽市楽座令 右大臣に
1579.5	安土宗論。日蓮宗、浄土宗との論争に負け弾圧される
1580	石山本願寺を屈服させる
1582.3 6	天目山の戦い。武田勝頼滅ぼす 本能寺の変。信長、自害

織田信長

信長時代のおもな大名

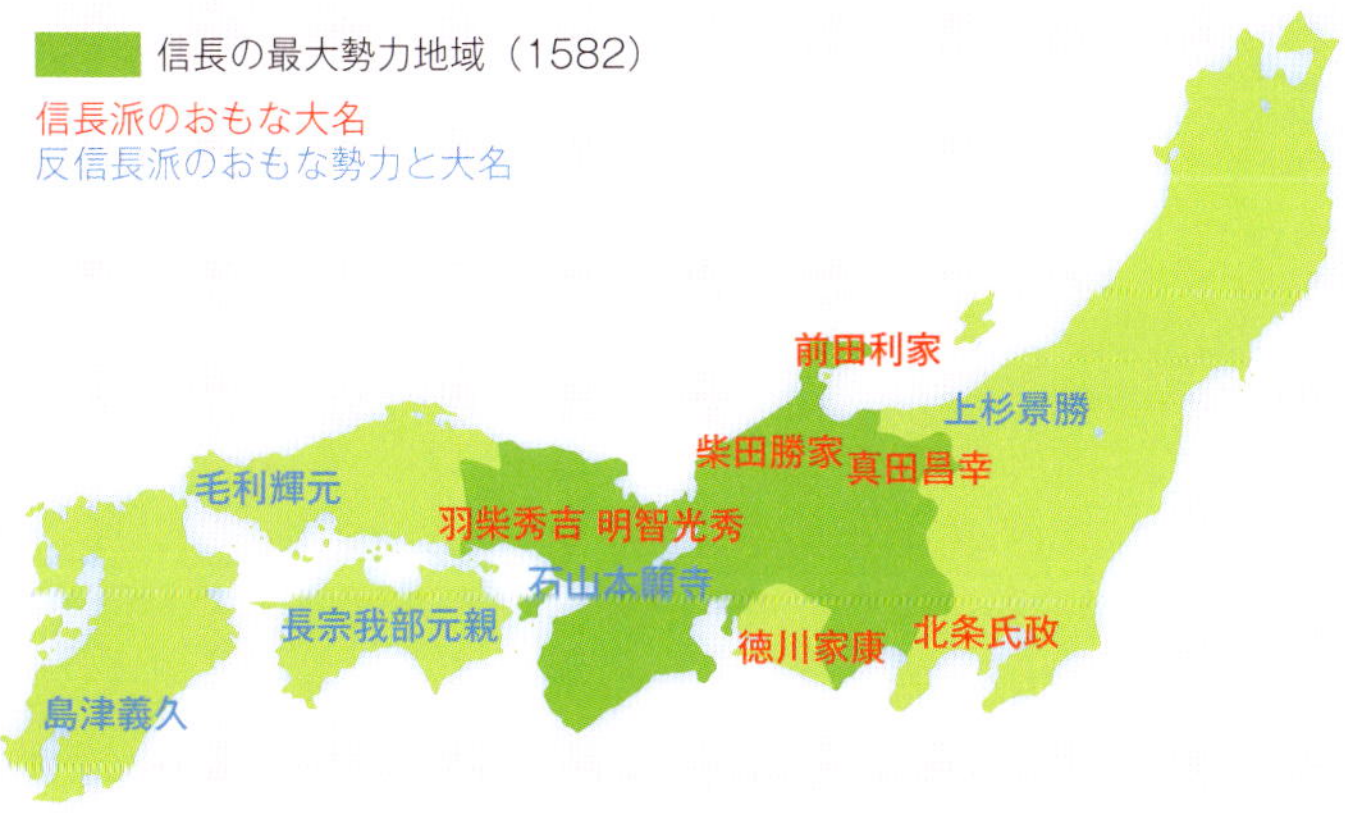

断を下せません。結局、義秋は信長によって上洛を果たし征夷大将軍となります。義景は信長の上洛の求めに応じなかったため、対決は決定的なものとなったのでした。

安土・桃山時代

信長最大の敵は武士ではなかった

徐々に勢力を広めるも、天下統一の目前で絶たれた信長の野望

POINT

- 信長の徹底した政教分離政策
- 一向一揆の頂点、石山本願寺との戦い
- 天下統一を目の前にしての死

一向一揆の平定

室町幕府を滅ぼした翌年、織田信長《のぶなが》は伊勢**長島《ながしま》**の**一向《いっこう》一揆《いっき》**を征伐します。加賀に一〇〇年にわたる国を立てていた一向宗（浄土真宗《じょうどしんしゅう》）の頂点である石山本願寺《いしやまほんがんじ》の有力拠点が長島でした。長島では比叡山《ひえいざん》を上回る虐殺が行われ、それ以降、一向一揆は衰退していきます。

長篠《ながしの》の本格的な鉄砲戦で武田勝頼《たけだかつより》を破り、越前の一向一揆を平定した信長は、西国支配へ秀吉《ひでよし》を派遣。拠点として安土《あづち》城を築城します。信長は堺を直轄地にしたり、商人に自由な営業活動を認める**楽市《らくいち》・楽座《らくざ》令**を出すなど、経済政策も同時に進めます。残る最後の強敵は石山（大坂）の本願寺でした。

石山戦争

本願寺の門主**顕如《けんにょ》**が門徒に信長との抗戦を呼びかけたのは一五七〇年。各地の一向一揆を平定した信長は、最後にその本山の打倒を目指しました。そして一〇年後、ついに顕如が大坂を離れることとなりました。しかし、顕如の子教如《きょうにょ》は徹底抗戦を訴えろう城。信長との和解が成立し、石山本願寺が屈したのは、およそ五カ月後のことでした。

最大の強敵を倒し、武田氏を滅ぼした信長にとって、天下統一の達成はもはや時間の問題だと思われました。しかし、家来である**明智光秀《あけちみつひで》**の手によって、信長の野望は絶たれてしまうのでした。

もっと楽しむ！

『石山本願寺の興亡』

大谷晃一著　河出書房新社

大坂石山の地に本願寺が建立されたのは、室町時代中期。本願寺を繁栄させたのは、中興の祖・蓮如でした。信長はここに巨大な城を築こうとし、寺の明け渡しを求めますが、本願寺はこれに応じず、以降一〇年にわたる死闘が始まったのでした。戦国大名が群雄割拠する中、時代を動かした別の集団・門徒宗の姿を明らかにした作品です。

もっと知りたい！

石山本願寺のその後

一向宗の総本山であった巨大な本願寺。信長に屈服し、顕如がいなくなった後、寺は取り壊されます。そしてその後に作られたのが大坂

信長の戦い

おもな戦い	西暦	相手	解説
桶狭間の戦い	1560	今川義元	上洛途中の義元を奇襲で破る。信長の名を全国に知らしめた
美濃攻略	1567	斎藤竜興	隣国美濃を平定。岐阜城に本拠地を置く
姉川の戦い	1570	浅井長政、朝倉義景	本国から京までの領地を確保。徳川家康との連合軍
石山戦争	1570	石山本願寺門徒	～1580まで。信長最長の戦い。最後は屈服
延暦寺焼き討ち	1571	延暦寺門徒	浅井・朝倉に味方。降伏勧告を拒否したため殲滅
長島一向一揆平定	1574	伊勢長島本願寺門徒	1570年より信長に抵抗。74年に平定
長篠の戦い	1575	武田勝頼	初めて鉄砲を集団で用い、武田騎馬隊を撃破。家康との連合軍
雑賀の一向一揆との戦い	1577	雑賀一向宗徒	加賀一向宗と並ぶ強力な一向宗門徒。秀吉の代まで抗争が続く
中国攻め	1577	毛利輝元など	信長は出兵せず、秀吉を派遣
天目山の戦い	1582	武田勝頼	武田勝頼敗死。武田氏滅亡
本能寺の変	1582	明智光秀	光秀の謀反により、信長自殺

信長のおもな合戦

城だったのです。もともと大坂は門前町として栄えていましたが、そのまま城下町としてさらに発展していきました。

流れを知る!

- 一二二四頃　親鸞が浄土真宗（一向宗）を広める
- 一四五七　蓮如、本願寺第八代法主に就任
- 一四七一　越前で布教開始
- 一四七四　加賀の一向一揆起こる
- 一四九六　大坂石山別院（石山本願寺）築く
- 一四九九　蓮如没。九代法主に実如
- 一五二五　一〇代法主に証如
- 一五五四　一一代法主に顕如
- 一五七〇　信長、本願寺攻略。石山合戦開始
- 一五八〇　顕如、信長と条件付き和睦。教如、和睦に応じずろう城するものの、石山本願寺屈服
- 一五九二　顕如没

安土・桃山時代

信長が討たれた本能寺の変の真実は？

謎に包まれたこの戦いは未だ日本史のミステリー

POINT
- 信長への恨みを募らせていた光秀
- 光秀と秀吉の運命を分けた政治感覚の有無
- 様々な陰謀も囁かれる謎の真相

光秀に共犯者はいた？

一五八二年六月二日早朝、毛利《もうり》氏征伐に向かう途中、京都の本能寺《ほんのうじ》に滞在していた**織田信長**《おだのぶなが》は、**明智**《あけち》**光**《みつ》**秀**《ひで》により自刃に追い込まれました。これが**本能寺の変**です。

その真実については様々な説があります（左表）。しかし、どれかひとつが正しいということはないようです。「単独犯説」ではいずれも当てはまりますが、ただ光秀には天下を取る野望よりも、信長に対する個人的な恨みがありました。

光秀と秀吉の政治感覚

「怨念説」にあるように、毛利氏征伐を任された**秀吉**《ひでよし》支援のためとして、光秀は所領の丹波を取られ、敵地である出雲と石見《いわみ》を与えられます。それまでも光秀は理不尽な命令を受けていましたし、信長の残虐さにも憤っていました。

光秀が謀反を考えたのは性格的なことにも一因があるようです。光秀は冷静、理性的な教養人であり生真面目な小心者でした。

光秀と対照的なのが秀吉です。田舎者でユーモラスな秀吉は、一見お調子者のようですが、実際は信長のことを冷静にしっかり見抜いていました。秀吉は信長に気に入られるよう努め、頭角を現していきます。それは秀吉の政治家としてのセンスでした。

一方、柔軟に世渡りをするのが下手だった光秀は、鬱憤《うっぷん》とした思いを年々積もらせていったに違いありま

もっと楽しむ！

『国盗り物語』〈三、四巻〉
司馬遼太郎著　新潮文庫
全四巻のうち後半は「織田信長編」ですが、光秀はもう一人の主人公です。光秀が論理ではなく、どうにも抑えがたい信長への殺意を抱く過程が描かれています。光秀は自分の行動が無謀であることを理解していたのです。この事件を知るのにまず最初に読んでおきたい作品です。

『信長燃ゆ』
安部龍太郎著　日本経済新聞社
「朝廷・公家黒幕説」を採って「本能寺の変」を描いた作品。信長の晩年だけにスポットを当てているので、事件までの出来事が詳細に描かれ、緊迫感があります。

本能寺の変　諸説

光秀単独犯説	怨念説	日頃から激しい叱責を受け、さらに中国攻めの際、所領を敵地へ国替えさせられ恨んでいた
	野望説	光秀自身、最初から天下を取ろうという野望があり、本能寺の変はその第一歩の戦いであった
	伝統重視説	もともと朝廷や足利家に近かった光秀が、伝統を打破しようとする信長を恨んでの犯行だった
共犯説	秀吉共謀説	天下統一へと暴走する信長を、秀吉と光秀が共謀して殺し、その後に秀吉が光秀を裏切った
	朝廷・公家黒幕説	伝統の破壊者信長を恐れた朝廷や公家たちが、伝統の庇護者である光秀をたきつけて討たせた
	家康黒幕説	信長に嫡男の信康と妻の築山殿を謀反の罪で殺された徳川家康が画策し、その恨みを晴らした

せん。

信長を討つというのは苦悩の選択だったでしょう。しかし、光秀には激動する時代を渡る政治感覚が欠けていました。事実、信長への謀反後、光秀は孤立したまま、秀吉軍に討たれます。政治的には無謀なことをしてしまったのでした。

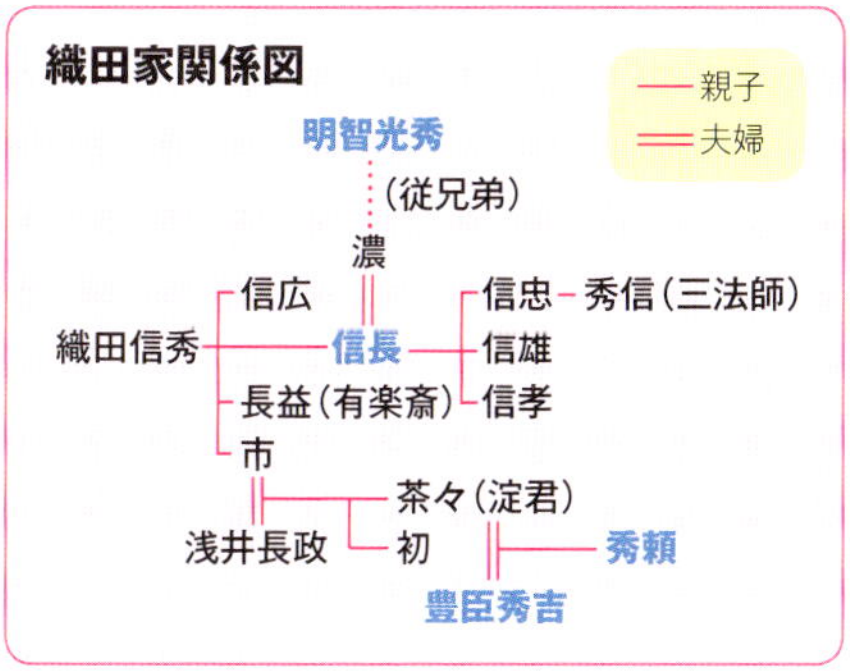

流れを知る！

一五六七 光秀、朝倉家を辞し、美濃に出て信長に仕える

一五六八 足利義昭、第一五代征夷大将軍に任ぜられる

一五七〇 光秀、浅井・朝倉攻めに従軍、旧主君と対峙

一五七一 信長の命により光秀、比叡山延暦寺を焼き打ち

一五七三 足利義昭、信長に降伏し室町幕府滅亡

一五八二
五月 光秀、安土城にて家康接待の任に就く
六月二日 本能寺の変
一三日 山崎の戦い、秀吉、明智軍を破る
二七日 清洲会議にて信長の後継者を決める

安土・桃山時代▼

わずか八年で天下統一を果たした豊臣秀吉

後継者争いを勝ち抜いた秀吉が戦より問題視していたことは?

POINT

- 光秀を討ち、後継者問題で発言力を持つ
- どうにか手に入れた関白の地位
- 九州、東北も平定して全国統一を実現

天下分け目の賤ヶ岳

秀吉《ひでよし》が**明智光秀**《あけちみつひで》を討った後、後継者争いが始まりました。実権を握ろうとする秀吉に対して、**織田信孝**《おだのぶたか》(信長《のぶなが》三男)と**柴田勝家**《しばたかついえ》が挙兵。しかし、**賤ヶ岳**《しずがたけ》**の戦い**で秀吉が勝利します。後の関ヶ原の戦いに対して、もう一つの天下分け目の戦いとも呼ばれています。

翌年、**織田信雄**《のぶかつ》(信長の次男)、**徳川家康**《とくがわいえやす》と**小牧**《こまき》**・長久手**《ながくて》**の戦い**が起こりますが、戦局が膠着すると信雄が単独講和を申し入れたため、家康もやむなく従い和睦が成立しました。

豊臣秀吉の誕生

すでに軍事的には優位に立っていた秀吉にも、一つだけ問題がありました。素姓の卑しさです。時の右大臣に頼み込んで、どうにか**関白**の地位を得ることに成功した秀吉は、次の年**太**《だい》**政**《じょう》**大臣**となり豊臣姓を与えられました。朝廷の権威を得た秀吉は、全国に停戦命令を出し、領国を確定する権利は秀吉にあることを示しました。**惣無事令**《そうぶじれい》と呼ばれます。すべての人々に対して、合戦や私闘が禁じられたため、戦国時代は終わりへと向かいました。以後、秀吉は惣無事令を法的根拠とし、これに従わない者を征伐します。

大坂城を築いた後、聚楽《じゅらく》第《てい》に移った秀吉は、ここに後陽成《ごようぜい》天皇を迎えて五日間にわたる宴会を開き、諸大名に天皇と自分に対する忠誠を誓わせました。九州に続き、関東、東北も平定

もっと楽しむ!

『筒井順慶』

筒井康隆著　新潮文庫ほか

SF作家が間違えて飲んだ薬のために、歴史上の人物と交錯するという型破りな発想で書かれたジャンルを超越した作品です。順慶は秀吉が明智光秀を討った山崎の戦いの際、光秀の家臣から軍勢を合流するよう頼まれたにもかかわらず無視した、いわゆる洞ヶ峠の日和見で悪評が高い人物です。

もっと知りたい!

豊臣平和令

惣無事とは全国の平和を意味し、惣無事令は関白に任じられてから出されたもので、豊臣平和令とも呼ばれます。九州の島津氏や小田原の北条氏、東北の伊達氏らは、

秀吉の全国統一

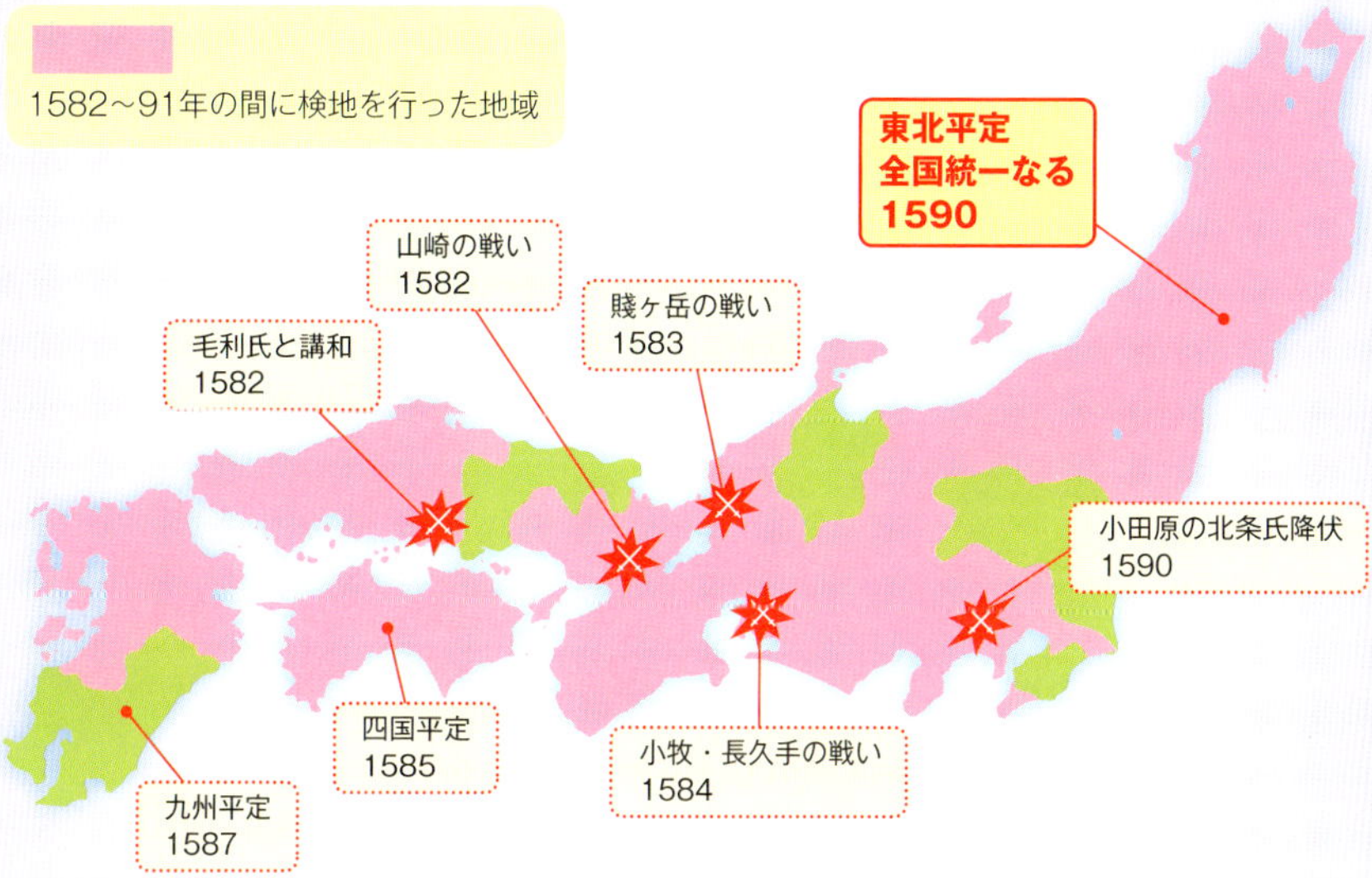

秀吉の名前の変遷

年と出来事	名前
1537年誕生	日吉丸
1551年元服 1561年結婚	木下藤吉郎
1568年上洛	木下藤吉郎秀吉
1573年城主に	羽柴秀吉
1585年関白に	藤原秀吉
1586年太政大臣に	豊臣秀吉

し、秀吉の天下統一は八年で達成されました。

豊臣秀吉

この命令を無視したために征伐され、後に帰順、降伏し勢力も削減されたのでした。

流れを知る!

一五八二 山崎の戦い。明智光秀を討つ

一五八三 賤ヶ岳の戦い。柴田勝家を討つ。織田信孝自刃へ。大坂城築城

一五八四 小牧・長久手の戦い。織田信雄、徳川家康と戦い和睦

一五八五 根来・雑賀一揆平定。長宗我部氏服従、四国平定。関白に

一五八六 徳川家康臣従 太政大臣になり豊臣姓賜る

一五八七 島津氏降伏、九州平定

一五八八 聚楽第に後陽成天皇迎え、諸大名に忠誠誓わせる。刀狩令

一五八九 検地命じる

一五九〇 小田原攻め。北条氏降伏 伊達政宗服属し、全国統一

安土・桃山時代

国内体制の確立と朝鮮出兵の失敗

江戸時代にも継承された太閤検地と政権を衰退させた朝鮮出兵

POINT

- 全国一律の土地支配と財源を確立
- キリスト教宣教師を追放
- 政権を弱体化させた朝鮮出兵

国内体制の確立

秀吉《ひでよし》は信長《のぶなが》配下の時代から、獲得した領地の**検地**《けんち》を行っていました。いわゆる**太閤**《たいこう》**検地**で、領地の生産性を米の量で示す**石高**《こくだか》**制**が確立されました。土地面積の表示や穀物を量る枡も統一し、各地で統一基準を使った検地を実施。全大名の石高を定めました。以後、大名は石高に見合った軍役を奉仕します。農民は一つの土地を一人の権利者が耕作するのが原則となり、年貢は村が一括して納めました。この体制は江戸時代にも引き継がれます。また、**刀**《かたな》**狩**《がり》により武器が没収され、兵農分離が行われました。さらに人《ひと》掃《ばらい》令《れい》が出され、農民が商人になることなどが禁止されます。農民と兵士、商人を分離する身分統制制度が確立されました。

対外政策の波紋

九州を平定した秀吉は、キリスト教が大名に与えている影響が大きいことから、大名の入信を許可制にしました。しかしその直後、**宣教師の追放**を突然決めます。ただし、南蛮貿易は続けたので、宣教師の取り締まりは不徹底でした。その後、スペインが宣教師を使って領土拡大を図っているとの噂が流れ、宣教師や信者が処刑される事件が起きました。

国内を統一した秀吉は、強気の対外政策を進めました。弱体化していた明に支配力を広げる計画を描いていたとも言われます。その状況の中、**朝鮮への出兵**が

もっと楽しむ!

『乞食大将』
大佛次郎　徳間文庫ほか
黒田長政に従う武将・後藤又兵衛は関ヶ原の戦いの後、大坂の陣で弱者に味方し、徳川方を最も苦しめ、その生涯を閉じました。敗戦前後に執筆され、著者自身「これも現代小説かも知れぬ」と語った作品です。

流れを知る!

- 一五九〇　秀吉、全国統一
- 一五九一　秀吉、朝鮮出兵を命令。関白職を甥の秀次に譲る
- 一五九二　文禄の役
- 一五九三

実施されましたが、明の援軍などに苦戦した日本軍は休戦。その後、朝貢を許すという明の態度に激怒した秀吉は、衝動的に朝鮮に再派兵。しかし翌年秀吉の死去を機に撤兵します。領土拡大の目的もあったものの、二度の朝鮮派兵は戦費と兵力を無駄に使っただけで、政権衰退の原因となったのでした。

天下統一後の秀吉の政策

国内政策

検地
(1582~98)
全国の領地を測量
課税システム確立
↓
石高制確立
↓ 財政基盤の確保
↓ 全国一律の土地支配

刀狩
(1588)
農民・寺院の
武器没収
↓
兵農分離
↓ 身分制度の確立
↓ 一揆防止

対キリスト教政策

保護
信長の政策を継承
↓
禁止(1587)
大名の入信許可制に
バテレン追放令→宣教師追放
↓ 取り締まり不徹底
一般庶民の信仰は禁ぜず
商人の来航は認める
↓
弾圧(1596)
信者26名を長崎で処刑

対外政策

秀吉
↓
ゴア(ポルトガル政庁)
マニラ(スペイン政庁)
高山国(台湾)
服属、入貢を求める

↓
朝鮮
入貢、明出兵への
先導を求める
↓
拒 否

朝鮮出兵
文禄の役(1592)
慶長の役(1597)

朝鮮出兵

文禄の役…肥前の名護屋に本陣を構え、15万の兵を送る。明の国境まで行くが、次第に戦局不利に

慶長の役…和平交渉決裂のため、14万の兵を再び送る。最初から苦戦。秀吉の死により撤兵

現地日本軍休戦。明との講和進める
一五九四 伏見城完成し、秀吉移る
一五九五 秀吉、秀次を追放、切腹させる
一五九六 秀吉、明の国書に激怒。講和の交渉決裂する。
一五九七 慶長の役
一五九八 秀吉死去

安土・桃山時代

天下を統一しながらも人材がいなかった豊臣家

託された五奉行と五大老・秀吉の死後の争いは必至だった

POINT

- 土台がなかった秀吉の独裁政権
- 子の秀頼への忠誠を誓わせた秀吉
- 五奉行、五大老を決めたのは死の直前

秀次と秀頼

全国統一を成し遂げた**秀《ひで》吉《よし》**は、甥の**豊臣秀次《とよとみひでつぐ》**に関白の地位を譲り、自らは**太閤《たいこう》**となりました。太閤とは、関白を子に譲った人のことです。もともとは摂政《せっしょう》、または太政大臣《だいじょうだいじん》の敬称を意味するものでした。

しかし二年後、秀吉の子**秀頼《ひでより》**が誕生したため、秀吉と秀次の関係は悪化します。結局、秀吉は謀叛を計画したとして秀次を追放し、切腹を命じました。こうして秀吉の後継ぎは秀頼となったのです。

基盤が脆弱な政権

秀吉が**五奉行**と**五大老**を決めて、秀頼への忠誠と補佐を誓わせたのは、死の一か月ほど前のことでした。五奉行や大老の職はこの時既にありましたが、五人と規定されたのは秀吉の時代だったのです。

一代でのし上がった秀吉の政権は、独裁的で政府の組織がしっかりとは築かれていませんでした。古くからの家臣もいません。そこで腹心の部下たちに政務を分担させ、重要政務については有力大名たちに話し合いをさせることにしたのでした。

秀頼をもり立ててくれることを五奉行、五大老に頼んだ秀吉は、その後一五九八年八月にその生涯を閉じました。

しかし、秀吉の死の翌年すぐに**前田利家《まえだとしいえ》**、**宇喜多秀家《うきたひでいえ》**、**毛利輝元《もうりてるもと》**らが、五奉行とともに秀吉の命に背き、**伊達政宗《だてまさむね》**らと勝手に婚姻関

もっと楽しむ!

『柳生宗矩』
山岡荘八著
講談社山岡荘八歴史文庫
剣の道に行き詰まっていた柳生宗矩は徳川家康に接して迷いから覚めます。ようやく家康が理想とした道義立国への道が開かれることになりました。

流れを知る!

- **一五八三** 石山本願寺跡に大坂城築城
- **一五八六** 秀吉、太政大臣となり豊臣姓賜る
- **一五九〇** 秀吉、全国統一
- **一五九二** 文禄の役

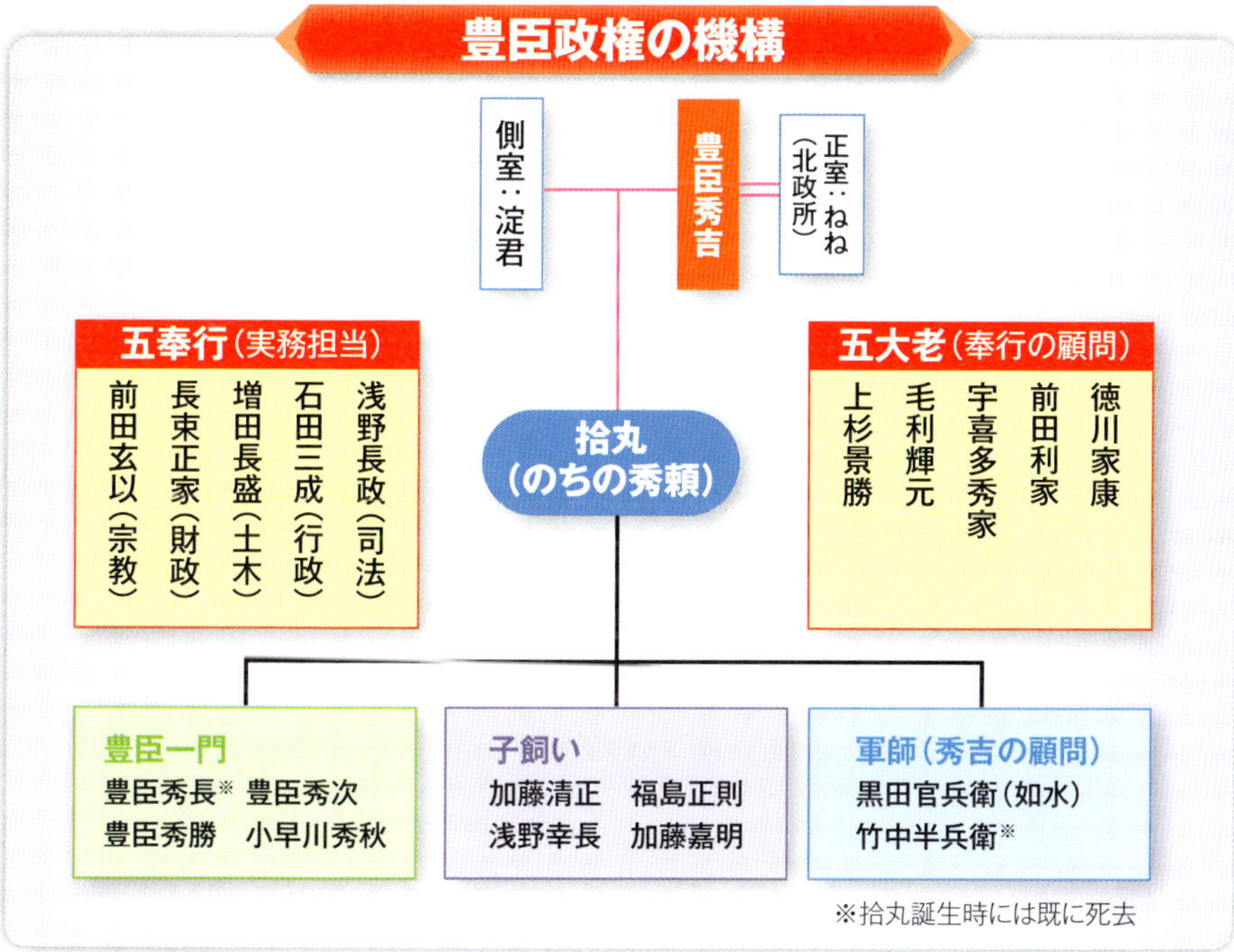

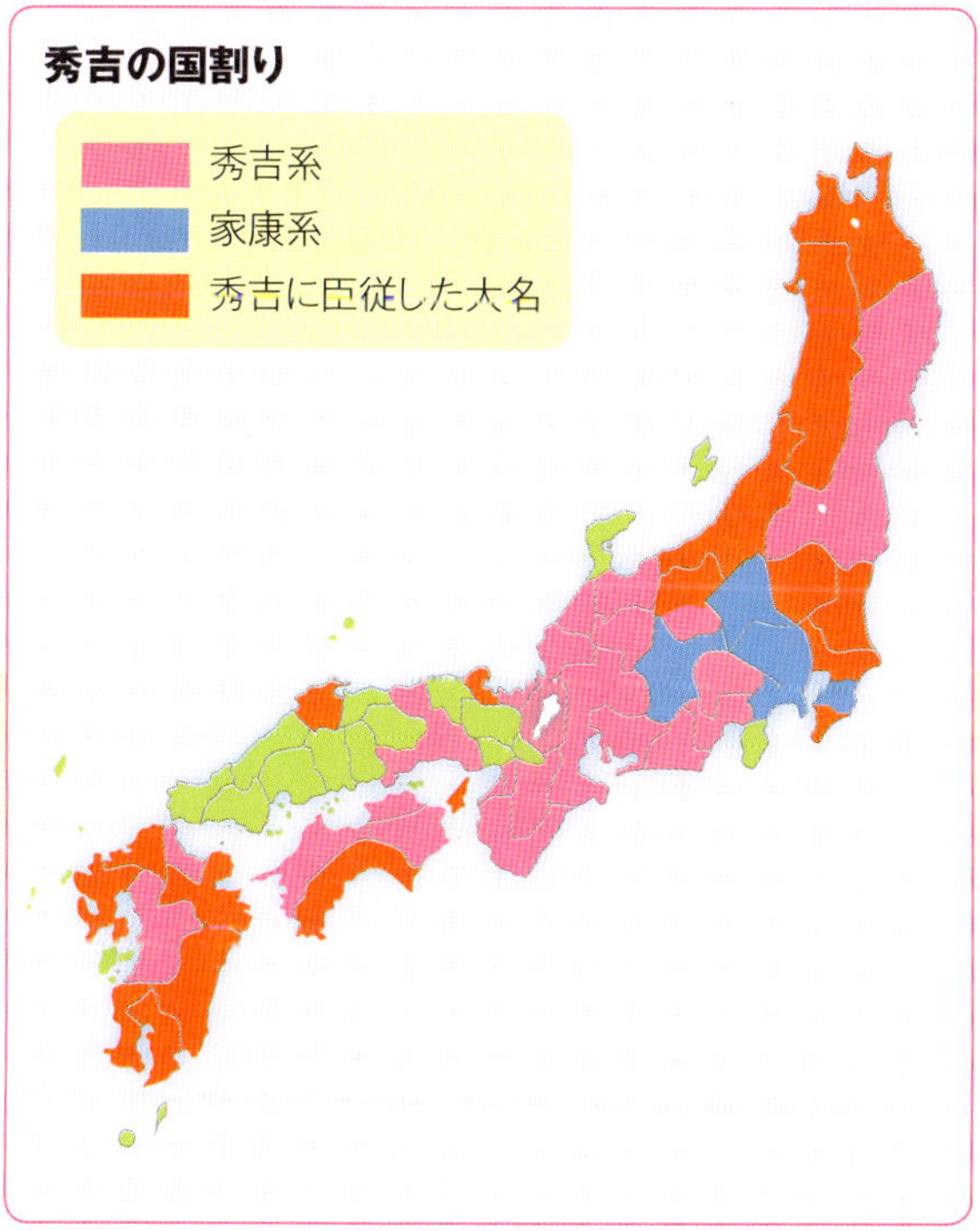

係を結んだ家康《いえやす》を詰問したのです。

その後も石田《いしだ》三成《みつなり》が家康の襲撃を計画するなど、豊臣政権はあやうさを露呈し、政権は内部から分裂、崩壊していくのです。

一五九七　慶長の役
一五九八　秀吉死去
一六〇〇　関ヶ原の戦い
一六〇三　家康、征夷大将軍に

安土・桃山時代

新鮮味にあふれた安土桃山文化

日本文化の原点・歌舞伎、茶道などのルーツがここに

POINT

- ヨーロッパの影響が大きく仏教色は薄れる
- 隆盛を極めた城郭建築と障壁画
- 茶の湯の儀礼が確立し茶会が流行

新しい文化と生活

秀吉《ひでよし》が全国を統一し、戦乱が治まると、平和を謳歌するような文化が生まれました。秀吉が晩年住んだ伏《ふし》見《み》城《じょう》の城跡に、その後桃の木が植えられたことから、この時代は「桃山《ももやま》」と呼ばれるようになりました。

信長《のぶなが》・秀吉の居城の地名にちなんだ、この「**安土桃**《あづちもも》**山**《やま》**文化**」には、一般的には江戸時代初期も含まれています。

この文化を代表するのは豪華な城郭建築です。城郭はそれまでの山城から平城となりました。内部にはきらびやかな障壁画が施され、狩野《かのう》派が中心的な役割を果たしました。中でも、**狩野永徳**《えいとく》は水墨画と大和絵を融合させた作品を残しています。

庶民の間では**出雲阿国**《いずものおくに》による歌舞伎踊りや、人形浄瑠璃《じょうるり》などが人気を博しました。庶民の服装は小袖の着流しが一般的となりました。食事が一日三回になるのも、この頃のことです。

侘び茶を確立した利休

室町《むろまち》時代、東山《ひがしやま》文化の頃に基礎が確立された茶の湯は、**千利休**《せんのりきゅう》によって侘《わ》び茶《ちゃ》の儀礼が定められました。そして茶の湯とともに、茶室や茶器、庭園などの文化も発展し、茶会が盛んに開かれるようになりました。

千利休の門人の他に、秀吉、**織田有楽斎**《おだうらくさい》（信長の弟・長益《ながます》）、**小堀遠州**《こぼりえんしゅう》、**古**《ふる》**田織部**《たおりべ》などの武将が茶人として知られています。

もっと楽しむ!

「利休」
映画　89年　勅使河原宏監督
野上彌生子の小説『秀吉と利休』の映画化。利休は三國連太郎が演じています。才能に溢れ、毅然とした態度を取る利休は、秀吉の怒りを買うようになります。権力者の嫉妬が政治に直結する悲劇に、利休は巻き込まれたのでした。

もっと知りたい!

この時代に伝えられた南蛮文化
キリスト教、活版印刷、ワイン、地球儀、たばこ、眼鏡。

安土桃山文化の代表的作品

分野	作品
建築	西本願寺飛雲閣 西本願寺書院 醍醐寺三宝院表書院、庭園 都久夫須麻神社本殿 妙喜庵茶室（千利休）
絵画	唐獅子図屏風・檜図屏風（狩野永徳） 洛中洛外図屏風（狩野永徳） 松鷹図・牡丹図（狩野山楽） 花下遊楽図屏風（狩野長信） 職人尽図屏風（狩野吉信） 智積院襖絵（長谷川等伯） 南蛮屏風
工芸	高台寺蒔絵 欄間彫刻（代表：西本願寺浪の間）

城野変化

山城（やまじろ）
山の地形をそのまま要塞にするために、山頂や尾根に造られた城。居住する場所は麓にあることが多い。戦国時代に最も発達。居住することより、防衛施設としての機能に重きをおいている

平山城（ひらやまじろ）
平野部での集団戦が多くなると防衛施設としての山城の必要性が薄れてくる。それより領国が見渡せるように平野の中の丘陵に城が築かれる。領主が居住し、周辺に町が造られ城下町が発達

平城（ひらじろ）
戦争が少なくなった戦国末期より発達。平地に堀や石垣を巡らせ、その中に土を盛り上げ築城。雄大な天守閣が造られるようになり、軍事施設としてより、城主の政治的権威を示す建物となる

この時代に発展、大成したもの

阿国歌舞伎、人形浄瑠璃

侘び茶の完成（千利休）

代表茶人：今井宗久、津田宗及、織田有楽斎、古田織部
陶磁器→朝鮮出兵の際に、現地の陶工が連行され、各地の焼物の開祖となる（代表：有田焼、薩摩焼、萩焼）

千利休

流れを知る！

- **一五四九** イエズス会宣教師ザビエル来日、キリスト教広める
- **一五五六** ルイス・アルメイダにより初めて西洋医学伝わる
- **一五六九** 信長、ルイス・フロイスの京都宣教を許す
- **一五七四** 狩野永徳「洛中洛外図屏風」完成
- **一五七六** 安土城完成（天守閣完成は七九年）
- **一五八三** 石山本願寺跡に大坂城築城
- **一五八七** 秀吉、キリスト教を禁ずる
- **一五九一** 千利休、秀吉の命令により自殺
- **一五九四** 伏見城築城
- **一六〇三** 阿国、京都で歌舞伎踊り始める

COLUMN 3

宣教師フロイス

一六世紀半ばの鉄砲伝来とイエズス会宣教師たちによるキリスト教布教は、日本の歴史を大きく変えました。宣教師の先駆者はザビエルですが、彼の滞在はわずか二年あまり。その後、次々と宣教師が来日し、様々な活動をしましたが、中でも特筆すべき人物はルイス・フロイスでしょう。

彼が記した大著『日本史』は、当時の日本を知る上で欠かせない資料です。為政者たちや庶民、文化、風俗、建築、街並みなど、巨細にわたる記述は、当時の風景を見事に浮かび上がらせます。何よりも、フロイスの日本滞在は、戦国の世がダイナミックに転換する時代に当たっていたのです。

三一歳のフロイスが現在の長崎県西海町に上陸したのは一五六三年のこと。織田信長《おだのぶなが》が勢力を伸ばし始めた時期です。一五六三年に都に入りますが、二年後、一三代将軍足利義輝《あしかがよしてる》が松永久秀《まつながひさひで》に暗殺される事件が起こり、宣教師らは松永により追放されます。一度堺に滞在したフロイスが再び都に入ったのは四年後。そこで天下を治める信長と対談したのです。

信長は、故国ポルトガルのこと、デウス（神）のこと、布教がうまくいかない場合は帰るのかなど、二時間あまりの会見中、「ゆったりした気分」で質問していました。フロイスは安土《あづち》城も訪れ「ヨーロッパのもっとも壮大な城に比肩し得るもの」と感嘆しています。

好奇心に満ちた信長とフロイスの会談は、計二〇回近くに及んだといわれます。フロイスは信長に好意的でした。

一方、秀吉に対しては「抜け目なき策略家」「悪癖と意地悪」「極度に傲慢で、嫌われ者」と罵倒するような書き方です。これは秀吉《ひでよし》がバテレン追放令を出したからかもしれません。ただし、秀吉は追放令を出す数日前まで、宣教師たちをわりと厚遇していました。突然態度を豹変させたのは秀吉の性格といわれますが、女漁りの趣味を、ある宣教師が戒めたためという説もあります。

追放令後、平戸《ひらと》に赴いたフロイスは、都へ戻ることはなく、九州に落ち着きました。そうして以前から書き続けていた『日本史』を完成させます。信長から秀吉の世へ。まさに戦国統一というドラマのクライマックスを目の当たりにしたフロイスは、『日本史』完成の翌年、長崎で六五年の生涯を閉じます。

その三年後に幕府を開いた家康《いえやす》による戦国ドラマの最終章は見ることができませんでした。

第4章

徳川幕府の成立と封建社会

［江戸初期→後期］

江戸幕府
封建社会の確立から動揺へ

歴史の流れ【江戸初期→後期】

江戸幕府成立、幕藩体制確立

鎖国

武断政治から文治政治へ

本格的な平和が訪れた時代

　天下分け目の戦いで勝利したのは徳川家康《とくがわいえやす》でした。家康は、その後二五〇年以上の長きにわたって安定した政治体制を保った江戸幕府を開きます。そして豊臣《とよとみ》家を滅亡させ、ようやく平和な時代を手に入れます。三代将軍家光《いえみつ》の時代までに大名たちを統治する幕藩体制のシステムは確立されました。またオランダ、中国以外の外国との交流を遮断した鎖国体制が確立されるのもこの頃です。

　こうして時代はようやく、戦争のない世となりました。そして武断ではなく文治で政治が行われるようになっていきます。しかしそれを体現した一人、五代将軍綱吉《つなよし》は、生類憐《しょうるいあわれ》みの令によって人々を息苦しい生活へと追い込みます。幕府の財政が傾き始めたのもその時代でした。

　ちょうど綱吉の時代の元《げん》禄《ろく》文化は華やかに咲き誇りましたが、幕府はすでに癒しがたい病を抱え込んでいたのです。

財政の悪化と改革

農業基盤の動揺

増加する列強からの圧力

幕府の弱体化

貨幣経済という病に冒された幕府

幕府の財政を悪化させた病とは何だったのか？　それは幕府の体質でした。

幕藩体制は米という年貢の徴収が基本です。ここには貨幣の入り込む余地はありません。しかし貨幣経済は厳然として存在しており、江戸時代はその経済が一段と進んだ時代だったのです。幕府は、士農工商という身分を固定し封建体制を維持しようとしながら、貨幣を発行し、積極的に経済活動に加わるという矛盾をはらんでいました。

貨幣経済は農村にも確実に浸透し、貨幣を使う商品経済に農民を巻き込んでいきました。社会は確実に農業から商業へと移っていたのです。

商人たちが台頭していく一方で、飢饉などに苦しんだ農民たちは蜂起します。飢饉などがある度に幕府は大きな改革に取り組みますが、結果から見ればいずれも成功していません。鬱積した不満は役人や大名にも広まり、幕府の権威は弱まっていきました。

一方、欧米の情勢は日本にも波及してきました。時代の変化を感じつつも、幕府は頑なに扉を閉ざします。しかし黒船来航によって鎖国が解かれ、時代は幕末へと激動していきます。

江戸時代

地道な努力が勝利へ導いた関ヶ原の戦い

状況は不利だった!? 負けてもおかしくなかった徳川家康の賭け

POINT
- 石田三成と徳川家康の対立から戦いへ
- 西軍切り崩しを狙った家康の手紙戦術
- 東軍を勝利させた西軍大名の寝返り

家康を討とうとした三成

五大老の筆頭である**徳川《とくがわ》家康《いえやす》**は、一五九〇年関東に二五〇万石の領地を与えられ、江戸の整備を進めました。朝鮮半島には出兵せずに力を蓄えていたのです。

秀吉《ひでよし》の死後、豊臣《とよとみ》政権内で、家康は最大の大名となり、伊達《だて》氏や福島《ふくしま》氏と姻戚関係を結ぶなど、秀吉の遺命に背き始めました。**石田《いしだ》三成《みつなり》**らは家康と対立します。また、文治派の三成と武断派の**福島正則《まさのり》**らも対立していました。

そんな時、命に従わない**上杉景勝《うえすぎかげかつ》**を追討するため、家康は会津へ出兵します。三成の挙兵を計算した陽動作戦でした。三成は家康の狙い通り挙兵し、**毛利輝元《もうりてるもと》**を総帥として、大坂から美濃、伊勢方面に兵を進めていきました。

勝敗を決めた小早川秀秋

天下分け目の戦いを前にした家康は、勝利を確信していたわけではありませんでした。むしろ状況は不利だったのです。家康は大名たちに手紙を送る作戦に出ます。西軍の大名を少しでも味方にしようと地道な努力を続けました。その数は一五〇通とも一八〇通とも言われています。

そして、ついに**関ヶ原《せきがはら》**決戦の日がやって来ました。

しかし家康には思わぬ誤算がありました。子の秀忠《ひでただ》軍が開戦に間に合わないのです。三万の兵を要する主力軍を欠いたまま戦いは始まりました。兵力の上では西軍が有利でした。戦況をう

もっと楽しむ!

『徳川家康』

家康出生の前後から死までを描きった大河小説。それまでのイメージを覆す国家経営者としての家康像を浮き彫りにし、高度経済成長時代の日本に家康ブームを起こしました。著者は織田信長をソ連、今川氏をアメリカ、家康を日本になぞらえて構想・執筆したと伝えられています。

山岡荘八著
講談社山岡荘八歴史文庫

関ヶ原の戦い　おもな大名

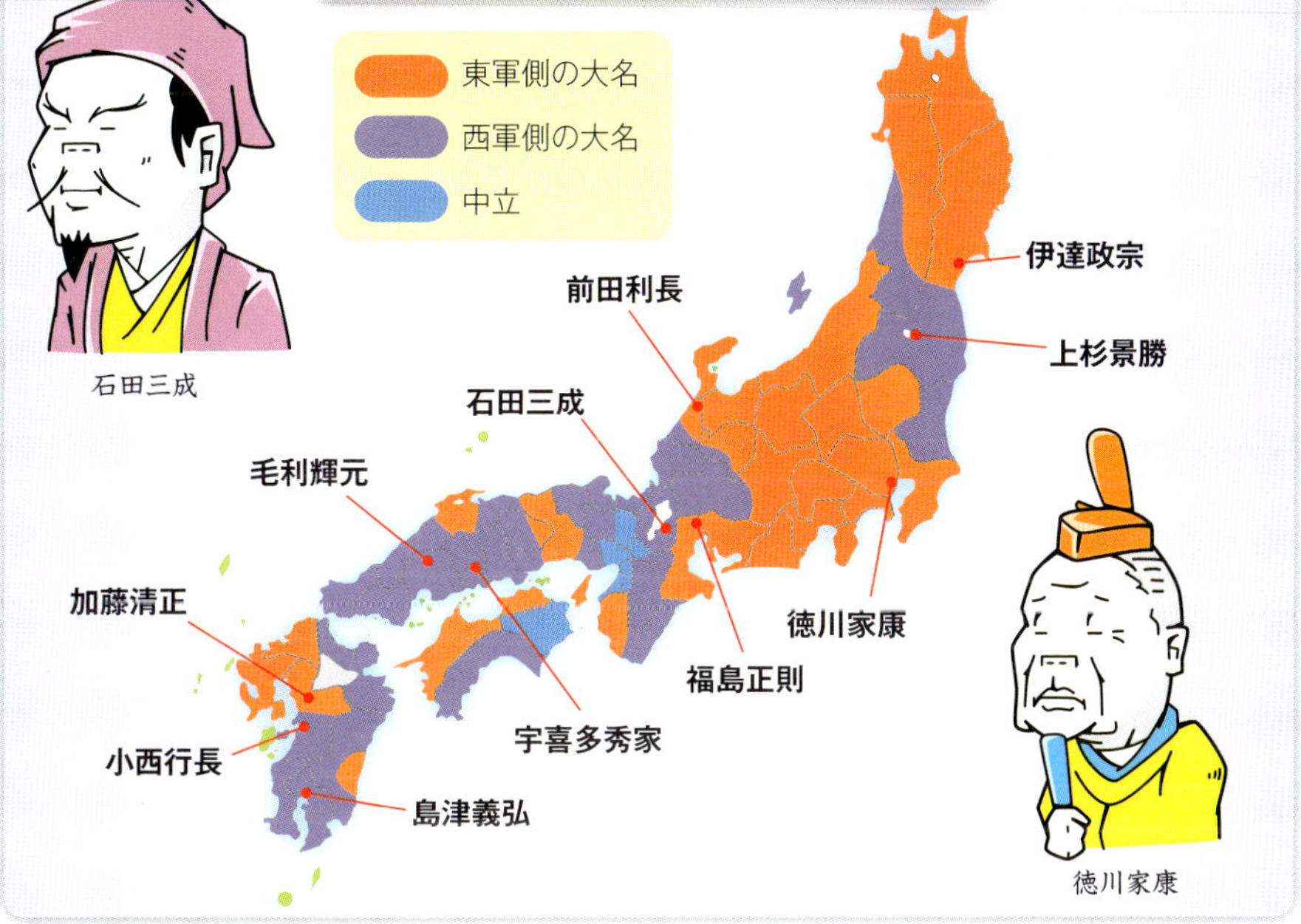

かがっているのか、寝返りを約束した小早川秀秋《こばやかわひであき》が動きません。業を煮やした家康は小早川の陣に一発の砲撃を加えました。ようやく小早川軍が動き出し、西軍の横を突いたため、戦況は一転しました。東軍勝利の背後には家康の地道な手紙戦術があったのです。

歴史CLOSE UP!　関ヶ原、その後

負けた西軍の諸大名は、当然処分されました。石田三成、小西行長らは京で処刑。宇喜多秀家は八丈島に流され、90の諸大名は改易（領地没収）となりました。毛利輝元や上杉景勝は減封となって、それぞれ約4分の3の領地を失いました。なお、豊臣秀頼も65万石の一大名とされました。

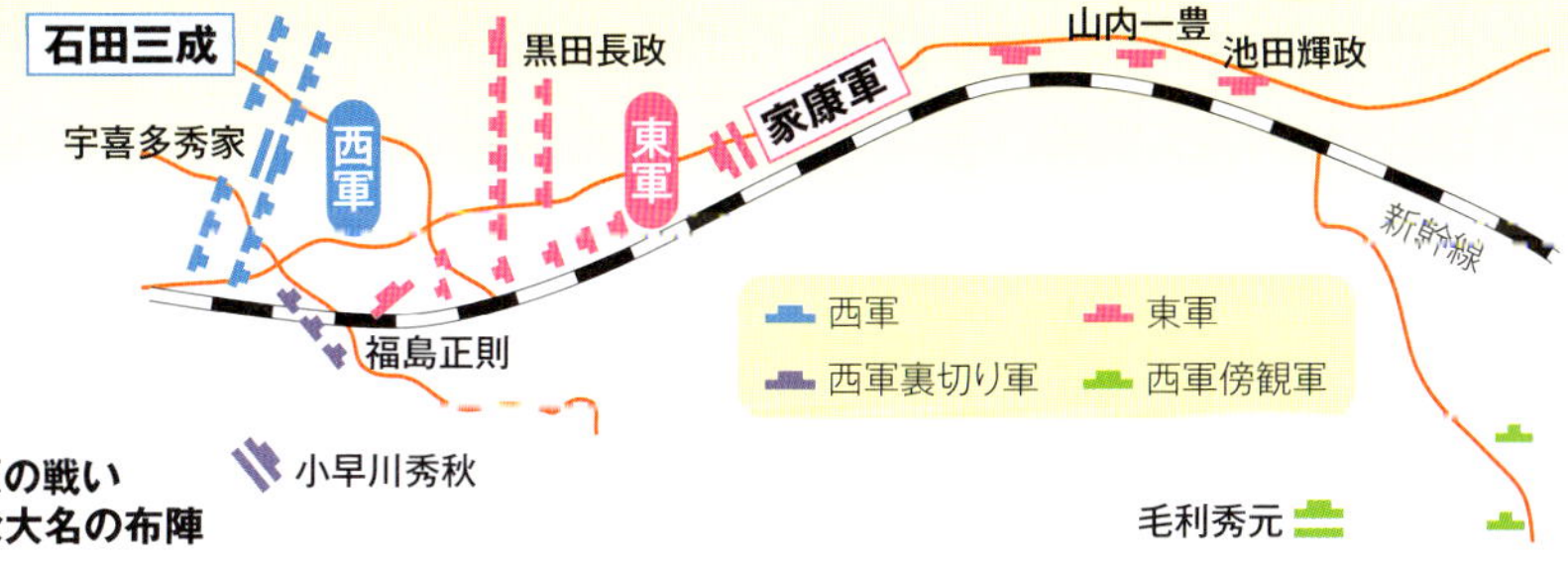

関ヶ原の戦い
おもな大名の布陣

江戸時代▼

家康が着手した最後の大仕事は？

江戸幕府の成立と大坂の陣　言いがかりをつけて豊臣家を打倒へ

POINT
- 将軍になるため系図をこじつけた家康
- 将軍職は徳川家の世襲であることを誇示
- 従わない豊臣家を大坂の陣で滅亡させる

家康、征夷大将軍に

関ヶ原《せきがはら》の戦いに勝利した家康《いえやす》は、**征夷大将軍《せいいたいしょうぐん》**に任じられます。しかし本来家康は将軍になれないはずでした。というのは武士の間には、武士のトップには源《げん》氏《じ》の血統が就くという不文律があったのです。家康は松平《まつだいら》姓を徳川《とくがわ》姓に変えた時も家系図を改竄していますが、しかし、これは戦国大名としては珍しいことではありません。今度も将軍になるため、祖父が源氏にゆかりの深い姓を称していたとか、松平氏の祖先は「得川」姓だったとか、いろいろとこじつけて自分が源氏の血筋であることを主張しました。将軍職は家康が必死になって獲得したのです。

豊臣家の滅亡

家康はわずか二年で将軍職を秀忠《ひでただ》に譲ります。徳川家が代々世襲することを世に示したのでした。家康は**豊臣秀頼《とよとみひでより》**に京都で秀忠の将軍就任を祝うよう要求しましたが拒否されました。最初から滅ぼそうとしていたわけではありませんが、豊臣家は家康にはやっかいな存在でした。江戸政権の強化に時間をかける一方で、家康は豊臣家に対する方針を固めていきます。

豊臣家征伐は**方広寺《ほうこうじ》**の鐘銘「国家安康」が家康を引き裂き、「君臣豊楽」は豊臣がつながっているという言いがかりから始まりました。最初の戦い、「**冬の陣**」では、倍の軍勢で攻めながらろう城《じょう》戦にてこずりま

もっと楽しむ！

『真田太平記』
池波正太郎著　新潮文庫ほか
真田昌幸、信幸、幸村親子を軸に、家臣や忍びの者たちを通して、戦国の世を活写していく長編小説。真田家が豊臣家や徳川家などの戦国列強にも負けない集団だったことがわかります。

『甲賀忍法帖』
山田風太郎著　講談社文庫
著者の代表作「忍法帖」シリーズの第一作。徳川家康の秘命をうけて、甲賀と伊賀の精鋭忍者たちが死闘を繰り広げます。蜘蛛のように城壁を駆け上る甲賀の忍者や、女の黒髪をよりあわせて鉄の鞭のような武器を操る伊賀の忍者など、想像を絶する忍術、奇術、秘術の連続に驚かされる作品です。

17世紀半ばの大名配置

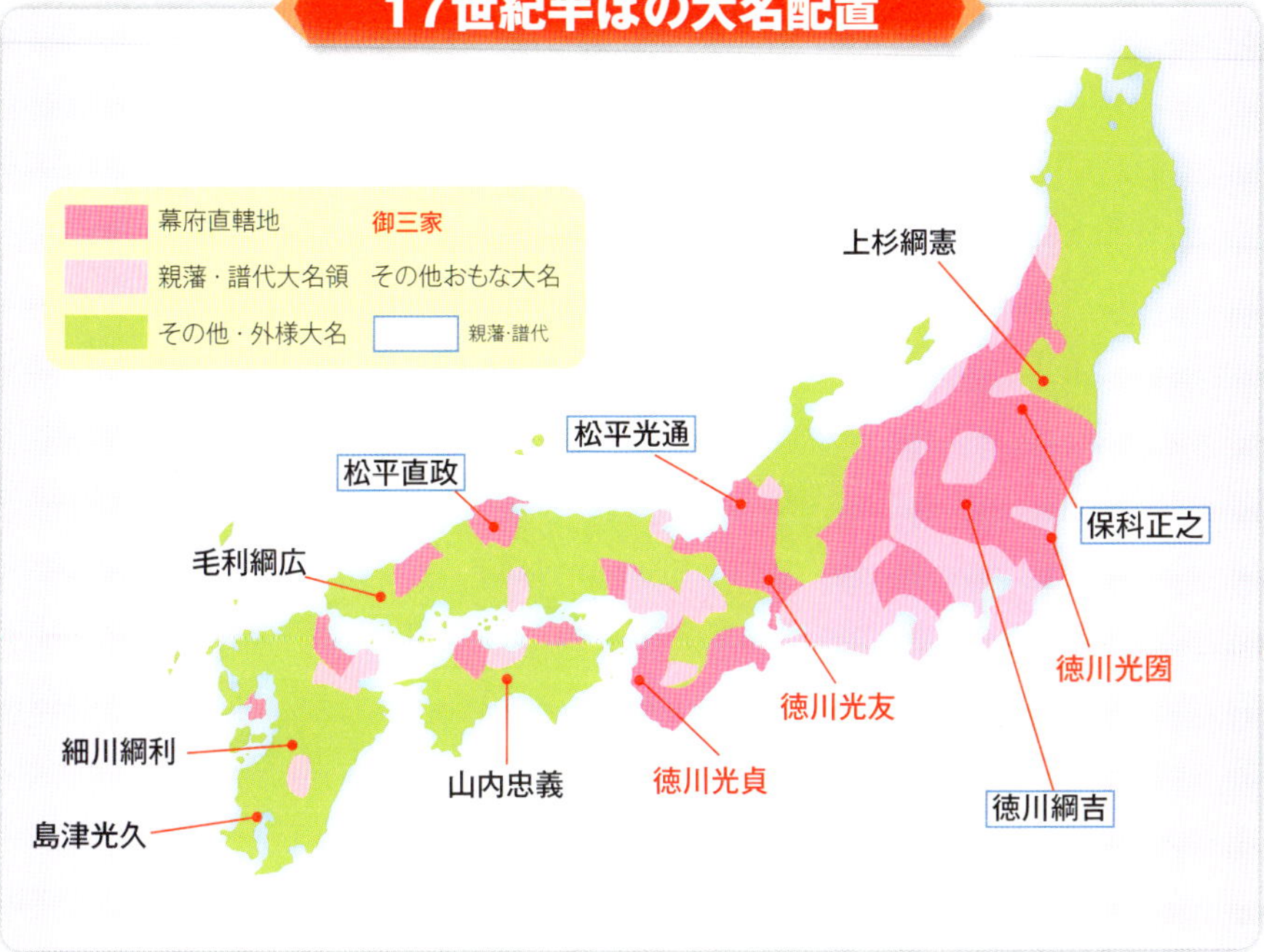

豊臣家滅亡までの流れ

年	月	おもな出来事
1598	8	秀吉没。幼少の秀頼が家督を相続
1600	9	関ヶ原の戦い
1603	2	家康、征夷大将軍となり、江戸に幕府を開く
1605	4	家康の子秀忠、征夷大将軍に
1611	3	家康と秀頼、二条城で会見
1614	4	京都方広寺の梵鐘完成
	7	家康、梵鐘の銘について豊臣家に抗議
	10	秀頼、兵を募り、兵糧を大坂城へ搬入
	11	大坂冬の陣
	12	講和締結
1615	1	家康、大坂城の堀を埋めさせる
	4	大坂夏の陣
	5	大坂城陥落。秀頼、淀殿母子自害。豊臣家滅亡

したが、なんとか講和を結び、城の堀をすべて埋めてしまいました。翌年の「**夏の陣**」で大坂城は陥落し、豊臣家は滅亡しました。

徳川氏略系図

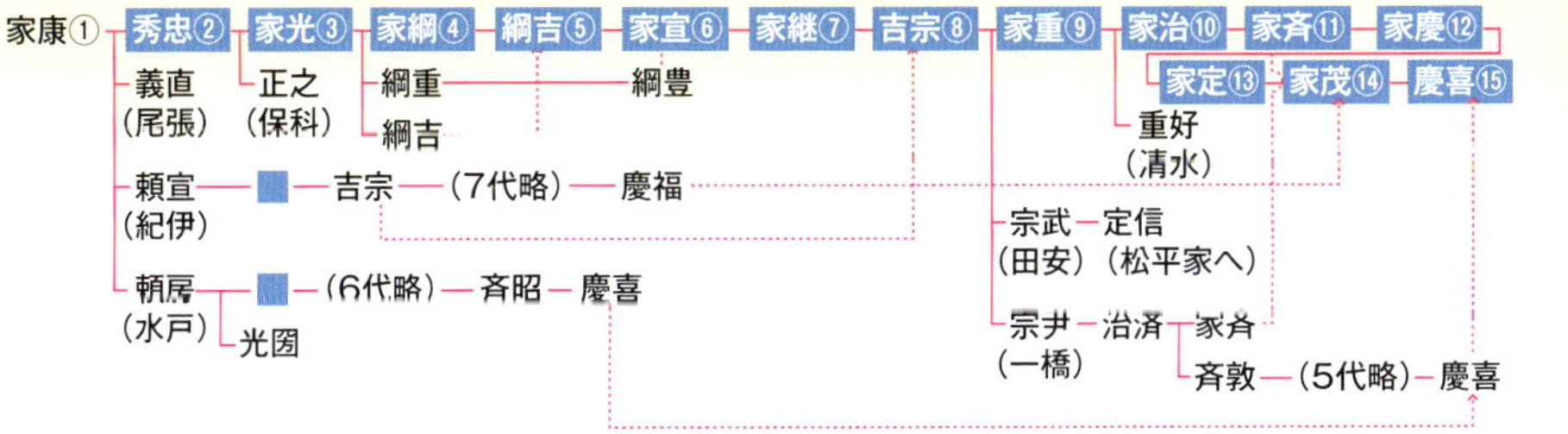

江戸時代

コントロールされた大名たち

江戸時代の平和を築いた徹底した監視と統治機構　幕藩体制の確立

POINT
- 軍事力、経済力を抑えられた諸大名
- 統制された大名、朝廷、寺社
- 三代家光の時代に整った幕府と藩の機構

平和＝武力の封印

幕府は豊臣《とよとみ》家を滅ぼすと、元号を「元和《げんな》」とし「**元和偃武**《えんぶ》」を宣言します。「偃武」とは武器を納めて使わないという意味。これは徳川《とくがわ》家の平和宣言だったのです。

平和のために大名たちの武力と経済力はコントロールされました。徳川家との関係により諸大名を配置し、城はひとつに限定しました。そして**武家諸法度**《ぶけしょはっと》を制定して、武家を厳しく統制しました。同様の法度は朝廷や寺社にも出されます。大坂夏の陣後、秀忠《ひでただ》の名で法度を公布させた家康《いえやす》は、翌一六一六年に世を去りました。

体制を確立させた家光

一六二三年、秀忠は**家光**《いえみつ》に将軍職を譲ります。幕藩体制が確立されるのは、三代家光の時代です。家光は生来の将軍で戦ったことがなかったためか、力を誇示するような大名統制を進めました。三〇万ほどの軍勢を率いて上洛したこともあります。

家光は一六三五年の武家諸法度改定で**参勤交代**《さんきんこうたい》を義務付けました。これにより大名たちは莫大な出費を余儀なくされたのです。一方、幕府の権力は絶大なもの、全国の石高の四分の一を占める七〇〇万石を誇りました。

老中、若年寄、大目付などの職制が定まったのも一六三五年前後で、それぞれの職には**譜代**《ふだい》**大名**か**旗本**《はたもと》が就任しました。

もっと楽しむ！

『樅の木は残った』
山本周五郎著　新潮文庫ほか
「不作法の儀不届」のため、突然、幕府から蟄居を命じられた伊達藩藩主伊達綱宗。伊達藩分断を企む勢力による、いわゆる「伊達騒動」で極悪人とされた原田甲斐を、人間味あふれる人物として描き直した作品です。

『それからの武蔵』
小山勝清著　集英社文庫ほか
巌流島の決闘以後から没するまでの宮本武蔵を描いた作品。自分の兵法の道を究めることのみにだけ生きようとした武蔵は、徳川家光の指南役を断り九州へ。熊本で最後に「五輪書」を完成させ生涯を終えます。

江戸幕府のおもな職制

- 将軍
  - 大老　幕府最高職…常置せず
  - 老中
    - 大目付　大名の監視
    - 大番頭　江戸城、江戸市内警備
    - 町奉行　江戸市中の行政・司法・警察担
    - 勘定奉行　幕府財政の運営等
    - 遠国奉行　京都、大坂、長崎など重要幕府領の奉行
  - 側用人　将軍側近、老中との連絡担当
  - 若年寄
    - 書院番頭　江戸城の警備、将軍護衛
    - 目付　旗本・御家人の監視
  - 寺社奉行　寺社の管理等
  - 京都所司代　京都警備、朝廷・西国大名の監視
  - 大坂城代　大坂城守護、西国大名の監視

江戸幕府の様々な統制

対象	統制	内容
大名※	配置	外様を辺地、親藩・譜代を要地に
	一国一城令	領国に城はひとつ。他は破壊させる
	武家諸法度	大名統制の根本法。幕府と大名は公的な政治関係に
	参勤交代	1年交代で領国と江戸を往復
	普請役	幕府の城郭修理、治水工事の負担
	領知宛行状	領地の確認文書を発給し、全国の土地所有者としての将軍の地位明示
朝廷	禁中並公家諸法度	公家、天皇家へ様々な規定を作る
寺院	諸宗寺院法度	仏教寺院僧侶への規定
神社	諸社禰宜神主法度	神社に対する規定

※1万石以上の領地を与えられ、将軍と主従関係を結んだ武士。親藩（徳川一門）、譜代（徳川の家臣）、外様（その他）

流れを知る！

一六一五　大坂夏の陣。豊臣氏滅び、幕府「元和偃武」を宣言。武家諸法度、禁中並公家諸法度を制定

一六一六　家康死去

一六二三　二代秀忠、将軍職を辞し　家光が三代将軍になる

一六二九　武家諸法度を改定

一六三四　老中・若年寄の職制規定。譜代大名の妻子を江戸に置く

一六三五　武家諸法度改定。参勤交代制、大船建造禁止などを定める

一六四二　譜代大名にも参勤交代を命ずる

一六四三　田畑の永代売買を禁止

一六四九　慶安の御触書を発す（異説あり）

一六五一　家光死去

江戸時代

江戸幕府独特の外交スタイルが成立

窓口は開かれていた？ 完全な鎖国ではなかった鎖国政策

POINT

- キリスト教と貿易を分けた結果が鎖国に
- 島原の乱でキリスト教徒弾圧が一層厳しくなる
- 鎖国状況下に置かれた4つの窓口

商売のみのオランダ

ポルトガル、スペインに続いて、オランダ、イギリスなどが日本に来るようになり、外国との貿易はより盛んになっていました。海外に渡る日本人も増え続け、幕府は許可証である**朱**《しゅ》**印状**《いんじょう》を与えました。

幕府は、貿易は奨励したものの、キリスト教は禁じていました。キリスト教対策は次第に厳しくなり、その影響は貿易にも及びました。最終的には、ヨーロッパの国で貿易が許可されたのは唯一オランダだけになりました。オランダはプロテスタントの国で、布教活動をしなかったのがその理由です。

一方、キリスト教弾圧はさらに激しくなり、**絵踏**が始まります。領主の悪政とキリスト教弾圧が原因で起こった農民一揆である、**島**《しま》**原**《ばら》**の乱**はこんな時代の出来事です。この乱の鎮圧にはオランダ船も狩り出さることになり、砲撃を加えています。

開かれた「鎖国」

幕府は鎖国令を出したわけではありません。海外交易を制限する政策を出しているうちに、鎖国の状況になったのです。

ある意味では、幕府の貿易独占の一面もありました。**長崎の出島**ではオランダ、中国と貿易し、薩摩は琉球と、松前は蝦夷と、そして対馬は朝鮮とそれぞれ交易していました。鎖国といっても四つの窓口があったのです。

もっと楽しむ！

「魔界転生」
映画 81年 深作欣二監督
山田風太郎原作。沢田研二が天草四郎時貞、千葉真一が柳生十兵衛を演じています。島原の乱で殺された天草四郎がよみがえり、細川ガラシャ夫人、宮本武蔵、伊賀の霧丸などを魔界から集め幕府への復讐を計画。それを知った柳生十兵衛は彼らと戦います。

「天草四郎時貞」
映画 62年 大島渚監督
島原の乱を史実に沿って描いた作品。農民の置かれた生活状況がどれほど苦しいものだったかがわかります。幕府側は叛乱鎮圧のためにオランダ船も利用しました。

江戸時代初期の対外、対キリスト教関係

年	月	おもな出来事
1600	3	オランダ船リーフデ号、豊後に漂着
1604		貿易船に朱印状（海外渡航許可書）与える
1607	5	朝鮮使、初めて江戸に来る
1609	8	オランダ、平戸に商館設置
1612	3	幕府直轄領にキリスト教禁止令
		伊達政宗、支倉常長を欧州に派遣
1613	9	イギリス商人、平戸に商館設置
		全国にキリスト教禁止令
1616	8	欧州船の来航を平戸・長崎に制限
1622	8	キリスト教徒55人を長崎で処刑（元和大殉教）
1623	11	イギリス商人、平戸の商館閉鎖
1624	3	スペイン船の来航禁ず
1627		長崎奉行、キリスト教徒340人を処刑
1629		長崎奉行、絵踏創始（他説あり）
1631	6	海外渡航船に老中奉書を義務付ける（奉書船）
1633		奉書船以外の海外渡航を禁じ、在外5年以上の日本人の帰国禁ず
1635	5	外国船入港を長崎に限り、日本人の海外渡航・帰国を厳禁
1636		長崎出島完成
1637	10	島原の乱（～1638.2）
1639	7	ポルトガル人の居住と来航禁ず
1641	5	平戸のオランダ商館を長崎出島に移す

鎖国体制下での対外窓口

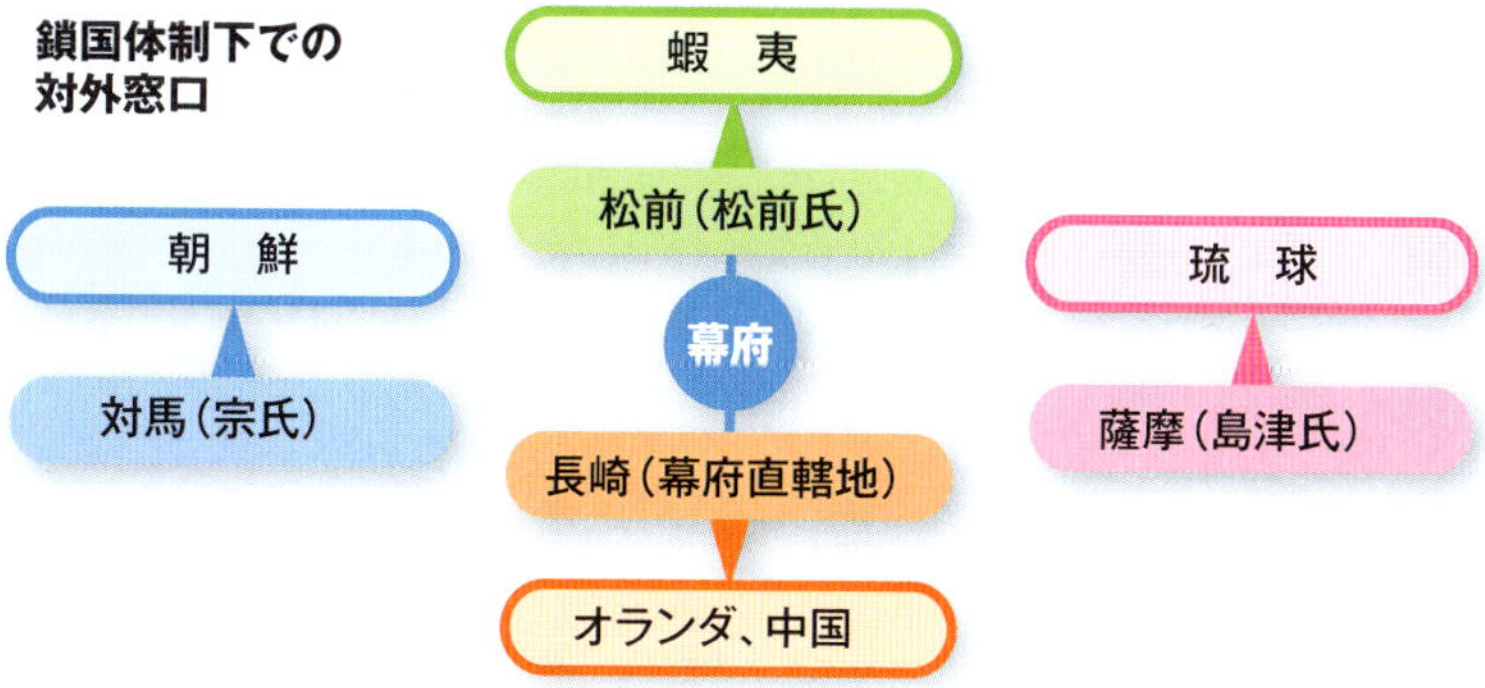

もっと知りたい！

アジアの日本町

朱印状を持って海外貿易を行った船は朱印船と呼ばれました。アジア各地に居住する日本人も多く、左図のように日本町が八か所ありました。中でも山田長政が現地の王室に用いられ、町の長官にもなったタイのアユタヤはよく知られています。

江戸時代▼

幕府にとって一番大切なのは農民

「殺さぬよう生かさぬよう」年貢を取られた農民の厳しい暮らし

規制された暮らし

幕府の経営上、まず何よりも大切だったのは年貢を確保することでした。そのためには農村の経営を安定化させなければなりません。農民を統制するために、幕府は様々な制限を行いました。

田畑《でんばた》永代《えいたい》売買の禁令は、百姓が畑を売って小作人となることを防ぐために定められましたが、売るのは土地しかない小百姓と土地を買いたい大百姓がいるのも現実でした。

慶安《けいあん》の御《お》触書《ふれがき》では贅沢の禁止など、日常や労働について細かく触れられています。これは農民の生活にかなり干渉した内容で、ある意味では農民を守るための「口出し」とも言えますが、幕府は農民が貨幣経済に巻き込まれないように注意していたのでした。

三都と交通

幕府や諸藩の年貢米は、海路や陸路で各地に運ばれていました。交通、流通の整備は江戸、大坂、京都の三都を中心に、地方へと広げられていきました。さらに、東海道などの五街道からは、数多くの支線（脇街道）が開かれました。**関所**が置かれ、「**入り鉄砲と出《で》女《おんな》**」が厳しく取り調べられるようになります。飛脚が整備されたのもこの頃でした。

江戸の七割は大名たちの藩邸で占められており、町人は一割強の土地に五〇万人ほどが暮らしていました。家を借りなければなら

POINT

- 幕府にとって最も大切なのは年貢の確保
- 村請制によって年貢・労役を割り当て
- 流通が発達し、都市や町が発展

もっと楽しむ!

『江戸お留守居役の日記 寛永期の萩藩邸』

日本エッセイストクラブ賞受賞作。著者は歴史学者です。江戸の萩藩お留守居役の福間彦右衛門の日記「公儀所日乗」をもとに、藩邸の生活の実態を明らかにします。

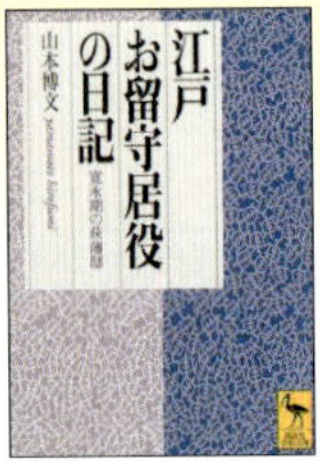

山本博文著
講談社学術文庫

『逃げる百姓、追う大名—江戸の農民獲得合戦』

宮崎克則著　中公新書

江戸時代の農民のイメージを「走り者」を通して覆す本です。農民たちは比較的自由に領地を移動す

農民・町人の行政

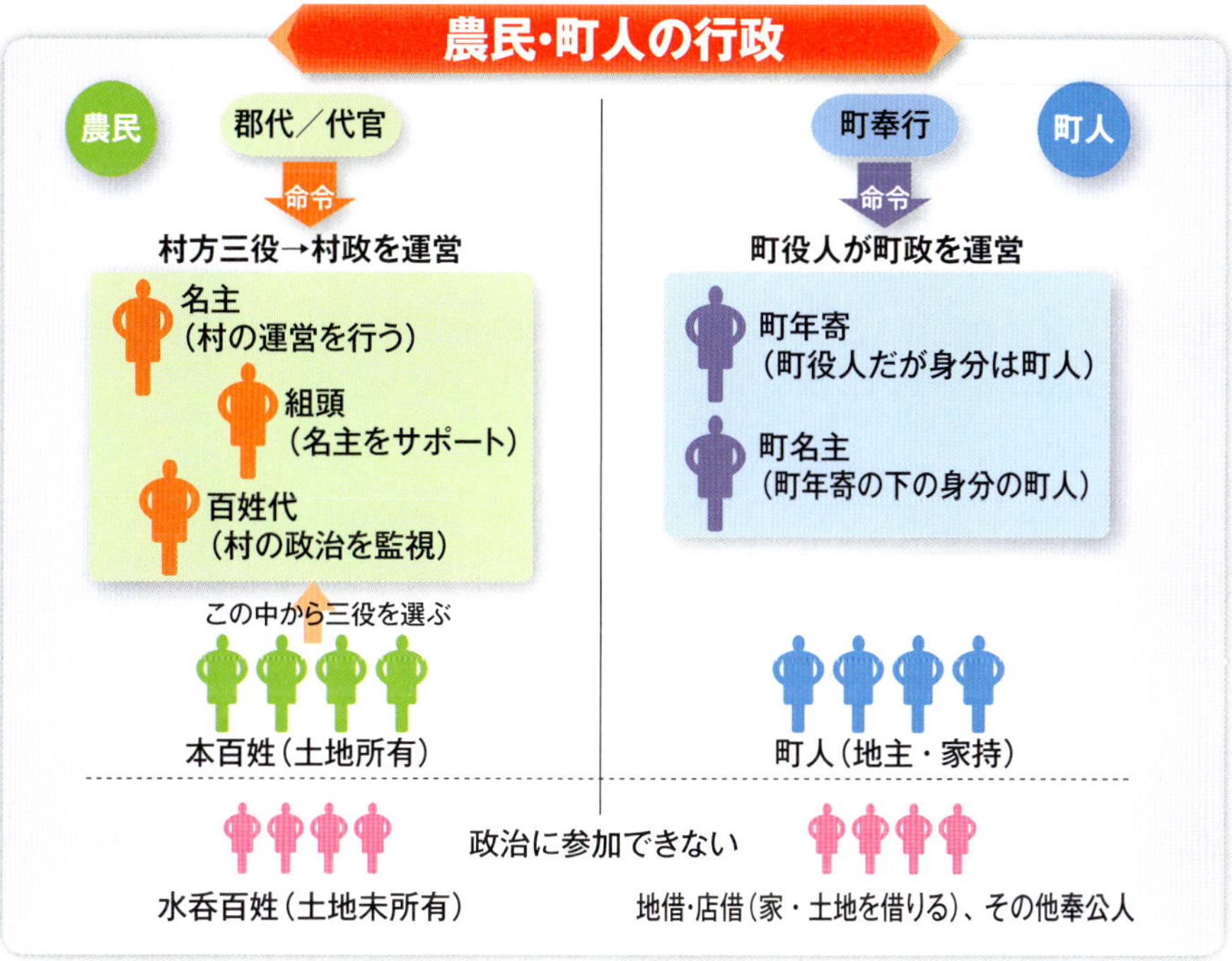

ない町人の多くは、六畳ほどの裏長屋で生活していました。

農民の統制

百姓を維持し、年貢を確保

規制・制度	内容
田畑永代売買の禁令	農民の土地売買を禁止
慶安の御触書	日常生活や仕事について制限
分地制限令	田畑の分割相続を制限
五人組制度	連帯責任によって年貢未納など防止

農民の税

税・夫役	内容
本年貢	田畑・屋敷の土地に対する税
小物成	農業以外の副業をした時の税
国役	河川の土木工事の際の労働
伝馬役	宿場駅の公用交通に人や馬を差し出す

る「走り」を行っていたことが明らかにされます。大名たちは年貢を生み出す農民を手元に置くことに必死でした。時には他の領主たちと農民の「取り合い」を行うことも。大名たちが藩を必死になって経営する姿が浮かび上がってきます。

流れを知る！

- 一六〇〇 関ヶ原の戦い
- 一六〇一 東海道に伝馬制を導入
- 一六一六 人身売買禁止
- 一六一九 菱垣廻船始まる
- 一六二八 百姓の絹製の衣類禁止
- 一六三三頃 五人組制度実施
- 一六四二 飢饉のため百姓に米の常食を禁ずる
- 一六四三 田畑の永代売買を禁止
- 一六四九 慶安の御触書

江戸時代

平穏な江戸初期の雰囲気を伝える寛永文化

躍動する安土桃山文化を継承しつつ落ち着いた文化へ

POINT

- 桃山文化の荘厳さを残した日光東照宮
- 天皇家や公家の文化が続いた京都
- 幕府や諸藩に広まった朱子学

日光東照宮と桂離宮

南蛮文化をも取り込み、斬新で豪華だった桃山《ももやま》時代の文化に比べると、幕府の体制が整い、世の中に秩序が戻った江戸時代初期の文化には、落ち着いた雰囲気が感じられます。

その代表と言えるのが、後陽成《ごようぜい》天皇の弟の別邸で、一六一五年から二四年にかけて造られた京都の**桂離《かつらり》宮《きゅう》**です。茶室風の数寄屋《すきや》造と、それを取り巻く庭園が特徴となっています。天皇家や公家、上層の文化人たちは、京都を中心に茶会などを催していました。その他にもこの時代、絵画では**俵屋宗達《たわらやそうたつ》**、作陶などでは**本阿弥光悦《ほんあみこうえつ》**などが活躍しています。

一方、寛永《かんえい》期で唯一桃山文化の壮麗さを受け継いでいたのが、徳川家康《とくがわいえやす》を祀った**日光東照宮《とうしょうぐう》**です。その名称は家康の称号、東照大権現に由来します。造営は一六一七年に始まり、三六年に完成しました。家康は最初、静岡県の久能山に祀られていましたが、幕府を守護する神として日光東照宮に移されました。**陽明門《ようめいもん》**をはじめとする豪華な建築群は、将軍の権威を誇示しています。

朱子学の広まり

学問では**儒学《じゅがく》**、特に中国の南宋時代に大成された**朱《しゅ》子学《しがく》**が幕府や諸藩に受け入れられていきました。朱子学は上下の秩序といった封建的、身分的な秩序を重んじる学問だったためです。近世朱子学の祖と呼ばれた

もっと楽しむ!

『つくられた桂離宮神話』

井上章一著　講談社学術文庫

建築家ブルーノ・タウトによって「発見」されたとされる桂離宮。建築界のモダニズム運動の発展とナショナリズムの展開の中で繰り広げられた虚構を、綿密に実証していった画期的な日本文化論です。

もっと知りたい!

伝統の発祥の地は朝鮮

この時代、有田焼、萩焼、九谷焼などの製陶が本格的に始まります。豊臣秀吉の朝鮮侵略の際、数多くの朝鮮人陶工たちが大名に連れられて日本に来ましたが、日本のやきものの基礎を築いたのは彼らでした。

寛永文化のおもな作品

分野	作品
建築	桂離宮
	修学院離宮
	日光東照宮
	清水寺本堂
絵画	風神雷神図屏風（俵屋宗達）
	蓮池水禽図（俵屋宗達）
	夕顔棚納涼図屏風（久隅守景）
	大徳寺方丈襖絵（狩野探幽）
工芸	舟橋蒔絵硯箱（本阿弥光悦）
	伊万里焼（酒井田柿右衛門）
文学	仮名草子（烏丸光広、如儡子、鈴木正三）
	俳諧（松永貞徳）

陽明門

清水寺

雷神

風神

藤原惺窩《ふじわらせいか》の門人、**林羅山**《はやしらざん》が家康に重用され、以後、林家が代々幕府に仕えてきました。

流れを知る！

- **一六一七** 日光東照宮起工
- **一六二四** 桂離宮完成。日光東照宮陽明門完成
- **一六二九** 女歌舞伎・女浄瑠璃禁止
- **一六三〇** キリスト教関係書物輸入禁止
- **一六三六** 日光東照宮完成
- **一六四七** 酒井田柿右衛門、赤絵焼に成功
- **一六五〇頃** 野々村仁清の京焼が盛んになる 各地に寺子屋できる
- **一六五二** 若衆歌舞伎禁止
- **一六五三** 歌舞伎興行（野郎歌舞伎）許可
- **一六五七** 徳川光圀、「大日本史」の編集始める（一九〇六年完成）

江戸時代▼

大きく変わり始めた武士の時代

浪人の反乱をきっかけに政治改革が始まる　武断政治から文治政治へ

POINT

- 家光の死後、浪人の不満が次々に爆発
- 浪人発生を防ぐため末期養子の禁止を緩和
- 家臣は代々主人に仕え、下剋上がなくなる

由比正雪の乱

徳川《とくがわ》家光《いえみつ》が没すると、幕府への反乱計画などが相次ぎます。最も重要な事件は、兵学者**由比正雪《ゆいしょうせつ》の乱**でした。

由比は浪人を率いて幕府への反乱を計画していました。家光時代の大名への**転《てん》封《ぽう》**（領地移動）や**減封《げんぽう》**（領地削減）、**改易《かいえき》**（取り潰し）などにより、主人を持たない浪人が大量に発生しましたが、由比の反乱はその世相を反映したものだったのです。

浪人は、子のない主家の当主が死亡した場合「**御家《おいえ》断絶《だんぜつ》**」となるため発生します。そこで幕府は、主が死の直前に養子を取ることを禁じた**末期養子の禁止**を緩和します。

殉死の禁止

家光の死後、老中などが殉死しました。それまでも武士の世界では殉死は珍しいことではなく、伊達政宗《だてまさむね》の死後は一五人、細川忠利《ほそかわただとし》の死後は一九人の家臣が殉死を遂げています。

家綱《いえつな》は殉死を無益なものとして禁止しました。家臣には、主人の死後は跡継ぎの新しい主人に仕えることを命じます。つまり家臣は主人ではなく、主人の「家」に奉公することになったのでした。そのため戦国時代のような下剋上はなくなっていきました。

三代家光までは力による政治が行われていましたが、家綱の時代から儒教的な教えに基づいた**文治政治**が始まったのです。

もっと楽しむ！

『阿部一族』

森鷗外著　岩波文庫ほか

肥後の藩主細川忠利は殉死はしないように遺言して病死しましたが、寵臣たちは殉死します。阿部弥一右衛門は忠利の遺言を守っていましたが、臆病者扱いされ一族のため殉死。新藩主は阿部家長男に引き継がれる土地を兄弟に分割しました。抗議した長男は打ち首。阿部一族は兄の首を奪って立てこもります。変わり行く時代に起きた実話がもとになっています。

もっと知りたい！

江戸の火事

一六五七年一月一八日の未明、本郷の本妙寺から出火した炎は、強風にあおられ瞬く間に江戸を焼き

4代家綱時代の主な出来事

1651	4	家光死去
	7	由比正雪の乱(慶安の変)
	12	末期養子の禁止を緩和
1652		反乱計画相次ぐ
1657	1	明暦の大火
1663	5	家綱成人。武家諸法度改定し、殉死を禁止

家綱(11歳で将軍に)
大老　酒井忠勝
老中　松平信綱
後見人　保科正之
↓
末期養子の禁止を緩和

殉死の禁止
主人の「家」に奉公
↓
主人は代々主人、家臣は代々家臣

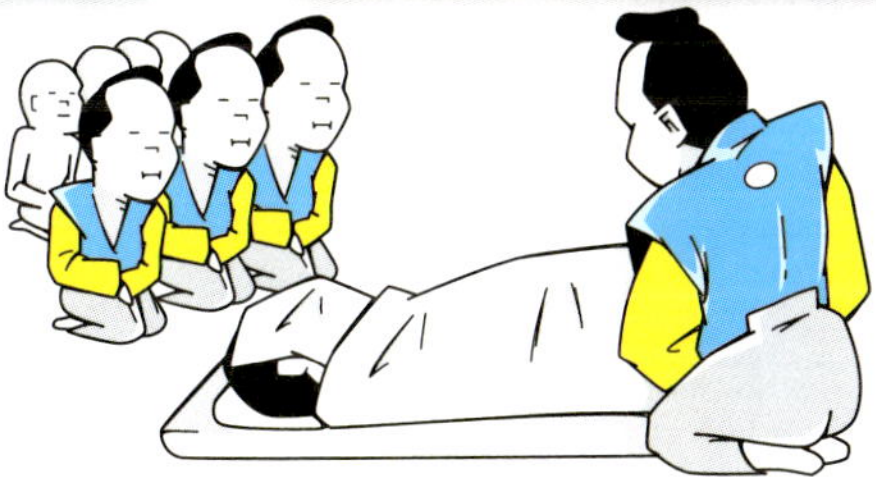

武断政治から文治政治へ

	将軍	時代	支配体制
武断政治	家康～秀忠～家光	幕藩体制の確立期	武力を背景に、大名を強圧的支配
文治政治	家綱～綱吉～家宣～家継	幕藩体制の安定期	儒教で幕府の権威を高め、社会秩序を維持

江戸初期の大名改易

将軍＼理由	関ヶ原	大坂の陣	御家断絶	幕法違反
家康･秀忠(1600～16)	外様　91	外様　2	外様　6	外様　19
			譜代　6	譜代　8
秀忠･家光(1617～32)			外様　12	外様　9
			譜代　9	譜代　3
家光(1633～51)			外様　16	外様　7
			譜代　0	譜代　2
合計	91	2	57	48

尽くしました。明暦の大火です。焼失した大名屋敷は一二七〇、寺社三〇〇、橋は六〇。死者は一〇万七〇〇〇人余りと伝えられます。

江戸時代

綱吉が目指した理想の世の中とは？

天下の悪法？ 生命尊重の教化政策？ 生類憐みの令

POINT

- 武道よりも忠孝、礼儀が重視される
- 歴史家の見方も二分される生類憐みの令
- 財政赤字と物価高騰を起こした貨幣改鋳

行き過ぎの「憐み令」

家綱《いえつな》には子がなかったため、遺言により**綱吉《つなよし》**が将軍となりました。将軍就任に尽力した老中は大老になりましたが、その後暗殺されました。

三〇代半ばの綱吉は大老を置かず、**側用人《そばようにん》**という役職を設けます。そして武士には儒教《じゅきょう》に基づく忠孝・礼儀を求めました。世の中は戦乱もなくなり平和になったものの、昔の価値観を引きずって暴れる者や殺生をする者は多くいました。そんな時代に発布されたのが、**生類憐《しょうるいあわれ》みの令**だったのです。

一般的には、幼子を亡くした後、子に恵まれないのは前世での殺生が原因と僧に告げられた綱吉がこの令を出したとされていますが、異論もありました。

単純に殺生を禁じるだけでなく、捨て子の禁止なども含まれており、単純に動物を保護し、人を無視した悪法だとは言えません。

ただ、蚊を殺して流罪、ツバメを殺したために死刑というのは行き過ぎでしょう。このエピソードの真偽のほどはわかりませんが、綱吉の死後、真っ先に生類憐みの令が廃止されたことは、人々が苦しんだことを証明しています。

破綻していた財政

度々起こる大火や金銀の産出量の低下などにより、この時代の幕府の財政は破綻していました。**荻原重秀《おぎわらしげひで》**は貨幣改鋳を提案し、勘定奉行《かんじょうぶぎょう》となります。金の

もっと楽しむ！

『新・忠臣蔵』

舟橋聖一著　文春文庫ほか

忠臣蔵作品の集大成とされる作品で、NHK大河ドラマの原作ともなりました。当時の世界を描ききっていて、浪士たちだけではなく五代将軍綱吉の生活や浪士たちに同情した六代家宣、民衆の様子などにも触れ、元禄という時代が活写されています。

もっと知りたい！

信心深い綱吉

生類憐みの令は、仏教に帰依した綱吉の極端な信仰よりに発せられたものです。しかし初期の綱吉の政治は、仏教や儒教を重要視し、熱心に学問を奨励し「天和の治」と呼ばれる善政を行いました。た

生類憐みの令の極端な例

禁止事項

魚介類の調理(1685)　食用の鶏魚の飼育(1687)
動物を見世物にすること(1691)　釣り(1693)

制　限

害獣への銃の使用―できる限り空砲で追い払う(1691)

登　録

犬の毛色(1687)　金魚の数(1694)

中野の犬小屋(1695)　※1両=12万円と計算

建築費　約20万両=240億円
敷地　約16万坪
犬小屋数　290棟
最大収容数　約8万2000匹
食糧(1匹/1日)　米3合　イワシ1合
年間経費　約9万8000両=117億6000万円

費用は江戸の町人、農民への特別税でまかなわれた

「犬公方」と呼ばれた
徳川綱吉

小判の金含有量の推移

小判	年	重さ(匁)	金の割合
慶長小判	1601	4.76	86.8%
元禄小判	1695	4.76	57.4%
宝永小判	1710	2.5	84.3%
正徳小判	1714	4.76	84.3%
享保小判	1716	4.76	86.8%
元文小判	1736	3.5	65.7%
文政小判	1819	3.5	56.4%
天保小判	1837	3	56.8%
安政小判	1859	2.4	56.8%
万延小判	1860	0.88	56.8%

含有率を減らした**元禄《げんろく》小判**を発行して幕府の収入は増加しましたが、貨幣価値が下がり、インフレが進んだ結果物価が高騰。庶民の生活は圧迫されるようになったのです。

だ湯島聖堂や護国寺・護持院、神社などの造営を熱心に行い、幕府の財政を圧迫しました。

流れを知る!

一六八〇
五月　家綱死去。綱吉(家光四男)五代将軍に
一六八二
一二月　江戸大火(八百屋お七の火事)
一六八三
五月　綱吉の子、病死
七月　武家諸法度改定
一六八五
七月　最初の生類憐みの令発布(〜一七〇九)
一六八八
一一月　柳沢吉保、側用人となる(九四年老中格、九八年大老格に)
一六九五
八月　勘定吟味役(翌年、勘定奉行)荻原重秀の建議で貨幣改鋳
一六九八
九月　江戸大火(勅額火事)
一七〇一
三月　松の廊下刃傷事件
一七〇二
一二月　赤穂浪士の仇討ち

江戸時代

今も人気の忠臣蔵の背景にあるもの

赤穂浪士たちの吉良邸討入りは単なる復讐ではなかった？

事件の原因は塩？

一七〇一年三月、江戸城松の廊下で赤穂《あこう》城主の**浅野**《あさの》**内匠頭長矩**《たくみのかみながのり》が高家《こうけ》（儀典を司る職）筆頭の**吉良**《きら》**上野**《こうずけの》**介義央**《すけよしなか》に斬りつけるという事件が起きました。これにより浅野長矩は切腹。浅野家は断絶となりました。

映画やテレビドラマでおなじみの赤穂浪士討入りの発端として有名ですが、なぜ松の廊下刃傷事件が起きたのかについて、真相はわかっていません。

馳走役《ちそうやく》（饗応責任者）として吉良の指導を受けた長矩が、十分に賄賂を払わなかったために吉良から嫌がらせを受けたなど諸説ありますが、両者が「塩」を巡って対立していたという説もあります。

この時代、高級な塩は三河（現在の愛知県）の吉良で生産されていました。吉良氏の本拠です。常陸から赤穂に国替えとなった浅野氏は、吉良氏から製塩技術を学び、塩田経営を始めました。

その結果が、今も有名な赤穂の塩です。製塩がうまく行くようになったのは長矩の時代で、販売を進めたのは討ち入りの総大将となった**大石良雄**《おおいしよしお》（**内蔵助**《くらのすけ》）でした。

やがて赤穂の塩は吉良の塩より売れるようになっていきました。このような背景から、もしかすると吉良は恩を仇で返されたと感じていたのかもしれません。江戸城で会った二人に何かあっても不思議ではなかったというわけです。

POINT

- 真相はわからない松の廊下事件
- 討入りは幕府に対する抗議の意味も
- 庶民からは支持された仇討ち

もっと楽しむ！

『不忠臣蔵』

赤穂藩の家臣はおよそ三〇〇人。つまり吉良邸への討ち入りには六分の五が参加していません。そのうち一九人を選んで一人ずつの話をまとめた作品です。

井上ひさし著
集英社文庫

もっと知りたい！

荻生徂徠の意見

荻生徂徠は道徳より礼節を重んじる人物でした。忠義より法に照らして討ち入りの是非を判断したのは、彼の主義に適ったものでした。

松の廊下事件、最大の原因は？

- **単純怨恨説** → 吉良上野介が浅野内匠頭に対して行った侮辱への報復
武士にとって、辱めを受けることは、万死に値する出来事だった
- **贈賄拒否説** → 吉良へ賄賂を渡さなかったことが原因
浅野内匠頭は正義感が強かった
- **経済的対立説** → 共に塩の生産地である浅野、吉良両家
常に対立する要素をはらんでいたが、城内での吉良氏の侮辱に
浅野内匠頭がとうとうキレた

赤穂浪士討入りに対する見解

肯定派	⇔	否定派
代表：室鳩巣など 武士として忠義を発揮したのは賞賛されるべき。		**代表：荻生徂徠など** 理由があろうとも法を破ってよいわけではない。

庶民 → 支持 → 肯定派

荻生徂徠

討入りの理由

大石内蔵助ら赤穂浪士が吉良邸討ち入りを果たしたのは、事件の翌年の一二月。主君の仇を討ち忠義を発揮した出来事として物語にもなっていますが、実際は浅野長矩のみを処罰し浅野家を断絶させた幕府の処置に対する公の抗議行動でもあったのです。少なくとも大石内蔵助はそう考え行動していました。

討入りについて庶民は肯定的でしたが、**荻生《おぎゅう》徂徠《そらい》**らは否定的でした。赤穂浪士は全員切腹となりました。結局、討入りの是非も、浅野長矩の事件の真相がわからなければ判断はつかないのです。

彼自身、側用人柳沢吉保の儒臣だったため、その意見が幕府の方針となったといわれます。ただ、討ち入りを否定した見解は、後に付け加えられたという説もあります。

吉良上野介の人物像

いろいろと謎に包まれている「松の廊下事件」。その後の物語によって、吉良上野介には悪者のイメージが定着しています。吉良が悪で、浅野内匠頭や赤穂浪士が善という図式は成り立たないものの、吉良の人物像がうかがえるエピソードがあります。

この刃傷事件の三年前、浅野内匠頭と同じ立場にいたのは、津和野藩主の亀井慈親でした。慈親も吉良からさんざん馬鹿にされ激怒し、吉良を斬る決心をします。そのことを家老に伝え、翌日いざと吉良の前に進んだのですが、吉良は上機嫌で腰が低く、慈親は驚きます。結局、何もできず家老に事の次第を伝えると、実はこの家老が吉良に賄賂を贈っていたことが発覚。「大名は感情だけで動いてはいけない」と家老は慈親を諭したといわれます。

江戸時代▼

新井白石が取り組んだ正徳の治

破綻した幕府財政を再建へ　幕末まで続く財政問題の始まり

POINT
- 生類憐れみの令を廃止し、賄賂を厳禁
- 財政を引き締め、貨幣価値を元に戻す
- 海外への金銀流出を制限

家宣の部下が江戸へ

綱吉が死去し、甲府藩主の綱豊《つなとよ》が**家宣**《いえのぶ》として六代将軍に就きました。側用人**間**《ま》**部**《なべ》**詮房**《あきふさ》と儒者新井《あらい》白石《はくせき》は甲府時代から家宣を支えてきた人材でした。二人の治世は**正徳の治**と呼ばれ、政治の刷新をはかるためにまず生類憐《しょうるいあわれ》みの令を廃止しました。ただ、忠孝・礼儀を重んじた綱吉の方針は受け継がれました。

朝廷とも協調路線が取られます。それまでの三宮《さんのみや》家（世襲親王家）では天皇の子弟の受け入れが不可能となっていたため、特例として閑院宮《かんいんのみや》家を設け追加しました。

財政の建て直し

綱吉時代から引き続いて勘定奉行をしていた荻原重《おぎわらしげ》秀《ひで》は、貨幣を改悪し、経済を悪化させました。白石はこれを罷免し、以前の小判と同じ質量の**正徳**《しょうとく》**小判**を発行します。貨幣流通の建て直しに取り掛かるとともに、海外へ流出する金銀を制限する**海舶互市新例**《かいはくごししんれい》を出して長崎貿易をコントロールしました。

この長崎貿易は幕府収入の柱となっていましたが、財政の体質全体を改善する必要があったのです。また、賄賂を厳禁するなどして役人の意識改革も行っていました。

しかしこの間、家宣が病死。その後の将軍**家継**《いえつぐ》は、わずか三歳でしたが、七歳で急逝してしまいます。白石の政治生命はそこで幕を閉じました。

もっと楽しむ！

『市塵』
不遇の身から幕臣となり、財政難の幕政建て直しを強力に推し進めた新井白石の活躍と挫折を綿密に綴った作品。経費削減の手腕や政治への透徹した見解などは、現在に通じるところがあります。

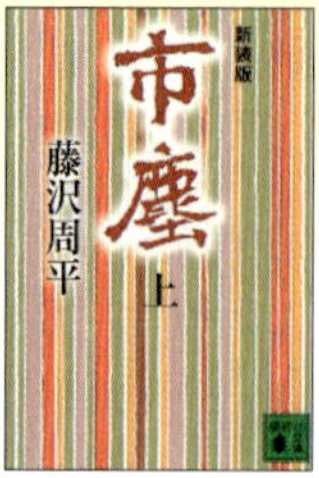

藤沢周平著
講談社文庫

もっと知りたい！

荻原重秀おろし
勘定奉行の荻原重秀は元禄貨幣改鋳以来、五回にわたり貨幣改鋳を行いました。第一回の改鋳後は米

正徳の治　白石の財政再建政策

新貨幣（正徳小判）の鋳造

元禄、宝永年間に、通貨量の増大を図るために金の含有量を減らした小判を鋳造。貨幣価値が下がりインフレが進行。小判の質をもとに戻し、物価の安定化を図る

元禄小判
重さ 17.85g
金重量 10.25g
金の割合 **57.4%**

宝永小判
重さ 9.38g
金重量 7.9g
金の割合 **84.3%**

正徳小判
重さ 17.85g
金重量 15.0g
金の割合 **84.3%**（後に86.8%）

海舶互市新例

長崎貿易を制限

金銀の流失を防ぐ

・貿易量：年間で清船30隻、オランダ船2隻に限定
・貿易額：上限清銀6000貫、オランダ銀3000貫
　また輸入品の支払いの半分は銅にて支払う

直轄地長崎の行財政健全化

・密貿易の抑制
・（支払いの遅れによる）貿易渋滞の緩和

新井白石

朝鮮通信使の待遇簡素化

正徳の治以前

・対馬から江戸に至るまで、沿道で盛大な歓迎行事が行われた
　1回あたりの経費は、約100万両に達した

正徳の治以後

・各地で行ってきた接待を大坂、京都、駿府、江戸に限定
　大幅に支出を削減

価が急騰。財政の問題も深刻化します。幕府に登用された新井白石は荻原重秀について「この国始まって以来、これはどうしようもない人間は聞いたことがない」という内容の言葉を残したと言われています。

流れを知る！

一七〇九　綱吉死去。家宣（甲府藩主）、六代将軍に。生類憐みの令廃止。間部詮房（側用人）、新井白石（儒者）を登用
一七一〇　閑院宮家創設
一七一一　朝鮮通信使の待遇改める
一七一二　勘定奉行荻原重秀を罷免
家宣病死。家継（三歳）七代将軍に
一七一四　貨幣改鋳、正徳小判発行
一七一五　長崎貿易制限令（海舶互市新例＝正徳新令）
一七一六　家継死去。八代将軍徳川吉宗に、間部詮房、新井白石罷免される

江戸時代▼

商品流通時代に発展した農業・商業

貨幣経済に巻き込まれた農民と、商品流通を独占した問屋商人

POINT
- 大開発時代を迎えて田畑の面積が拡大
- 流通の発展で商品価格の地域差が減少
- 同業者団体を組んで営業を独占した商人

特産物の登場

一七世紀の半ばから干拓などの土地開発によって、田畑の面積が拡大しました。さらに農具の発達、肥料の改良などもあり、農業の生産力は急速に向上していきます。

経済的な余裕が生まれると、年貢米以外の作物の栽培が各地で行われるようになりました。土地ごとにその地域に適した作物が作られ、特産物となっていったのです。これらを販売し、貨幣を得る機会が増していった農民は、この後貨幣経済に巻き込まれていくことになります。

新興商人たちの「仲間」

農業以外でも、漁業、林業、鉱山業、手工業などあらゆる産業が、江戸初期から中期にかけて大きな発展を遂げました。**東廻り**や**西廻り**の航路が確立され、陸海ともに交通網が充実。商品の流通量は増加し、商品価格の地域差はあまり見られなくなりました。

この時代に利益を上げたのは、「**仲間**《なかま》」という同業者組合を作り、江戸と大坂間などの商品流通の独占をはかった問屋商人たちでした。その代表は伊勢松坂出身の商人で、後に三井《みつい》となる**越後屋**《えちごや》でした。

また当時、取引の際に江戸では金、大坂では銀が主に使われていたため、両替商が現れて利益を上げていました。新興商人たちは現在の銀行のような役割も果たしてくれる両替業も行ったのです。

もっと楽しむ！

「郡上一揆」
映画　00年　神山征二郎監督
岐阜県郡上《ぐじょう》郡で起こった江戸時代最大級の一揆を描いた作品。宝暦年間、出来高によって年貢量が変わる検見取りが行われることが決まると、農民たちはこれに反対。一時は撤回させますが、翌年強行されると農民たちは再び立ち上がります。最後は江戸藩邸に直訴しましたが、首謀者たちは獄門の刑となるのでした。

『豪商列伝』
宮本又次著　講談社学術文庫
東廻り航路と西廻り航路の整備に尽力した河村瑞賢のほか、三井、三菱、住友や武田薬品の創業者などを取り上げ、彼ら豪商の経営手腕・哲学を探った商業史の本です。

各地のおもな特産品

絹織物	西陣織、丹後縮緬、上田紬、黄八丈
綿織物	三河木綿、河内木綿、伊予絣、久留米絣、小倉織、琉球絣
麻織物	近江麻、小千谷縮、薩摩上布
陶磁器	伊万里焼、薩摩焼、上野焼、萩焼、京焼、信楽焼、九谷焼、備前焼
酒	伏見、灘、伊丹、池田、西宮
醤油	野田、銚子、竜野
農産物	駿河・宇治(茶)、紀伊(みかん)、甲斐(ぶどう)、備後(畳表)、国分(たばこ)
海産物	松前(昆布、鰊)、江戸(海苔)、土佐(鰹、鯨)、赤穂(塩)
木材	秋田・飛騨・吉野・熊野(杉)、木曽(檜)
工芸	南部鉄瓶、会津塗、輪島塗、春慶塗、根来塗

時代を築いた商人たちの個性的な姿と大きく変化する当時の様子が浮かび上がってきます。

流れを知る！

- 一六七一　東廻り航路開かれる
- 一六七二　西廻り航路開かれる
- 一六七三　分地制限令発布。三井高利、越後屋呉服店を開く
- 一六八〇　綱吉、将軍となる
- 一六八八　大坂堂島に米穀取引所を建設
- 一七〇〇頃　新田の開発盛んに
- 一七〇九　正徳の治始まる
- 一七一三　養蚕・製糸を奨励
- 一七一五　長崎貿易を制限
- 一七一六　享保の改革始まる

江戸時代

身近な風俗が描かれ始めた元禄文化

庶民の姿を浮き彫りにした日本独自の文化が展開される

POINT

- 幕府の安定と経済の発展で社会が成熟
- 外国の影響が減少し、日本独自の文化が発展
- 紙の生産により庶民にも広く文化が浸透

多彩な文学の発展

元禄文化は地方の農民や町人まで広まった多彩な側面を持っていました。

商人の物語や庶民の恋愛事件、性の物語などの世界は、**井原西鶴**《いはらさいかく》の作品に描かれました。

人形浄瑠璃《じょうるり》や歌舞伎《かぶき》の脚本を書いた**近松門左衛門**《ちかまつもんざえもん》も、『曽根崎心中』などの世相を活写した作品や時代物を残しています。

松尾芭蕉《まつおばしょう》が『奥の細道』の旅に出るのも、この時代のこと。元禄の文学は、紙の生産や出版業の発展により飛躍的な広がりをみせ、その内容もバラエティ豊かになっていきました。

風俗画の登場

絵画の世界では、幕府や大名に庇護された画家が活躍する一方、庶民の人気を集める風俗画が現れます。

現在もよく知られている「見返り美人」は、**菱川**《ひしかわ》**師**《もろ》**宣**《のぶ》の代表作。師宣は浮世絵の開祖として名高い人物です。木版の浮世絵は大量生産され、庶民も手に入れることができるようになりました。

それまで鑑賞することができる階層が限られていた絵画も、世間に広まっていったのです。

学問では**朱子学**《しゅしがく》が全盛期を迎えます。自然科学の分野でも**本草学**《ほんぞうがく》（博物学）や農学、医学など実用的なものが発達していきました。

国文学の研究もこの時代から始まっており、古典研究はやがて国学へと成長していくのでした。

もっと楽しむ！

『元禄御畳奉行の日記』

神坂次郎著　中公新書

元禄時代の尾張藩士で「記録マニア」だった朝日文左衛門の三〇年近くにわたる日記「鸚鵡籠中記《おうむろうちゅうき》」を読み解いていく作品です。当時の庶民、下級武士の日常が記されています。

もっと知りたい！

儒学の発達

儒学には大きく三つの流れがあります。朱子学は最も大きな学派で、幕府の文化政策を動かした林家もその一派でした。明の王陽明が始めた陽明学も取り入れられましたが、革新的であったため弾圧されます。孔子などの古典に立ち返ろうとした古学は、日本で誕生した

元禄文化の代表的作品

分野	作品(作家)
絵画	洛中洛外図巻(住吉具慶)
	燕子花図屏風(尾形光琳)
	紅白梅図屏風(尾形光琳)
	見返り美人の図(菱川師宣)
	秋郊鳴鶉図(土佐光起・光成)
工芸	八橋蒔絵螺鈿硯箱(尾形光琳)
	色絵藤花文茶壷(野々村仁清)
	絵替土器皿(尾形乾山)
	友禅染(宮崎友禅)
	護法神像(円空)
文学	<元禄3大文学者>
	井原西鶴(浮世草子作家)
	好色一代男、好色五人女、武道伝来記、
	日本永代蔵、武家義理物語、世間胸算用
	松尾芭蕉(俳人)
	奥の細道、笈の小文、猿蓑
	近松門左衛門(脚本家)
	曽根崎心中、冥途の飛脚、心中天網島、国姓爺合戦

自然科学の発達

分野	研究者と業績
本草学	貝原益軒(1630~1714)
	『大和本草』『養生訓』その他多彩な分野で活躍
	稲生若水(1655~1715)
	『庶物類纂』
数学	関孝和(1642~1708)
	和算を大成。『発微算法』
農学	宮崎安貞(1623~97)
	最初の体系的農学書『農業全書』を執筆
医学	山脇東洋(1705~62)
	最初の解剖図『蔵志』を著す

見返り美人の図(1948年発行)
菱川師宣の代表作

歴史学、国文学の研究

分野	研究者と著書
歴史学	林羅山(1583~1657)・林鵞峰(1618~80)
	『本朝通鑑』
	山鹿素行(1622~85)
	『聖教要録』、『武家事紀』、『中朝事実』
	徳川光圀(1628~1700)
	『大日本史』
	新井白石(1657~1725)
	『読史余論』、『古史通』
国文学	契沖(1640~1701)
	『万葉代匠記』
	北村季吟(1624~1705)
	『源氏物語湖月抄』

東大寺大仏殿(提供:一般財団法人 奈良県ビジターズビューロー)
1709年に再建された世界最大の木造建築

儒学といえます。古学には荻生徂徠、朱子学には新井白石、室鳩巣らが属していました。

流れを知る!

- **一六八〇** 綱吉、将軍となる
- **一六八二** 「好色一代男」(井原西鶴)
- **一六八五頃** 友禅染が発明される
- **一六八九** 松尾芭蕉、「奥の細道」の旅に出る。渋川春海、本所に天文台を設置
- **一六九〇** 湯島聖堂と聖堂学問所始まる この頃浮世草子全盛
- **一七〇二** 赤穂浪士の討ち入り
- **一七〇三** 近松門左衛門、「曽根崎心中」を上演
- **一七〇九** 正徳の治始まる。この頃、寺子屋普及、庶民教育大いに進展
- **一七一五** 「国姓爺合戦」(近松門左衛門)
- **一七四八** 「仮名手本忠臣蔵」初演

江戸時代

財政の復活を目指した吉宗の享保の改革

自ら経済の掌握を目指した吉宗の幕政改革は成功したのか?

自ら進んで倹約

家継《いえつぐ》が早世すると、徳川《とくがわ》宗家が絶えたため、紀伊《きい》藩主の**吉宗《よしむね》**が八代将軍となりました。吉宗は家康《いえやす》時代への復古を目指し、老中や若年寄を重視した改革へ乗り出しました。

依然として厳しい財政状況を解決するため、吉宗は勘定方《かんじょうがた》の整備や人口、耕地面積調査などを実行。支出を減らすために**倹約令**を出し、自らも食事は玄米の一汁三菜としました。

一方、幕府の財源を安定させるために上げ米と**定《じょう》免《めん》法**を実施します。年貢収入は順調に増加しましたが、米の相場は下落し、一般の物価は上昇しました。物価引下げ令を出したり、大坂に米相場を公認したりしましたが、効果は表れませんでした。吉宗の改革は米価との戦いだったのです。

農民たちの苦しみ

財政縮小の他、有能な人材を集める**足高《たしだか》の制**、漢訳洋書の輸入、**目安箱《めやすばこ》の設置**など、吉宗の政策には評価を得ているものが多いのですが、その意欲とは裏腹に経済対策ではかなり苦労が見えます。

商取引などの金銭トラブルに対して**相対済《あいたいすま》し令**を出しましたが、負債を返済しないケースが増加し失敗。農村対策でも、年貢増徴策は農民を圧迫し、田畑を手放し小作人となる農民に対する政策も効果がありませんでした。ただでさえ苦しい生活なのに、風水害や享保《きょうほう》の飢饉に襲われ、農

POINT

- 紀伊藩主吉宗の家康時代を目指した改革
- 米相場と物価の安定に四苦八苦した吉宗
- 評価を得た一方で、経済対策は失敗に

もっと知りたい!

一揆・騒動の発生件数

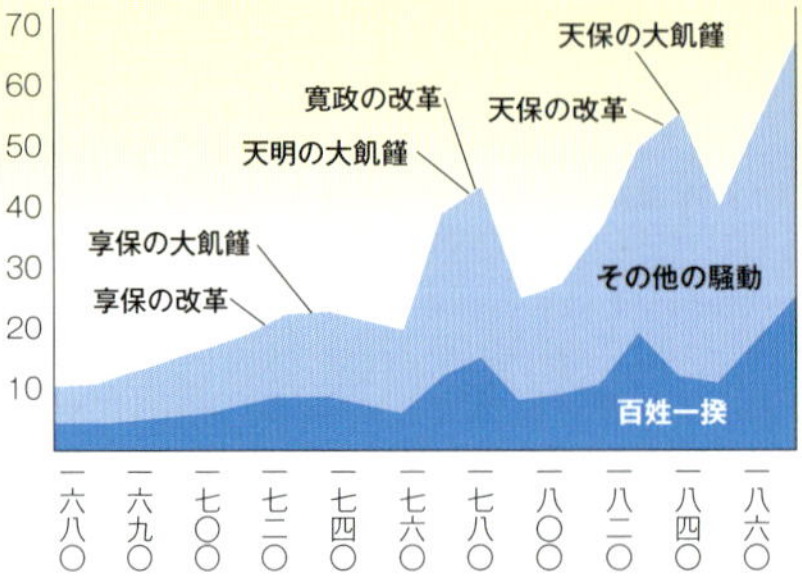

民や町人は不満が爆発します。各地で一揆が続発し、江戸では初めての打ちこわしが起きました。結局、改革はうまくいったと言えるものではなかったのです。

享保の改革

家康の時代を理想とする

財政・商業政策

●**支出減少策**
倹約令……贅沢、華美の禁止(役人、大奥も)

●**年貢増徴策**
上げ米(1722)……大名に米を上納させる代わりに参勤交代緩和
→廃止(1731)
定免法(1721)……豊作不作に関係なく年貢額を一定にする

●**物価対策**
米価統制……大坂堂島に米相場公認→効果なし、廃止
物価引下げ令(1724)……米価下落の一方その他物価下がらないため
元文金銀鋳造(1736)……物価安定へ

●**商業政策**
株仲間の公認(1721)
商品作物栽培の奨励

財政再建を目指す

政治・行政・司法政策

●**人材対策**
足高の制(1723)……身分制はそのままで、有能な人材登用

●**行政対策**
目安箱の設置(1721)……民意の聴取
新田開発の奨励(1722)

●**司法制度整備**
大岡忠相の登用(1717)
相対済し令(1719)……金銭トラブル増加→当事者間で解決させる
→廃止(1729)
公事方御定書(1742)……裁判・刑罰の基準設定

徳川吉宗

将軍自ら刷新を図る

その他

漢訳洋書の輸入許可(1720)

流れを知る!

一七一六 家継死去。吉宗、八代将軍になる
一七一七 大岡忠相を江戸町奉行に登用
一七一九 相対済し令発布
一七二〇 町火消しを創設。キリスト教以外の漢訳洋書輸入を許可
一七二一 定免法定める。目安箱を設置
一七二二 上げ米定め、参勤期限を半年に緩和する
一七二三 足高の制を定める
一七二四 諸大名・幕臣に倹約令
一七三二 享保の飢饉
一七三三 米価高騰し、打ちこわし頻発

江戸時代

商業を重視した田沼意次の政治

「賄賂」だけではなかった 現実的な改革プロジェクトの結果は？

POINT
- 全国規模の経済流通を認識した政策
- 「米」から「金」へ政策転換
- ロシアなど世界との交易も視野に

商人が頼りの幕府

吉宗《よしむね》の時代まで、幕府は農民から年貢を取ってそれを流通させているという立場を取ってきました。しかし、すでに米を基盤とする経済は苦しい環境に置かれていたのです。

一〇代**家治**《いえはる》の側用人《そばようにん》・老中となる**田沼意次**《たぬまおきつぐ》は、すでに全国規模で流通経済が展開していることを認め、大々的な政策転換を行いました。

「米」から「金」に視点を移し、商人たちの**株仲間**を公認する代わりに徴税を行いました。幕府そのものが商人化したとも言うことができます。それまで東日本（金）、西日本（銀）、全国共通の銭（銅）で分かれていた貨幣制度は一本化されました。

現実的な蝦夷開発

意次は未開発の**蝦夷地**《えぞち》にも目を付けていました。資源開発だけではなく、ロシアとの新しい交易を計画していたのは、当時としては現実的だったと言えるでしょう。

ところが、飢饉や自然災害などが相次ぎ、一揆や打ちこわしが頻発するようになります。貨幣経済は庶民にとっても重い負担となっていました。田沼時代の代名詞である賄賂の横行も不評で、息子の意知《おきとも》が暗殺された時は犯人がもてはやされたほどでした。

結局、家治の死と前後して、意次は罷免され、交易などの計画もすべて中止されました。

もっと楽しむ！

『林蔵の貌』

謎の武士・野比秀麿を乗せて蝦夷地へと向かった越前の船頭・伝兵衛。蝦夷地で彼らを待っていたのは、測量家の間宮林蔵でした。林蔵は、幕府からの秘命を携えて、ロシア艦隊との交渉に臨みます。それは水戸と島津、そして朝廷の連合勢力と幕府の激しい対立の始まりでした。権力者たちの野望が渦巻く中を疾走する林蔵を、ハードボイルド作家が描き切ります。

北方謙三著
集英社文庫

田沼意次の改革

経済政策の大転換
「米」経済から「貨幣」経済へ

●商品生産・流通に注目
株仲間を広く公認して税（運上・冥加）をかけ、専売制実施
貨幣制度一本化　南鐐弐朱銀の大量鋳造
長崎貿易の制限緩和、振興

●大商人の資金を使った新田開発
下総印旛沼・手賀沼開発
（→洪水により失敗）

●アイヌ、ロシアとの交易
アイヌとの交易実態調査
蝦夷地の資源調査
ロシア人との交易の可能性調査

改革の結果

- 商業、産業の活性化
  →商人と幕府が結びつき賄賂が横行
  →賄賂政治への不満
- 天災の頻発（飢饉、火山噴火）が改革の障害に

蝦夷地調査

『赤蝦夷風説考』を著した仙台藩の医師工藤平助は、ロシア船が松前藩と通商交渉をしたことから、ロシアとの交易と蝦夷地の開発を提言。田沼意次はこれに着目し、最上徳内を蝦夷地に派遣しました。徳内はアイヌとの交易の実態やロシア人との交易の可能性、また蝦夷地の天然資源などを調査しながら、蝦夷地の東海岸から千島列島を探索しました。しかし、その成果を吟味する前に田沼意次は失脚してしまったのです。その後、ロシア船が頻繁に現れたこともあって、北方の探索は間宮林蔵らが続けていきます。

流れを知る！

- 一七四五　吉宗、九代家重に将軍職移譲
- 一七五一　吉宗死去
- 一七六〇　家治、一〇代将軍に
- 一七六七　田沼意次、側用人に　明和事件（尊王論者捕えられる）
- 一七七二　田沼意次、老中に
- 一七七八　ロシア船、蝦夷地の厚岸に来て通商求める（松前藩、翌年拒否）
- 一七八二　印旛沼の干拓開始。天明の大飢饉。各地で一揆、打ちこわし
- 一七八三　浅間山噴火
- 一七八四　若年寄田沼意知（意次の子）、江戸城内で暗殺される
- 一七八六　家治死去。田沼意次、罷免される

江戸時代

社会の復興を目指した寛政の改革

農業が崩壊の危機？　庶民の打ちこわしが幕府を動かした？

POINT

- 祖父吉宗を理想とした松平定信
- 田沼の商業主義を否定して農業復興へ
- 反感を買った厳しい改革内容

青年老中松平定信

田沼意次《たぬまおきつぐ》の失脚後、田沼派と**御三家**《ごさんけ》、**御三卿**《ごさんきょう》が対立しました。御三卿とは吉宗《よしむね》が御三家と疎遠になったために置いたものでした。

一一代将軍**家斉**《いえなり》が就任した後も権力争いは続いていました。そんな時に江戸と大坂で米価高騰のために打ちこわしが起こります。幕府は内輪もめをしている場合ではなくなり、白河藩主の**松平定信**《まつだいらさだのぶ》が老中に就きます。定信はこの時三〇歳。祖父徳川吉宗の治世を理想とする青年老中は、田沼時代を否定し、農業を基本にした社会の復興目指して改革を始めます。これが**寛政**《かんせい》**の改革**です。

危機的な幕府財政

凶作、飢饉が続き、幕府の財政は危機的な状態にありました。定信は朝廷、大奥、大名から町人、農民に至るまで、厳しい倹約を求めました。経済的に困窮する御家人《ごけにん》対策として、借金返済を免除する**棄捐令**《きえんれい》を出しましたが、当然金融面は混乱しました。

また、荒廃した農村を復興させるために農民を農村に帰させ、農村の人口増加や農地整備に資金を投入しました。その一方で、飢饉対策として米を備蓄させたのです。

しかし、贅沢を禁じ、思想や風俗も厳しく統制した政策は民衆の反感を買う結果となりました。また、家斉との対立もあって定信の改革は六年ほどで挫折してしまいました。

もっと楽しむ！

『蝦夷地別件』
船戸与一著　新潮文庫
一六世紀末、松平定信の頃に蝦夷地で起こったアイヌ最大の叛乱、国後・目梨の乱を描いた長編小説です。

もっと知りたい！

御三家と御三卿
御三家は宗家の系統が断たれた場合に備えて、家康の九男義直（尾張家）、一〇男頼宣（紀伊家）、一一男頼房（水戸家）を創始者として興りました。御三卿は吉宗が御三家に次ぐ家柄として、自分の血統が将軍職を継げるようにしたものです。二男宗武が田安家、四男の宗尹が一橋家、孫の重好が清水家を始めました。

寛政の改革

松平定信

祖父吉宗が行った改革を目標に
商業重視から農業重視への回帰

農村復興
- 旧里帰農奨励令－**農民を農村に戻す**
- 出稼ぎ、間引きの禁止
- 赤子養育金制度－**農村人口を増やす**
- 公金貸付けを行い、荒地や農業用水を整備

飢饉対策
- 囲米－**凶作・飢饉に備えて備蓄**
- 豪商を勘定所に登用－**資金と知識を活用**
- 人足寄場設置－**飢饉で農村から都市へ出た無宿人への職業訓練**

贅沢禁止
- 学問・出版など取り締まり
- 民間統制強化

改革の結果
厳しい倹約と統制で庶民の不満が増大

寛政の改革での出来事

年	月	おもな出来事
1786	8	田沼意次失脚
1787	4	家斉、11代将軍に
	5	天明の打ちこわし
	6	白河藩主松平定信、老中首座に。田沼派を一掃
1789	9	棄捐令（御家人の借金返済免除）。倹約令。囲米を命じる
1790		江戸石川島に人足寄場設置
		寛政異学の禁（朱子学以外禁止）。出版統制強化される
		旧里帰農奨励令
1792	5	林子平（外国勢力の日本侵攻指摘、国防を主張）、処罰される
	9	ロシア使節ラクスマン根室に来航
	11	尊号問題（朝廷と幕府に緊張関係）
1793	7	松平定信、老中を辞職

天明の打ちこわし（1781~88）

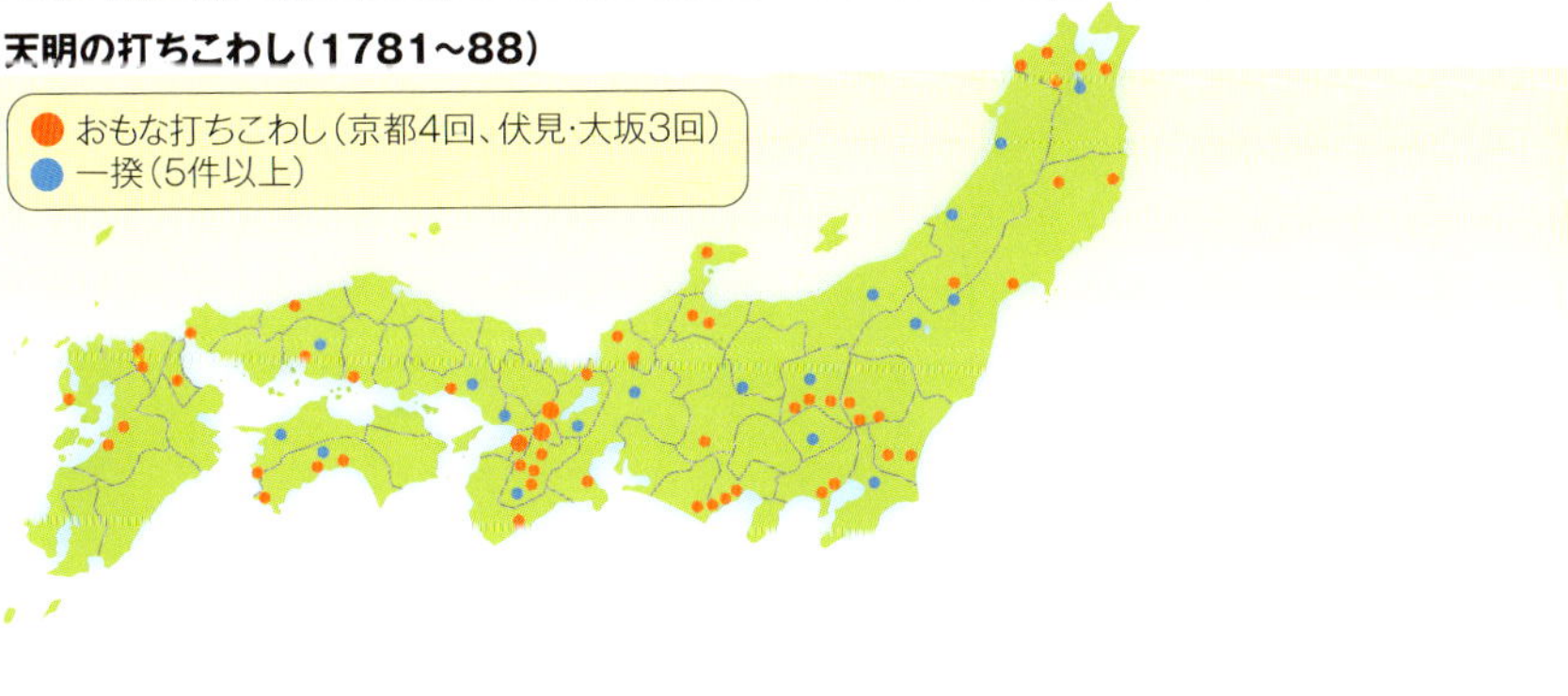

江戸時代

日本を取り巻く情勢と異国船の接近

日本にも徐々に影響し始めた世界情勢　異国船打払令の発令

POINT

- ロシア船などが通商を求めるが幕府は拒否
- 頻繁に来航する英国船と異国船打払令
- 国際感覚を備えた学者が処罰される

急増するロシア船

一七七〇年代後半から、ロシア船の来航が増え始めます。当時の欧米は、イギリスに産業革命が始まり、大きく変化しつつありました。そして、フランス革命が起こり、ナポレオン登場の時代を迎えます。

当時ロシアは極東の経営に真剣になり始めていました。**ラクスマン**が長崎への入港許可書を得ると、**レザノフ**がそれを携えて長崎に来ました。当然、通商が許されると思っていたに違いありません。ところが幕府は拒否します。レザノフは軍事的な圧力が必要と痛感し、樺太《からふと》などを攻撃。幕府は蝦夷地《えぞち》全土を直轄地としました。

一方、長崎ではイギリスの軍艦**フェートン号**がオランダ人を人質に食糧などを求める事件が発生。その背景にはナポレオン率いる仏軍に占領されたオランダを、イギリスが敵国と見なしたことに関係していました。欧州の出来事は着実に極東の島国に及び始めていたのです。

異国船打払令

ロシアとの関係は**ゴローウニン**を捕えたことで緊張しましたが、**高田屋嘉兵衛**《たかだやかへえ》の功績もあり改善されました。ところが、今度はイギリス船が浦賀などに頻繁に現れ始めます。幕府は**異国船打払令**《いこくせんうちはらいれい》という強硬策に出ました。その政策が表立って問題視されるきっかけが**モリソン号事件**です。来航目的も問わず追い返し

もっと楽しむ!

『菜の花の沖』

淡路島に生まれ、苦労を重ねて海の男として蝦夷や千島で活躍した商人、高田屋嘉兵衛の数奇な運命を辿った作品。

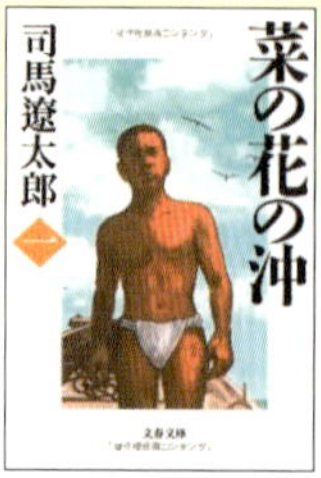

司馬遼太郎著
文春文庫

もっと知りたい!

穏便策から強硬策へ

燃料や食糧を求めて来航してきたイギリスの捕鯨船に対し、当初幕府は薪水や食べ物を与えて帰国させる穏便な態度を取っていました。しかし、ある天文方の役人の意見

たことを、洋学者の渡辺崋《わたなべか》山《ざん》や高《たか》野《の》長《ちょう》英《えい》が厳しく批判しました。しかし、それ以前の林《はやし》子《し》平《へい》同様、幕府は日本を取り巻く情勢をよく理解していた学者をまたも処罰したのです。これが、蛮《ばん》社《しゃ》の獄と呼ばれているものです。

欧米列強の日本への接近

1739	5	ロシア船、安房沖などに出没
1778	6	ロシア船、蝦夷（厚岸）に来て通商要求。翌年、松前藩拒否
1792	9	ロシア特使ラクスマン、光太夫ら連れて根室に来航。通商求める ①
1793	6	ラクスマンに長崎入港許可書を与えて退去させる
1796	8	イギリス船、室蘭に来航
1797	11	ロシア人、択捉島に上陸
1803	7	アメリカ船、長崎に来航。通商要求を幕府拒否
1804	9	ロシア使節レザノフ、長崎来航。通商要求 ②
1805	3	幕府、ロシアの通商要求を拒否
1806	9	ロシア船、樺太や択捉島を攻撃
1808	8	フェートン号事件—英軍艦、長崎に入港しオランダ商館員を脅迫して薪水・食糧強要した後退去。長崎奉行、引責自害 ③
1811	6	ロシア軍艦長ゴローウニンを国後で捕える ④
1812	8	高田屋嘉兵衛、国後沖でロシア艦に捕われる
1813	9	嘉兵衛を介してゴローウニン釈放
1817	9	イギリス船、浦賀に来航（以後、1818、1822にも来航）
1824	5	イギリス捕鯨船員、常陸に上陸し薪水請うが、水戸藩に捕えられる。 ⑤
	7	同国捕鯨船員薩摩の宝島にも上陸、野牛奪う ⑥
1825	2	異国船打払令
1831	2	オーストラリア捕鯨船、厚岸に来航
1837	6	モリソン号事件—浦賀に入港した外国船を砲撃。翌年、漂流民送還のために来航したアメリカ船モリソン号だったことが判明 ⑦
1839	5	蛮社の獄—モリソン号事件を批判した渡辺崋山、高野長英ら処罰される

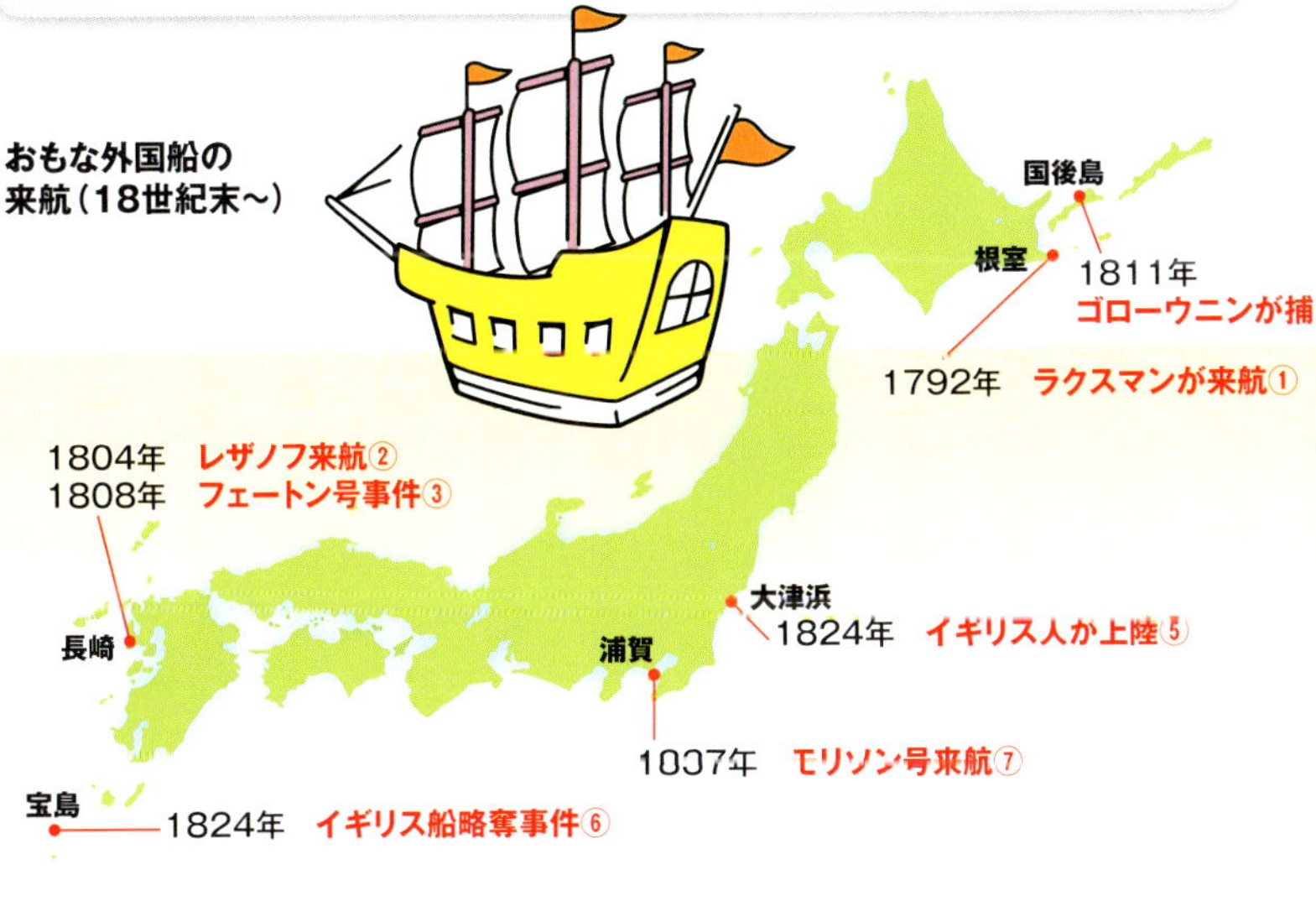

により異国船打払令が出されます。幕府は、威嚇すれば外国船は来なくなると考えたのでした。

江戸時代▼

元役人が起こした大塩平八郎の乱

幕府に衝撃！　元大坂奉行所役人の蜂起のわけは？

POINT
- 凶作が続き一揆・打ちこわしが激増
- 贅沢に暮らし遊んだだけの将軍家斉
- 幕府の無策に怒った大塩の乱の影響

飢饉と幕府の無策

寛政の改革を行った松《まつ》平《だいら》定《さだ》信《のぶ》が退いた後、放漫な政治を行い贅沢に遊んでいた将軍**家斉**《いえなり》は、将軍職を**家慶**《いえよし》に譲った後も大御所《おおごしょ》（前将軍）として実権を握り続けました。異国船の接近や飢饉など、幕末への流れはこの時代に現れ始めていました。

一八三〇年代になると毎年のように不作が続き、天保の大飢饉と呼ばれる事態になります。

農村や都市では一揆、打ちこわしが頻発しましたが、その一方で豪商は米を買い占めて暴利を得、幕府は大坂の米を大量に江戸に送らせました。

この状況に怒りを爆発させたのが、陽明学《ようめいがく》者の**大塩**《おおしお》**平八郎**《へいはちろう》でした。

元役人の反乱

大塩は大坂町奉行所の元与力、つまり中間管理職のような職にあった役人でした。民衆を救うため蔵書を売ったりしていましたが、ついに家塾の弟子や民衆を動員して暴動を起こします。暴動自体は幕府に半日で鎮圧されましたが、元役人の反乱は全国に大きな影響を与えました。

大塩の乱に呼応する形で、国学者の**生**《いく》**田**《た》**万**《よろず》らが越後の代官所を襲い、摂津《せっつ》などでも同様の反乱が発生していました。佐渡では数カ月にわたって、打ちこわしが頻発したりと、江戸でも治安が悪化していました。世の中は不穏な状況が続いたのです。

もっと楽しむ！

『眠狂四郎無頼控』
柴田錬三郎著　新潮文庫

いわゆる円月殺法の使い手で虚無的な眠狂四郎シリーズは、著者の代表作。作品の舞台は一九世紀初頭の将軍家斉の治世。水野忠邦が幕政改革に乗り出した頃のことです。幕府内では水野忠成が権勢をふるっていましたが、当然のごとく忠邦と忠成は対立します。忠邦派と見なされた眠狂四郎は、数々の強敵と戦うことになるのでした。

もっと知りたい！

陽明学の「知行合一」

大塩平八郎は陽明学者でした。陽明学では何よりも「知行合一」（知識と行動は同時一源のもの）、つまり正しいと思ったら行動しなけ

反乱と一揆

大塩平八郎

大塩平八郎の乱

首謀者：**大塩平八郎**
元大坂東町奉行所与力
私塾「洗心洞」で陽明学を教える

天保の飢饉に対する幕府の対応を批判。
門弟や民衆を動員して武装蜂起
参加者：**約300名**

生田万の乱

首謀者：**生田万**
国学者
平田篤胤の弟子

大塩門弟と称して越後柏崎の代官所を襲撃
参加者：**6名**

→ 幕府に深刻な打撃 → 天保の改革の実施へ

その他

摂津
「大塩味方」を掲げた一揆
江戸
「大塩余党」の蜂起予告

江戸では窮民収容施設「お救い小屋」を建てる

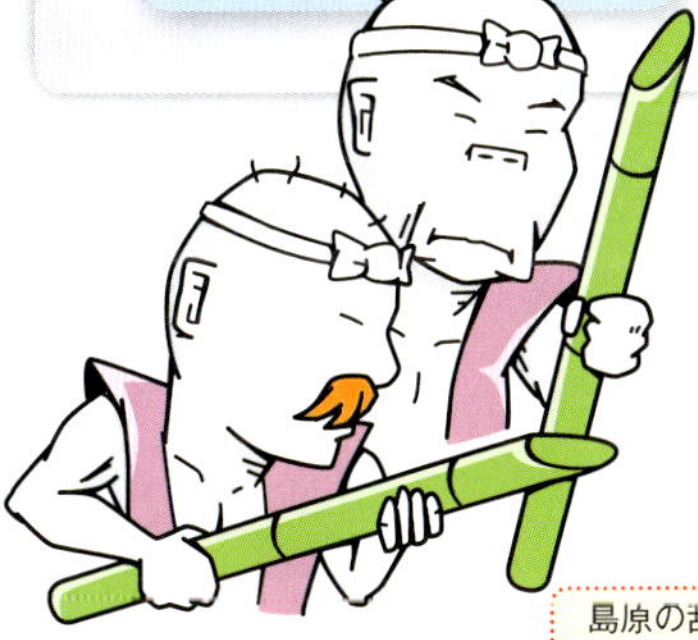

江戸時代の一揆

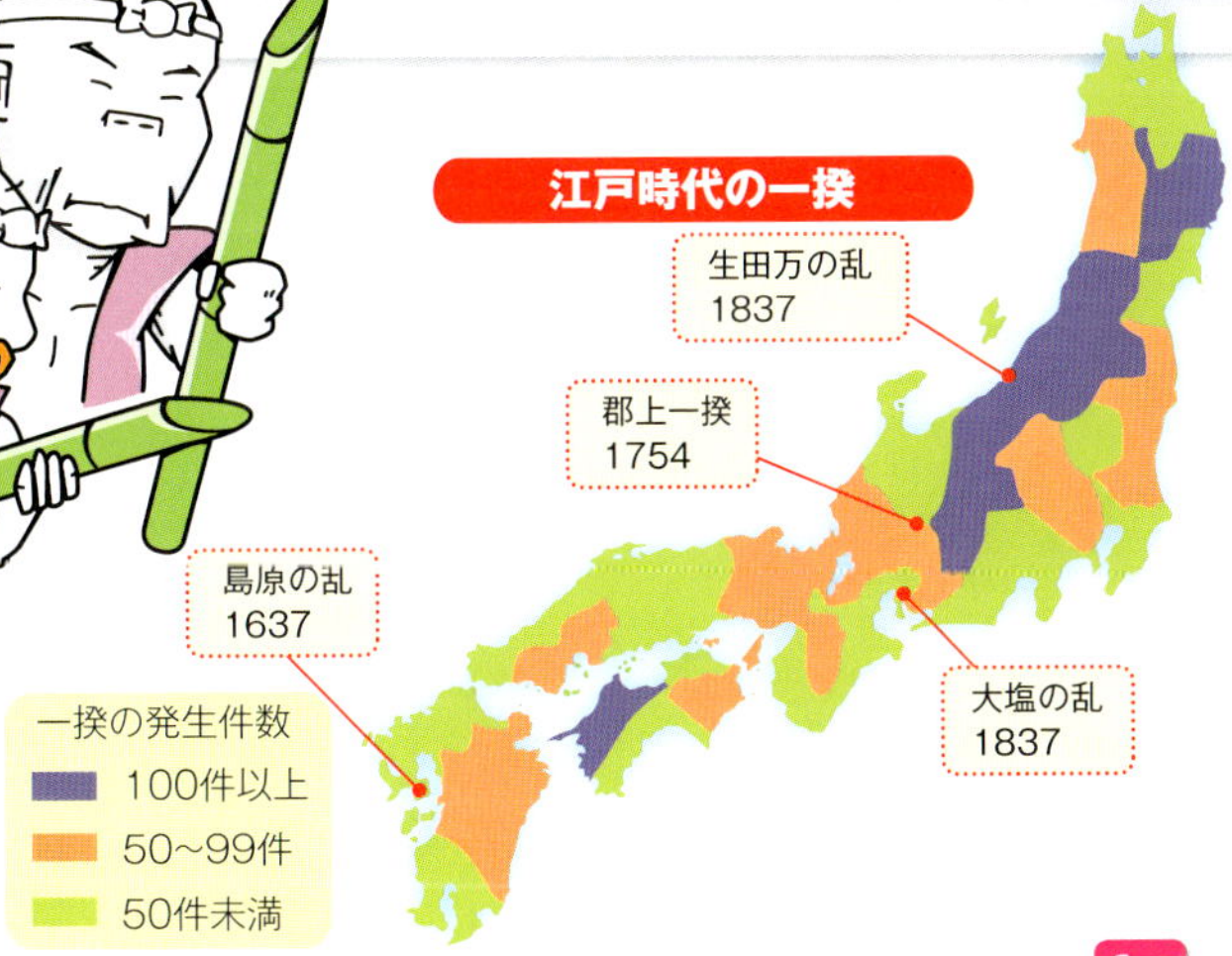

ればならないという考えが重要とされます。大塩の乱は、まさに陽明学の実践でもあったのです。

流れを知る！

一八三三 天保の大飢饉（〜三九）
一八三四 水野忠邦、老中になる
一八三六 全国で一揆・打ちこわし頻発
一八三七 大塩平八郎の乱（大坂）
家慶一二代将軍に。一一代家斉、大御所として実権握り続ける（大御所時代）
生田万の乱（越後柏崎）
モリソン号事件
一八三八 佐渡で大規模な打ちこわし
一八三九 蛮社の獄
一八四一 家斉死去
水野忠邦の改革始まる

江戸時代

二年で失敗に終わった天保の改革

もはや幕府の政治力・権力は凋落　弱体化を示しただけだった

POINT
- 家斉の否定から始まった改革
- 厳しい改革が生んだのは人々の不満だけ
- 明らかになった本格的な幕府の弱体化

二年で一八〇の令

将軍家斉《いえなり》が死去すると、老中**水野忠邦**《みずのただくに》は改革に本腰を入れました。目指したのは享保《きょうほう》・寛政《かんせい》の政治の復古であり、商品経済の秩序を正して幕府の権威を回復することでした。忠邦は厳しい倹約令を出し、風俗の統制を強化。物価騰貴対策としては株仲間《かぶなかま》を解散させました。しかし物価が上がったのは貨幣の大量改鋳と流通機構の構造変化が原因だったために、ほとんど効果はありませんでした。

寛政時代の農民を農村へ返す政策は強化され、人返しの法として実施されました。風俗の統制とともに、忠邦は庶民に対して厳しい政策を行ったため、人々は不満を募らせていきました。二年間に出されたお触れは、一八〇に及んだと言われています。

上知令の失敗

家斉は死の前年、子を養子にした松平《まつだいら》家を豊かな庄内に移そうと**三方領知替**《さんぼうりょうちがえ》を命じていました。

しかし庄内の酒井《さかい》家や有力大名らが猛反発。家斉の死後、将軍家慶《いえよし》は忠邦の反対を押し切って領知替えを中止しました。これは幕府の力が弱体化していることを物語っています。

忠邦は幕府の権威を強化するために、江戸と大坂の一〇里四方を幕府の直轄地とする**上知令**《じょうちれい》を発布しました。頻繁に出没し始めた異国船に対処する目的もあったのですが、諸大名たちが強くこれに反対し、上

もっと楽しむ！

『木枯し紋次郎』

紋次郎が貧農の家に生まれたのは江戸時代末期のこと。本来は「間引き」されるはずの六番目の子でしたが、姉の機転によって助かったのでした。姉が亡くなると彼は孤独な渡世人として旅に出たのです。

笹沢佐保著
新潮文庫

もっと知りたい！

商品流通の変化

この時代になると、生産地から大坂へ、それから江戸へという流通ルートは崩れ、商品は生産地から

知令は撤回されました。それは同時に、水野忠邦の改革の失敗も意味していたのでした。

天保の改革

水野忠邦

享保、寛政の改革の復古
幕府の権威回復を目指す

財政・商業政策

倹約令……支出抑制を目的に贅沢を禁止
上知令……幕府権威の回復と財政安定を目指す
株仲間の解散……物価対策のために特権商人の力を抑える

社会政策

風俗統制令……倹約令同様、質素倹約を目指すため寄席減らし、芝居統制、出版統制など
農村対策………＜人返し令＞ 都会に住む農民を強制的に出身地に送り返す。出稼ぎは領主の許可制とし、長年江戸に住む者以外に帰郷令

その他政策

西洋砲術の採用……幕府の軍事力強化
薪水給与令……異国船打払令の緩和

↓

現実社会にそぐわない厳しさに庶民の反発、上知令への大名の強硬な反対 → **改革は2年で挫折、幕府崩壊への流れが進む**

天保の改革時代のおもな出来事

1840	11	家斉、松平家、酒井家、牧野家に三方領知替命ず
1841	閏1	家斉死去
	5	水野忠邦、政治改革始める
	7	三方領知替中止に
	10	倹約令
	12	株仲間を禁止
1842	7	天保の薪水給与令ー異国船打払令を緩和
	10	諸藩の特産物の専売禁止
1843	3	人返しの法実施
	6	上知令（閏9月に撤回）

直接各地方へと運ばれるようになっていました。これだけを考えても、復古主義を唱えることが現実的でないことがわかります。

三方領知替

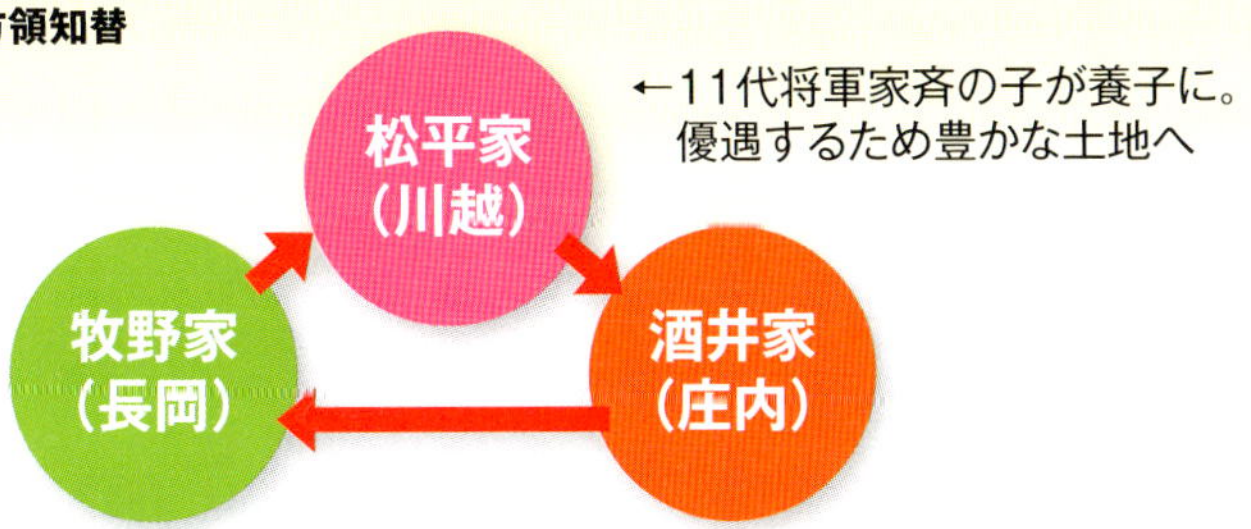

江戸時代▼

借金を乗り越えて産業を興した雄藩の登場

幕末に躍り出る諸藩の政治経済改革の進展

POINT

- 年貢を取って成り立つ幕藩体制の動揺
- 一揆や打ちこわしで藩財政も危機的状況に
- 斬新な方法で改革を進めた雄藩

幕府同様に苦しい諸藩

享保《きょうほう》、寛政《かんせい》、天保《てんぽう》と幕府が断行した改革は、結局どれも失敗に終わったと言えます。それは農業を基盤とし、年貢を徴収することで成り立つ幕藩体制の行き詰まりを示していました。特に、凶作・飢饉が続いた天保期は、各地の農村は荒廃していくばかりでした。

二宮尊徳《にのみやそんとく》（**金次郎**《きんじろう》）はそんな時代に農村復興に力を注ぎました。

しかし貨幣経済の浸透による賃金労働が行われ始め、商品経済が本格化していく時代の流れはもはや変えようがありませんでした。体制崩壊の危機を迎え幕府だけではなく諸藩でも改革が進められました。どこもまず借金が大問題でしたが、それを乗り越え産業を興した藩は、やがて幕末に重要な役割を担う**雄藩**となっていきます。

借金は踏み倒せ？

全国の雄藩における根本的な共通点は、有能な人材をうまく利用するという環境に恵まれていたことです。彼らが真っ先に取り組む必要があったのは財政改革でした。

薩摩《さつま》藩の**調所広郷**《ずしょひろさと》は、五〇〇万両の借金を無利息二五〇年賦返済という、ほぼ踏み倒しに近い方法を取ります。その一方で盛んに密貿易を行い、巨利を得て財政を建て直したのです。

もっと楽しむ！

『竜馬がゆく』

坂本竜馬を描いた作品の集大成としても知られている小説。竜馬の生涯を鮮やかに浮かび上がらせています。

司馬遼太郎著
文春文庫

もっと知りたい！

二宮尊徳の業績

薪を背負いながら本を読む少年像。全国各地の学校にその姿を見ることができる二宮金次郎は、相模（現在の神奈川県）に生まれました。早くに両親を失い、伯父の家を手

藩政改革の一例

成否	藩名	中心人物	改革内容
成功	薩摩藩	調所広郷 （1776-1848）	500万両の借金→無利息250年賦返済 奄美3島の黒砂糖の専売強化 琉球王国との密貿易
		島津斉彬 （1809-58）	殖産興業政策 反射炉建造に成功
		島津忠義 （1840-97）	日本最初の洋式紡績工場建設 洋式武器購入、軍事力強化
	長州藩	村田清風 （1783-1855）	140万両の借金→37年賦返済 紙・ろうの専売制改正 下関に越荷方設置ー廻船業者に資金貸付け 越荷（他国の物産）の委託販売 洋式武器購入、軍事力強化
	肥前藩	鍋島直正 （1814-71）	均田制実施ー農業体制の再建 特産の陶磁器専売 日本最初の反射炉築き、大砲製造所設置
	土佐藩	おこぜ組	財政緊縮ー財政再建
		山内豊信 （1827-72）	大砲鋳造など軍事力強化
	その他	宇和島藩ー伊達宗城、越前藩ー松平慶永（春嶽）など ⇒有能な中下級藩士抜てき、強引に財政を再建、軍事力強化	
失敗	水戸藩	徳川斉昭 （1800-60）	保守派の反発、藩内の抗争激化で改革進まず

長州《ちょうしゅう》藩の村《むら》田《た》清風《せいふう》も同様に借金問題を棚上げし、財源を確保しました。借金解決の方法は様々でしたが、いずれにしても商品・流通経済や工業を積極的に取り入れることで、雄藩は危機を乗り切ったのです。その後はそれぞれ軍事力の強化を行い、雄藩は幕府に対抗し得る力を備えていったのでした。

伝いながら学問を学びます（銅像の姿はこの頃のものです）。後に農政家として、全国で六〇〇もの農村の復興の手助けをします。勤勉、倹約を実践し、節約と貯蓄により困窮から脱する「報徳仕法」は、明治維新後も報徳運動として続けられました。

流れを知る！

- 一八二二 小田原藩主、二宮尊徳を登用
- 一八二七 調所広郷、財政改革断行（薩摩藩）
- 一八三八 村田清風、財政改革断行（長州藩）
- 一八四一 天保の改革始まる
- 一八五〇 肥前藩で日本初の反射炉（製鉄溶解炉）築造開始
- 一八五三 ペリー、浦賀に来航
- 一八五六 薩摩藩、反射炉築造

江戸時代

絵画や教育などが発展 町人が主役の化政文化

大都市江戸を中心に最盛期を迎えた庶民文化

POINT

- 国民全体に広まった多彩な内容の文化
- 蘭学を中心に発展した洋学
- 地方も含め充実していた教育

滑稽本から浮世絵まで

文化・文政時代の化政文化の主役は町人、庶民たちでした。滑稽本《こっけいぼん》、人情本《にんじょうぼん》、洒落本《しゃれぼん》など庶民の生活に深く根ざした作品は、幕府の改革で作者が処罰されることがありましたが、それだけ人気があり影響力があったのでした。

歴史や伝説を素材とした読本も、貸本屋などを通して庶民に読まれました。絵画では浮世絵《うきよえ》の人気が高く、**東洲斎写楽**《とうしゅうさいしゃらく》、**葛飾北**《かつしかほく》**斎**《さい》、**歌川広重**《うたがわひろしげ》などが時代の寵児でした。

庶民の間では物見遊山《ものみゆさん》の旅も流行し、伊勢神宮に参詣する御蔭《おかげ》参りや四国の巡礼なども行われました。

学問の発達と寺子屋

学問も飛躍的に発展しました。吉宗《よしむね》が漢訳洋書の輸入制限を緩和し、オランダ語を**青木昆陽**《あおきこんよう》らに学ばせたために蘭学《らんがく》が発達しました。その後、出版された『**解体**《かいたい》**新書**《しんしょ》』は医学に画期的な成果を上げて、自然科学の分野でも蘭学は発展していきました。

幕臣たちへの教育の必要性が認識されたこともあり、藩学や私塾などの学校も各地に作られました。

寺子屋は一九世紀初頭に爆発的に増加し、男子のみならず女子の教育も盛んとなります。読本が広く読まれたことからも分かるように、当時の識字率はたいへん高かったのですが、これは身分制度が強固な封建社会においては、世界的にも珍しいことでした。

もっと楽しむ!

『風流江戸雀』

江戸文化の専門家でもある著者の漫画作品。どこか懐かしいような江戸の風情を、庶民の生活と古川柳をからめて描いています。

杉浦日向子著
新潮文庫

「北斎漫画」

映画 81年 新藤兼人監督

浮世絵の葛飾北斎は、春画の大家としても有名です。北斎と親友の戯作者滝沢馬琴の交流を中心に、江戸庶民のおおらかな姿を描いています。北斎は緒方拳、馬琴は西田敏行が演じています。

江戸初期→後期

化政文化

化政文化の代表的作品

分野	作品(作家)
絵画	<浮世絵>
	弾琴美人(鈴木春信)
	高名三美人(喜多川歌麿)
	市川鰕蔵(東洲斎写楽)
	東海道五十三次(歌川広重)
	富嶽三十六景(葛飾北斎)
	<文人画>
	十便十宜図(池大雅、与謝蕪村)
	鷹見泉石像(渡辺崋山)
	<洋風画>
	西洋婦人図(平賀源内)
	浅間山図屏風(亜欧堂田善)
	不忍池図(司馬江漢)
	<写生画>
	雪松図屏風(円山応挙)
文学	<読本>
	雨月物語(上田秋成)
	南総里見八犬伝、椿説弓張月(滝沢馬琴)
	<滑稽本>
	東海道中膝栗毛(十返舎一九)
	浮世風呂、浮世床(式亭三馬)
	<俳諧>
	蕪村七部集(与謝蕪村)
	おらが春(小林一茶)
	<脚本>
	仮名手本忠臣蔵(竹田出雲)
	東海道四谷怪談(鶴屋南北)

江戸時代に設立されたおもな学校

おもな藩学			
場所	校名	設立年	設立者
岡山	花畠教場	1641	池田光政
萩	明倫館	1719	毛利吉元
熊本	時習館	1755	細川重賢
鹿児島	造士館	1773	島津重豪
会津	日新館	1803	松平容頌
水戸	弘道館	1841	徳川斉昭

おもな私塾			
場所	校名	設立年	設立者
大坂	洗心洞	1830頃	大塩平八郎
人坂	適塾	1838	緒方洪庵
長崎	鳴滝塾	1824	シーボルト
萩	松下村塾	1842	吉田松陰の叔父
京都	古義堂	1662	伊藤仁斎
近江小川	藤樹書院	1634	中江藤樹

東洲斎写楽
「市川鰕蔵」(1956年発行)

流れを知る!

一七九七 昌平坂学問所(聖堂)を官学校に
一七九八 『古事記伝』(本居宣長)完成
一八〇二 『東海道中膝栗毛』(十返舎一九)
この頃、滑稽本流行
一八〇九 間宮林蔵、間宮海峡発見
一八一四 『南総里見八犬伝』(滝沢馬琴)
この頃、読本流行
一八一五 『蘭学事始』(杉田玄白)
一八二一 伊能忠敬の『大日本沿海輿地全図』が完成
一八二三 ドイツ人シーボルト来日
一八二五 「東海道四谷怪談」(鶴屋南北)
一八二九 「富嶽三十六景」(葛飾北斎)
一八三三 「東海道五十三次」(歌川広重)

COLUMN 4

エコライフの理想は江戸？

ここ数年、環境問題はますます深刻なものとなり、エコロジー、リサイクルなどは生活の中で最も重要な事柄になりました。環境についての意識が高まる中、クローズアップされてきたのは「江戸」。理想的なエコライフが営まれていたのは江戸だったという見方が注目されるようになったのです。

実際、江戸の暮らしは、ほとんど無駄というものがなく、少ない資源を上手に利用していました。現代のキャッチコピーを使えば、まさに「環境にやさしい」生活です。

幕府による環境対策は、江戸時代が始まって五〇年ほどで具体化してきます。一六五五年、ゴミの投げ捨てが禁止され、永代島がゴミ捨場になりました。現在の「夢の島」と同じ埋立て政策が始まっていたのです。一六六六年には、「山川掟《さんせんおきて》の令」という、これ以上の開発を禁ずる政策が幕府から出されます。無謀な開発が土地を荒らすことは、すでにわかっていたのでした。

江戸時代の中期以降は新田開発も盛んになりましたが、それは全体から見るとごく一部に過ぎません。幕府はつねに農業技術の開発に力を注ぎ、自然環境を破壊しないよう配慮していたのです。

このような感覚は、ごく自然に庶民にも備わっていました。ゴミの投げ捨てが禁止され、ゴミ捨場が定められていたものの、そもそもほとんどゴミは出ませんでした。古着屋、紙集め屋、鋳掛屋《いかけ》（鍋、釜の修理）、提灯屋など、様々な「リサイクル業者」がいたのです。

最も象徴的なのは「下肥取り」。人の排泄物を集め、肥料として農家に売る商売です。一人一年分の排泄物の値段は米一斗（約一四キロ）に相当したといわれます。糞尿は貴重な商品でした。

江戸に下水道はありませんでしたが、隅田川の河口は白魚漁ができるほど澄んでいました。一方、下水道を完備していた当時のパリやロンドンの河川は汚染されていたのです。

「灰買い」業者もいました。灰は肥料や染色の触媒、清酒造りのための化学薬品として利用されたといわれます。他にも、陶器を修理する「焼継屋《やきつぎ》」、川底に捨てられた鉄類を集める「よなげ屋」などがあり、とにかく生活に無駄なものはありませんでした。

現在、環境維持のための資源循環システムには、再利用、再生、レンタルなどの要素が必要とされますが、江戸にはすべてが備わっていました。江戸の人々の徹底したリサイクルと環境保全の意識の高さは、世界的に見てもトップクラスだったのです。

第5章

近代国家の成立へ

［幕末→明治］

欧米列強の仲間入りを目指した明治の躍進

歴史の流れ【幕末→明治】

- 開国と不平等条約締結
- 幕府の滅亡、明治政府の誕生
- 急激に進む産業・文化の近代化
- 政府内部の分裂

幕府滅亡と明治新政府の誕生

幕末の動乱の中、幕府派にせよ反幕府派にせよ、日本を動かしたのは二〇代から三〇代の下級武士たちでした。特に薩摩《さつま》、長州《ちょうしゅう》、土佐《とさ》、肥前《ひぜん》（薩《さつ》長《ちょう》土《ど》肥《ひ》）出身の志士たちは、時に対立し時に協力して激変する時勢に立ち向かいました。ことごとく列強の植民地となってしまった他のアジアの国とは異なり、結果的に外国勢力の介入を受けることなく、社会体制の変革が成し遂げられました。

戊辰《ぼしん》戦争はあったものの、明治新政府はその他の大きな内乱を引き起こすことなく、国内の改革を断行します。特権身分であった武士階級を無血で解体できたのも奇跡的でした。

しかし、薩長土肥の出身者が中心となって進められた新政府の運営は、数年後に内部分裂。政府を離れた一派は武装蜂起し、もう一派は藩閥政治に反対し国民が広く政治参加することを求めた自由民権運動を推進します。

不平士族の反乱と自由民権運動

国家体制の整備と条約改正

日清・日露戦争

大陸への進出

不平等条約改正と富国強兵

江戸幕府はペリーの来航により鎖国政策を放棄し開国しました。同時に諸外国と不平等条約が結ばれました。明治新政府の最大の外交課題が、これら諸条約を改正することでした。

明治初年から始まった改正交渉がすべて解決するのは明治時代最後の年。国内制度の改革や外国との戦争も、条約改正と深く関わっていました。明治新政府が尽力したのは富国強兵策《ふこくきょうへい》です。近代産業の導入と軍隊の強化により経済力と軍事力を充実させることが何よりも優先されました。

明治時代半ばになると、国内世論などが朝鮮や清《しん》、ロシアへの強硬論に傾いてゆきます。この時も日本の国力を認識していた政府主流派は、基本的に戦争回避の立場をとっていました。

特に強大なロシアとの戦争はできる限り避けようとしていました。結局世論や軍部の圧力により開戦となりますが、政府は最初からアメリカに和平交渉を打診するほど悲観的でした。日露戦争では様々な条件が重なり、日本は勝利します。この勝利により、日本は列強から認められるようになります。しかし日本の運命を不幸な方向へと導いていくものでもあったのです。

外交に無策な幕府の元へ黒船ペリーの来航

開国の要求を拒否し続けた幕府にとどめを刺した四隻の黒船

POINT
- 列強により東アジアが激震するアヘン戦争
- 鎖国体制を頑なに守ろうとした幕府
- ペリー来航を知りながら有効な対策なし

強まる開国の要求

欧米列強の船が頻繁に来航する中、隣の清《しん》では東アジアを激震させる事件が起きました。アヘン戦争です。幕府は列強との戦争を避けるため、**異《い》国《こく》船《せん》打《うち》払《はらい》令《れい》**を緩和せざるを得ませんでした。

しかし列強の開国・通商の要求は拒否し続けます。アメリカ東インド艦隊司令長官ビッドルの通商要求も拒みました。

その一方で、幕府は関東や全国の沿岸要所の防衛に力を入れていきました。しかし、そんな対策もたった四隻の**黒船**によってあっさりと無用のものとなってしまうのです。

国書を持ったペリー

西部の開発と北太平洋での捕鯨が活発になったアメリカにとって、日本は重要な拠点でした。**ペリー**の目的は軍事力を駆使してでも日本を開国させることにありました。そのため大統領の国書も携えていました。

幕府は国書を受け取り、翌年回答することを約束して、ペリーを一度帰らせました。老中の**阿《あ》部《べ》正弘《まさひろ》**はこの一件を朝廷に報告し、諸大名の意見を聞きました。この行為は幕府の権威を低める原因となります。何よりも一年前にペリー来航の情報を得ていながら、何も対策を立てていなかったことは、幕府の無能ぶりを露呈していました。ペリーは、江戸幕府の命運にとどめを刺しに来たようなものといえるでしょう。

もっと楽しむ！

『天皇の世紀』
大佛次郎著　朝日新聞社
明治百年に当たる六七年の特別企画として朝日新聞に連載が始まった企画で、維新と明治天皇がテーマとなっています。

もっと知りたい！

オランダの親切も…
幕府に海外の情報を提供してきたのはオランダでした。アヘン戦争の情報も、英米が軍艦を派遣してくることを教えてくれたのもオランダです。幕府はそれを聞いて、江戸や大坂の警備を強化しましたが、アヘン戦争に敗れた清の二の舞にならないために、開国したほうがいいというアドバイスは拒否してしまったのです。

19世紀半ばの列強のアジア進出

ペリー来航前後のおもな出来事

年	月日	おもな出来事
1840		アヘン戦争（～1842）
1844	7	オランダ使節、国王の開国勧告書簡渡す（翌年、幕府拒否）
1845	5	イギリス船、琉球・長崎に来航
1846		英、仏などの船、琉球へ来航
	閏5	米、東インド艦隊司令長官ビッドル、浦賀に来航し通商要求
1847	2	幕府、関東沿岸等の警備を強化
1849	12	幕府、全国に海防強化命じる
1852	8	オランダ商館長、ペリー来日の情報幕府に伝える
1853	6.3	米、東インド艦隊司令長官**ペリー、浦賀に来航**。幕府、米大統領の国書受け取り、翌年の回答を約束
	6.22	将軍家慶死去（13代家定）
	7	老中阿部正弘、米国書に関し諸大名の意見求める
		ロシア極東艦隊司令長官プチャーチン、長崎に来航（12月再来）
	9	幕府、大船建造解禁
1854	1	ペリー再来航
	3	**日米和親条約締結**
	閏7	イギリス軍艦、長崎へ来航。**日英和親条約締結**
	12	**日露和親条約締結**
1855	7	幕府、長崎に海軍伝習所設置
	10	安政の大地震。堀田正睦、老中首座に
	12	**日蘭和親条約締結**
1856	2	蕃書調所設置
	4	講武所設置
	8	**ハリス、下田に着任**。米初代総領事に
		アロー号戦争（～1860）
1857	10	ハリス、将軍に謁見。通商条約求める
1858	4	井伊直弼、大老に
	6	**日米修好通商条約調印**。将軍後継者を紀州藩主徳川慶福（家茂）に決定
	7	**日蘭、日露、日英修好通商条約調印**。将軍家定死去
	9	**日仏修好通商条約調印**。安政の大獄始まる

江戸時代▼

軍事的圧力に屈した開国と不平等条約

突然、国際舞台の荒波へ踊り出した日本　鎖国政策の終焉

POINT

- ペリーに屈して結ばれた日米和親条約
- 井伊直弼が許可なく決めた通商条約締結
- 明治時代末まで続く不平等条約の改正交渉

軍事力に屈して開国

半年後に再び来航したペリーは、江戸湾の測量を行うなどして軍事的な圧力をかけてきました。軍艦は七隻に増えています。幕府は**日米和親条約**を締結。その後、イギリス、ロシアとも同様な条約を結び、鎖国体制は終了しました。

幕府はその前後に洋学や軍事教育を行う**安政《あんせい》の改革**を始めています。オランダ国王からは軍艦が贈られ、幕府は長崎に海軍伝習所《でんしゅうじょ》を設けました。**勝海舟《かつかいしゅう》**はここで学んだ生徒の一人です。

日米修好通商条約

日米和親条約に基づき、アメリカの初代駐日総領事となる**ハリス**が下田へとやって来ると幕府は大いに慌てました。領事の駐在は両国で必要とした場合のみと解釈していたのです。これは幕府側の条約文の誤訳だと判明します。

ハリスは苦労しながらも下田で外交活動を行いました。しかし、下田では埒《らち》があかないため、将軍に謁見し通商条約を強く求めました。幕府は条約締結もやむを得ないと考えましたが、朝廷は反対しました。大老に就任した**井伊直弼《いいなおすけ》**は、朝廷の許可がないまま**通商条約**に調印します。条約は領

もっと楽しむ！

『恋紅』
皆川博子著　新潮文庫ほか
幕末から明治にかけての時代、芝居の世界に足を踏み入れた吉原遊郭の娘ゆうの物語。遊女屋と旅役者、母と娘、幕府と新政府などが対峙されることで、作品の奥行きが深まっています。

『黒船』
吉村昭著　中公文庫
日本初の本格的な英和辞典である「英和対訳袖珍辞書」を編纂した堀達之助。彼はペリー来航の時、主席の通訳という大役を果たしました。しかし、思いがけない罪に問われて牢獄に四年間も入れられてしまいます。歴史の転換期に人生をもてあそばれながらも、その後彼は辞典の編纂に携わったので

不平等条約のおもな内容

阿部正弘

日米和親条約（1854年調印）
<老中　阿部正弘>

◎下田、箱館の開港
◎領事の駐在を認める
◎アメリカ船が必要とする燃料や食糧の供給
◎アメリカに最恵国待遇を与える

井伊直弼

日米修好通商条約（1858年調印）
<大老　井伊直弼>

◎神奈川、長崎、新潟、兵庫の開港
◎領事裁判権（在留外国人の裁判を本国の領事が行う権利）を認める
◎日本は輸入品に関税をかける権利を持たない

安政の改革

江戸湾に台場（砲台）を築く		
大船建造の禁止を解く	→	武家諸法度で定められた各藩の大船建造を解禁
長崎に海軍伝習所設置	→	洋式軍艦（オランダから贈られる）の操作学ばせる
蕃書調所設置	→	洋学の教育・翻訳
講武所設置	→	幕臣とその子弟に軍事教育

事裁判権を認め、関税自主権のない不平等な内容でした。幕府は続いてオランダ、ロシア、イギリス、フランスとも同様の条約を結びます。これが**安政の五カ国条約**と呼ばれるものです。その後の明治政府は、この不平等条約の改正にすべてを尽くしたと言っても過言ではありません。

歴史CLOSE UP! 安政の大地震

1855年10月、関東を襲った安政の大地震は、直下型地震でマグニチュード7くらいの規模だったと推定されています。尊王攘夷側の水戸藩の中心人物だった藤田東湖は、この地震で落命。以後、同藩は内部抗争を繰り返すという悲惨な状況へと陥っていきました。

す。ペリーの来航が日本人にどのような影響を与えたのかがよくわかります。

流れを知る！

一八五三 ペリー、浦賀に来航。プチャーチン、長崎に来航
一八五四 ペリー、再来航。日米和親条約締結。英、露とも和親条約締結
一八五五 長崎に海軍伝習所設置
安政の大地震
日蘭和親条約締結
一八五六 ハリス、米初代総領事として下田に着任
一八五八 井伊直弼、大老となり、日米修好通商条約に調印。さらに蘭、露、英、仏とも修好通商条約調印（安政の五ヵ国条約）。紀州藩主徳川慶福が将軍に（家茂と改名）

江戸時代▼

元『世捨て人』井伊直弼の安政の大獄

大名が混乱する政局を独走し、外交だけでなく内政も大揉め

将軍継嗣問題表面化

ペリーの来航により開国した幕府は、内政でも大きな問題を抱えていました。子どものできない一三代家《いえ》定《さだ》の後継者を誰にするかで、二つの勢力が対立していたのです。幕府の専制維持を主張していた**南紀《なんき》派**は**徳川慶福《とくがわよしとみ》**（のち**家茂《いえもち》**）を推し、雄藩との協力体制を築こうとしていた**一橋《ひとつばし》派**は一橋（**徳川**）**慶喜《よしのぶ》**を推していました。

内政・外交ともに難局を乗り切るため、大老に就任したのが彦根《ひこね》藩主**井《い》伊《い》直弼《なおすけ》**でした。

井伊直弼の政策断行

彦根藩は家康時代に武功が高かった譜代大名です。当然、南紀派でした。井伊直弼は一四男でもともと井伊家の跡継ぎにはなれないはずでした。本人もわかっていたので屋敷を「埋木《うもれぎ》舎《や》」と呼んで、茶道や武道に明け暮れていました。ところが兄の子が病死したり、兄弟が養子に出ていたことなどが重なり、いつの間にか藩主になっていたのです。

井伊直弼はほぼ独裁的に政策を断行します。外交では**勅許《ちょっきょ》**（朝廷の許可）がないまま**日米修好通商条《にちべいしゅうこうつうしょうじょう》約《やく》**に調印。内政では徳川慶《よし》福《とみ》を後継者に決めます。同時に朝廷と結んで討幕を狙っているという噂があった水戸藩などの一橋派を取り締まり、さらに反幕府的な人々を処罰。これが**安政《あんせい》の大獄《たいごく》**です。当然、その反発は強く、井伊直弼は**桜《さくら》**

POINT

- 将軍の跡継ぎを巡る南紀派と一橋派の対立
- 大老井伊直弼の強引な内政・外交政策
- 幕府を弱めた水戸藩叩きの激化と直弼暗殺

もっと楽しむ！

『花の生涯』

井伊直弼の生涯を描いた作品で、ＮＨＫ大河ドラマ第一作の原作。思いがけず藩主となり、さらに幕府の大老となった直弼が、激動の時代を独裁的な政策で乗り切ろうとする物語。

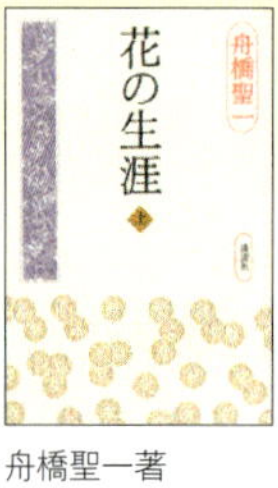

舟橋聖一著
講談社文庫ほか
※品切れ中　再版予定なし

安政の大獄

安政の大獄の最大の原因は、朝廷が作ったと言えます。朝廷は井伊直弼が勅許のないまま条約を結んだことを咎める勅書を、尊王攘夷のメッカだった水戸藩に送りました。水戸藩が朝廷とともに倒幕を

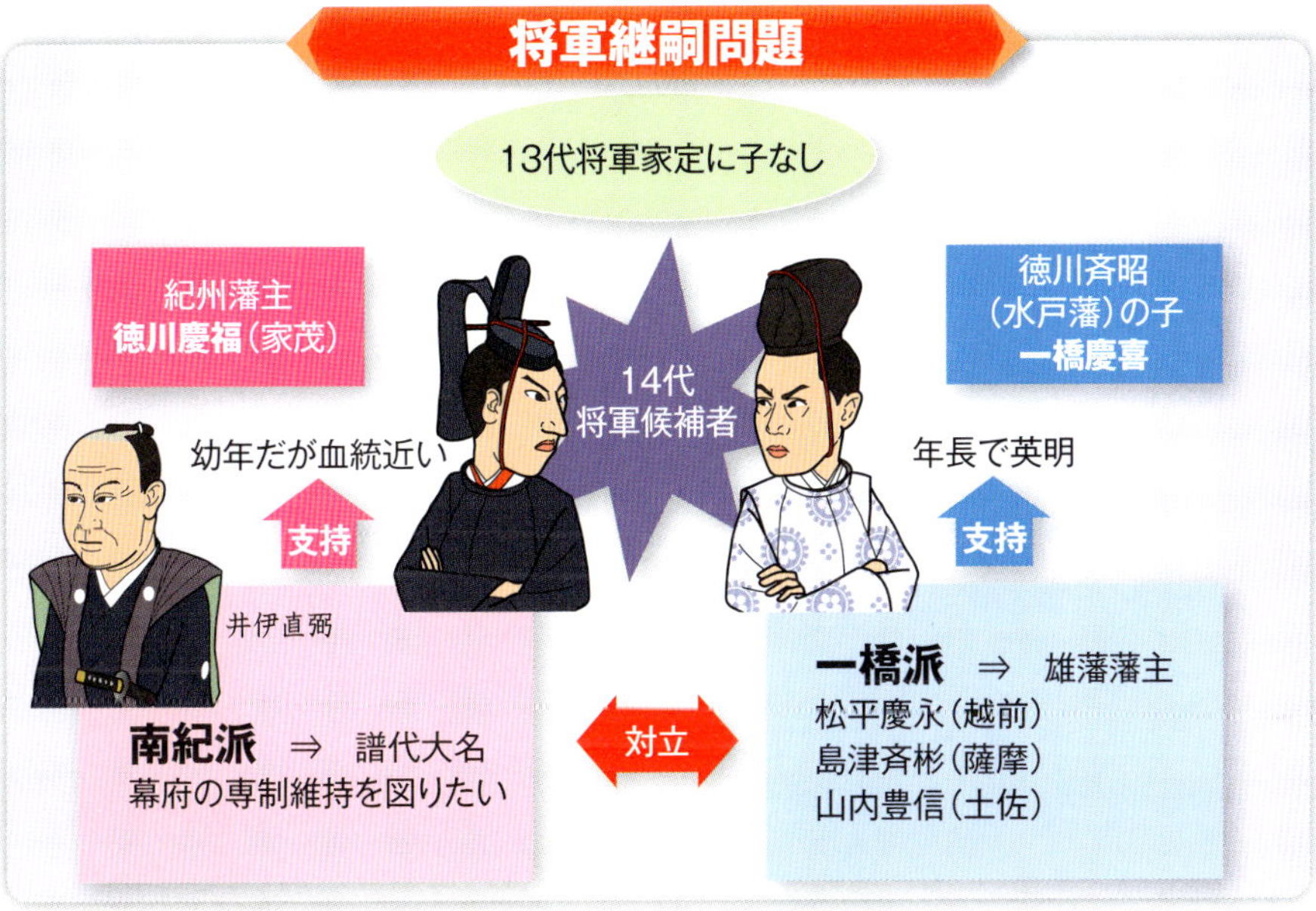

田門外《だもんがい》で暗殺されます。これで幕府専制の崩壊は決定的となったのです。

安政の大獄でのおもな被処罰者

一八五八年から五九年にかけて、井伊直弼により行われた政治的弾圧。反幕的な雄藩大名、公卿、幕臣、諸藩士ら、連座者は一〇〇名を超える。

	名	所属	処分
諸侯(大名)	徳川斉昭	前水戸藩主	水戸にて永蟄居
	徳川慶篤	水戸藩主	差控(登城停止)
	徳川慶喜	一橋家当主	隠居謹慎
	徳川慶勝	尾張藩主	隠居謹慎
	松平慶永	越前藩主	隠居謹慎
	山内豊信	土佐藩主	隠居謹慎
幕臣	岩瀬忠震	作事奉行	隠居謹慎
	川路聖謨	勘定奉行	隠居謹慎
公卿	近衛忠熙	左大臣	辞官
	大原重徳	公家	謹慎
藩士	梅田雲浜	元小浜藩	獄死
	橋本左内	越前藩	死罪
	吉田松陰	長州藩	死罪
その他	頼三樹三郎	国学者頼山陽の子	死罪
	浮田一蕙	画家	入獄

画策しているという噂は、ここから出たようです。尊王攘夷派でしたが、幕府を倒すつもりなどまったくなかった。水戸藩はすぐに勅書を幕府に報告しています。しかし、井伊直弼は朝廷寄りで、水戸藩を嫌っていましたので、幕府に反対する勢力を一掃することにしたのです。水戸藩とは関わりのない人物も処分されましたが、その代表が萩にいた吉田松陰でした。

歴史 CLOSE UP!

雪にも嫌われた井伊直弼

桜田門外の変が起こった旧暦3月3日は大雪でした。現在の暦では3月24日に当たるので、異常気象だったと言えます。登城した井伊家の侍たちの格好は重装備だったため、襲いかかってきた17人の水戸藩士らへの対応が遅く、井伊直弼の首は簡単にあげられました。

江戸時代

庶民の生活に及んだ貿易問題とは？

反幕府・反外国運動の一因となった物価の高騰　開国後の社会の変化

POINT
- 貿易が急速に増大し、物価も急上昇
- 生活を圧迫された武士や庶民が貿易に反感
- 頻発する外国人排斥事件、一揆、打ちこわし

崩壊する江戸の経済

いくつかの港が開かれ貿易が始まると、国内産業と流通機構は大きく変化していきました。輸出品は生糸が八割を占めていましたが、やがて生産が追いつかないほどになり物価の高騰を招きます。

江戸の問屋を中心とする流通機構は崩れ始め、幕府は雑穀や生糸など五品を江戸の問屋を通じて輸出するよう**五品江戸廻送令**《ごひんえどかいそうれい》を発令。しかし、生産地の商人や外国商人に反対され効果はありませんでした。安い綿織物が大量に輸入されたことから、綿作を行っていた農村の生活は圧迫されました。

さらに、金と銀の交換率が外国では一対一五であるのに、日本では一対五だったため、大量の金が海外に流出しました。

幕府はこれまでになく小さな**万延**《まんえん》**小判**を鋳造しましたが、貨幣価値が下がり、物価上昇に拍車をかける結果となりました。

荒れる武士と農民

生活を苦しめる開港、貿易に人々が反感を抱くのは当然でした。同時に外国人に対する怒りも強くなっていきます。開国後すぐに一揆や外国人殺傷事件が相次ぎました。藩士や浪士となった脱藩士による事件も増加。長州《ちょうしゅう》の**高杉晋作**《たかすぎしんさく》は品川に建設中のイギリス公使館を襲っています。一方、幕府は外国勢力に頼る面もありました。対馬を占拠したロシア軍艦に対して

もっと楽しむ！

「幕末太陽傳」
映画　57年　川島雄三監督
幕末の品川宿の遊女屋が舞台。無一文で登楼した佐平次は、楼主の怒りをよそに番頭のような仕事を要領良くこなして、いつの間にか名物男となってしまいます。人気の遊女に入り浸っている高杉晋作が、英国公使館の焼討ちを計画していることを知ると、佐平次は公使館の図を入手して高杉に売り、ちゃっかりと儲けるのでした。軽快なジャズに乗って、幕末の青年たちが描かれています。佐平次はフランキー堺、高杉晋作は石原裕次郎が演じています。

開国後の社会の動き

年	月	出来事
1859	6	神奈川（実際は横浜）、長崎、箱館で貿易始まる
	10	安政の大獄激化
1860	3	桜田門外の変
	閏3	五品江戸廻送令
	12	米国通訳官ヒュースケン、薩摩藩士らに殺される
		農民一揆頻発。外国人殺傷事件相次ぐ
1861	2	対馬占拠事件ーロシア軍艦停泊、租借地要求
	5	東禅寺事件ー水戸浪士ら、東禅寺のイギリス仮公使館襲撃
	8	イギリス、対馬のロシア軍艦退去させる
	10	和宮、家茂夫人になるため降嫁
1862	1	坂下門外の変
	4	寺田屋騒動
	8	生麦事件ー島津久光の行列前を横切ったイギリス人斬られる
	12	イギリス公使館焼き打ち事件ー高杉晋作、久坂玄瑞ら建設中の公使館襲撃
1863	5	長州藩、下関で米、仏、蘭軍艦を砲撃。報復攻撃受ける
	8	八月十八日の政変
1864	7	禁門の変ー長州藩、京都で幕府軍と交戦。第一次長州征討
1865	4	第二次長州征討
1866		世直し一揆･打ちこわし頻発
	12	徳川慶喜、将軍に
1867	8～	「ええじゃないか」の大乱舞、東海、近畿、関東で広まる
	10	大政奉還

幕末の物価指数

1854～1858年の平均を100とする

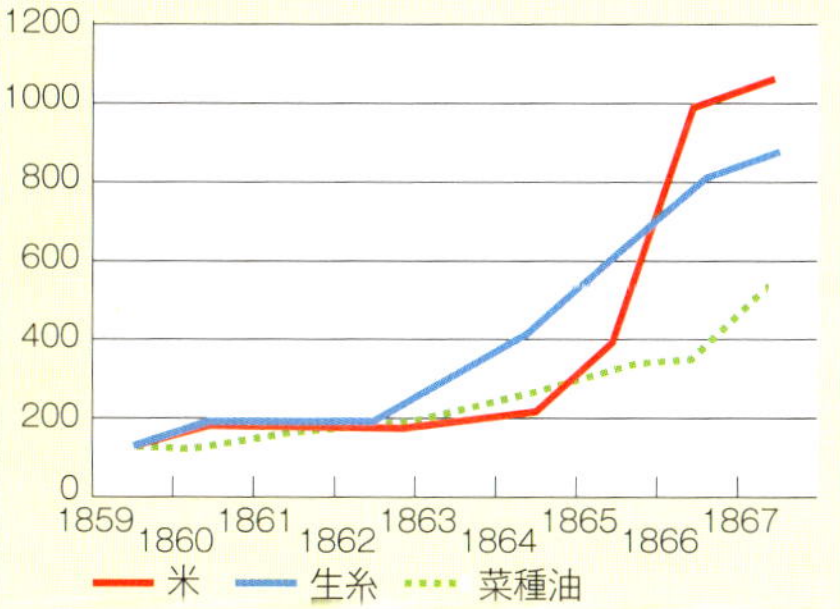

何もできず、結局イギリス軍艦に脅してもらって事件を解決しています。

幕末の動乱が広まると、民衆の間には世直し一揆や打ちこわしが頻発し、最終局面には**「ええじゃないか」**の乱舞が流行します。その中で江戸時代は幕を閉じるのでした。

歴史 CLOSE UP!

恐れた庶民への影響

条約で決まっていた神奈川が開港されないことをアメリカは抗議しました。しかし、幕府は横浜の方が良港との理由で開港地を強引に移してしまいます。実際は、神奈川が宿場町だったため、庶民へ悪い影響が及ぶのを恐れ、この地を避けたと言われます。

江戸末期の日本の貿易

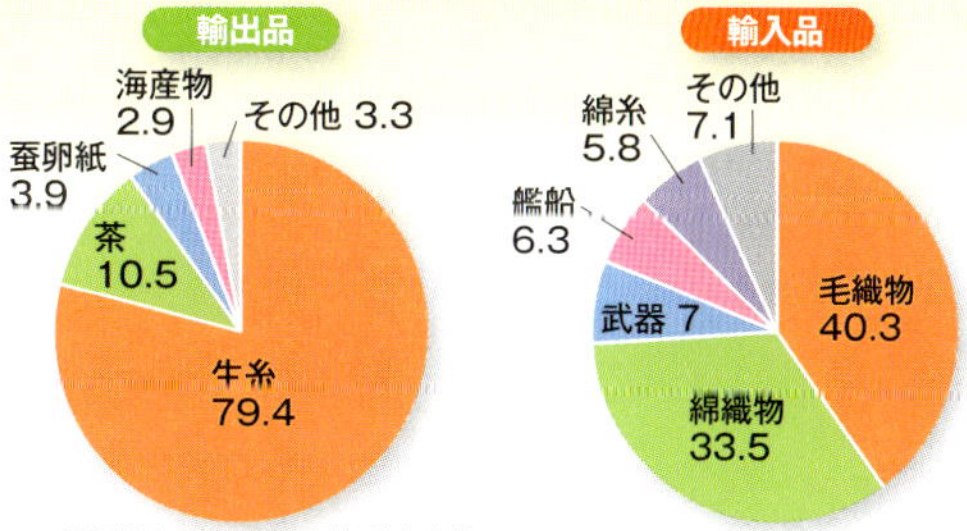

※蚕卵紙は、蚕の卵が産み付けられた紙

江戸時代▼

幕府と朝廷の関係は？ 公武合体政策

強引な政略結婚で天皇の妹を将軍夫人に？

POINT
- 朝廷との協調政策を採った幕府
- 結婚が決まっていた天皇の妹を将軍家に
- 朝廷、幕府双方に関わる島津氏の政治関与

朝廷との関係改善へ

桜《さくら》田《だ》門《もん》外《がい》の変の後、幕府は朝廷との関係改善に努めました。朝廷と幕府が協調する動きは**公武合体《こうぶがったい》**政策と呼ばれます。両者の関係が良好であることを示すため、老中**安藤信正《あんどうのぶまさ》**は**孝明《こうめい》天皇**の妹**和宮《かずのみや》**を将軍**家茂《いえもち》**に嫁がせることに成功します。しかし、和宮にはすでに婚約相手がいたため、この強引な政略結婚は**尊王《そんのう》攘夷《じょうい》**派から非難されました。安藤信正は坂下門外の変で負傷し、間もなく失脚します。

薩摩の島津、動く

和宮と家茂の結婚の儀は挙行されたものの、幕府の公武合体政策は行き詰まりを見せます。この時動いたのは朝廷と幕府の双方に深いつながりがあった薩摩《さつま》藩の**島津久光《ひさみつ》**でした。

島津久光は京都へ入り朝廷に幕府との協調を建議しますが、巷では久光が討幕に出たとの噂が広まってしまいました。久光は自分の藩の尊王攘夷派を**寺田屋《てらだや》騒動**などで制圧します。朝廷勅使《ちょくし》とともに江戸へ向かい、幕府に政治改革を要求しました。

幕府はこれを受けて、**松平慶永《よしなが》**を**政事総裁職**に、**徳川慶喜《よしのぶ》**を**将軍後見職**に任命し、新設した**京都守護職**には会津藩主の**松平容保《かたもり》**を任命しました。

また、参勤交代を三年に一回に緩和し、西洋式軍隊制度の導入、**安政《あんせい》の大獄《たいごく》**の処罰者の赦免など、**文久《ぶんきゅう》の改革**を行いました。

もっと楽しむ！

『夜明け前』

木曽路馬籠宿の青山半蔵を主人公に幕末の大きなうねりを描いた作品。理想に燃える半蔵は、価値観が著しく転換する時代の中で精神を病み、やがて狂死します。

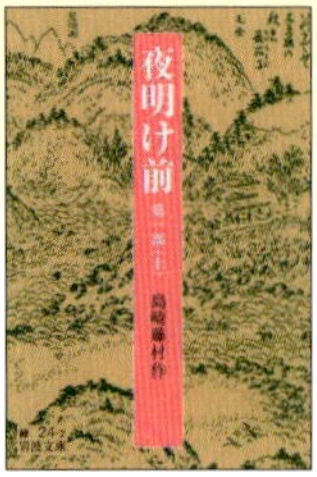

島崎藤村著
岩波文庫

もっと知りたい！

幕府の主導権喪失

この時代、京都に集まった諸藩の有志が政局に関わっていった状況は「文久大勢一変」とも呼ばれています。この状況を決定的なもの

公武合体政策と文久の改革

公武合体政策 ── 朝廷（公）と幕府（武）が協調して政局安定をはかる政策

＜公＞
和宮
（孝明天皇の妹）

降嫁（1861）

＜武＞
徳川家茂
（14代将軍）

公武合体政策

中心人物
老中安藤信正

尊王攘夷派を刺激

尊王攘夷運動
天皇の権威を絶対化（尊王）し、外国勢力の排除（攘夷）主張

坂下門外の変（1862）
尊王攘夷派水戸藩士らが安藤信正を襲う。信正刺傷、失脚へ

文久の改革

島津久光

中心人物
薩摩藩主の父 島津久光

勅使（朝廷の使者）とともに
幕府改革を提言。
公武合体政策を推進

→ 幕府人事への干渉

松平慶永（越前藩主）→政事総裁職
徳川慶喜（一橋家当主）→将軍後見職
松平容保（会津藩主）→京都守護職

その他の政策

- 参勤交代制の緩和 → 毎年から3年に一度、妻子の帰国を許可
- 軍政改革 → 洋式陸軍の編成
- 留学生派遣 → 榎本武揚、西周らをオランダに派遣

にしたのが薩摩藩の島津久光でした。上京した久光は、朝廷を動かし、その命令を幕府に突き付けたのです。久光は勅使の大原重徳《しげとみ》とともに江戸に赴き、幕政改革の勅書を渡しました。つまり改革の要求は久光ではなく、朝廷から下されたものという形になっていたわけです。

流れを知る！

一八六〇
三月 桜田門外の変
一一月 老中安藤信正、孝明天皇の妹和宮を将軍家茂の夫人に迎えることを発表

一八六一
一〇月 和宮、江戸へ

一八六二
一月 坂下門外の変
二月 家茂と和宮の婚儀挙行
四月 島津久光、朝廷に公武合体を建議。寺田屋騒動
五月 朝廷勅使と久光、江戸へ。幕府に政治改革要求

江戸時代

尊王攘夷派と公武合体派の対立

主導権を握った長州と薩摩・会津の巻き返し　時代は幕末へ

POINT
- 尊王攘夷を藩論とした長州が勢力拡大
- 公武合体派の薩摩、会津が形勢を逆転
- 京都の失地回復戦に失敗した長州

八月十八日の政変

薩摩《さつま》藩の**島津久光**《しまづひさみつ》が**公武**《こうぶ》**合体**《がったい》**政策**を進める一方、長州藩は**尊王攘夷**《そんのうじょうい》を藩論として朝廷内の尊王攘夷派（尊攘派）と結び、京都での主導権を握りました。

一八六三年三月、**家茂**《いえもち》は徳川将軍として二三〇年ぶりに上洛しますが、これは幕府の弱体化を示していました。幕府は尊攘派が優位な朝廷から攘夷の日にちを求められ、五月一〇日に決めます。長州藩はそれを実行に移し、同日下関の海峡を通過する外国船を砲撃しました。

反撃の準備を進めていた薩摩と会津《あいづ》は、八月一八日に長州勢力を追放します。

禁門（蛤御門）の変

主導権を奪った公武合体派は、**松平慶永**《まつだいらよしなが》、**島津久光**、**徳川慶喜**《とくがわよしのぶ》らによる参与会議を結成し、開港の必要性を朝廷に説きました。しかし、これに文句をつけて鎖国を主張したのは、再び上洛した将軍家茂でした。

後見職の慶喜は困惑したものの、結局幕府側の意見に転換。その意見は支離滅裂なものとなり、参与会議は解体してしまいました。

もっと楽しむ！

『世に棲む日日』
司馬遼太郎著　文春文庫
吉田松陰と高杉晋作を軸にして、長州藩、そして幕末の日本を俯瞰した長編小説。まったく異なる才能を持ったふたりの関係が歴史の不思議さを感じさせてくれます。

もっと知りたい！

尊攘派の挙兵

一八六三年八月一七日
天誅組の変
孝明天皇の大和行幸に応じて討幕軍を起こす目的で尊攘派が挙兵。翌日の八月十八日の政変で行幸が中止され孤立しました。

一八六三年一〇月一二～一四日
生野の変
福岡藩を脱藩した元藩士平野国臣

尊王攘夷派と公武合体派

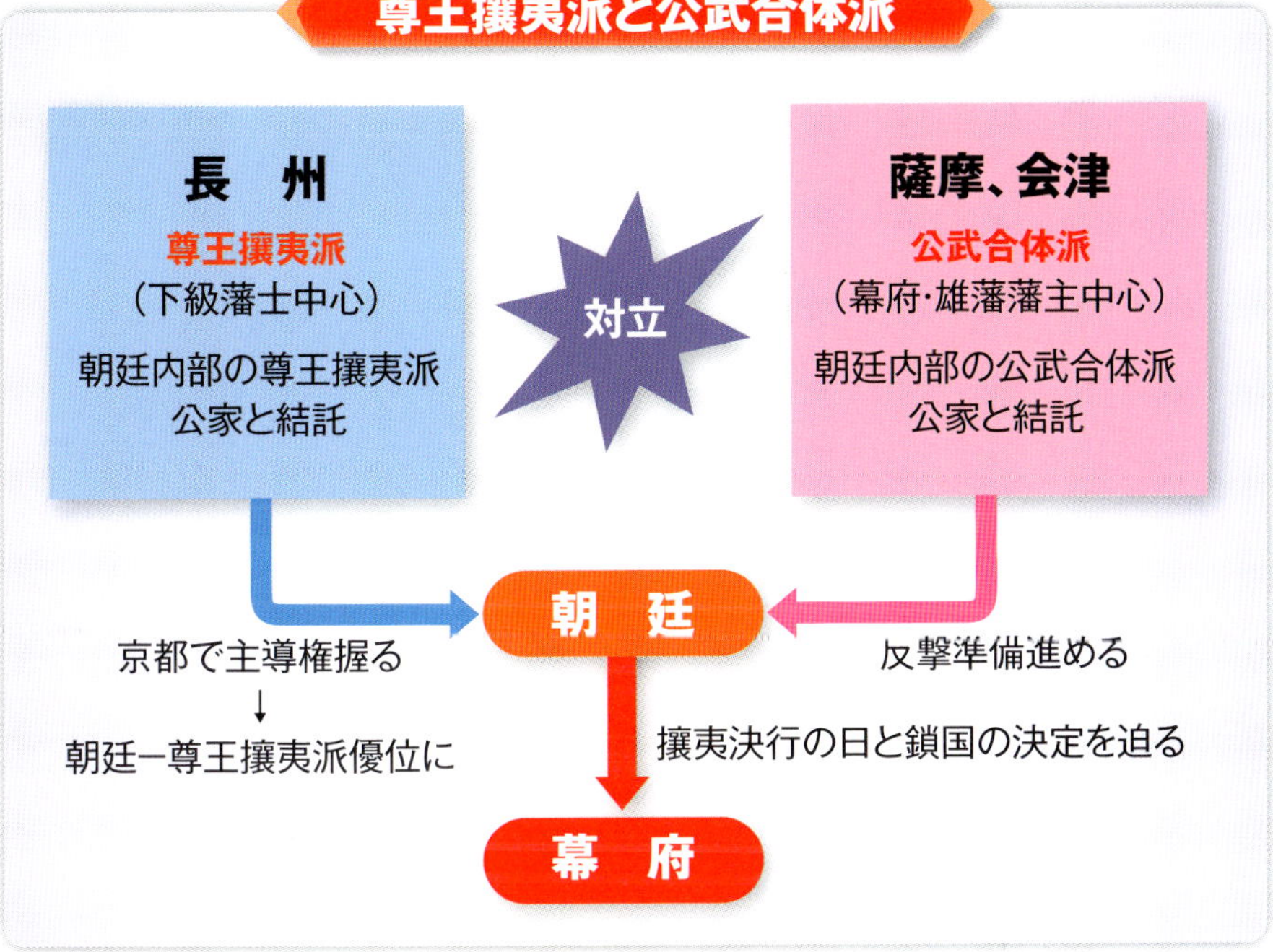

薩摩・会津がおさえる京都では、**新撰組**《しんせんぐみ》が警備に当たっていました。旅館池田屋で尊攘派の志士が新撰組によって殺傷されると、長州藩は激怒して兵士を送り、**禁門**《きんもん》（**蛤**《はまぐり》**御門**《ごもん》）の変を起こしますが敗走します。幕府は朝廷から勅許を得て長州征討に動きました。

歴史 CLOSE UP!

呼び出しを食らった将軍

家茂は朝廷から呼びつけられたようなものでした。幕政について、将軍自ら説明しろというわけです。攘夷の日を決定後、家茂は異国船が来る可能性のある大坂湾を軍艦で視察。この軍艦を指揮していたのは勝海舟でした。勝はこの時、家茂に直談判して神戸海軍操練所の設置を承知させたのです。

らが、公家の沢宣嘉《のぶよし》を擁して天誅組の変に呼応しました。

一八六四年三月
天狗党の乱
水戸藩尊攘派の藤田小四郎らが、筑波山で挙兵しました。

流れを知る！

一八六三
三月 将軍家茂、上洛
四月 幕府、攘夷決行を五月一〇日とし、朝廷、諸藩に通達。家茂、大坂城へ（後江戸へ）
五月 長州藩、下関で米、仏、蘭軍艦を砲撃
六月 米、仏軍艦、長州藩に報復攻撃。高杉晋作ら、奇兵隊編成
七月 薩英戦争
八月一七日 大誅組の変
八月一八日 八月十八日の政変
松平慶永、島津久光、徳川慶喜らによる参与会議
一〇月 生野の変

一八六四
三月 天狗党の乱
六月 池田屋事件
七月一九日 禁門（蛤御門）の変
七月二四日 幕府、長州征討の出兵命じる

江戸時代

幕末史を大きく動かした薩長同盟

坂本龍馬、天下の大仕事を達成

POINT

- 攘夷の難しさを悟った薩摩藩と長州藩
- 長州の内乱で高杉晋作が実権掌握、討幕へ
- 第二次長州征討失敗後、慶喜が将軍に

攘夷から開国へ

長州《ちょうしゅう》藩は幕府の征討に屈し、藩の上層部は恭順を示しました。一年前に砲撃を加えた外国艦隊は本格的に報復攻撃に出て、下関砲台などを占領。**高杉晋作《たかすぎしんさく》**らは攘夷《じょうい》が不可能であることを実感するとともに、幕府に従う上層部に反発して挙兵し、藩の主導権を握ります。藩論は反幕府へと転じました。一方、薩摩《さつま》藩は**生麦《なまむぎ》事件**の報復としてイギリスから攻撃を受け、**西郷《さいごう》隆盛《たかもり》**や**大久保《おおくぼ》利通《としみち》**らは藩政を改革します。藩論は攘夷から開国へと変化しました。

尊王《そんのう》攘夷派だった長州と公武合体《こうぶがったい》派だった薩摩は、同時期に外国の軍事力を目の当たりにして同じ考えを持つようになります。つい一、二年前まで対立していた両藩を仲介したのは**坂本《さかもと》竜馬《りょうま》**でした。ともに討幕という立場を取るに至った西郷隆盛と**木戸《きど》孝允《たかよし》**を説得して成立した**薩長《さっちょう》同盟**の密約は、幕末の流れを決定的なものとしたのです。

第二次長州征討

長州藩で高杉晋作らが実権を握り、反抗的な姿勢を見せたため、幕府は再び長州征討を行うことにしました。しかし、薩長の密約により、薩摩藩が出兵を拒否したため、征討軍は長州藩に攻め込むことができず不利な戦況に立たされます。その時、家茂《いえもち》が急死したため幕府は征討を中止。**勝海舟《かつかいしゅう》**を送り幕政の一新を条件として長州に停戦を合意させました。

もっと楽しむ！

「人斬り」
映画　69年　五社英雄監督
司馬遼太郎の『人斬り以蔵』をベースとした作品。土佐勤王党の武市半平太の下で刺客となった岡田以蔵を主人公に、幕末の諸藩の駆け引きを描いています。勝新太郎が以蔵を演じているほか、坂本竜馬に石原裕次郎、薩摩の刺客に三島由紀夫、牢獄のチンピラにコント55号など豪華な顔合わせ。

『陽だまりの樹』
手塚治虫著　小学館文庫
著者の先祖である手塚良庵を物語の核に置き、幕末から明治にかけての人物たちを描いた作品。激動の時代を雄大なスケールでとらえたエンタテインメントです。

尊王攘夷運動から倒幕への動き

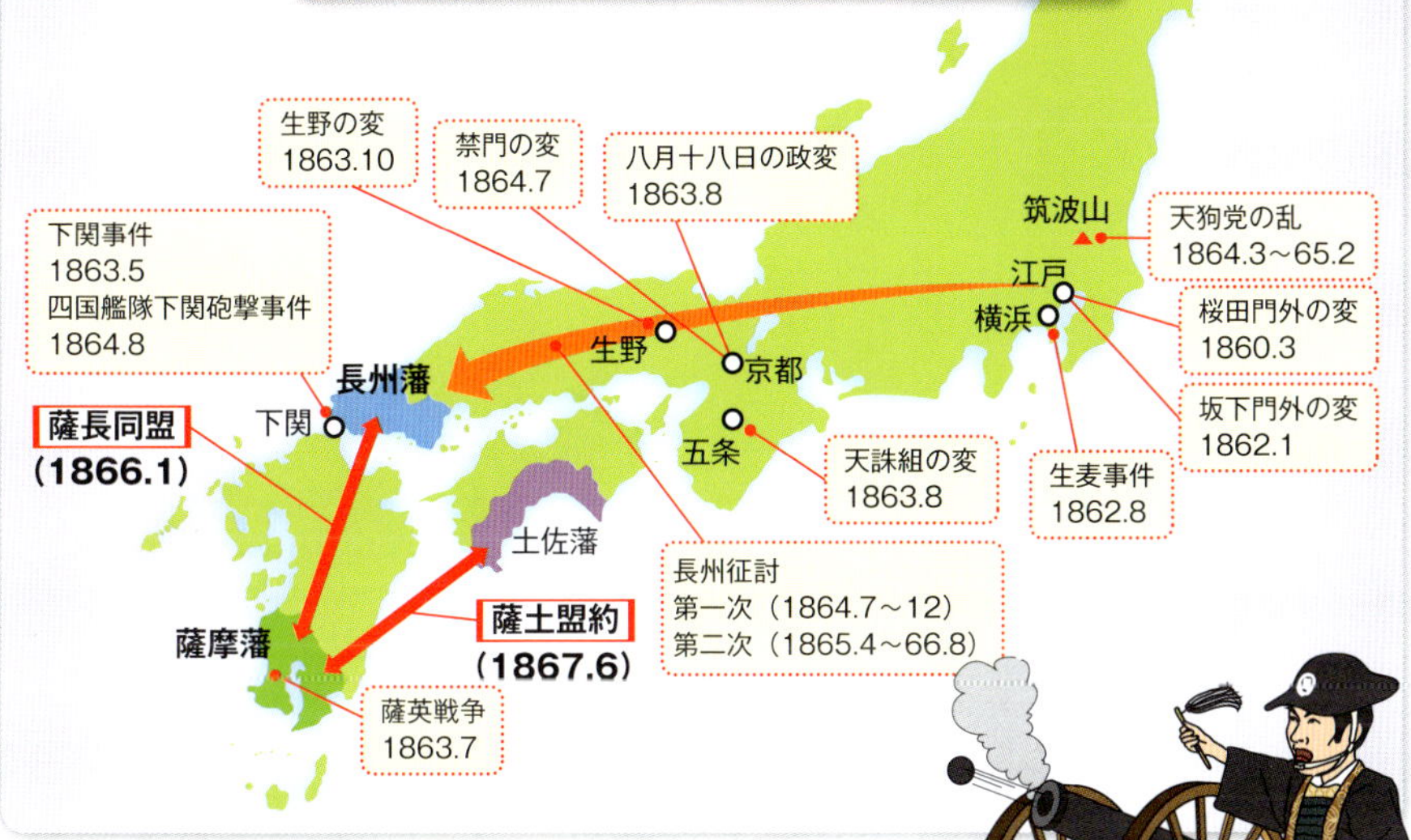

薩長同盟までの両藩の動き

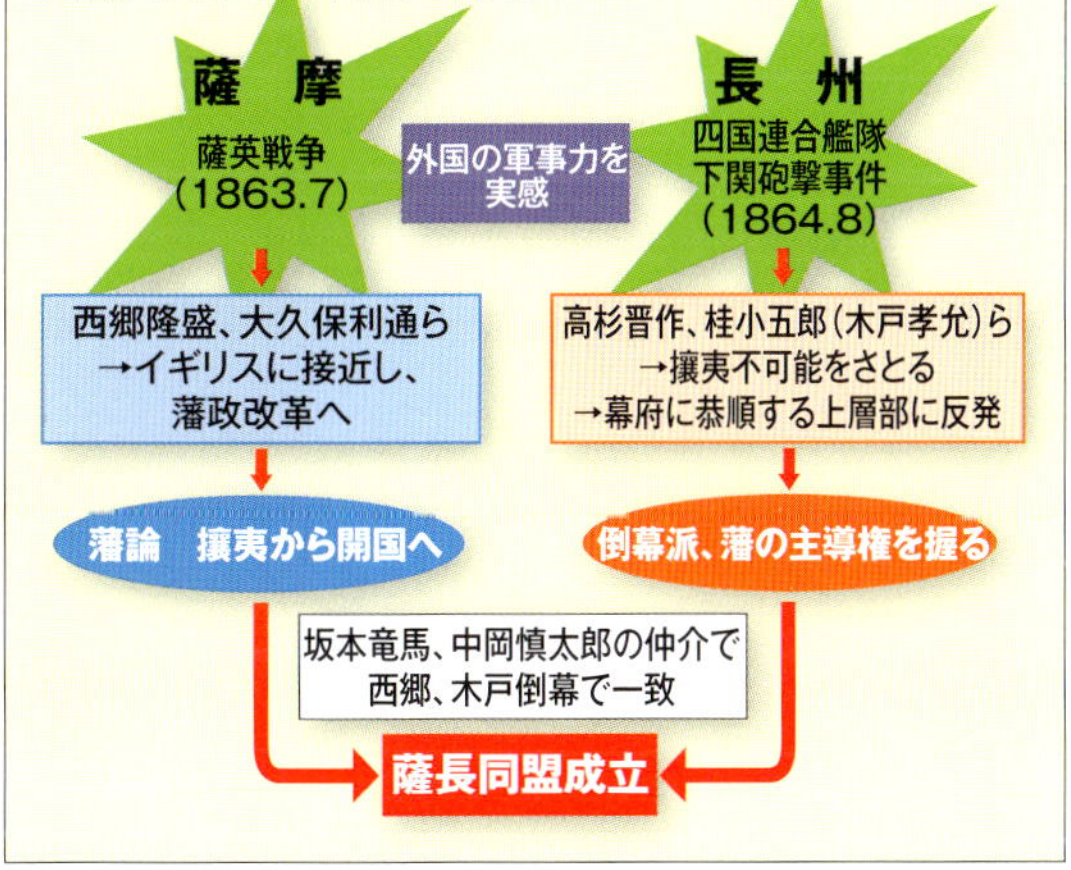

一五代将軍になった慶《よし》喜《のぶ》は政治改革に意欲を見せますが、公武合体派の孝明《こうめい》天皇が急死したことは、幕府にとって大きな痛手となりました。

流れを知る！

一八六三

五月 長州藩、下関で米、仏、蘭軍艦を砲撃

七月 薩英戦争

一八六四

七月 禁門（蛤御門）の変。幕府、長州征討の出兵命じる

八月 四国（英、米、蘭、仏）連合艦隊、下関を砲撃

一一月 長州藩、幕府に恭順

一二月 高杉晋作、奇兵隊率いて挙兵

一八六五

二月 高杉晋作、長州藩の主導権掌握。藩論、反幕府に

西郷隆盛、坂本竜馬会見。薩摩藩名義で長州のために武器を買う協定結ぶ

四月 幕府、第二次長州征討の勅許得る

一八六六

一月 坂本竜馬の仲介により、討幕のための薩長同盟の密約なる

七月 家茂急死。翌月、長州征討を中止

一二月 慶喜、一五代将軍に。孝明天皇急死

江戸時代

ついに終わりを迎えた江戸幕府

坂本竜馬が発案したスムーズな政権交代劇　大政奉還と王政復古

POINT

- 同日に動いた大政奉還諮問と討幕密勅
- 薩長にとって邪魔だった大政奉還の路線
- 徳川処分を断行した武力討幕派

新政権を構想した竜馬

徳川慶喜《よしのぶ》は幕政の建て直しに尽力しましたが、薩摩《さつま》や長州《ちょうしゅう》などには武力討幕の気運は高まっていました。その中で公武合体《こうぶがったい》派の土佐藩の**山内豊信《やまのうちとよしげ》**（**容堂《ようどう》**）を通じて、慶喜に政権を朝廷に返すことを勧めさせたのが**坂本竜馬《さかもとりょうま》**と**後藤象二郎《ごとうしょうじろう》**でした。竜馬は**船中八策《せんちゅうはっさく》**において、朝廷の下で慶喜も含めた諸藩の連合政権を樹立する**公議政体論《こうぎせいたいろん》**を構想していました。慶喜は山内の勧めを受け入れ、**大政奉還《たいせいほうかん》**を行いました。政権を返上しても、徳川の主導権は維持されると考えてのことでした。しかし、大政奉還と時を同じくして、別の動きが密かに進んでいたのです。

王政復古の大号令

武力討幕派の薩長にとって、大政奉還は歓迎できない策でした。徳川が政権に残留することは認められなかったのです。薩長と結んでいた急進派公家の**岩倉具《いわくらとも》視《み》**は、慶喜が大政奉還を受け入れた日に討幕の命令を密かに宣下《せんげ》しました。朝廷が大政奉還を受理した一か月後に竜馬は暗殺されましたが、当初は**西郷隆盛《さいごうたかもり》**らが絡んでいたのではとも考えられていました。薩長には大政奉還を実現させた竜馬を殺す理由があったのです。

薩長両藩は主導権を掌握し、**王政復古《おうせいふっこ》**の大号令を発して徳川抜きの新政府樹立を進めます。天皇のもとには**総裁**、**議定《ぎじょう》**、**参与《さんよ》**の三職が置かれ、二六〇年あま

もっと楽しむ！

『最後の将軍』

第一五代将軍徳川慶喜を真正面から取り上げた作品。ペリーの来航以来、開国か攘夷かを巡って最悪の混乱期に登場した慶喜は、明晰な頭脳を持ちながらも、時代の流れには抵抗することはできませんでした。著者が「人の生涯は、ときに小説に似ている。主題がある」と記したように、慶喜の人生は実にドラマチックなものでした。

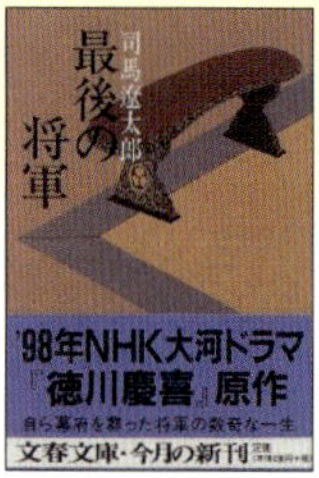

司馬遼太郎著
文春文庫

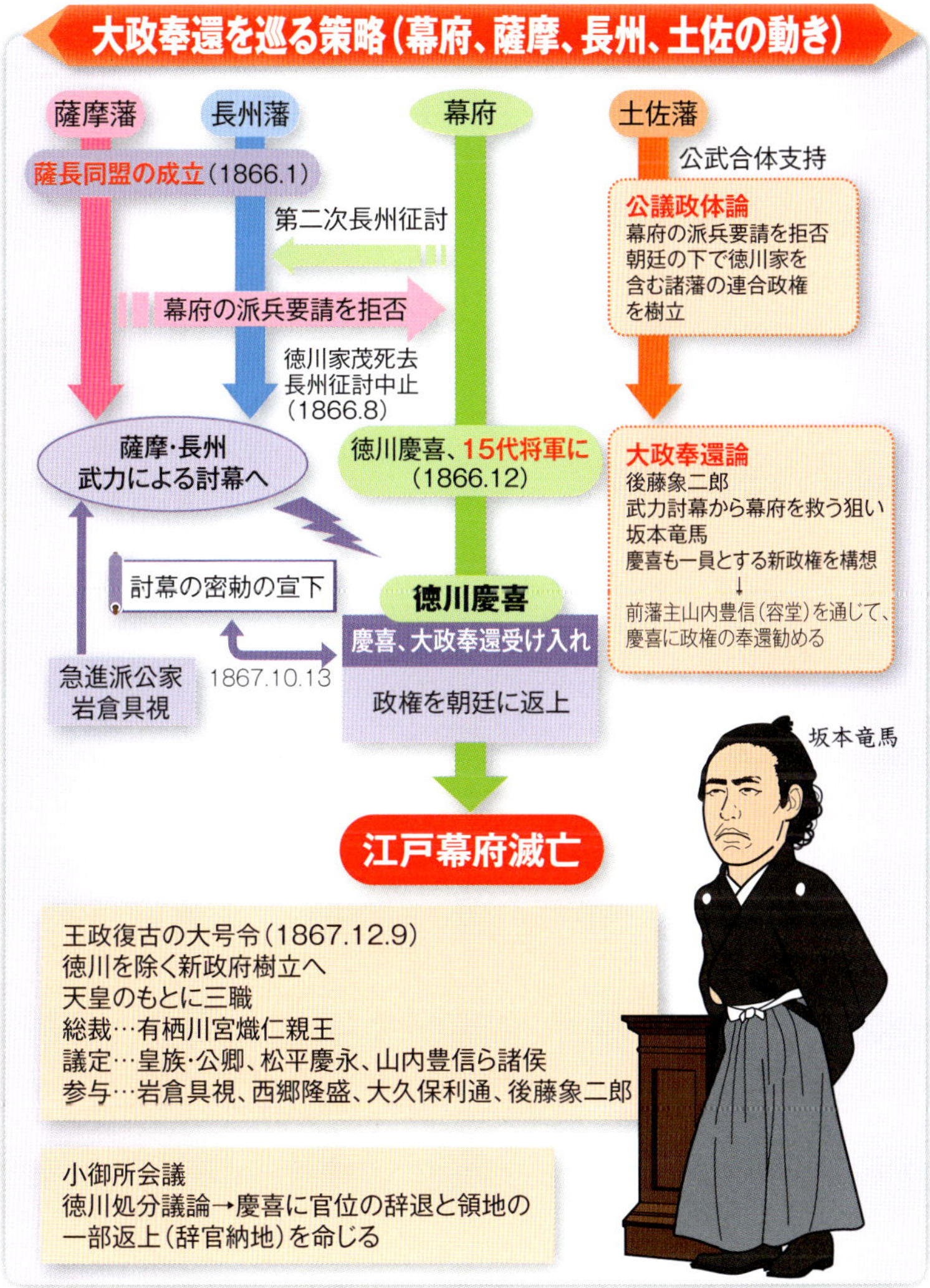

り続いた江戸幕府は滅亡しました。その夜には京都御所の小御所《こごしょ》で三職による会議が開かれ、武力討幕派が公議政体派を圧倒して慶喜の処分を決定しました。

流れを知る！

一八六七年の出来事

六月 薩摩と土佐、討幕の盟約結ぶ。坂本竜馬、船中八策（公議政体樹立の策）を土佐藩後藤象二郎に示す

八月 「ええじゃないか」の大乱舞起こる（〜一〇月）

一〇月三日 山内豊信（土佐）、幕府に大政奉還を建白

一〇月一三日 徳川慶喜、大政奉還について諸藩重臣に諮問

岩倉具視、薩摩と長州に討幕の密勅を下す

一〇月一四日 慶喜、大政奉還上意書を朝廷に提出

一〇月一五日 朝廷、大政奉還を受理

一一月一五日 坂本竜馬と中岡慎太郎、京都の近江屋で暗殺される

一二月九日 王政復古の大号令。夜、小御所会議で慶喜に辞官納地を命じることを決定

明治時代

奇跡的だった江戸城の無血開城

徳川家の存続を賭けた旧幕臣の最後の戦い　戊辰戦争と新政府

POINT
- 抵抗する徳川諸藩と新政府軍の追討
- 内戦の一方で次々に打ち立てられた政策
- 新政推進の決意を示した東京への遷都

旧幕府対新政府

王政復古《おうせいふっこ》の大号令というクーデターで処分の対象となった**徳川慶喜《とくがわよしのぶ》**は、大坂城に一度戻り京都へ向けて挙兵します。**鳥羽《とば》・伏見《ふしみ》**でこれを迎え撃った新政府軍の軍勢は旧幕府軍の三分の一程度の規模でしたが、あっさりと勝利します。雄藩の方が新兵器を備えていたからです。

慶喜は密かに退却し、大坂湾に停泊していた軍艦開陽丸《かいようまる》で江戸へ引き上げ、恭順して蟄居しました。徳川を滅ぼすつもりの新政府軍は東へ向かいます。江戸総攻撃は避けられない情勢でしたが、**勝海舟《かつかいしゅう》**と**西郷隆盛《さいごうたかもり》**の会談が実現。直前で江戸は戦禍を免れ、江戸城は無血で明け渡されました。

これを不服とした**彰義《しょうぎ》隊**は上野に立てこもるものの、一日で鎮圧されます。会津や東北諸藩の抵抗も平定されました。**榎本武揚《えのもとたけあき》**らは五稜郭《ごりょうかく》を占領しましたが半年後に降伏し、一連の**戊辰《ぼしん》戦争**は終結しました。

新政府の政治方針

戊辰戦争が進む中、新政府は新政権が成立したことを内外に示し、政治方針である**五箇条《ごかじょう》の誓文**を発しました。五榜《ごぼう》の掲示では、徒党や強訴の禁止など庶民への心構えが示されました。

江戸は東京、年号は明治と改められ、天皇一代が一元号とする**一世一元《いっせいいちげん》**の制を立てました。会津戦争が終息を迎える頃、天皇は東京へ行幸《ぎょうこう》。首都については様々な議論がありました

もっと知りたい！

榎本武揚と徳川海軍

榎本武揚は旧幕府の海軍を指揮していました。江戸開城の際、武器や軍艦は一度すべて新政府に引き渡し、その後徳川氏の新たな石高によって一部を返還するという案を、榎本は拒否。しかし、彰義隊が一日で敗れると、徳川氏は駿府に移され、石高も七〇万石となってしまいます。榎本武揚が軍艦八隻を率いて北海道へ向かったのは、徳川家が駿府に落ち着いたのを見定めてからのことでした。

戊辰戦争

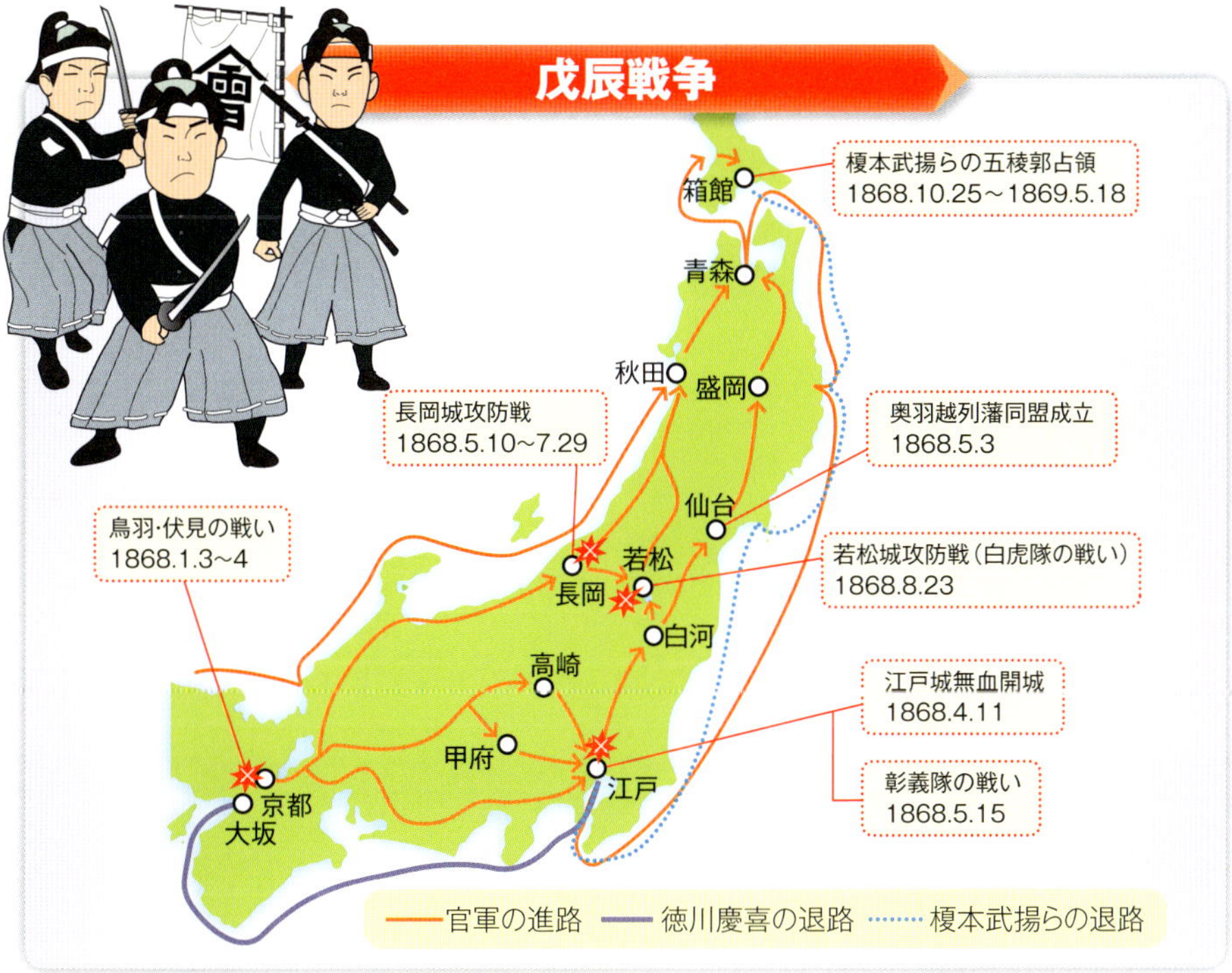

五箇条の誓文の内容

一　広く会議を開き、天下の政治は人々の意見によって決めるべきである
一　身分の上下に関係なく、心を合わせて政治を行うべきである
一　すべての身分の者がそれぞれの志を遂げ、人々の心を退屈させないようにすることが必要である
一　これまでの悪習をやめ、世界の道理に従うべきである
一　外国からの知識を取り入れ、天皇が国家を治める事業の基礎を盛んにするべきである

が、半年後天皇が再び東京へ行幸し、そのまま戻らないことで東京への遷都が断行されました。

　これは五箇条の誓文にも表れているように、旧習を一新して政治を進めていく新政府の決意にほかなりませんでした。

流れを知る！

戊辰戦争と新政府の動き

一八六八

一月三日　鳥羽・伏見の戦い
一月六日　徳川慶喜、密かに軍艦開陽丸で大坂脱出。官軍東へ
三月一三日　勝海舟・西郷隆盛会談。新政府軍の江戸攻撃延期
三月一四日　五箇条の誓文発布
四月一一日　江戸城明け渡し
閏四月二七日　政体書公布
五月一五日　彰義隊の戦い
五月　東北戦争（～九月）
七月一七日　江戸を東京に改称
八月二三日～九月二二日　会津戦争（若松城攻防戦）
九月八日　明治改元。一世一元の制
九月二〇日　明治天皇、東京へ行幸
一〇月二五日　榎本武揚ら、箱館五稜郭を占拠

一八六九

一月二〇日　薩長土肥四藩主、版籍奉還を上奏
三月二八日　明治天皇、再び東京へ行幸。公議所開き、東京遷都
五月一八日　榎本、降伏。戊辰戦争終結

明治時代▼

大きな抵抗を受けずに進んだ維新

一気に断行された中央集権体制の強化　明治政府による改革

POINT

- 戊辰戦争後も高まっていく新政府への不満
- 一種のクーデターだった廃藩置県
- 不満があっても反抗できなかった諸藩

版籍奉還から廃藩置県へ

明治新政府が真っ先に取り組んだのは、天皇を中心とする政権体制を固めることでした。

まず諸藩に領地と領民を天皇に返上させました。**版《はん》籍《せき》奉《ほう》還《かん》**と呼ばれるもので、薩《さっ》長《ちょう》土《ど》肥《ひ》が手本を示し他の藩はそれに従いました。

明治初期には二官六省が置かれましたが、政治を動かす参議のほとんどは薩長土肥の出身者でした。

版籍奉還を実施したものの旧藩主が藩政に当たっていたため、新政府の体制強化にはさほど効果がなく、藩の反発も強くありました。そこで参議たちは**廃《はい》藩《はん》置《ち》県《けん》**断行を密かに計画します。**西《さい》郷《ごう》隆《たか》盛《もり》**が中心となり、薩長などから政府直属軍の兵士一万を集め、計画断行に欠かせない軍事力を整えました。藩主の権限を奪う廃藩置県はクーデターのようなものだったのです。

藩の大きな反乱がなかったのは奇跡と言えます。ほとんどの藩が財政赤字で、抵抗する力が残っていませんでした。また、諸藩も外国に対抗するためには中央集権体制が必要だと理解していたのです。

財源確保の地租改正

土地制度も改められ、土地の私有制度が確立。地価が定められ、これを元に**地《ち》租《そ》改《かい》正《せい》**が行われました。財政が不安定だった政府は、とりあえず安定した財源を確保したのです。

その他、官制や身分制度などの改革が行われまし

もっと楽しむ！

『「明治」という国家』
司馬遼太郎著　日本放送出版協会
幕末から明治にかけての歴史を巨細に捉えなおした文明論。海外取材を通して多面的に明治国家が語られます。NHKスペシャルのトークドキュメント「太郎の国の物語」をまとめたものです。

もっと知りたい！

おもな改革

版籍奉還
版＝領地（版図）と籍＝領民（戸籍）を天皇へ返上。薩長土肥が模範を示し、他藩もまねる
政府→藩主を知藩事に任命。石高の一〇分の一を家禄として支給

廃藩置県
藩を廃し、県を設置。知藩事を罷免、

た。最も大きな変化は、秩《ちつ》禄《ろく》や帯刀など武士の特権が剥奪されていったことです。これにより士族たちは大きな不満を持つようになっていきます。

明治政府の官制（1871.7）

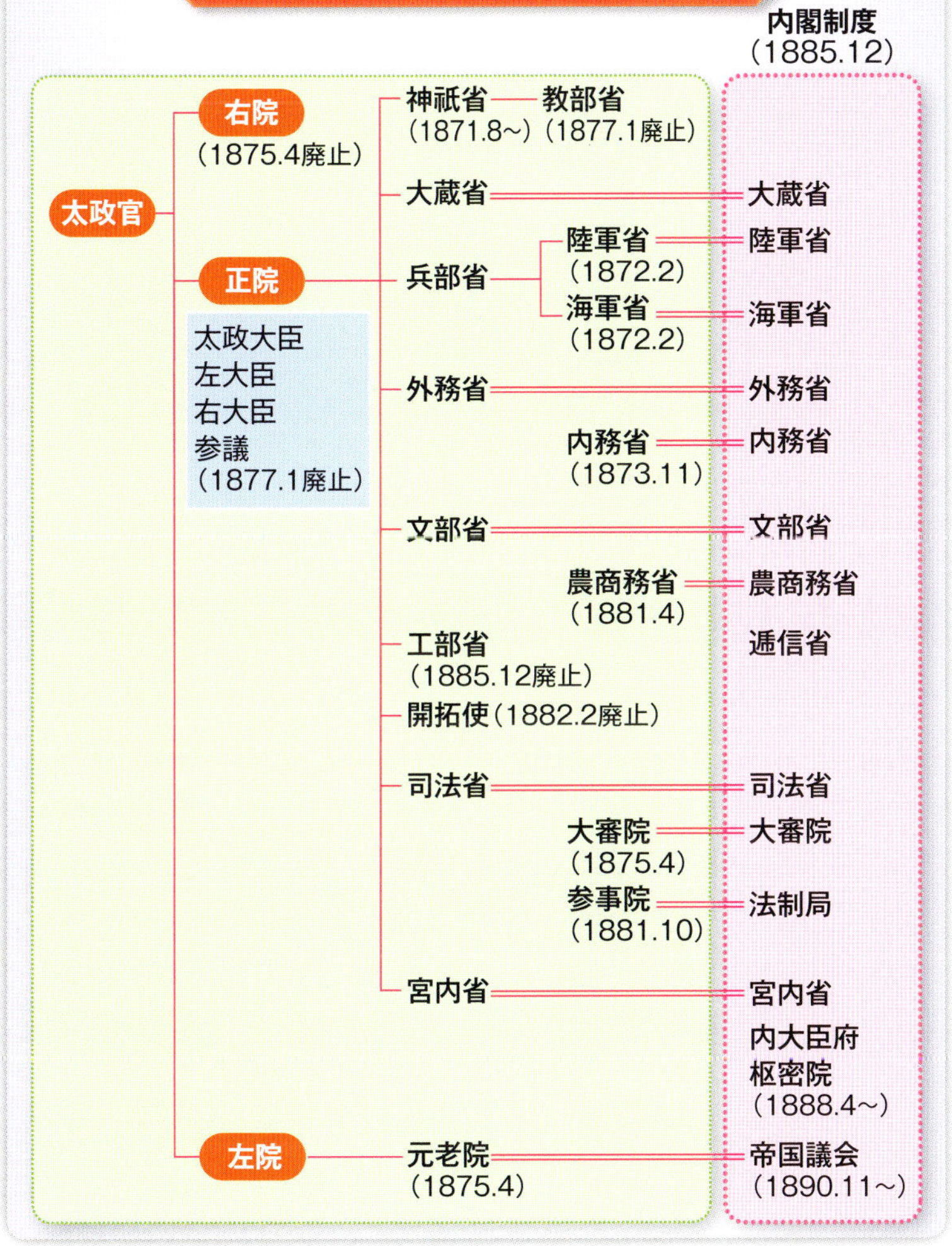

政府の官吏を府知事・県令に任命

官制改革　上図参照

太政大臣―三条実美（一八八五年の内閣制度制定まで）

参議―薩長土肥（特に薩長）で占められる→藩閥政府

身分制度改革

封建的身分制度を廃し、人民の平等目指す

●四民平等

大名・上層公家→華族　一般武士→士族　庶民→平民　えた・非人の呼称廃止

●秩禄処分

旧武士層への秩禄（給与）打ち切り

秩禄奉還の法―現金などと引き換えに秩禄を奉還させる

●金禄公債証書発行条例（一八七六）

秩禄制度全廃

●廃刀令（一八七六・三）

帯刀の禁止

地租改正

安定した財源を確保するため田畑永代売買の禁止を解き、地価を定める→土地の私有制度確立

●課税対象を収穫高から地価に

●税率は地価の三%に

●納税者は耕作者から土地所有者に

●納税方法は現物から貨幣に

明治時代▼

何よりも重要なのは富国強兵だった

欧米と肩を並べるための近代産業育成政策　殖産興業

POINT

- 資本主義発展のため金融・貨幣制度を確立
- 急速に進められた通信・交通制度の整備
- 官営事業をおもに政府主導の近代化政策

貨幣と銀行設立

中央集権体制とともに新政府の重要な課題となっていたのは、欧米諸国に肩を並べる強い資本主義国家の建設でした。いわゆる**富国《ふこく》強兵《きょうへい》策**です。あらゆる面で欧米諸国に遅れをとっていたために、近代産業の育成、つまり**殖産興業《しょくさんこうぎょう》**が政府主導で急速に進められていきました。

金融関連では新貨幣制度が定められ、円・銭《せん》・厘《りん》の単位を採用。また、アメリカの制度にならって国立銀行条例が発布され、第一国立銀行をはじめとする銀行が設立されました。

なお、「国立」とは国の法に基づいて設立されたという意味であり、国営の銀行ではなく私営の銀行のことです。

通信・交通の発達

通信や交通も急速に発達しました。郵便制度は**前島《まえじま》密《ひそか》**によって整備されました。鉄道網は徐々に拡大し、一八八九年には東海道本線が完成しました。海運業では**岩崎弥太郎《いわさきやたろう》**が政府の保護を受けつつ事業を発展させ、外国航路も開設していきます。

近代産業の育成は官営工場がおもな舞台となり、製糸業、紡績業に力が入れられました。製糸業ではフランスの技術が導入され、本国から技術者が招かれました。外国人技師の招聘は殖産興業の大きな特色でした。北海道の開拓にも、外国人の指導者が招かれています。

もっと楽しむ！

『鹿鳴館を創った男　お雇い建築家ジョサイア・コンドルの生涯』

日本建築界の育ての親とも呼ばれるコンドル。彼が手がけた建築物は、今も人々の注目を集めています。しかし、没後六〇年ほど彼の業績は忘れられていました。故国イギリスでの生い立ちから、東京へやって来て工部大学校の教師、工部省の顧問として、明治の日本に貢献するまでのコンドルの生涯を解き明かしていく世界初のコンドル伝です。

畠山けんじ著
河出書房新社

明治初期のおもな官営事業

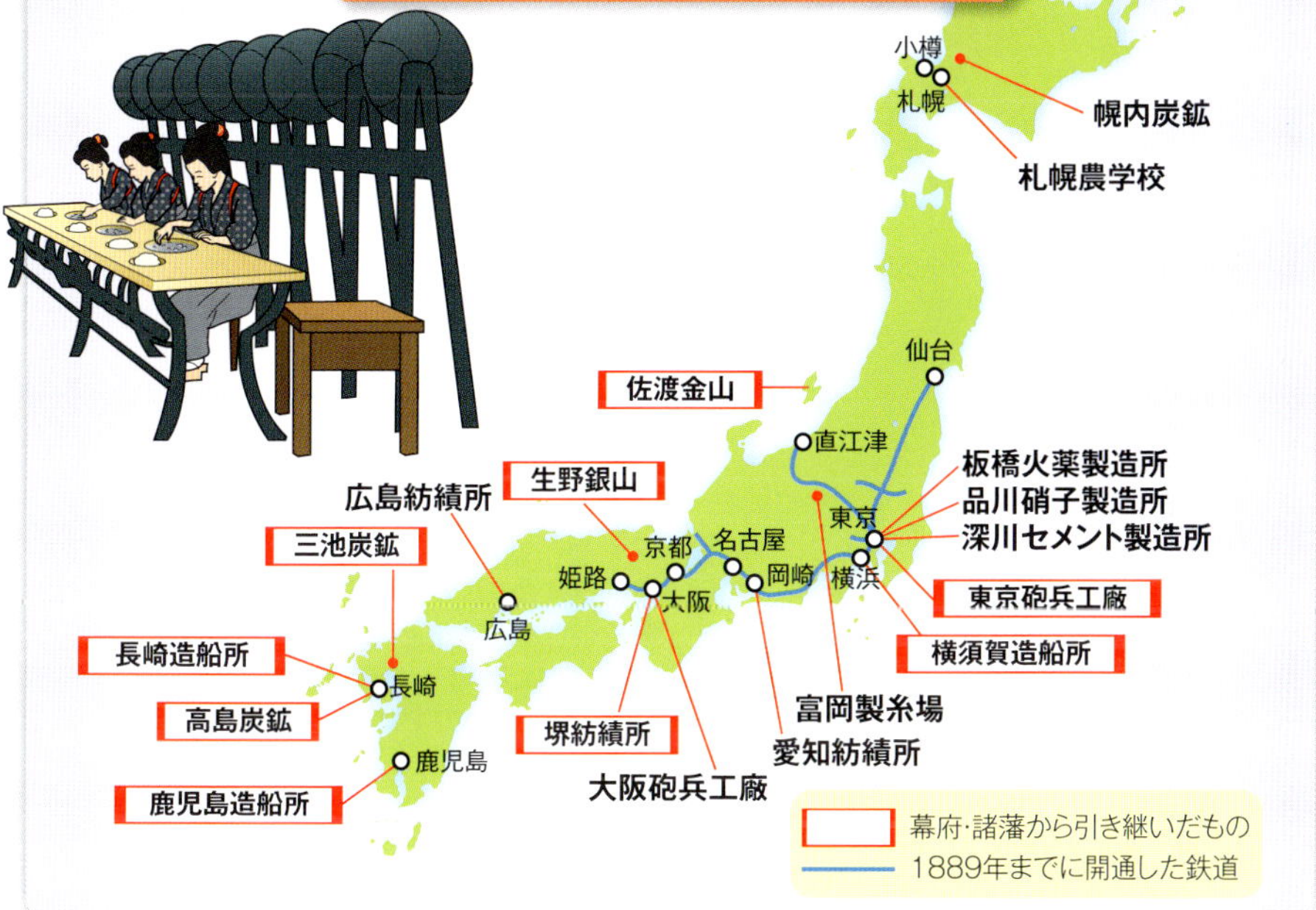

お雇い外国人

明治政府は近代化のために、技術者、学者、教師などを欧米諸国から招きました。いわゆるお雇い外国人だった彼らの報酬は高く、日本政府の最高官職の太政大臣（800円）や参議（500円）の月給を上回る人も少なくありませんでした。最下級の外国人職工でも、日本人職工の10～15倍の報酬を得ていました。おもなお雇い外国人の就任当時のおよその月給は次の通りです（1ドル＝1円換算）。

人名	勤務先	月給
アメリカより		
フルベッキ	大学南校	六〇〇円
モース	東京大学	三五〇円
クラーク	札幌農学校	六〇〇円
グリフィス	福井藩校	三〇〇円
イギリスより		
コンドル	工部省	三三〇円
モレル	工部省	七〇〇円
キンダー	造幣寮	一〇四五円
フランスより		
ブリューナ	富岡製糸場	六〇〇円
ジュ・ブスケ	左院	六〇〇円
ドイツより		
ベルツ	東京医学校	三三八円
ロエスエル	外務省	六〇〇円

流れを知る！

一八六九
八月 蝦夷地を北海道と改称
一二月 東京・横浜間に電信敷設

一八七〇
一〇月 岩崎弥太郎、九十九商会設立（のち三菱商会）

一八七一
一月 郵便規制改定(三月事業開始)

一八七二
五月 新貨条例
九月 新橋・横浜間に鉄道開通
一〇月 官営富岡製糸場操業開始
一一月 国立銀行条例

一八七三
六月 第一国立銀行設立

一八七四
六月 北海道屯田兵制度設置

一八七六
八月 国立銀行条例改正
九月 札幌農学校開校

明治時代▼

西洋文化の浸透と忘れられた伝統文化

流行を取り入れるのに必死　新しい物好きは昔から？

POINT
- 神道が重視され天皇の神格化が進められる
- 教育制度が整備され広まった学校教育
- 都会を中心に進んだ生活の欧風化

神道による国民教化

明治政府は天皇が古《いにしえ》からの統治者であることを宣伝し、その神格化を進めていきました。神道が重視され、神仏分離令によって**廃《はい》仏《ぶつ》毀《き》釈《しゃく》運動**が広まり、仏教は一時大きな打撃を被りましたが、仏教の排斥は国民に深く浸透することはありませんでした。神道による国民教化も十分な成果は上げなかったものの、天皇の神格化は祝祭日の設定や学校教育を通じて行われていきました。

学校制度には欧米の制度が採用され、全国に二万以上の小学校が設立されました。高等教育機関も整備され、国立大学として東京大学が創設され、**福沢諭吉《ふくざわゆきち》**の慶応義塾、**新島襄《にいじまじょう》**の同志社など私立学校も次々と創立されていきました。

福沢はベストセラーとなる『**学問のすゝめ**』などを著し青年に影響を与えました。外国からの啓蒙書が溢れる中、西洋の学会をまねた明六社《めいろくしゃ》が結成され雑誌を発行しましたが、新聞紙条例により廃刊に追い込まれました。西洋思想が広まる一方、政府は言論活動の取締りを強化していきます。

激変する都会の生活

電信、鉄道、ガス灯など産業技術の進歩は、人々の生活を激変させました。風俗や日常の習慣も一変し肉食や散切《ざんぎ》り頭、洋服の着用などが急速に広まりました。ただし、そのような進化を享受できたのは大都市のみで、田舎に生活習慣の

もっと楽しむ！

『日本奥地紀行』

明治一一（一八七八）年に来日した四六歳の英国婦人イザベラ・バードが東北などへ旅した時の紀行。一応英語を話せるイトーという青年を雇い旅を始めたバードは、ノミや蚊などとともに日本人の好奇心に悩まされます。しかし、旅そのものは外国人女性でも安全でした。まるで別の国のような農村の姿が描写されています。

イザベラ・バード著
平凡社ライブラリー

変化が及ぶのは、まだ先のことでした。人々は西洋式の流行を取り入れるのに必死でしたが、一方で日本の伝統文化は見捨てられたも同然でした。この時代、日本文化に価値を見出していたのは外国人たちだったのです。

文明開化の流れ

〔　　　〕は、政治経済項目

年	おもな出来事
1868	神仏分離令（**廃仏毀釈**起こる）。東京に牛鍋店開店 〔戊辰戦争。五箇条の誓文〕
1869	招魂社建立（戊辰戦争戦死者合祀）。**電信創業**
1870	平民に苗字許される。横浜毎日新聞（最初の日刊新聞）創刊される。洋服の着用広まる
1871	郵便事業開始。切手の発行　〔廃藩置県〕
1872	学制頒布。福沢諭吉『**学問のすゝめ**』。鉄道開業（新橋・横浜）。**太陽暦採用**。ガス灯
1873	**明六社発足**。野球伝わる。外国人との婚姻許可　〔地租改正〕
1874	銀座にレンガ街　〔民撰議院設立建白書提出〕
1875	福沢諭吉『文明論之概略』。新聞紙条例制定
1876	開智学校建設。日曜休日制度採用　〔廃刀令〕
1877	東京大学設立。博愛社（のち**日本赤十字社**）創立。第1回内国勧業博覧会。モース、大森貝塚発掘　〔西南戦争〕
1879	教育令公布。招魂社、靖国神社に改名（西南戦争戦死者合祀）
1881	〔国会開設の詔〕
1882	上野公園開園。東京で鉄道馬車開業
1883	**鹿鳴館完成**
1884	弥生土器発見　〔秩父事件〕
1885	束髪流行。坪内逍遙『小説神髄』　〔内閣制度制定〕
1887	東京で電灯営業開始
1889	**東海道本線開通**　〔大日本帝国憲法発布〕
1890	教育勅語。**電話開業**（東京・横浜間）　〔第1回帝国議会〕

福沢諭吉

もっと知りたい！

一八七〇年代のおもな新風俗

〔衣食住〕
衣…洋服の着用。靴の製造。帽子の流行
食…牛肉店。西洋料理店。ビール。巻タバコ
住…イス・テーブル。ガス灯。電灯
〔交通・通信〕
乗合馬車。人力車。自転車。鉄道。電信。電話
〔その他〕
太陽暦採用。野球。日曜休日制

明治初期のおもな啓蒙書

● **福沢諭吉**
西洋事情（一八六六）、学問のすゝめ（一八七二）、文明論之概略（一八七五）
● **中村正直**
西国立志編（スマイルズ著　一八七一）、自由之理（ミル著　一八七二）
● **田口卯吉**
日本開化小史（一八七七）
● **中江兆民**
民約訳解（ルソー著　一八八二）
● **植木枝盛**
民権自由論（一八七九）

明治時代

政府内の歩調が乱れ、明治六年の政変へ

西郷らの征韓論に反対した岩倉使節団一行の策略

POINT

- 諸説議論がある西郷の征韓論の真意
- 征韓派、反対派と新政府が初めて分裂
- 西郷たちの下野と大久保の台頭

征韓論の高まり

日本が幕末の頃から、朝鮮は鎖国政策を取っていました。明治維新後、新政府は中国と並ぶ地位を保つ態度を示したこともあり、朝鮮は日本との国交を拒否し続けます。

国内では、士族の不満のはけ口を海外に求めるという背景もあり、朝鮮に対して強硬な姿勢を取るべきだという**征韓論《せいかんろん》**が高まっていきました。

征韓論の代表者は**西郷隆《さいごうたか》盛《もり》**でした。閣議では西郷を朝鮮に派遣することが決定されましたが、天皇は欧米視察中の**岩倉具視《いわくらともみ》**を待つように指示しました。西郷は、士族の働き場所を確保するため戦争が必要という意見を持っていたようですが、**勝海舟《かつかいしゅう》**は西郷訪朝は平和交渉のためだと語っていました。

新政府、初の大分裂

欧米を巡ってきた岩倉らは、国内の整備が先だとして征韓論に反対しました。

しかし、閣議では西郷の派遣が決定済みです。反対派は抗議して辞表を提出しました。困ったのは太政大臣《だじょうだいじん》の**三条実美《さんじょうさねとみ》**でした。西郷らからは天皇への上奏を迫られ、三条は寝込んでしまいました。すると、ここで岩倉らは強硬手段に出ます。岩倉を太政大臣の代理とし、天皇に西郷の派遣が否決されたと上奏したのです。西郷らは激怒して辞職。明治新政府の初めての大分裂でした。これが**明治六年の政変**です。

もっと楽しむ！

『敬天愛人　西郷隆盛』

海音寺潮五郎著　学研M文庫ほか

著者は鹿児島生まれで島津家家老の血を引く家柄。幕末から勝海舟との会見まで描かれましたが、著者の死により未完の大作となりました。

もっと知りたい！

明治六年の政変以後

明治六年の政変は、明治政府の様相を大きく変えました。特に大きな影響を受けたのは司法省です。司法省を指揮下においていた江藤新平が下野してしまったため、それまでの仕事が途中で滞りました。当時、警察権は司法省管轄でしたが、大久保利通が新設した内務省の管轄となったのでした。

征韓論と明治6年の政変

年	月	出来事
1871	7	廃藩置県。日清修好条規
	11	特命全権大使岩倉具視ら、欧米へ出発
1873	1	徴兵令布告
	6	征韓論高まる
	8	西郷隆盛（征韓派）の朝鮮派遣決定するも、天皇、岩倉らの帰国を待つよう命令
	9	岩倉具視ら帰国。国内政治を優先する立場から西郷派遣に反対
	10	岩倉ら反対するも西郷の朝鮮派遣、閣議で再決定 明治6年の政変 新政府初の大分裂 ↓ **反対派** 岩倉、大久保利通、木戸孝允、大隈重信ら抗議して辞表 **賛成派** 西郷、板垣退助ら、天皇の裁可をあおぐよう圧力 **三条実美太政大臣、病に倒れる** 岩倉、大久保ら、天皇に岩倉を太政大臣臨時代理に任命してもらい、閣議と反対のことを上奏 ↓ 後藤象二郎、江藤新平、副島種臣ら辞表
	11	内務省新設→大久保、警察と地方行政の全権掌握。以後、大久保の専制体制

岩倉具視　西郷隆盛　大久保利通

明治時代

朝鮮を開国 明治初期の国際関係

行ったことはペリーと同じ! アジアに強く、欧米列強に弱い日本

POINT
- 条約改正を果たせなかった岩倉使節団
- 強引に朝鮮を開国させ不平等条約締結
- ロシア、アメリカとも行われた領土画定

岩倉使節団

明治政府の外交課題は何よりも幕末に締結された欧米諸国との不平等条約の改正でした。そのため**岩倉具視**《いわくらともみ》、**木戸孝允**《きどたかよし》、**大久保利通**《おおくぼとしみち》、**伊藤博文**《いとうひろぶみ》らが欧米へ派遣されました。しかし、条約改正に関しては、ほとんど相手にされませんでした。それでも現地を視察した意義はありました。特にプロシアではビスマルクの「対等な外交は国力によって獲得される」という演説に一行は感銘を受けています。日本同様に新興国家だったプロシアは、以後大きな影響を日本に与えていきます。

台湾出兵と江華島事件

アジアでは清《しん》、朝鮮と国交を再開させる必要がありました。清国とは対等条約を結びましたが、琉球民が台湾で住民に殺害される事件が起きます。清は責任外としたため事件の処理は難航。結局出兵し、清から賠償金を得るという形で解決にこぎつけました。木戸孝允は台湾出兵に反対し下野しました。

朝鮮に対しては、征韓派《せいかんは》の辞任後も開国させようとする動きが政府にありました。通告なしに**江華島**《こうかとう》付近の測量を行った軍艦が朝鮮から砲撃を受けたことをきっかけに、日本は島を占

もっと楽しむ!

『警視庁草紙』
山田風太郎著　河出文庫ほか
西郷隆盛に抜擢されて警察官僚となった川路利良は、警視庁の初代警視総監となります。物語は明治六年の政変で西郷が下野するところから始まり、やがて警視庁対元の町奉行の知恵比べが展開。伊藤博文らの役人から幸田露伴、森鷗外、幼い頃の夏目漱石や樋口一葉など錚々たる面々が登場し、史実と虚構を交えた世界が広がります。

もっと知りたい!

岩倉使節団のミス
訪米した岩倉使節団は天皇の全権委任状を持参しておらず、大久保利通と伊藤博文は一度帰国し、半年後にワシントンへ戻りました。

日本の海外進出

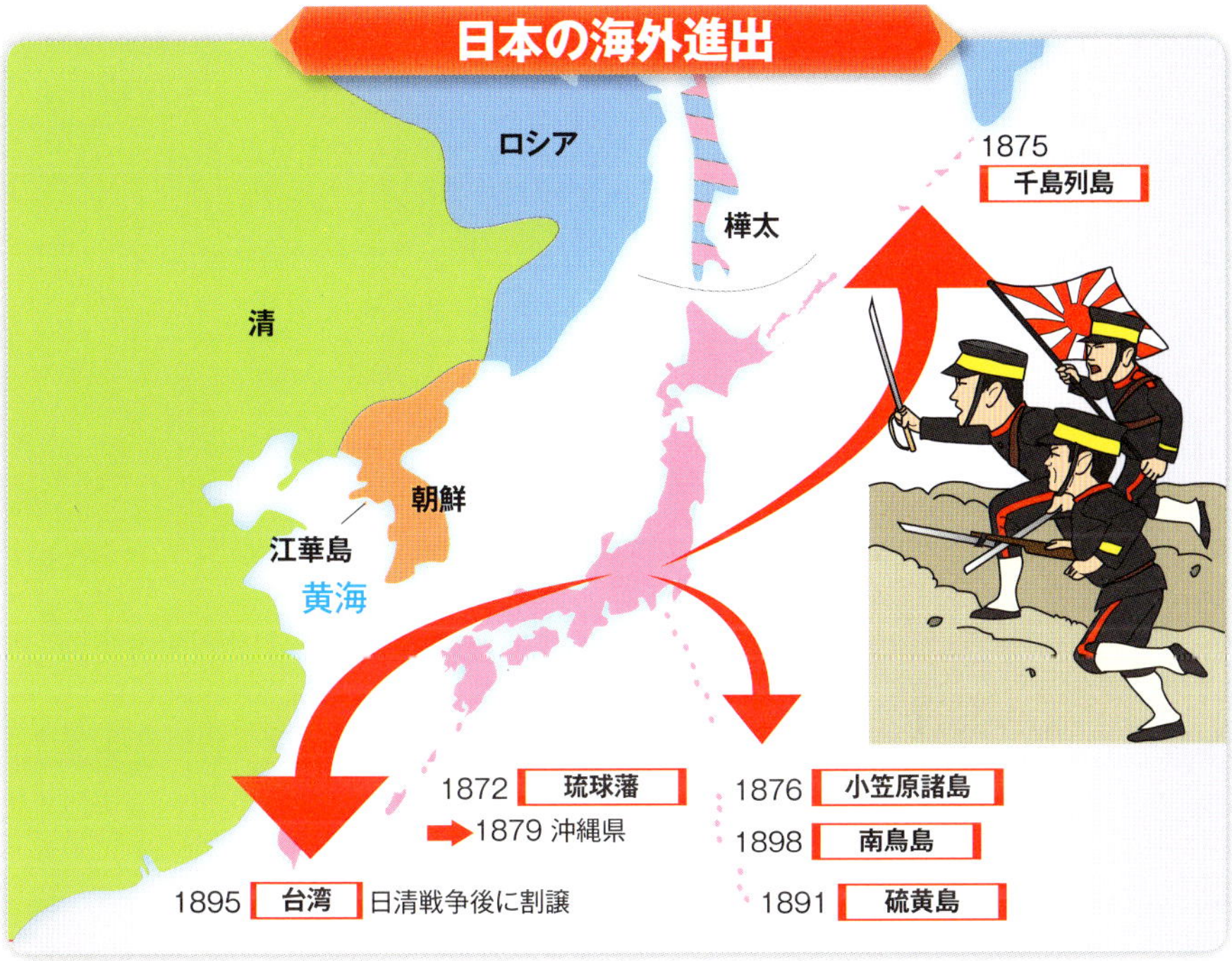

領。その方法はペリーと同じでした。日本は自分たちが体験したことを朝鮮に行い、開国と不平等条約の**日《にっ》朝修好条規《ちょうしゅうこうじょうき》**締結を実現させたのです。この行為を卑怯だと非難したのは西郷隆《さいごうたか》盛《もり》でした。その他、政府はロシアと樺太《からふと》・千島《ちしま》交換条約、アメリカには小笠原諸島の領有を認めさせて領土を画定していきました。

国と国との交渉に統治者の委任状が必要であることを知らなかったのです。条約改正交渉については相手にされませんでした。

歴史 CLOSE UP! 琉球王国のその後

15世紀初めより独立国であった琉球では、16世紀初め、尚真が首里に中央集権体制を確立し、琉球列島を統一。17世紀に薩摩藩に屈服し、その後は日本と清両国に従属した形でしたが、尚氏による王国は続いていたのです。琉球藩として日本に帰属後、尚氏は他の大名同様に華族に列せられました。

流れを知る！

一八七一
七月 日清修好条規—初の対等条約を締結
一〇月 岩倉使節団、欧米へ出発
一一月 台湾に漂着した琉球民が殺害される

一八七三
九月 岩倉ら帰国
一〇月 征韓派敗北

一八七四
五月 台湾出兵

一八七五
六月 北海道に屯田兵制度
五月 樺太・千島交換条約調印
九月 江華島事件

一八七六
二月 日朝修好条規（江華条約）調印
一〇月 小笠原諸島領有宣言

一八七九
四月 琉球処分—琉球藩を廃し沖縄県に

明治時代

西郷隆盛の挙兵 西南戦争の結果

特権をことごとく奪われた不平士族たちの将来は？

運命が分かれた征韓派

征韓論《せいかんろん》を主張して敗れた参議たちは、辞職した後、武力に訴える者と言論に訴える者とに分かれていきます。いずれにしても反政府活動が拡大することは確実であるため、政府は内務省や警視庁を設置してこれに備えました。

板垣退助《いたがきたいすけ》らは**民権運動**の主導者となります（➡二一六ページ）。

一方、最初に武装蜂起に出たのは**江藤新平**《えとうしんぺい》でした。郷里の佐賀で士族の先頭に立って反乱を起こしましたが、二か月で鎮圧され江藤は処刑されました。

最後の反乱、西南戦争

四民平等の政策で次々と特権を奪われていった士族に止めを刺したのは、**廃刀**《はいとう》**令**《れい》と**秩禄処分**《ちつろくしょぶん》でした。言論活動に対しては、新聞紙条例と官吏の批判を禁じた讒謗律《ざんぼうりつ》が出されていました。官と民の対立はより激しくなります。

士族たちは**敬神**《けいしん》**党の乱**を皮切りに、各地で反乱を起こしました。地租に苦しむ農民の一揆も多発していました。

そしてついに**西郷隆盛**《さいごうたかもり》が挙兵します。政府軍は戊辰《ぼしん》戦争《せんそう》以来の大きな内乱に直面しましたが、半年後に鎮圧。政府軍の強さが証明されました。

その後、竹橋騒動があるものの、不平士族の反乱は**西南**《せいなん》**戦争**で終わりを告げました。反政府活動の主流は、言論へと移っていったのです。

POINT

- 武装蜂起と民権運動に分かれた征韓派
- 士族の処分と言論活動の統制
- 政府軍の威力を示した西南戦争

もっと楽しむ！

『西郷札』

田原《たばる》坂で敗れた薩摩軍は宮崎一帯に集まった時、すでに鹿児島との連絡が取れなくなっていました。この時乱発された軍票が「西郷札」でした。太平洋戦争終戦後に、この西郷札をもとに一攫千金を夢見た男が、破滅していくまでを描いた短編。実質的に著者の処女作品です。

松本清張著
新潮文庫

征韓派の敗北後の動き

年	月	出来事
1873	10	征韓派敗北
		西郷隆盛、江藤新平→武装蜂起　板垣退助、副島種臣→参議辞職
1874	1	板垣ら、愛国公党結成。副島、板垣ら民撰議院設立建白書を左院に提出
	2	佐賀の乱（江藤新平）
	4	板垣ら高知に立志社設立。木戸孝允、台湾出兵に反対し辞職
1875	2	大阪で愛国社結成
	3	大阪会議ー大久保、板垣と木戸を説得し参議に復帰させる
1876	10.24	敬神党（神風連）の乱（熊本）
	10.27	秋月の乱（福岡）
	10.28	萩の乱（山口）
1877	2.15	西南戦争開始ー西郷、鹿児島に挙兵、熊本城を包囲
	6	立志社、国会開設建白書提出
	9.24	西郷、鹿児島城山で自刃。西南戦争終結
1878	5	大久保利通、暗殺される（紀尾井坂の変）
	8	竹橋騒動ー近衛砲兵隊で反乱

不平士族の反乱

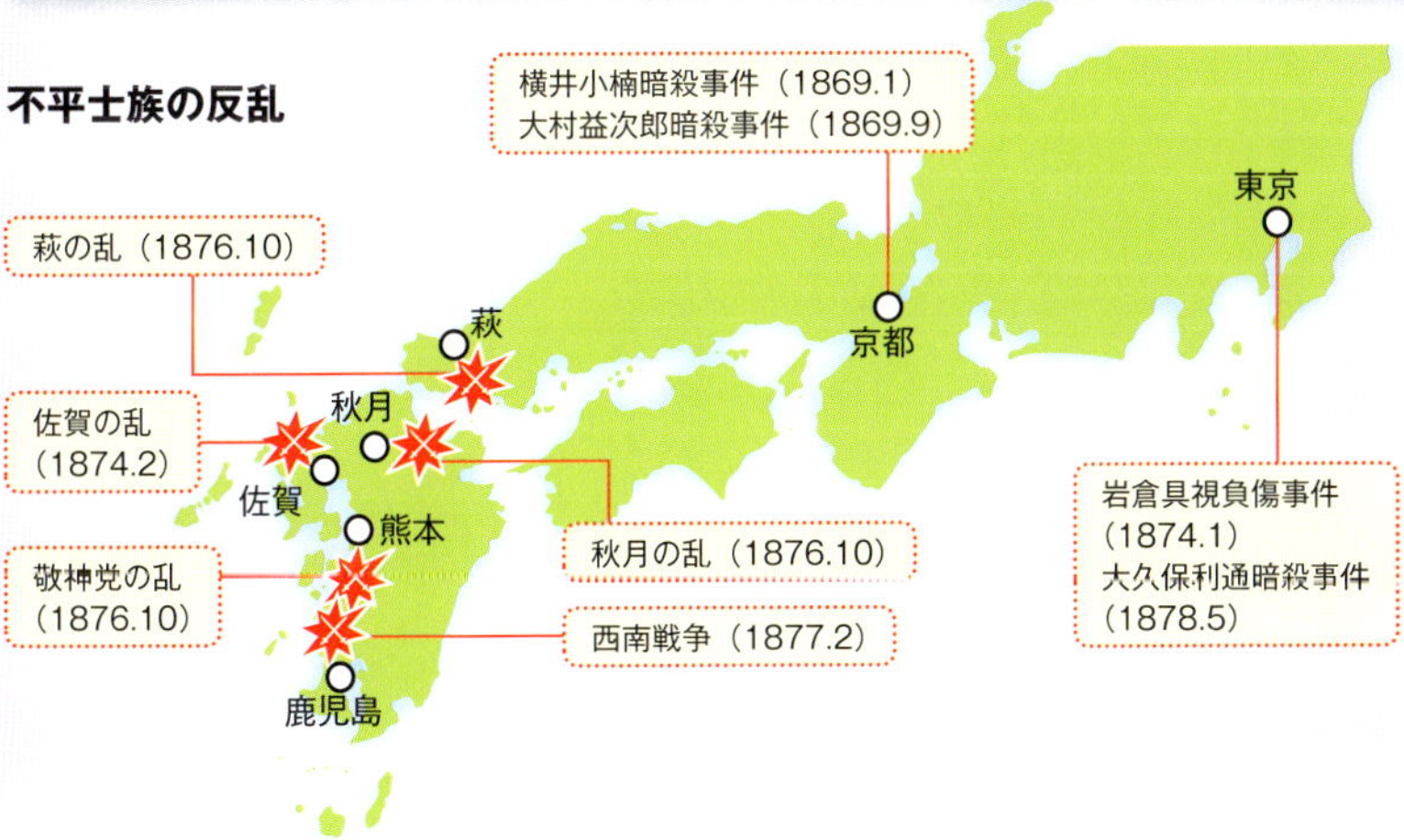

流れを知る！

西南戦争
一八七七（明治一〇）年
二月一五日 西郷軍鹿児島出発
二月二二日 西郷軍、熊本城を包囲
熊本鎮台、抵抗し戦線膠着
政府軍博多に上陸し南下開始
三月四日～三月二〇日
田原坂の攻防
政府軍、西郷軍を次第に追い詰め
勝利
西郷軍、熊本へ退却
三月八日 政府軍、鹿児島に奇襲
上陸
三月一九日 政府軍、熊本の日奈
久付近に奇襲上陸
四月一五日 黒田清隆率いる政府
軍、熊本城を包囲する西郷軍を突
破して入城
西郷軍、敗走を始める
六月二五日 西郷軍、宮崎で西郷
札発行
九月二四日 鹿児島の城山で自決
西南戦争終結

明治時代

立憲政治の成立へ 自由民権運動の始まり

立憲政治の始まりと、主導権を握った伊藤博文

POINT

- 少数藩閥官僚、専制への反抗から民権運動に
- 政府は立憲政治の主導権掌握を目指した
- 政府の中心人物は大久保利通から伊藤博文へ

民撰議院設立建白書

征韓論《せいかんろん》の敗北で辞職した**板垣退助**《いたがきたいすけ》らは、**愛国公党**《あいこくこうとう》を結成し**民撰議院設立建白書**《みんせんぎいんせつりつけんぱくしょ》を提出。国会を開設して国民の政治参加を求めると同時に、一握りの官僚が政治を行う体制を批判しました。これをきっかけに自由民権運動が広まっていきます。しかし、政府も憲法と国会を備えた立憲政治を構想していました。**民撰議**《みんせんぎ》**院**、つまり国会の必要性は認めていたのです。ただし、その主導権を掌握し慎重に準備を進める必要がありました。民間の急進的な運動は弾圧する姿勢が強化されていきます。

　その一方で政府は、立法諮問機関である元老院と司法機関である大審院を設置し、漸次立憲体制を整えていくことを約束。三新法、府県会によって地方の行政が整備され、地方でも政治への関心が高まっていきました。士族中心だった民権運動に、豪農や地主らも参加するようになったのです。

大隈重信対伊藤博文

　全国の民権派が集結して結成された愛国社《あいこくしゃ》は、国会《こっかい》期成《きせい》同盟と改称され国会開設を要求しましたが却下されます。国会の早期開設を求める参議もいました。**大**《おお》**隈重信**《くましげのぶ》です。大久保利通《おおくぼとしみち》の暗殺後、政府の中心は大蔵関係のトップである大隈と内務関連を掌握していた**伊**《い》**藤博文**《とうひろぶみ》でした。国会開設について大隈と伊藤は対立します。

　その頃、開拓使の官営事

もっと楽しむ!

『闇の蛟竜』

津本陽著　角川書店

実在した人物、東海佐一郎は将来を有望視された青年でしたが、あるきっかけにより藩閥政府に批判的になり、一転して政府転覆資金を稼ぐ盗賊に。歴史の暗部に隠れた事実を壮大に描き出した作品です。

もっと知りたい!

おもな私擬憲法案

国会開設運動が高まるとともに、自由民権派など民間の人々が理想とする憲法案を作りました。私擬憲法と呼ばれるもので、おもな草案の名称と起草者は次の通りです。

業が藩閥関係の商社に安く払い下げられていることが明らかとなり、政府に対する批判が高まりました。政府は払い下げを中止し、国会開設を明治二三年と約束。大隈を罷免しました。明治一四年の政変と呼ばれる一連の処置により、政府は立憲政治の主導権を握ることとなります。その中心にいたのは伊藤でした。

自由民権運動の初期

年	月	民権運動に関わる動き	政府の動き
1873（明治6年）	10	征韓派敗北	
	11		内務省新設。大久保利通「立憲政体ニ関スル意見書」
1874	1	板垣ら、愛国公党結成。副島、板垣ら民撰議院設立建白書を左院に提出	
	4	板垣ら高知に立志社結成	
1875	2	大阪で愛国社結成	
	3		大阪会議ー板垣と木戸参議に復帰（板垣、再び辞職）
	4		元老院設置、漸次立憲政体を立つるの詔発布
	6		第1回地方官会議。讒謗律、新聞紙条例制定
1876	9		元老院で憲法起草
1877	6	立志社、国会開設建白書提出	
1878	5		大久保利通、暗殺される。以後、政府中心は伊藤博文と大隈重信に
	7		三新法（郡区町村編制法、府県会規則、地方税規則）制定
1879	3		府県会開設
1880	3	愛国社、国会期成同盟と改称	
	4		集会条例制定。国会期成同盟、国会開設請願（不受理）
	11		官営工場の払い下げ開始
1881（明治14年）	3		大隈重信、早期国会開設を建議
	7	北海道開拓使官有物払い下げ事件	明治14年の政変ー大隈罷免。明治23年国会開設の詔。政府中心伊藤、岩倉に。大蔵卿に松方正義
	10	自由党結成（党首板垣）	

伊藤と大隈の対立

伊藤博文
漸進的に国会開設
大隈案の内容について「君権を人民に放棄するもの」と非難

大隈重信
速やかに国会を開設するよう上奏

一八八一年起草・発表
国憲意見　福地源一郎
私擬憲法案　交詢社
東洋大日本国国憲按　植木枝盛
日本憲法見込案　立志社
一八八二年起草・発表
憲法草案　井上毅
憲法草案　西周

明治時代

自由民権運動の激化と崩壊への道

国会開設が約束され、党結成に分裂する政府と、憲法発布

民権派＝過激派？

自由民権運動は自由を求めた庶民と政府の弾圧に苦しんだという図式で見られがちです。しかし、民権運動自体が迷走したことも否定できない事実です。

国会開設が約束されると、**板垣退助**《いたがきたいすけ》は**自由党**《じゆうとう》を、**大隈重信**《おおくましげのぶ》は**立憲改進党**《りっけんかいしんとう》を結成しました。自由党は元士族が多く急進的で、改進党は知識層が多く比較的穏健派でした。政府支持の**立憲帝政党**《ていせいとう》も旗揚げしました。

板垣退助

党結成の翌年、板垣は襲撃されるものの一命は取りとめます。その後、政府の働きかけで板垣は渡欧。自由党の弱体化を狙ったもので、指導者を欠いた自由党員は過激な行動に走ります。不況が続く農民たちの不満と結びついた事件もあり、純粋な民権運動と異なるものも少なくありませんでした。その後すぐ、改進党の大隈ら幹部も党を脱退し、民権運動は崩壊していきます。

憲法発布へ

伊藤博文《いとうひろぶみ》は渡欧してプロイセン憲法などを学び、本格的な憲法制定に取り掛かりました。内閣制度も制定され伊藤が初代首相に就任します。

民権運動では各派が協力する大同団結《だいどうだんけつ》運動を展開し、**三大事件建白書**を提

POINT

- 板垣渡欧で過激化した自由民権運動
- 農村の不況と結びつく運動の迷走
- 着実に進められた政府の国家体制整備

もっと楽しむ！

『峠の廃道　秩父困民党紀行』
井出孫六著
平凡社ライブラリー

秩父事件を支えていたのは、地元民の「峠のネットワーク」とも言うべき交通・情報網でした。中央政府により建設された「近代国家」とは別のシステムに着目し、今では廃道となった山道を辿りながら、事件の実体に迫っていく作品です。

もっと知りたい！

板垣退助の外遊

板垣を渡欧させたのは政府の井上馨でした。政府は自由党の弱体化を狙って板垣を外遊させましたが、欧州の現状を視察させる目的も持っていました。実際、板垣は自由民権運動の母国と考えられてい

自由民権運動の激化と国会開設まで

年	月	おもな出来事
1881	10	明治23年国会開設の詔。自由党結成（党首板垣）
1882	3	伊藤ら憲法調査のため渡欧（〜83.8）。立憲改進党結成（党首大隈）。立憲帝政党結成（党首福地源一郎）
	4	岐阜で板垣暗殺未遂事件
	11	板垣ら渡欧（〜83.6）。福島事件ー会津自由党員、警官と衝突
1883	3	高田事件ー内乱陰謀容疑で自由党員逮捕
1884	5	群馬事件ー自由党員蜂起
	9	加波山事件ー自由党員蜂起
	10	自由党解党。秩父事件ー貧農、自由党員指導下で高利貸、役所など襲撃
	12	飯田事件ー自由党員挙兵計画。大隈、立憲改進党離脱
1885	11	大阪事件ー自由党員、朝鮮クーデター計画
	12	内閣制度制定（第一次伊藤内閣成立）
1886	5	井上馨、条約改正交渉
1887	6	伊藤、憲法草案の検討開始
	10	後藤象二郎ら、大同団結運動を開始 三大事件建白書（言論集会の自由、条約改正中止、地租軽減）提出。保安条例公布・施行
1888	2	大隈入閣、外相に
	4	枢密院設置。伊藤議長に
	6	枢密院で憲法草案審議開始
	11	大隈、条約改正交渉
1889	1	徴兵令改正（徴兵猶予廃止）
	2	大日本帝国憲法発布。黒田首相、超然主義宣言
1890	5	府県制、郡制公布（地方自治制度確立）
	7	第1回衆議院議員総選挙
	9	立憲自由党結成（党首板垣退助）
	11	第1回帝国議会召集

出。反政府的な気運が高まりましたが、政府は保安条例を公布、即日施行して六〇〇人近くを東京から追放しました。

その一方で政府は民権派の大隈や後藤象二郎を入閣させる懐柔策を取っていました。最終的に憲法は天皇の諮問機関である枢密院《すうみついん》で審議され、発布されることとなります。

歴史 CLOSE UP! 天皇に嫌われた首相

1889年2月11日に行われた憲法発布の式典で、憲法は天皇から首相黒田清隆に渡されましたが、天皇は酒乱で有名な黒田を嫌っていました。黒田はもともと憲法制定反対派。その黒田が首相として、天皇から憲法を受け取ったのは歴史の皮肉でした。

たフランスの未熟な政治に幻滅。その後、彼はイギリスを模範にすべきだと考えるようになったのです。政府の目論見どおり、板垣の外遊は本人の思想を変化させ、自由党のみならず、自由民権運動そのものも崩していく原因となったのでした。

明治時代

アジアの国として初めての立憲国家に

列強への仲間入りの第一歩　憲法発布と議会開設

POINT

- プロイセンを模範とした欽定憲法
- 統治権の乱用は否定された天皇制の確立
- 超然主義が困難となる帝国議会

国家体制の整備

内閣制度確立に伴い、天皇については内大臣や宮内大臣を置いて宮中を管轄させ、政府からは切り離されました。**大日本帝国憲法**はプロイセン憲法を模範として、天皇が定めて発布する**欽定《きんてい》憲法**であり、天皇は神聖不可侵とされましたが、統治権は無制限ではなく憲法の条文に従う必要がありました。

天皇は陸海軍を**統帥《とうすい》**、つまり軍隊を動かす権限を持ちましたが、これは陸海軍の統帥部が補佐し発動されるもので、政府や議会は介入できませんでした。統帥権はその後軍部の拡大解釈により乱用されることとなります。

憲法発布や議会開設に先立ち、政府は地方制度と諸法律の整備を行いました。民法整備に関しては、フランス風の自由主義的な内容であったため、保守層から反対意見が出て施行が延期される事態が起こり、修正され公布されました。

政党と結びつく政府

帝国議会が召集されるに当たり、政府は不偏不党の超然主義を宣言しましたが、民権派の政党が過半数を占め、政府に反対したことから、やがてこの原則は破られていきます。民党側も政治参加のためには政府に歩み寄る必要がありました。第二次伊藤内閣の頃から、自由党は政府に接近していきました。

初期議会では政府の予算案と条約改正が問題とさ

もっと知りたい！

大日本帝国憲法と日本国憲法の比較

大日本帝国憲法		日本国憲法
主権在君	主権	主権在民
神聖不可侵の元首	天皇	国民統合の象徴
天皇が任命、天皇を輔弼	内閣	議院内閣制
天皇の立法権協賛機関 衆議院・貴族院の二院制	国会	国権の最高機関 衆議院・参議院の二院制
衆議院は公選（制限付）	選挙	普通選挙

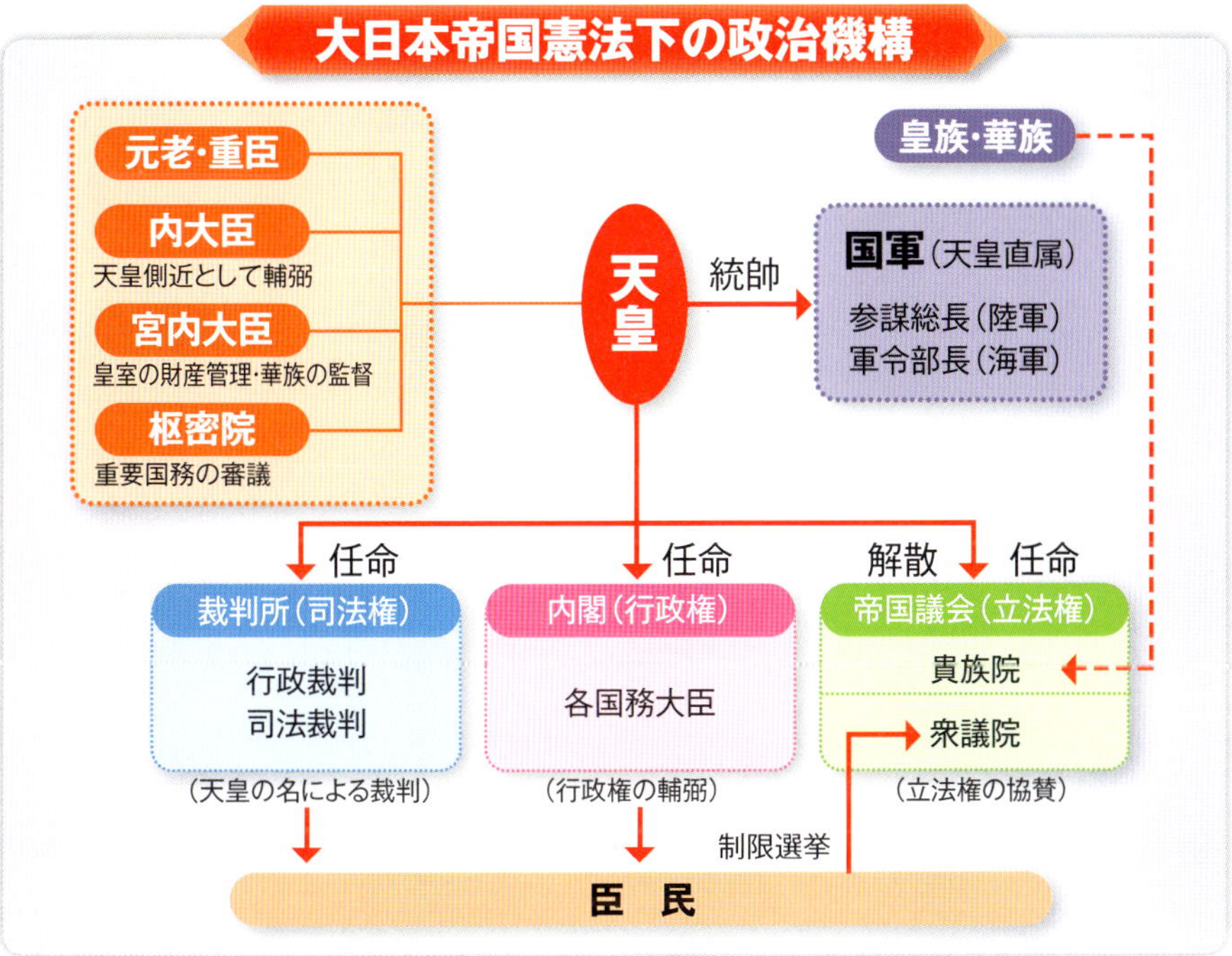

れ、衆議院の解散に追い込まれることが度々起こります。政府は自由党との妥協や天皇の詔勅を持ち出すなどして議会を運営していきます。戦争のおもな原因は他にあったものの、日清戦争へと突入することになったのも反政府の動きを抑えるためという側面があったのです。

歴史 CLOSE UP!

国民の知らなかった憲法

憲法発布を国民は歓迎しましたが、その内容を知る人はいませんでした。中江兆民は「賜与せらるるの憲法、果たして玉かはた瓦か、いまだその実を見るに及ばずして、まずその名に酔う。わが国民の愚にして狂なる。何ぞかくのごとくなるや」と嘆きました。

政党の変遷（日露戦争まで）

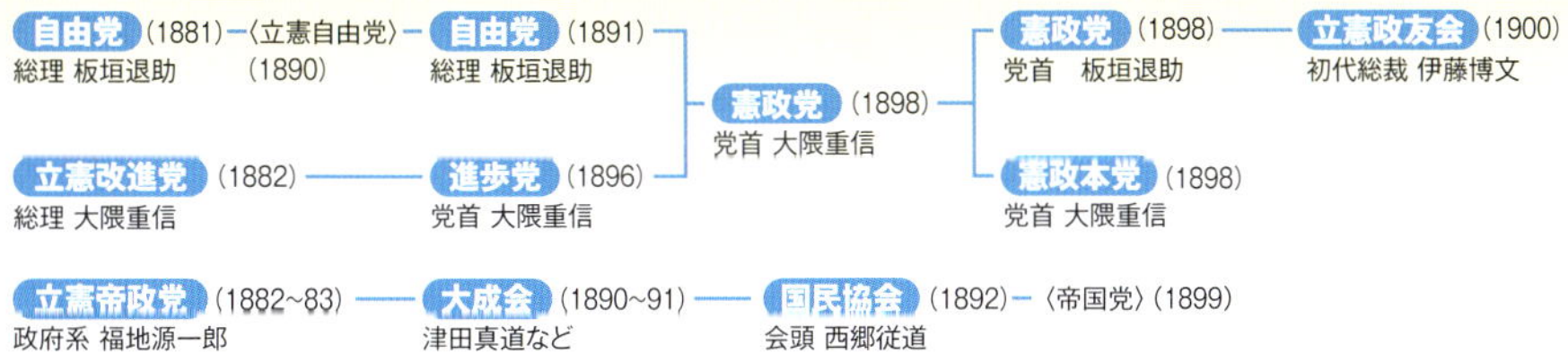

明治時代▼

最大の外交問題 不平等条約の解決

幕末から半世紀　明治いっぱいを費やしてようやく改正

涙ぐましい鹿鳴館？

国内政治が整えられていく一方、最大の外交課題である不平等条約の改正はなかなか進みませんでした。条約改正のためには、まず国内政治を整備し、富国強兵を実現させなければなりません。つまり平等な条約を結ぶためには、列強から認められる必要があったのです。

井上馨《いのうえかおる》が取った欧化政策もその一環でしたが、外国に媚びて単に模倣しただけの**鹿鳴館**《ろくめいかん》**外交**は政府内外から非難されました。

挫折を繰り返した交渉

井上の外交交渉は**ノルマントン号事件**で挫折しました。治外法権のため、船長は英国の領事裁判所で裁かれ軽い刑罰のみとなりました。この事件は条約改正の必要性を国民に改めて感じさせました。

次の外相の**大隈重信**《おおくましげのぶ》は、メキシコとの条約改正に成功したものの、外国人判事を任用することをイギリスの新聞に暴露されてしまいます。

憲法発布後の**青木周蔵**《あおきしゅうぞう》の交渉は成功するかに見えましたが、**大津事件**《おおつじけん》のため頓挫しました。治外法権の撤廃が実現するのは、**陸奥**《むつ》**宗光**《むねみつ》のときです。関税自主権が回復されるのは、日清・日露戦争に勝利した後の一九一一年のことです。その翌年、時代は大正を迎えました。

条約改正交渉は文字通り明治時代いっぱいを費やして行われたのです。

POINT

- 難航を極めた明治政府最大の外交課題
- 条約改正の基本要件だった国内政治整備
- ロシアに勝ってようやく認められた地位

もっと楽しむ！

『鹿鳴館』

三島由紀夫著　新潮文庫ほか

文学座二〇周年記念公演のために書かれた戯曲。明治一九年の天長節に鹿鳴館で催された大夜会を舞台に、四人の男女の運命を辿っています。

もっと知りたい！

鹿鳴館

欧米諸国の関心を引こうとした欧化政策の象徴が鹿鳴館でした。一八八三年、イギリス人のコンドルの設計で、現在の日比谷公園の近くに完成した鹿鳴館は、政府高官や外国要人の社交場、または政治会合の会場として使われました。表向き華やかな世界を演出した鹿鳴館でしたが、重税などで苦しい

不平等条約改正交渉の流れ

年	担当者	経過	結果
1854	阿部正弘（老中）	日米和親条約（英・露・蘭とも同様の条約）締結	片務的最恵国待遇
1858	井伊直弼（大老）	日米修好通商条約（英・露・蘭・仏とも同様の条約）締結	治外法権承認、関税自主権喪失
1872	岩倉具視（右大臣）	遣欧米使節団、最初の対米交渉を試みる	交渉できず
1878	寺島宗則（外務卿）	関税自主権回復を求めアメリカと交渉。条約改定書に調印	英独の反対で無効に
1879～87	井上馨（外務卿、外務大臣）	欧化政策（鹿鳴館外交）	
		鹿鳴館建設（83）	
		ノルマントン号事件（86）	治外法権撤廃の世論が高まる
		条約改正会議開催（86） 外国人判事任用、内地雑居、西欧主義法典採用などで不平等条約改正を狙う	三大事件建白書（言論集会の自由、外交失策の挽回、地租軽減）提出、運動激化
1888～89	大隈重信（外務大臣）	大審院に外国人判事任用を条約改正案に盛り込む。各国個別交渉を目指す	国内外で反対論 大隈、右翼テロで負傷 交渉中止
1889～91	青木周蔵（外務大臣）	治外法権撤廃目指す。イギリス同意したが大津事件のため頓挫	交渉中止
1894	陸奥宗光（外務大臣）	日英通商航海条約締結→治外法権撤廃	領事裁判権の撤廃 関税自主権の一部回復
1894	日清戦争		
1902	日英同盟		
1904	日露戦争		
1911	小村寿太郎	日米通商航海条約満期、改正条約調印	関税自主権の完全回復

岩倉具視

大隈重信

生活を送っていた庶民からは激しく非難されました。その他、欧化政策の主張には、国民の意識から乖離したものがありました。例えば、森有礼文部大臣は「日本語廃止、英語を母国語に」と、福沢諭吉は「キリスト教を国教に」と発言しています。

ノルマントン号事件

一八八六年一〇月、紀伊半島沖でイギリスの貨物船ノルマントン号が難破しました。船長以下乗組員は無事に脱出しましたが、二三人の日本人の乗客は全員水死。領事裁判の結果、船長は無罪、のちに日本側の告訴で三カ月の禁錮となりました。

大津事件

一八九一年、滋賀県大津で、来訪中のロシア皇太子（後の皇帝ニコライ二世）に護衛中の巡査津田三蔵がサーベルで切りつけた事件。皇太子は重傷を負いました。政府はロシアの報復を恐れて死刑に処そうとしましたが、大審院長児島惟謙は、法律通り無期懲役の判決を指示し司法の独立を守りました。

明治時代

日清戦争に勝利し大陸進出を果たす

朝鮮半島をめぐる明治政府初の対外戦争

POINT

- 朝鮮をめぐり清と対立した日本
- 背景にあったロシアに対する恐れ
- 三国干渉で噴出するロシアへの反感

朝鮮半島の動き

日朝修好条規《にっちょうしゅうこうじょうき》（➡二一一ページ）を締結した後も、政府のアジア外交において朝鮮は重要な位置を占めていました。特に朝鮮半島がロシアの勢力下に入ることは、日本の存亡にも関わる問題でした。政府は、朝鮮を影響下に置きたかったのですが、清《しん》は朝鮮を属国とみなしていました。

一八八〇年代、朝鮮では日本から軍事顧問を招いて国内改革が進んでいましたが、保守派は日本公使館を襲うなどしてクーデターを起こしました（**壬午軍乱**《じんご》）。これは清の軍により鎮圧されました。

その後、清がフランスとの戦争で敗北を続けると、今度は改革派が日本公使の援助を受けて蜂起（**甲申事変**《こうしん》）しましたがこれも失敗します。**天津条約**《てんしん》により事後処理が行われ、朝鮮は清の影響下に置かれることとなりました。自由民権派はこれを弱腰外交だとして政府を非難しました。

戦争勝利と三国干渉

朝鮮で民族主義的な東学《とうがく》党《とう》が蜂起すると、日清両国は鎮圧のため派兵。日本は清に対し両国で朝鮮改革を進めることを提案するが拒否されます。その頃、イギリスが日本に好意的な姿勢を見せ、治外法権撤廃も認められたため、政府は開戦へと踏み切ります。

日本軍は、約八か月で勝利。下関で講和会議が開かれ、日本は大陸進出への第一歩を踏み出しましたが、

もっと楽しむ！

『藤野先生』

魯迅は一九〇四年に仙台医学専門学校に留学しました。そこで出会った「風采のあがらない」解剖学の教授が藤野先生で、魯迅のノートの内容を熱心に直してくれたのでした。一方、優秀な成績を取る魯迅を見て、藤野先生が試験問題を漏らしているのではないかと疑う学生も現れます。中国と日本の複雑な関係も浮かび上がってくる作品です。

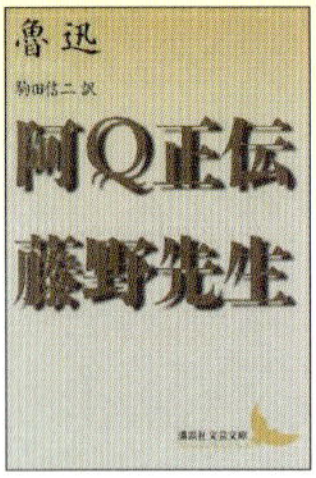

魯迅著
講談社文芸文庫

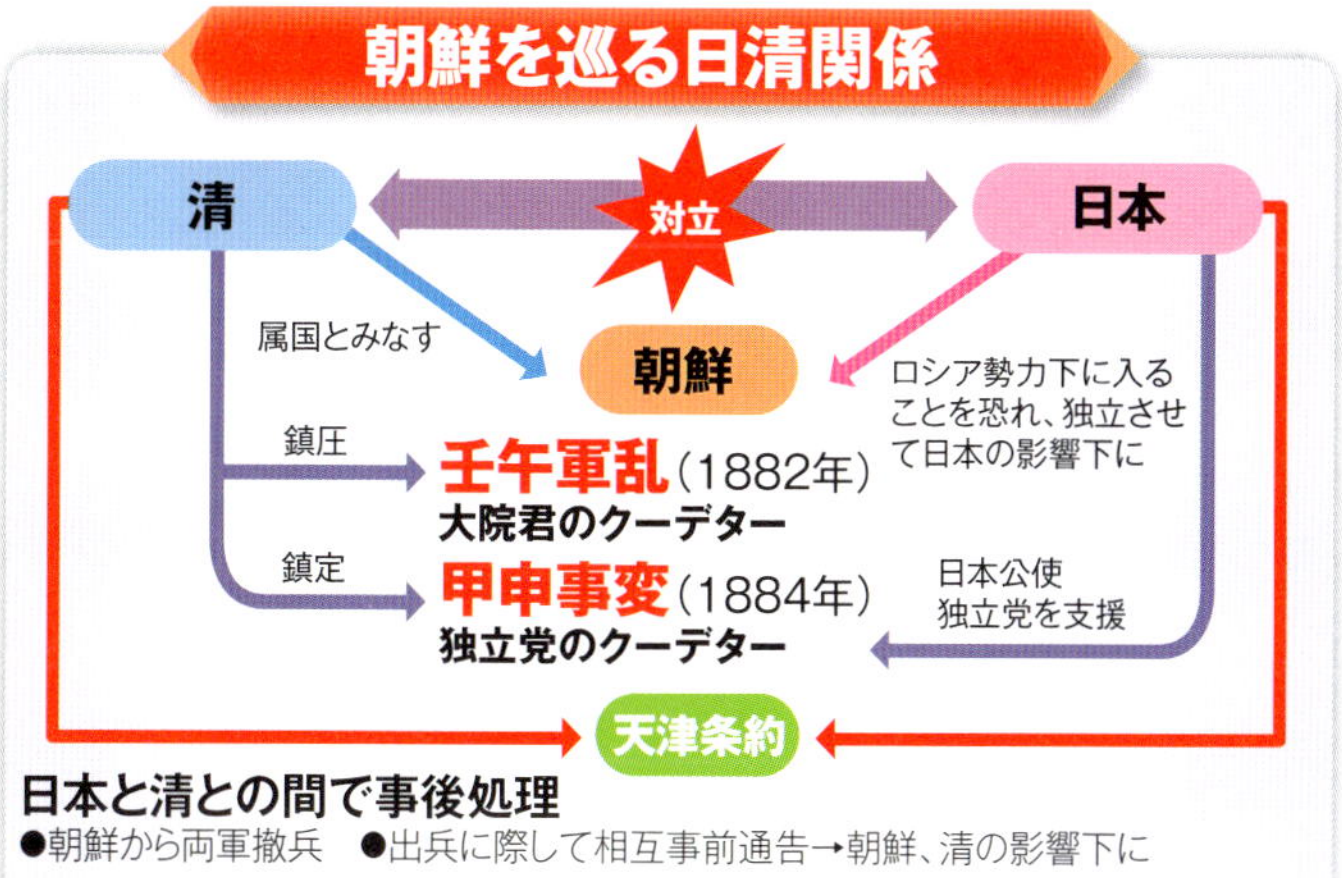

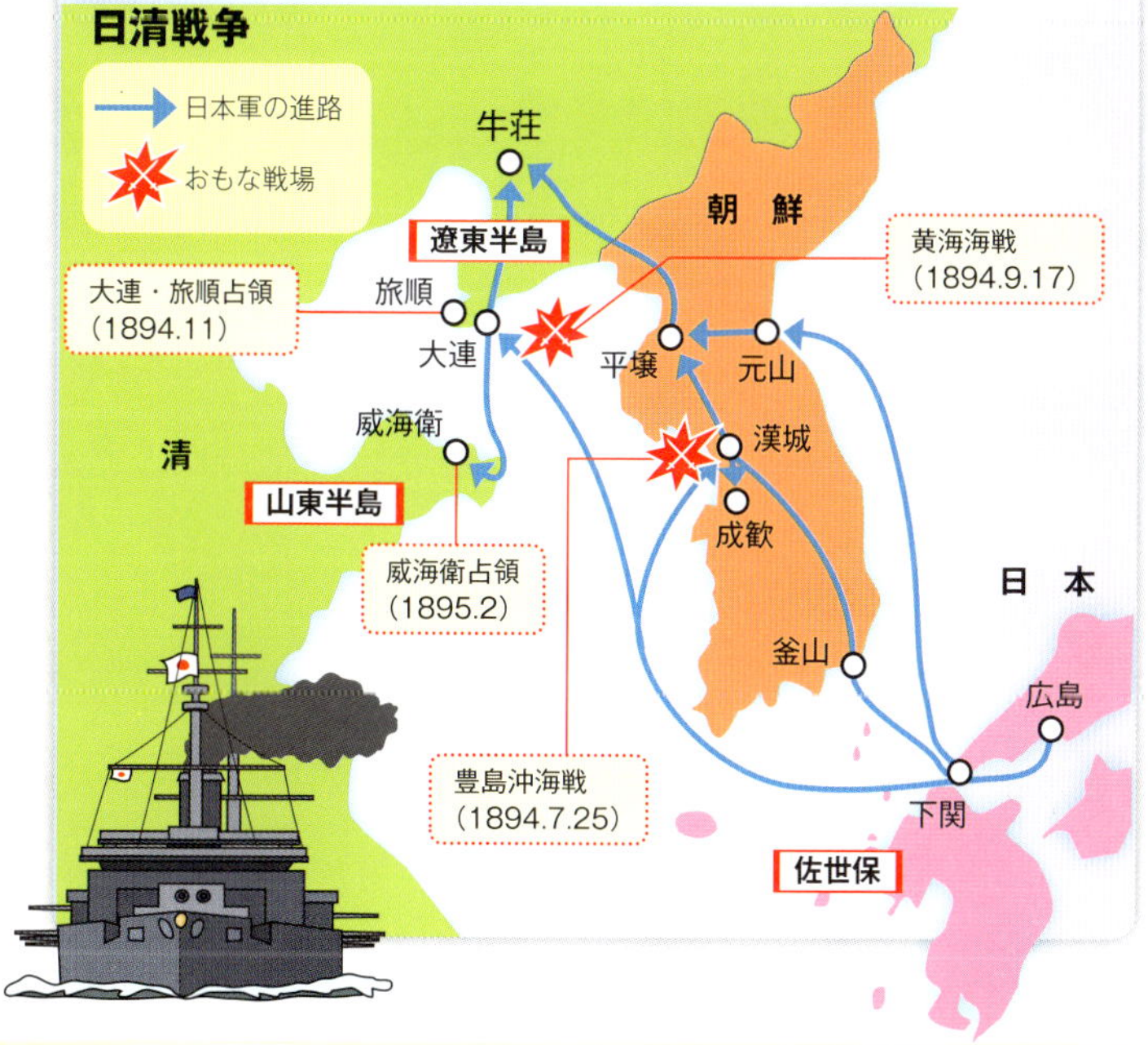

ロシアは日本を警戒してフランス、ドイツとともに遼東《りょうとう》半島を清へ返すよう申し入れてきました。これが**三国干渉《さんごくかんしょう》**です。日本は列強に対抗する力がなかったため圧力に屈しました。この干渉に対する反発は強く、特にロシアへの反感は高まっていきました。日露戦争への準備はここから始まったと言えます。

流れを知る！

- **一八七五** **九月** 江華島事件
- **一八七六** **二月** 日朝修好条規（江華条約）
- **一八八二** **七月** 壬午軍乱
- **一八八四** **一二月** 甲申事変
- **一八九四** **三月** 朝鮮で東学党蜂起（甲午農民戦争） **六月** 日清両国、鎮圧のため派兵決定。政府、大本営設置 **七月** 日本艦隊、清国軍艦へ砲撃（日清戦争開戦）
- **一八九五** **三月** 李鴻章来日、講和会議開催 **四月** 日清講和条約（下関条約）調印 露、仏、独の三国干渉

明治時代

日露戦争で奇跡的な勝利を収める

開戦やむなし国家と国民の命運を賭けた戦い

日清戦争後の状況

小国日本が勝利したため、清《しん》の弱さが露呈されると、列強はこぞって清に勢力を伸ばし、植民地の獲得競争を始めました。日本は朝鮮を勢力下に置きましたが、親露派の政権が誕生し、ロシアとの対立が続きました。

三国干渉《さんごくかんしょう》で日本から領土を取り戻した見返りとして、ロシアは清に対し、自国の清国内での権利を大幅に拡大する密約を取り交わしました。

さらに清に返還されたはずの**遼東**《りょうとう》**半島**に租借地を設け、実質的な支配地域としてしまいました。

政府と民間の差

清国内で外国人の排斥を訴える**義和団**《ぎわだん》が事件を起こすと、列強は連合軍を北京に送り反乱を鎮圧しました。ところがロシアは事件が収束した後も満州に留まり南下の気配を示していたため、政府は**日英同盟**《にちえいどうめい》を締結し、これを牽制しました。この同盟は、列強間との初の対等条約でした。

満州をめぐる問題などについて、政府は外交交渉を進めていました。ロシアとの戦争は回避すべきだと考えていたのです。

しかし、民間やマスコミでは開戦論が盛り上がり、外交交渉に失敗した政府は、やむなく対露戦を決めました。

圧倒的な国力の差をはね返し、一年八か月の戦争で、日本は奇跡的に勝利を収めます。しかし日本はすでに余力がなかったため、

POINT

- 列強の中国分割と、ロシアの満州占領
- 外交解決を目指した政府と民間の開戦論
- 日本の運命を決めた奇跡的な勝利

もっと楽しむ!

『坂の上の雲』

日露戦争を巨細に描ききった長編作品。陸軍の秋山好古、海軍の秋山真之の兄弟を軸に、日本が直面したこの戦争の真実を綿密に辿っています。

司馬遼太郎著
文春文庫

もっと知りたい!

最初から仲介を依頼

政府は開戦と同時期にアメリカ大統領に和平仲介の打診を始めました。つまり最初からロシアに勝てるとは思っておらず、早く戦争を

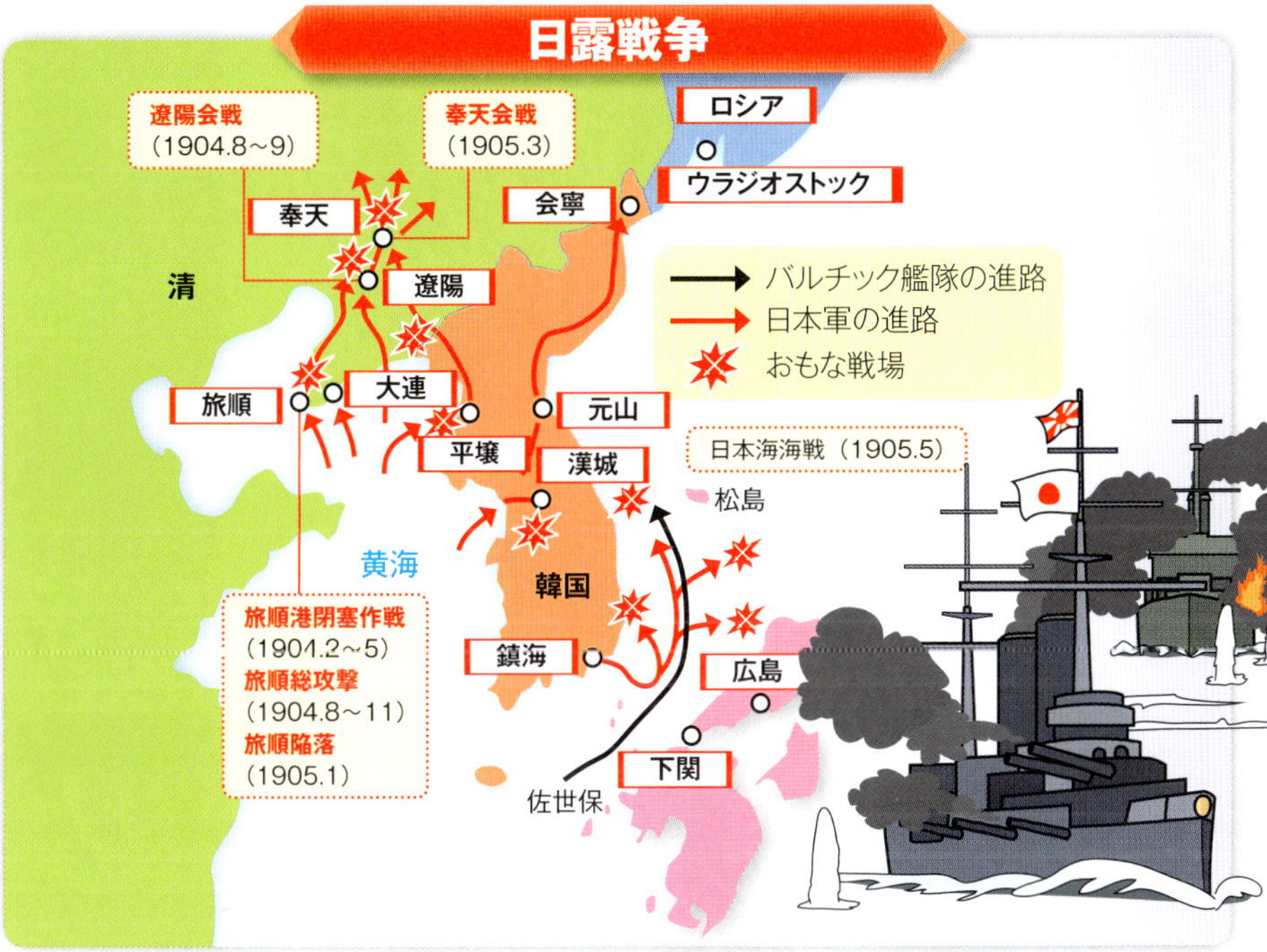

政府は米大統領の仲介により**ポーツマス条約**を締結しました。

ところが多額の賠償金を期待していた民衆は、条約の内容に大いに不満を持ち、**日比谷焼打ち事件**を起こします。新聞も政府を批判しました。政府は、日本に戦争継続能力がなかったことを公にしませんでした。また、日本軍の勝利が極めてきわどいものであったことも国民には伏せられていました。

この政府や軍の隠蔽体質は、後の日本の歴史に大きな影響を与えます。日露戦争の勝利は、日本の進路を悪い方へ変えていくことになったのです。

終わらせたかったのです。そして日本海海戦で、条約締結を仲介してもらったのでした。

流れを知る!

一八九五
四月 日清講和条約。三国干渉
七月 朝鮮に親露派政権
一〇月 朝鮮に親日派政権

一八九六
二月 再び朝鮮に親露派政権

一九〇〇
六月 北清事変。義和団事件により日本出兵

一九〇二
一月 日英同盟協約締結

一九〇三
六月 知識層が対露強硬意見出す
九月 満州、韓国をめぐる日露交渉行き詰まり

一九〇四
二月八日 旅順港外のロシア艦隊を攻撃
二月一〇日 宣戦布告、日露戦争勃発

一九〇五
五月 日本海海戦
九月 ポーツマス条約調印。日比谷焼打ち事件

明治時代

日露戦争勝利は不幸の始まりだった？

対露戦勝利で歩み始めた大陸進出への道　韓国併合と満州進出

POINT

- 日露戦争勃発とともに本格的に韓国へ進出
- 戦争勝利によって韓国を抑えて満州へ
- 満州をめぐり対立し始めた日本とアメリカ

韓国を支配下へ

日露戦争が勃発すると、**日韓議定書**が調印されました。これは朝鮮半島を移動する必要があった日本軍の行動を保障するものでした。政府はさらに韓国の保護国化へと本格的に動き出したのです。そしてロシアに勝利したことで、日本は**韓国統監府**《とうかんふ》を置き、さらに満州《まんしゅう》へと進出してゆきました。

韓国は**ハーグの万国平和会議**に密使を送り、日本の政策を非難しましたが受け入れませんでした。さらに、密使が明らかにされたために、日本政府は皇帝を退位させて内政権も掌握しました。韓国では反日運動がより強まり、その結果として統監府統監だった**伊藤**《いとう》**博文**《ひろぶみ》は、ハルビンの駅で韓国の民族運動家に暗殺されました。

翌年政府は韓国併合を強行。植民地として、名称を朝鮮に改め、天皇直属の**朝鮮総督府**《ちょうせんそうとくふ》が置かれることになったのです。

伊藤博文

悪化する対米関係

日露戦争後、アジアへの進出をあきらめたロシアとの関係は協調的になりました。その一方で日本の強大化や満州進出を警戒するアメリカとの関係が悪化していきました。

もっと楽しむ!

『伊藤博文を撃った男　革命義士安重根の原像』

斎藤充功著　中央文庫ほか

新たな写真資料などをもとに、安《アン》重根《ジュングン》の実像に迫った作品。外国人排斥運動の高まりによって、韓国の国難に気付いた安は、父の挙兵に参加して戦ったものの敗れ、一時はフランス人神父の教会に身を潜めます。その後「革命義士」として成長していきますが、国を思うその姿と時代背景は日本の幕末を思い出させます。

流れを知る!

一八九七　**一〇月**　大韓帝国成立

一九〇四　**二月**　日露戦争勃発

日露戦争後の日本の領土

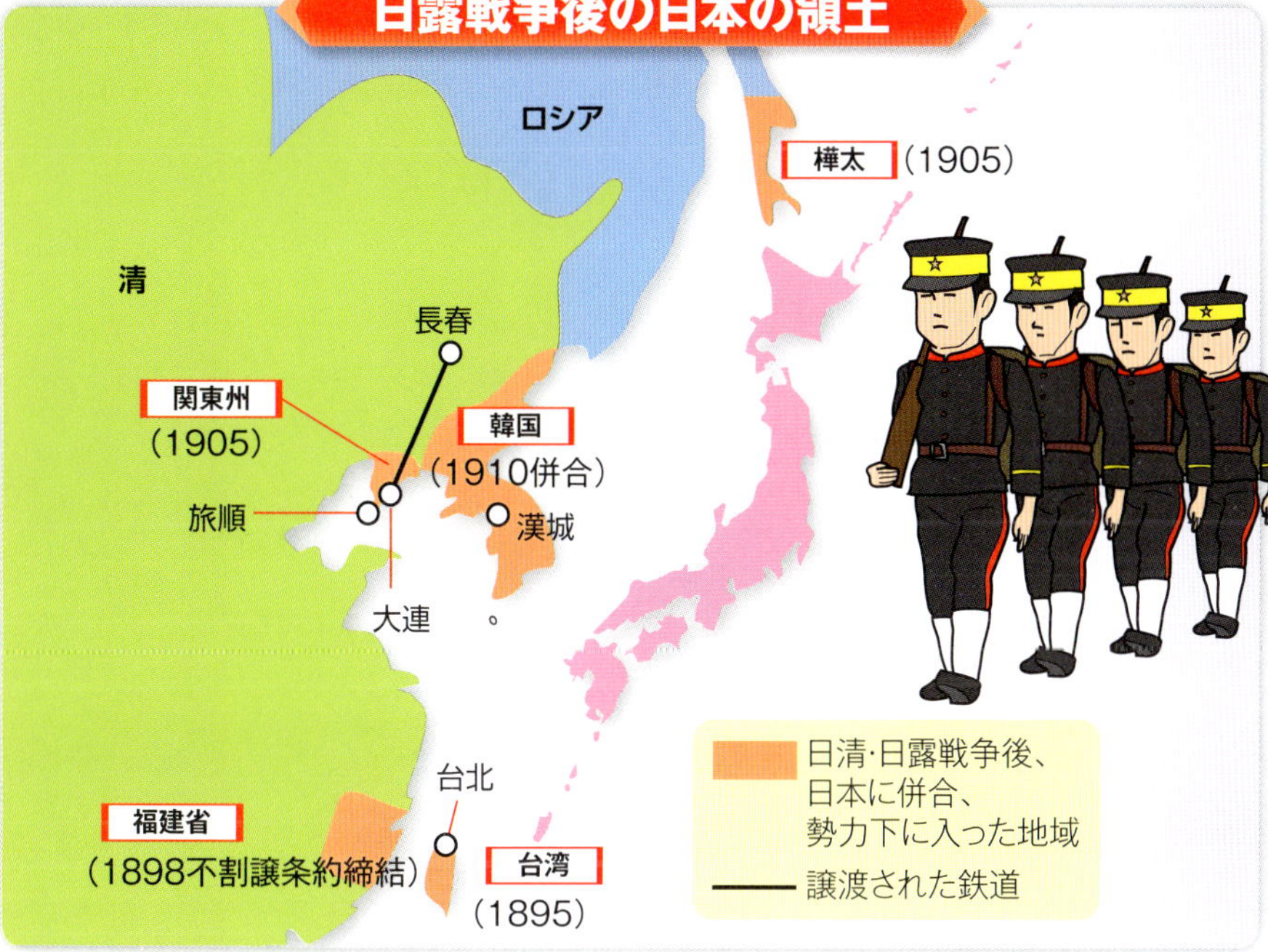

アメリカは満州鉄道の共同経営を提案しましたが、日本は拒否します。欧米諸国で黄色人種を警戒する**黄《こう》禍《か》論《ろん》**が出ていたこともあり、アメリカやカナダでは日本人移民排斥運動も広まっていきました。

アメリカへの日本人の移民は明治初年から始まっていましたが、二〇世紀に入ると毎年一万人くらいの割合で増加しており、大量の移民の流入に対する危機感が北米では募っていたのです。政治的な情勢のみならず、根本的な文化の違いによる違和感も摩擦の原因となったのでした。日本とアメリカの関係は緊張をはらんだまま新たな様相を呈してゆきます。

四月 日韓議定書調印（韓国内における日本軍の行動の自由を保障）
八月 第一次日韓協約（韓国の財政・外交に介入。保護国化）調印

一九〇五
七月 桂・タフト協定（日本→韓国、米→フィリピンの指導権確認）
八月 第二回日英同盟協約調印
一一月 第二次日韓協約（韓国の外交権掌握。韓国統監府設置、初代統監伊藤博文に）

一九〇六
一一月 南満州鉄道株式会社設立

一九〇七
六月 ハーグ密使事件（韓国皇帝、ハーグ万国平和会議に密使）
七月 第三次日韓協約（韓国軍解散。内政権掌握）

一九〇九
一〇月 伊藤博文、ハルビンで暗殺される

一九一〇
八月 韓国併合条約。朝鮮総督府設置（初代総督寺内正毅）

一九一一
二月 関税自主権回復

明治時代▼

日清戦争以降、急激に発展した日本の産業

世界の歴史の中でも奇跡的な高度成長を遂げた産業革命

POINT

- 先進国の技術を丸ごと導入
- 繊維産業を中心とした軽工業が中心
- 産業界を支配していく財閥の独占資本

半世紀で欧米に迫る

欧米の資本主義成立には二、三〇〇年の時間を要したとされています。日本は半世紀でそれを実現したと言っていいでしょう。日本の産業革命は、紡績業や製糸業などの繊維部門で始まり、日清《にっしん》戦争以降、圧倒的な発展を遂げました。

交通や、運輸機関の発展も著しく、その中でも特に鉄道は私鉄会社設立がブームとなって、日清戦争後には青森から下関までが結ばれていました。その後、私鉄は政府に買収されて主要幹線はすべて国鉄となりました。

重工業は日露《にちろ》戦争後に大きく発展しました。造船技術には特に力が入れられました。戦後、数年内に国内自給率は六割となっています。軍事力増強のためだったことは言うまでもありません。

製鉄所などの生産も本格化しましたが、明治における工業の中心はまだ繊維工業でした。

日本の資本主義

繊維産業を中心として資本主義が発達していく中で、何度か恐慌を経ていくと、三井、三菱などといった財閥たちが力のない企業を吸収しながら徐々に肥大化し、多角的な経営を進めていきました。

彼らは江戸時代から政府とも深く関連のある政商でしたが、その後、銀行、炭鉱業などを中心に産業界を支配していくこととなるのです。

もっと楽しむ！

「あゝ野麦峠」

映画　79年　山本薩夫監督

明治中期、岐阜県の飛騨地方から野麦峠を越えて、長野県岡谷市の製糸工場に働きに出て来た少女たちの姿を描いた作品。富国強兵の時代を担っていたのは彼女たちでしたが、労働環境は苛酷であり、死を選ぶ少女も少なくありませんでした。

『日本の産業革命　日清・日露戦争から考える』

石井寛治著　朝日選書

明治国家の誕生期、日清戦争、日露戦争を通して、明治政府が国家目標に掲げた「殖産興業」が「富国強兵」へ転換していく流れを追っていきます。当時の世界経済の中で、日本がどのように、なぜ産業

明治中後期の日本の国力・軍事力

各国の国力比較（1911年）

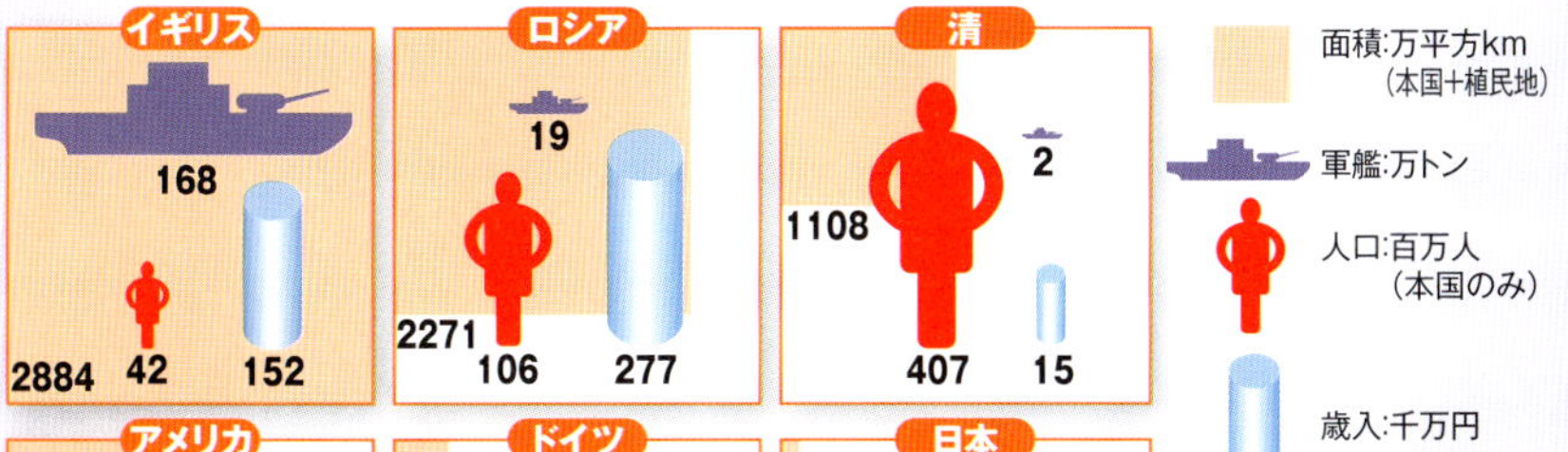

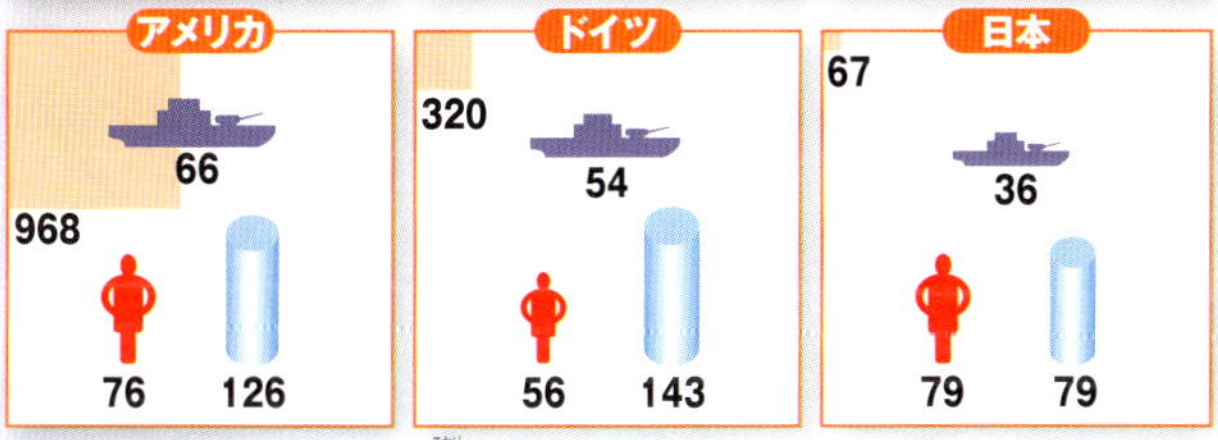

綿糸の生産と輸出入の推移

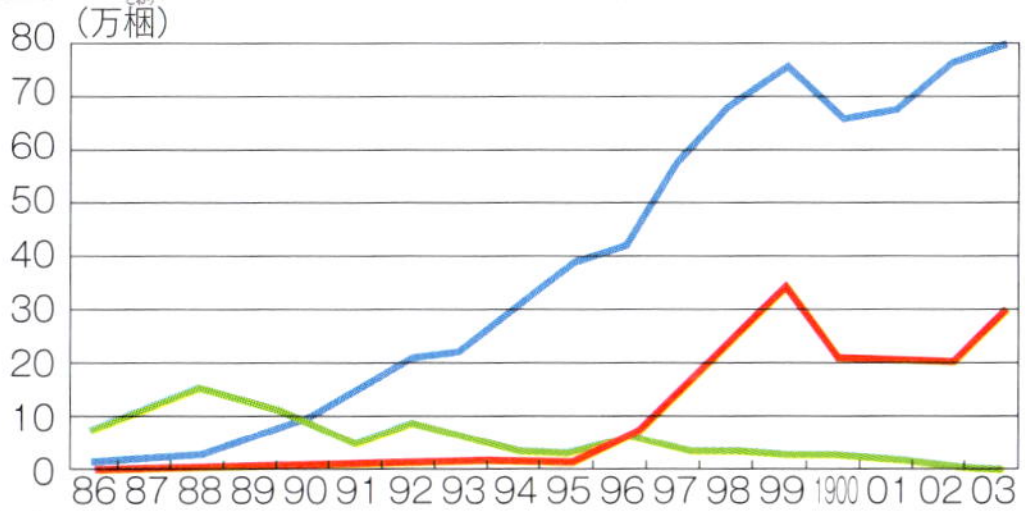

軍事費

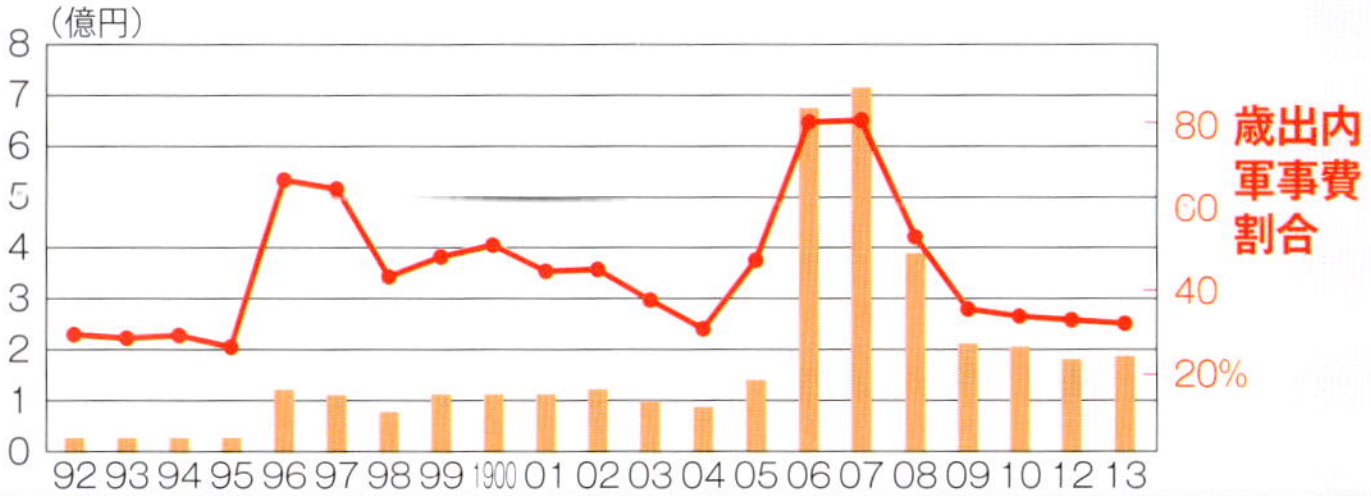

政策、軍事政策を選択していったのかを明らかにする研究書です。

流れを知る！

一八八〇 二月 官営工場の払下げ開始

一八八六～八九 株式会社設立ブーム（鉄道、紡績中心）

一八八九 七月 東海道本線全線開通

一八九〇 綿糸生産高、輸入高を超える

一八九三 九月 富岡製糸場を三井へ払下げ

一八九六 三月 日本郵船、欧州定期航路を開設

一八九七 七月 日本最初の労働組合結成 綿糸輸出高、輸入高を超える

一九〇一 九月 八幡製鉄所操業

一九〇六 三月 鉄道国有法公布

一九〇七 二月 日本製鋼所設立

一九〇九 生糸輸出世界一位に

明治時代

明治の日本を支えた労働者たちの実態

資本主義発展の影に生まれたひずみ　新たな社会問題の数々

POINT
- 過酷で劣悪だった労働条件
- 労働運動の誕生と社会主義思想の芽生え
- 社会主義運動を衰退させた大逆事件

労働者の団結

急速な資本主義の発達は、多くの労働者の犠牲の上になされました。特に紡績工場などで働く女工たちは、劣悪な労働条件の下、安い賃金で働かされ、繊維産業を支えていたのです。労働者が自覚を持って団結し、労働条件の改善を訴えるようになったのは、日清《にっしん》戦争後のことでした。

労働組合が結成され、活動が行われるようになると、社会主義思想と深く結びつき、社会主義団体が結成されるようになりました。政府は**治安警察法**を公布して、これらの動きに対抗。日本初の社会主義政党である社会民主党は二日後に禁止を命じられました。

大逆事件

日露《にちろ》戦争後には、労働争議が激化。日本社会党が結成されましたが内部対立が勃発し、政府から解散を命じられ、社会主義に対する取締りは強化されました。そして政府が社会主義者の弾圧へと動くきっかけとなる事件が起きました。これが、**大逆《たいぎゃく》事件**です。

天皇暗殺を計画していたとして**幸徳秋水《こうとくしゅうすい》**らが処刑されましたが、中には無実だった者もいたと考えられています。

この事件後、政府は特別高等課を警視庁内に設置しました。社会主義運動はここで一時衰退します。

また、急激な産業化により起こる公害問題も多く、特に**足尾《あしお》鉱毒問題**は深刻なものでした。

もっと知りたい！

女工小唄

この時代、女工などの労働者の実態を調査した『女工哀史』（細井和喜蔵著）や『日本之下層社会』（横山源之助著）には、彼女らの過酷な生活状況が描かれています。紡績工場の女工は、昼夜二交代制の一二時間労働でしたが、中小工場では一六、七時間労働も行われたといいます。賃金は日給七～二五銭ほど。当時は米一升が一五銭くらいでした。女工たちは自らの境遇をいろいろと唄にしていました。次もそのひとつです。

籠の鳥より監獄よりも
寄宿ずまいはなお辛い
工場は地獄で主任が鬼で
廻る運転火の車
糸は切れ役わしゃつなぎ役

明治中後期の社会問題と社会主義運動に関わる事件

年	おもな事件
1886	甲府の紡績所で女工のストライキ
1888	高島炭鉱事件―坑夫虐待問題
1890	第一回帝国議会
1891	田中正造、議会で足尾鉱毒問題訴える
1894	大阪の紡績所でストライキ 日清戦争
1897	日本最初の労働組合、労働組合期成会結成
1898	社会主義研究会結成
1900	社会主義協会発足。治安警察法公布
1901	社会民主党結成（２日後に禁止）。田中正造、足尾鉱毒事件で天皇に直訴するも取り押さえられ果たせず
1903	幸徳秋水ら平民社設立、「平民新聞」創刊―社会主義の立場から反戦運動展開
1904	日露戦争
1906	日本社会党結成（翌年解散）。東京で電車運賃値上げ反対の焼打ち事件
1907	戦後恐慌。足尾、別子銅山（愛媛県）で暴動
1908	赤旗事件―仲間の出獄を迎えた社会主義者、警察隊と衝突。社会主義運動の取締り強化
1910	大逆事件―天皇暗殺を計画したとして幸徳秋水ら逮捕
1911	幸徳秋水ら12名死刑。工場法公布 特別高等警察（特高）設置

田中正造

幸徳秋水

そばの部長さん睨み役
（『女工哀史』より）

足尾銅山鉱毒事件

栃木県足尾町の銅山は、江戸時代初期から掘られ、明治に入ってさらに銅の産出量を増やしました。しかし、新技術導入による増産で鉱毒が多量に川へ流れ込み、魚を死滅させたほか、洪水の際には田畑にも被害を与えました。そこで栃木県の代議士田中正造が衆議院で政府に対策を取るように迫ります。この問題は世間にも大きな反響を呼び、社会問題に発展しました。政府は調査を行い、経営者側に鉱毒の排除を求めましたが、依然として状況は改善されません。田中正造は議員を辞職し、天皇への直訴に踏み切ったのでした。

明治時代

次第に影響力を増していった世論

西洋の近代文化を新しい国民の文化へ

POINT
- 国民の自主的努力で文化が成長
- 国家主義的な思想と教育が主流
- 「国語」の創出とジャーナリズムの発達

西洋主義とその反動

文明開化により流れ込んだ西洋文化は、日本独特の新しい文化を築き上げる土台となりましたが、無批判な西欧の模倣に反対する動きも出てきました。

この頃から国家に対する様々な考え方が発表されています。

国民を主体とする「**民権論**」と、政府主導で強力な国家を目指す「**国権論**」の対立から始まった「ナショナリズム」を巡る論争は、日清《にっしん》・日露《にちろ》戦争を経た後に、欧米列強に対する「**国家主義**」という形で思想界の主流となりました。

ジャーナリズムと世論

思想界、教育界や文学界などにおいては「国語」が大きな問題でした。

それまで日本では、「書き言葉」と「話し言葉」を使い分けてきました。明治時代に入ると、作家の二葉《ふたば》亭《てい》四迷《しめい》などが、「話し言葉」を表記する**言文一致体**の確立に苦心しました。そして、紆余曲折を経たのち文学の言葉が確立されていきました。

ちなみに標準語を東京の言葉にする提言がなされたのは、日清戦争後のことでした。

一方、明治に入って大きな影響力を持つようになったのは、新聞などのジャーナリズムでした。民衆は新聞を通じてこれまで以上に政治に関心を持つようになったのです。そして、時には大きな世論を巻き起こしていたのです。

もっと楽しむ!

『「坊ちゃん」の時代』
関川夏央著　谷口ジロー絵
双葉社文庫
夏目漱石、小泉八雲、森鷗外から石川啄木、大逆事件に及ぶまで、明治の風景を創作を交えながら描いた漫画作品。全五巻で明治から大正への時代の流れを追った異色作です。

もっと知りたい!

明治時代の文化的な業績
- **医学　北里柴三郎**　破傷風血清療法発見
- **医学　志賀潔**　赤痢菌の発見
- **薬学　高峰譲吉**　アドレナリンの発見
- **薬学　鈴木梅太郎**

近代文学の流れ

創刊された
おもな新聞・雑誌

- 横浜毎日新聞（1870）
- 東京日日新聞（1872）
- 読売新聞（1874）
- 朝日新聞（1879）
- 時事新報（1882）
- 国民之友（1887）
- 大阪毎日新聞（1888）
- 太陽（1895）
- ホトトギス（1897）
- 中央公論（1899）
- 明星（1900）

1870 / 1880 / 1890 / 1900 / 1910

戯作文学
- 仮名垣魯文『安愚楽鍋』（1871）

写実主義（社会の現実をありのままに映す）
- 坪内逍遙『小説神髄』（1885）
- 二葉亭四迷『浮雲』（1887）
- 幸田露伴『五重塔』（1891）
- 尾崎紅葉『金色夜叉』（1897）

ロマン主義（個性の尊重、空想的）
- 森鷗外『舞姫』（1890）
- 樋口一葉『たけくらべ』（1895）
- 徳富蘆花『不如帰』（1898）
- 泉鏡花『高野聖』（1900）
- 与謝野晶子『みだれ髪』（1901）

自然主義（人間の生活を客観的に描写）
- 国木田独歩『武蔵野』（1901）
- 島崎藤村『破戒』（1906）
- 田山花袋『蒲団』（1907）

反自然主義
- 夏目漱石『坊っちゃん』（1906）
- 森鷗外『阿部一族』（1913）

夏目漱石　　樋口一葉　　森鷗外

国家主義の系譜

国権論 ←対立→ 民権論

民権論 → 平民主義・徳富蘇峰 / 日本主義・高山樗牛 / 国粋保存主義・三宅雪嶺 / 国民主義・陸羯南

→ 国家主義が主流に

オリザニン（ビタミンB_1）を生成

物理学　**長岡半太郎**　原子構造の研究

地震学　**大森房吉**　大森式地震計を発明

建築
ニコライ堂（一八九一）
日本銀行本店（一八九六）
赤坂離宮（現迎賓館）（一九〇九）

COLUMN 5

幕末、京都の花街

激動の幕末、京都には幕府派や倒幕派が集まり、それぞれ策略をめぐらしていました。幕府側には新撰組《しんせんぐみ》や会津《あいづ》藩、討幕を画策していたのは長州《ちょうしゅう》や薩摩《さつま》藩。桂小五郎《かつらこごろう》（木戸《きど》孝允《たかよし》）、高杉晋作《たかすぎしんさく》、伊藤俊輔《いとうしゅんすけ》（博文《ひろぶみ》）、井上聞多《いのうえもんた》（馨《かおる》）、大久保利通《おおくぼとしみち》、坂本竜馬《さかもとりょうま》など、日本を変えた面々が密会を重ねていましたが、その舞台となったのは祇園などの、いわゆる花街でした。

藩によって出入りする茶屋は決まっていました。志士たちは藩の経費で遊ぶことができたのです。志士たちは茶屋のことを「ご宿坊」と呼んでいました。これは現在の高級会員制クラブといえます。長州、薩摩、土佐《とさ》などの雄藩は祇園にご宿坊を構えていました。

一方、新撰組は屯所近くの花街である島原に出入りしていました。特定の茶屋に集まることは少なく、「休憩所」と呼ばれた幹部の愛人宅で会合が行われました。

新撰組、雄藩ともに、当時活躍していたのは、ほとんどが二〇代から三〇代前半の青年たちでした。当然、色恋沙汰も多く、志士たちは舞妓・芸妓と恋に落ちています。最も有名なのは桂小五郎と幾松《いくまつ》の二人でしょう。幾松は逃亡を助けるなどして小五郎を支えました。舞妓・芸妓に救われた志士たちは少なくありません。

「英雄色を好む」といわれますが、好色家として知られていたのは、新撰組局長の近藤勇《こんどういさみ》や伊藤俊輔です。伊藤は同志たちから女好きの「マントヒヒ侯」と呼ばれていました。また、近藤勇は「休憩所」を数カ所構えており、島原だけではなく、他の花街でも豪快に遊んでいたといわれています。

当時、新撰組は幕府やスポンサーである豪商から莫大な資金を得ていました。月給は近藤が、現在の一二〇〇万円に相当する五〇両。平の隊士でも一二三万円（一〇両）。当時一両あれば家族が一カ月楽に暮らせたといわれていますから、いかに破格の給料だったかがわかります。

幕府派、討幕派の青年たちが大いに遊んだ京都の花街には、この時代独特の高揚感と緊張感が漲っていたことでしょう。当時、京都の主人公であった青年たちは、間もなく新しい日本の主人公となります。その陰には花街の女性たちがいました。

禁門《きんもん》の変により京都は大きな損害を被ります。その後、時代は薩長連合、大政奉還、明治維新と一気に変化します。新撰組、雄藩の青年たちの運命は歴史が示すとおりです。

第6章

世界大戦と日本

［大正→昭和（初期）］

日本が突き進んだ無謀な戦争への道

歴史の流れ【大正→昭和（初期）】

- 高まる民衆の政治への関心
- 第一次世界大戦の勃発
- 大陸進出と列強国の仲間入り
- 協調外交の時代

政党政治が生んだ金権政治

日露戦争後の日比谷焼打ち事件は、世論が政府を動かす時代の到来を告げた事件でした。庶民の政治に対する関心はさらに高まり、その流れは大正デモクラシーとなり、ついに普通選挙が実現します。

しかし普通選挙による政党政治は、最初から腐敗していました。大規模になった選挙活動の資金を得るため、政党の多くが企業などと癒着したのです。この金権政治体質は、国家主義者と軍部が台頭する大きな要因となりました。

協調外交から孤立へ

第一次世界大戦を機に、日本は列強の仲間入りを果たし、国際連盟では常任理事国という地位を獲得します。戦後の世界は協調外交、軍縮の流れができており、政府もその重要性を認識していました。

それに対し軍部は不満を持つようになっていました。それは単に軍縮が原因

不満を高める軍部
恐慌により閉塞感の時代へ
軍部の独走と政府の弱体化
世界から孤立
太平洋戦争
敗戦へ

ではなく、恐慌や凶作のために、庶民の苦しい生活が改善されないことにいらだっていたのです。世論は満州《まんしゅう》事変《じへん》を起こした軍部に必ずしも批判的ではなく、閉塞感を打破できない政府の転覆を狙った五・一五事件や二・二六事件でも、首謀者の将校たちは処罰されましたが、彼らに同情する者も少なくありませんでした。結局、日本は世界から孤立する道を選ぶことにより、この状況を変えようとしたのです。

近衛文麿対東条英機

軍部、特に陸軍の発言力が高まっていきました。政府は関東軍など陸軍の行動に引きずられていきますが、ただそれを傍観していたわけではありません。戦争への道を進む日本を食い止めようとする動きも当然ありました。近衛《このえ》文麿《ふみまろ》首相はその代表でした。

近衛はエスカレートする日中戦争を解決し、対米戦争を避けようとしていたのです。

しかし対立する陸相東《とう》条《じょう》英機《ひでき》の前に近衛内閣は崩壊します。その直接の原因となったのは、近衛のブレーンが関わった国際スパイ事件、いわゆるゾルゲ事件でした。太平洋戦争が始まるのは、その約一カ月半後のことです。

大正時代

明治が終わり、大正政変が起こる

政治に関心を強めた民衆が内閣を総辞職へ　憲政擁護運動

POINT
- 日露戦争後の軍縮政策に陸軍大臣が抗議
- 軍と藩閥を後ろ盾にした第三次桂内閣が誕生
- 桂内閣を打倒した政党と国民の護憲運動

政治を動かした民衆

日露《にちろ》戦争後、莫大な戦費を支払う日本の財政は苦しく、政府は緊縮財政を続けることとなりました。しかし、その状況で陸軍は朝鮮への二個師団増設を求めていました。第二次西園寺《さいおんじ》内閣がそれを拒否したところ、元老の**山県有朋**《やまがたありとも》や**上原**《うえはら》**陸軍大臣**が内閣と対立しました。上原陸相は閣議を経ずに直接天皇に申し出て辞職しました。

当時は現役の軍人以外は陸海軍大臣になれず（**軍部大臣現役武官制**）、陸軍の協力を得られなかった内閣は総辞職しました。

次は第三次桂太郎《かつらたろう》内閣でしたが、陸軍や藩閥をバックにした内閣を非難する声が上がり、**尾崎行雄**《おざきゆきお》や**犬養毅**《いぬかいつよし》らを中心として、政治家、財界人などが打倒運動を展開。護憲運動と呼ばれ、集会には二万人もの人々が集まりました。その結果、桂内閣が五〇日ほどで総辞職したのが**大正政変**です。

大正政変その後

大正政変は、民衆が内閣に影響を与えた画期的な事件でした。桂内閣の次には海軍の山本権兵衛《やまもとごんべえ》が首相となりました。そして、軍部大臣現役武官制を修正するなど官僚機構改革に取り組みました。

しかし、海軍拡張計画が反対され、さらに海軍高官が軍艦発注の際にリベートを受け取るという**シーメンス事件**が起こり総辞職に追い込まれてしまいました。

もっと楽しむ!

『殉死』

日露戦争の旅順攻略で苦闘した第三軍司令官、陸軍大将乃木希典は、明治天皇の崩御に殉じて、妻とともに自らの命を絶ちました。日露戦争後、学習院院長、軍事参議官など、伯爵として名誉職に就いていた「軍神」は、なぜ殉死を選んだのか。不遇だった将軍の姿を浮き彫りにした作品です。

司馬遼太郎著
文春文庫

次に登場したのは引退していたものの国民の人気が高かった大隈重信《おおくましげのぶ》です。難しい政局が待ち構えていましたが、大隈は運に恵まれました。第一次世界大戦が始まったのです。参戦という大義名分のもと、懸案だった二個師団増設と海軍拡張は実現され、戦地から離れた日本は大戦景気に沸くこととなります。

護憲運動の前後

1904	2	日露戦争勃発	明治
1905	9	ポーツマス条約調印。日比谷焼打ち事件	明治
1906	1	第一次西園寺公望内閣	明治
1908	7	第二次桂太郎内閣	明治
1911	8	第二次西園寺内閣	明治
1912	7.30	明治天皇崩御	大正
1912	12	陸軍、朝鮮への2個師団増設を要求 → 内閣、財政難を理由に拒否 → 上原陸軍大臣、抗議の辞職 陸軍、後任大臣を推薦せず → **内閣総辞職** ↓ 第三次桂内閣(←陸軍・藩閥バック) 藩閥打破 ↑ 憲政擁護 尾崎行雄(立憲政友会)、犬養毅(立憲国民党)ら、打倒目指す **第一次護憲運動**	大正
1913	2	2か月で桂内閣総辞職 → 大正政変 山本権兵衛内閣成立(海軍が後ろ盾) 軍部大臣現役武官制修正、文官任用令を改正	大正
1914	1	**シーメンス事件(海軍汚職事件)** → 世論の非難	大正
1914	3	山本内閣総辞職	大正
1914	4	第二次大隈重信内閣	大正
1914	6	サラエボ事件、第一次世界大戦へ	大正

西園寺公望

桂太郎

山本権兵衛

大隈重信

もっと知りたい!

軍部の不満と財政難

日露戦争後、陸海軍ともに軍備拡張を目標としていました。財政難のためにこの計画は予定通り進みませんでしたが、それでも陸軍が朝鮮での師団増設を強く要求したのは、中国で起きた辛亥革命に刺激されてのことでした。

流れを知る!

一九〇六 一一月 南満州鉄道株式会社設立

一九〇七 七月 ハーグ密使事件、韓国皇帝退位

一九一〇 一月 大逆事件起こる。韓国併合

一九一一 日米新通商航海条約調印、関税自主権回復

一九一二 七月 明治天皇崩御、大正時代に

大正時代

第一次世界大戦でアジアの地位を拡大!?

欧米列強と肩を並べる絶好の機会が到来

POINT
- 大戦が財政、軍事、満州経営問題解決へ
- 日英同盟を根拠に対独宣戦布告、独領を占領
- ほとんど成果のなかったシベリア出兵

世界大戦に参戦

オーストリア皇太子がセルビアの青年に暗殺されたサラエボ事件をきっかけに、初の世界大戦が始まります。

英仏露の三国協商《さんごくきょうしょう》側と独伊オーストリアの三国同《さんごくどう》盟《めい》側は、ヨーロッパで大規模な戦闘を展開します。日英同盟を根拠として、イギリスは日本に東シナ海でのドイツ船攻撃を求めてきました。

日本政府はアジアでの地位を拡大する好機と考え対独宣戦し、ドイツ領を占拠していったのです。

大陸進出

日露戦争勝利で得た満州等の権益は、間もなく期限切れとなるため、政府は満州、及び中国での勢力も拡大する方針を立て、中国の**袁世凱**《えんせいがい》政府に**二十一カ条の要求**を突きつけました。中国側はドイツ権益の継承、満州等の権益期限の延長など、屈辱的な要求を受け入れましたが、反日の気運は高まり、欧米列強も日本を警戒し始めるようになりました。

しかし、対中国政策の一貫性を欠いた大隈《おおくま》は、対中強硬派の日本人に襲撃され、政府内の支持も失ったため失脚。**寺内正毅**《てらうちまさたけ》が首相となりました。寺内は側近の西原亀三《にしはらかめぞう》を使って、袁を継いだ段政権に巨額の借款を与えて権益拡大を狙いました（西原借款）。

一方、ロシア革命による社会主義政府成立に驚いた英米仏などは、**シベリアに**

もっと楽しむ！

「陸軍」

映画　44年　木下恵介監督

西南戦争から日露戦争、日中戦争までの歴史の中で、親子二代にわたって軍人になった家の物語。時節柄、戦意高揚のために陸軍省がバックアップした作品ですが、出征する息子を母が追いかけるシーンには反戦の意思も読み取れます。このシーンのために木下監督は軍部から目をつけられることとなり、次回作は降板させられたのでした。

もっと知りたい！

巨額な不良債権

西原借款は合計一億八〇〇〇万円近くに及んだといわれます。この借款は正規の外交ルートを通じたものではなく、また担保を取って

第一次世界大戦と日本

第一次世界大戦時のヨーロッパ

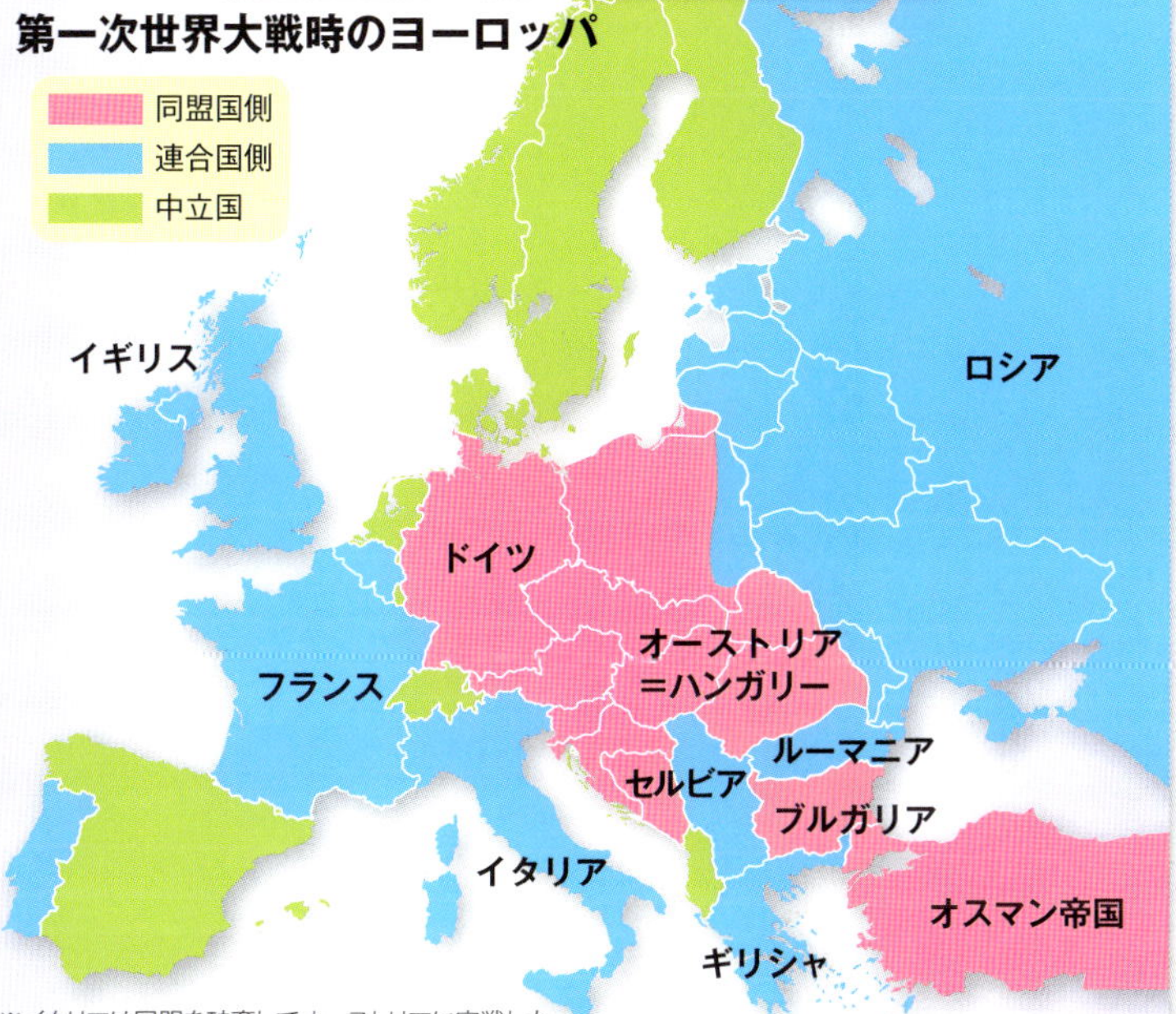

※イタリアは同盟を破棄してオーストリアに宣戦した

日欧の同盟・協商関係

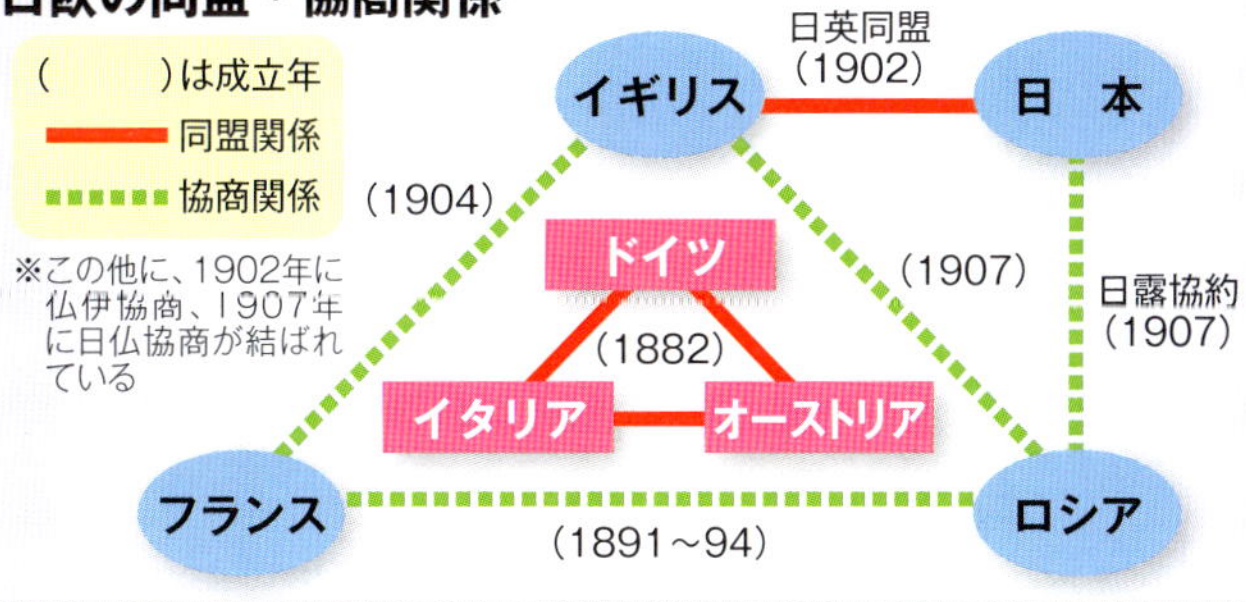

※この他に、1902年に仏伊協商、1907年に日仏協商が結ばれている

出兵。日本もこれに協力して軍隊を出動させましたが、列国の撤兵後も居残ったため内外から非難を浴びます。日本軍兵士が現地勢力に敗退する尼港《にこう》事件もあり、ついに撤兵したものの、犠牲が大きい割には成果はありませんでした。

いたわけでもないため、その多くは焦げ付いてしまいました。

流れを知る！

一九一二
一月 中華民国成立

一九一四
六月 サラエボ事件。第一次世界大戦勃発
八月 日本、ドイツに宣戦布告。第一次世界大戦に参戦。ドイツ拠点、山東省、青島などを占領

一九一五
中国に二十一ヵ条の要求

一九一六
一月 大隈首相狙撃される
一〇月 寺内正毅内閣成立

一九一七
ロシア革命（三月、一一月）
一一月 石井 ランシング協定（中国に対する日米の協定）

一九一八
八月 シベリア出兵宣言
米価暴騰のため富山県で米騒動、全国へ広がる
九月 寺内内閣総辞職。原敬内閣成立
一一月 ドイツ敗北、第一次世界大戦終結

大正時代▼

この時代の民本主義 大正デモクラシー

国民に歓迎された「平民宰相」暗殺の理由と原内閣の政治

POINT
- 民主主義ではなく民本主義と訳されたデモクラシー
- 初の平民出身首相、原敬の本格的な政党内閣
- 汚職事件頻発と普通選挙反対が招いた暗殺

民本主義と米騒動

第一次世界大戦は民主主義（デモクラシー）と専制主義（オートクラシー）の戦いとも考えられていました。日本でも大正デモクラシーと呼ばれることになる風潮が、大戦中から広まっていました。その代表は**吉《よし》野《の》作造《さくぞう》**の唱えた**民本主義《みんぽんしゅぎ》**です。政治政策の決定は民意に基づくべきとされ、議会中心の政治や普通選挙の実施が訴えられました。

一方、戦争景気で成金が現れていたものの、工業労働者の増加や都市への人口集中、軍用米の増加は深刻な米不足を招き、全国に**米騒動**が拡大しました。外米の輸入などにより騒ぎは鎮圧されましたが、寺内《てらうち》内閣は退陣しました。

原内閣と政友会

その後登場したのが、藩閥ではなく、爵位を持たない初めての平民宰相**原敬《はらたかし》**です。原内閣は、陸海外相以外は政友会会員の本格的な政党内閣で、国民は歓迎し期待しました。

原首相は選挙資格の拡大や産業の振興など積極的に政策を進めましたが、戦後の恐慌が日本を襲います。政党間の争いも激しくなり、利権をめぐる汚職事件が発生します。

労働者による社会運動が盛んになったものの、原内閣は厳しい態度で臨みました。活発になっていた普通選挙実施運動も時期尚早と一蹴し、そのため原首相の人気は凋落します。

そして、原や政友会に

もっと楽しむ！

「宵待草」

映画　74年　神代辰巳監督

大正時代、「ダムダム団」なるアナーキスト集団に属する二人の青年が、誘拐した政治家令嬢とおかしな逃避行をすることに。ユーモアとペーソスがほどよく盛り込まれていて、大正デモクラシーの雰囲気と農村の情景が描かれています。逃避行の結末は時代の行方を暗示しているかのようです。

もっと知りたい！

民本主義と天皇機関説

吉野作造が雑誌「中央公論」で発表した論文『憲政の本義を説いて其有終の美を済（な）すの途（みち）を論ず』が大正デモクラシーの理論的な根拠となりました。こ

大正デモクラシー前後の流れ

年	月	おもな出来事
1914	8	第一次世界大戦に参戦
1915	1	中国に21カ条の要求
1916	1	吉野作造、民本主義を説く
	10	寺内正毅内閣成立
1917		この頃から米価上昇
1918	8	シベリア出兵宣言。富山県に米騒動、全国へ広がる
	9	寺内内閣総辞職。原敬の政友会内閣成立
	11	第一次世界大戦終結
1919	5	選挙法改正ー小選挙区制、納税資格3円以上に拡大
1920	1	国際連盟に加入
	2	各地で普通選挙要求デモ
	3	株価暴落、戦後恐慌始まる
	5	日本初のメーデー(上野公園)
1921	7	三菱・川崎造船所ストライキに軍隊出動
	11	原敬、東京駅で暗殺される。高橋是清、立憲政友会総裁に

怒った青年により、国民から一時は歓迎された平民宰相は暗殺されてしまったのです。その後、立憲政友会総裁となった高橋是清《たかはしこれきよ》が首相となりますが、閣内の不和で総辞職。その後、しばらく非政党内閣が続くことになります。

歴史CLOSE UP! 米騒動の発端は井戸端会議

1916年から18年の2年間で、米価の相場はほぼ3倍になり、庶民の生活を圧迫。富山県魚津町の女性たちは、米が県外に運び出されるという噂を聞きつけ、井戸端会議でそれを阻止することにしました。その動きは他の町にも広がり、新聞で報道されると全国で米騒動が展開されるようになったのです。

米価の変動

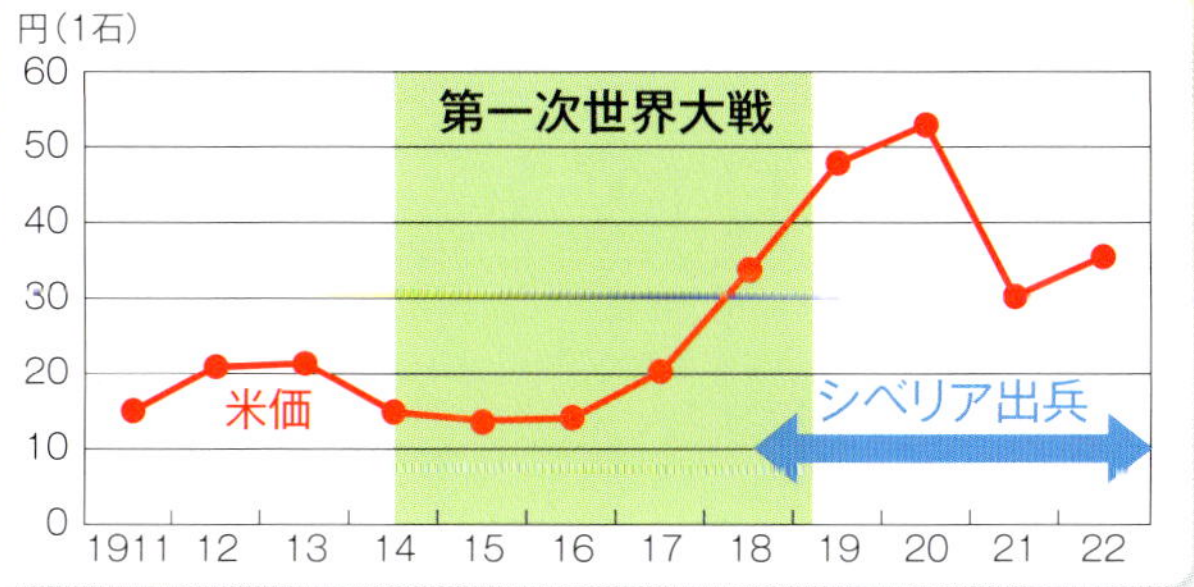

の論文で吉野は天皇制を認めています。この時代、天皇は絶対的な主権者ではなく、憲法に従い統治権を行使する国家の最高機関であると見なされていました。これは美濃部達吉が発表した「天皇機関説」に依拠しています。

大正時代

国際社会からの孤立を避けた政府

大戦で疲弊した世界は軍縮への道を歩む　協調外交の時代

POINT

- 初の世界大戦で疲れ切った欧州諸国の選択
- 世界とともに歩む必要性を知っていた政府
- 協調外交の陰で内外に広まる不穏な空気

国際協調の流れ

第一次世界大戦は、それまでの戦争とは比較できないほどの被害をヨーロッパ諸国に与えました。その経験が世界を軍縮へと向かわせたのです。

パリ講和会議では戦後の処理が話し合われ、ヴェルサイユ条約が結ばれました。しかし、その条件は敗戦国ドイツに対して過酷なものでした。国際平和の実現に向けて**国際連盟**が置かれ、日本は常任理事国として国際的な地位を高めます。アメリカは加盟しなかったものの、国際政治の主導権を握りつつあったので、**ワシントン会議**の開催を呼びかけました。

いくつか条約が締結され、日本は中国問題で譲歩し主力艦の保有制限に同意します。政府が進めた協調外交は、この会議の全権団に加わった**幣原《しではら》喜《き》重郎《じゅうろう》**の名を取って幣原外交と呼ばれます。その後も一九三〇年頃まで軍縮の流れは続きます。

軍部の反発

協調外交が進む一方、国内外ではそれに対立するような動きも芽生えていました。朝鮮や中国では反日運動が拡大しましたが、政府は宥和的な政策を取り、協調的な姿勢を崩しませんでした。しかし、軍部は軍縮に反発し協調外交への不満を募らせていきました。やがてその不満は軍部の中国での独走という形で現れることになるのです。

大戦で敗北した国では、

もっと楽しむ!

『未完の経済外交　幣原国際協調路線の挫折』

第一次世界大戦後、世界は新しい秩序の構築へと向かいます。日本も産業立国化を図り、世界との経済外交を目指しました。しかし、貿易摩擦や恐慌によって、その目標は困難を極め、次第に中国・アジアのブロック経済構想へと発展。結果的に満州事変、日中戦争につながっていきます。

佐古丞著
PHP新書

敗戦後すぐにファッショが出現していました。協調外交の時代は、二度目の世界大戦への動きがすでに始まっていた時代とも言えるのです。

第一次世界大戦後の日本と世界のおもな出来事

ヒトラー

浜口雄幸

年	月日	おもな出来事
1919	1	パリ講和会議開催
	3.1	朝鮮で三・一独立運動
	5.4	中国で五・四運動ー青島返還を要求
	6	ヴェルサイユ条約調印
1920	1	国際連盟に加盟。独、ナチス党結成
	3	戦後恐慌始まる
1921	7	中国共産党結成
	11	原敬暗殺。ワシントン会議開催。高橋是清内閣成立
1922	6	シベリア撤兵声明。加藤友三郎内閣成立
	7	日本共産党結成〈非合法〉
	10	伊、ファシスト政権成立
	12	ソビエト社会主義共和国連邦成立
1923	3	中国で排日運動拡大
	9	関東大震災。第二次山本権兵衛内閣成立
1924	1	清浦奎吾内閣成立（第二次護憲運動開始）
	6	加藤高明内閣成立
1925	1	日ソ基本条約調印、国交回復
	4	治安維持法公布
	5	普通選挙法公布
1926	1	第一次若槻礼次郎内閣成立
	12.25	大正天皇逝去、昭和天皇即位
1927	3	金融恐慌。中国、蔣介石クーデター
	4	田中義一内閣成立。国民政府成立
	5	第一次山東出兵
	6	ジュネーブ海軍軍縮会議開催
1928	4	第二次山東出兵
	6	張作霖爆殺事件
	8	パリ不戦条約調印
1929	7	浜口雄幸内閣成立。世界恐慌始まる（10月）
1930	4	ロンドン海軍軍縮条約調印
1931	9	満州事変起こる

第一次世界大戦後のおもな国際条約

会議・条約名 （締結年月）	参加国	内容など
ヴェルサイユ条約（1919.6）	27カ国	戦後処理。国際連盟成立
ワシントン会議 四カ国条約（1921.12）	英米日仏	太平洋の平和に関する条約（日英同盟破棄）
九カ国条約 （1922.2）	英米日仏伊蘭中 ベルギー、ポルトガル	中国問題に関する条約（中国の主権尊重）
海軍軍縮条約（1922.2）	英米日仏伊	主力艦保有数制限。10年間、主力艦建造禁止
山東懸案解決条約（1922.2）	日中	21カ条の要求中、山東半島における旧ドイツ権益を日本は返還
ジュネーブ海軍軍縮会議（1927.6）	英米日	補助艦制限を目指す → 不成立
パリ不戦条約（1928.8）	15カ国	国家の政策の手段としての戦争を放棄
ロンドン海軍軍縮条約（1930.4）	英米日仏伊	主力艦保有数制限、主力艦建造禁止の延長、 米英日の補助艦保有数を制限

大正→昭和（初期）

大正時代

活発化する社会運動と社会主義運動

関東大震災が崩壊させた？　社会に対する不満が行動へ

POINT

- 民主主義的な風潮の中で高まる社会運動
- 拡大する労働者、農民、婦人の運動
- 息を吹き返した社会主義運動への弾圧

頻発する労働争議

大正デモクラシーで広まった民主主義的な風潮は、労働者や農民などの権利主張の動きを活発にしていきました。**日本労働総同盟**などの労働組合は、経営者側との闘争姿勢を強め、労働争議を盛り上げていきます。その影響で様々なストライキが断行され、日本最初のメーデーも行われました。しかし、組合側の内部でも対立が生じ、分裂や組合再結成が繰り返されます。

農村では小作争議が頻発し、さらに組合を結成して地主に要求を突きつける運動が広まりました。

労働者の意識の高まりとともに女性の地位向上を目指す運動も盛んになっていきました。**青鞜社**《せいとうしゃ》を創立した**平塚雷鳥**《ひらつからいちょう》は、**市川房枝**《いちかわふさえ》らとともに**新婦人協会**を結成。婦人参政権運動を行い、政府を動かしていったのです。

社会主義運動と震災

改革運動の中には国家主義運動もありました。特に猶存社《ゆうぞんしゃ》の**北一輝**《きたいっき》は、天皇中心の国家社会主義的な国を築くことを唱える本を秘密出版します。そしてそれは、政府に不満を抱く青年将校に次第に大きな影響を与えていきます。

これに対する社会主義運動では、無政府主義からロシア革命に影響を受けたマルクス主義が主流となり、**大杉栄**《おおすぎさかえ》らは**日本社会主義**

もっと楽しむ！

「太陽のない街」

映画　54年　山本薩夫監督

大正末期、大同印刷に勤める長屋住まいの人々の仲間三〇数人が突然解雇されたことから、会社との争議が始まります。社会の底辺で暮らす職工たちは自分たちの権利を求めて強硬な姿勢を貫きますが、争議運動が長引くと次第に団結力が揺らいできます。会社側は暴力団などを使って、争議分裂を画策。警察も容赦ない態度に出ます。長屋では命を落とす人も出てきました。労働者の意識が目覚め始めた時代を描いた作品です。

もっと知りたい！

関東大震災

マグニチュード七・九の大地震は、

同盟を組織。また、日本共産党が秘密裏に結成されました。ところが、関東大震災が起こると社会主義者や朝鮮人が暴動を企てているというデマが流れ、大杉栄らは殺害されます。共産党も混乱の中、対立が生じ解党しました。

社会運動の流れ

■社会主義運動　●労働運動　◆農民運動　♀女性解放運動

年	月日	おもな出来事
1911	6	平塚雷鳥、青鞜社結成♀
1912	8	友愛会結成●
1919	8	友愛会、大日本労働総同盟友愛会と改称● この年、労働争議頻発●
1920	3	平塚雷鳥ら、新婦人協会結成♀
	5.2	上野公園で初のメーデー●
	12	大杉栄ら、日本社会主義同盟組織（翌年解散）■
1921	7	三菱・川崎造船所ストライキに軍隊出動●
	10	大日本労働総同盟友愛会、日本労働総同盟と改称●
	11	原敬暗殺。高橋是清内閣成立
1922	3	全国水平社創立（部落解放運動）
	4	日本農民組合結成◆
	7	日本共産党結成（非合法）■
1923	9	関東大震災ー東京に戒厳令。朝鮮人虐殺、亀戸事件（軍隊、労働運動家殺害）、甘粕事件（甘粕大尉、大杉栄ら殺害）発生
	12	虎の門事件ー無政府主義者、摂政（のちの昭和天皇）を暗殺未遂
1924	1	清浦奎吾内閣成立。第二次護憲運動開始
1925	4	治安維持法公布。総同盟分裂、日本労働組合評議会結成●
	5	普通選挙法公布
	12	農民労働党結成（即日禁止）●◆
1926	1	京都学連事件（初の治安維持法適用）
	3	労働農民党結成（10月分裂）●◆
	12	日本共産党再建■
	12.25	大正天皇逝去、昭和天皇即位 この年、労働争議頻発

大杉栄

関東大震災の被害状況

死者・行方不明者	142,807人
負傷者	103,733人
罹災者	約340万人
全焼・全壊家屋	575,394戸
被害額	55～100億円

昼食準備中の午前一一時五八分に起こったこともあり、大火災を発生させました。死者・行方不明者は一四万人に及んだと言われます。様々な流言蜚語が飛び交い、戒厳令がしかれました。そのような状況の中で社会主義者の殺害が起こります。しかし、社会主義者を本当に驚かせたのは、彼らを支えているはずの「大衆」が自警団を組織し、朝鮮人の虐殺を行ったことでした。殺害された朝鮮人は三〇〇〇人ともその倍とも言われます。一般大衆は朝鮮人が暴動を起こすというデマを受けて、通行人を呼び止め朝鮮訛りを確かめたり、君が代を歌わせたり、歴代天皇の名前を言わせたりしたのです。

大正時代

五・一五事件により八年で終焉した憲政の常道

アメとムチを合わせて社会主義運動を抑える!?

POINT

- 護憲三派による第二次護憲運動の展開
- 社会運動を抑える普通選挙と治安維持法
- 普通選挙が引き起こした政党政治の腐敗

第二次護憲運動

貴族院を基盤とし特権階級を主体とした清浦《きようら》内閣は、**護憲三派**と呼ばれた三政党から非難され、総辞職へと追い込まれました。

連立内閣を成立させた護憲三派は、**普通選挙法**と**治安維持法**を成立させました。加藤首相は普通選挙運動の影響とは別に、社会革命を避ける手段として普通選挙の実施に踏み切ったのです。

その一方で、日ソ国交が回復した結果として、社会主義運動の活発化が予想されたため、これを取り締まる治安維持法も成立させました。社会主義思想に関わるいっさいの結社、行動を禁止するというもので、後に最高刑に死刑が加えられました。

加藤内閣から八年間、議会の第一党が組閣を行う「憲政の常道」が慣例となります。昭和となり、きな臭い事件が続いた後、政党政治は**五・一五事件**により葬られることとなります。

普通選挙と金権政治

もっとも「憲政の常道」時代も政党は多くの問題を抱えていました。普通選挙実施により多額の政治資金が必要となった政党は、財界などと癒着。全盛期を迎えていた政党政治は、まさに金権政治そのものだったのです。

ようやく実現しかかった本格的な民主主義時代の政党政治は、皮肉なことに軍部が台頭する原因を作っていました。

もっと知りたい!

各国普通選挙実施年

日本で普通選挙が実施された時期は、世界的に見ると男子が遅く、女子は早かったようです。

国名	男子	女子
フランス	1848	1945
アメリカ	1870	1920
ドイツ	1871	1919
イギリス	1918	1928
日本	1925	1945
ソ連	1936	1936
中国	1953	1953

第二次護憲運動

清浦奎吾内閣成立（1924.1）　（貴族院を基盤）

政党を無視した組閣

↑ **批判、打倒運動**　**第二次護憲運動**

護憲三派
憲政会（加藤高明）・立憲政友会（高橋是清）・革新倶楽部（犬養毅）

議会解散

↓

選挙で圧勝

護憲三派連立内閣成立（首相加藤高明）（1924.6）

加藤高明

犬養毅

「憲政の常道」…議会の第一党が内閣を組織した8年間

年	月	首相（勢力基盤）	おもな出来事
1924	6	加藤高明（護憲三派）	治安維持法公布、普通選挙法公布
1926	1	第一次若槻礼次郎（憲政会）	昭和天皇即位、金融恐慌
1927	4	田中義一（立憲政友会）	モラトリアム（支払猶予）実施
1929	7	浜口雄幸（立憲民政党）	ロンドン海軍軍縮条約調印
1931	4	第二次若槻礼次郎（立憲民政党）	満州事変
1931	12	犬養毅（立憲政友会）	血盟団事件、満州国建国宣言
1932	5	五·一五事件（犬養首相、射殺される）　憲政の常道終焉	

政党の変遷

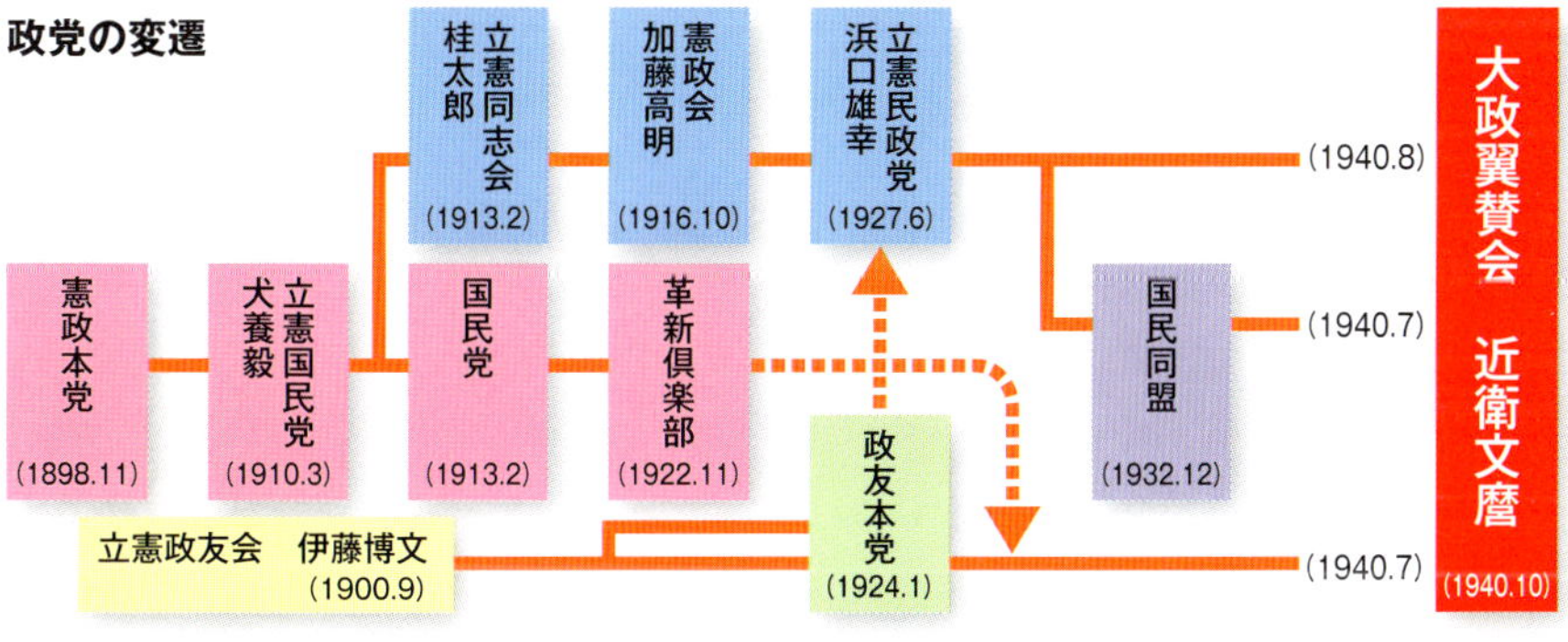

主な選挙法改正（衆議院）

公布年	内閣	実施年	被選挙人 納税額	被選挙人 性·年齢	定員	選挙人 納税額	選挙人 性·年齢	総数	人口比
1889	黒田	1890	15円以上	男·30歳以上	300	15円以上	男·25歳以上	45万人	1.1%
1900	山県	1902	制限なし	〃	369	10円以上	〃	98万人	2.2%
1919	原	1920	〃	〃	464	3円以上	〃	307万人	5.5%
1925	加藤（高）	1928	〃	〃	466	制限なし	〃	1241万人	20.8%
1945	幣原	1946	〃	男女·25歳以上	468	〃	男女·20歳以上	3688万人	50.4%

大正時代▼

現代とほぼ変わらない第一次世界大戦後の社会

都市化が進み大衆文化が急速に発達し始めた時代

POINT

- 都会を中心に現れたサラリーマン
- ラジオ、雑誌、映画など大衆文化が充実
- 様々な潮流を作った文学、芸術

消えた江戸情緒

大正時代になると、都市の人口増加はますます進みます。大都市にはレンガ造りの建物の他にコンクリートのビルも建設され始めました。

ある程度裕福な層になると、洋風の文化住宅で生活しました。さらに農村でも電灯が広く使われるようになりました。

便利な時代が到来する一方で、都会からは江戸情緒が次第に消えていきました。そして、関東大震災によって、東京の昔の面影はほとんどなくなるのです。

東京などには路面電車が発達し、地下鉄やバスの運行が始まったのも、大正の半ばのことです。デパートがオープンし、商品の数は格段に増えていきます。事務系のサラリーマンが現れ始め、女性も職場に進出していきました。

明るく不安な時代

現代と大きく変わらない消費社会が始まった大正時代には、大衆文化が急速に発達しました。

その代表は総合雑誌であり、何よりもラジオ放送です。映画やレコードも庶民の娯楽として都市部だけではなく地方にも定着していきます。

文学や芸術の世界の流れも広がりをみせます。文学では円本や文庫本が登場し、大衆小説も人気を獲得していきました。すべてにおいて選択肢が増え、大衆に根付いた文化は一気に花開きます。

もっと楽しむ！

「夢二」

映画　91年　鈴木清順監督

大正から昭和にかけて活躍した画家、竹久夢二の半生を監督独特の手法と映像美で幻想的に綴っています。夢二を演じるのは沢田研二。

『但馬太郎治伝』

パリの日本学生会館を設立し、パリの社交界で莫大な財産を蕩尽した国際的なパトロン薩摩治郎八をモデルにした長編小説。大正末から戦後にかけて、このような日本人がいたのかと、驚かされます。

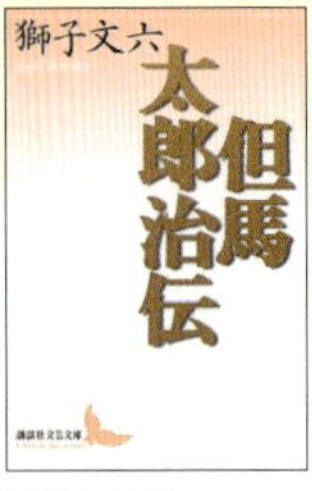

獅子文六著
講談社文芸文庫

大正期の世の中の動き

年	生活・文化の動き	おもな文学界の動き	おもな出来事
1912	初の映画会社（日活）設立 オリンピック初参加		
1913	芸術座創立	森鷗外『阿部一族』	大正政変
1914	宝塚歌劇団初演	夏目漱石『こころ』	第一次世界大戦
1915	第1回全国中等学校優勝野球大会（後の高校野球大会）	芥川龍之介『羅生門』	
1916	女性のパーマが始まる 吉野作造、民本主義を説く	芥川ら『新思潮』（第4次）創刊 夏目漱石没	
1917	理化学研究所設立	菊池寛『父帰る』	
1918		鈴木三重吉ら『赤い鳥』創刊	米騒動
1919	帝国美術院創立 東京市街の自動車運行始まる 野口英世、黄熱病研究	『キネマ旬報』創刊	パリ講和会議 板垣退助、前島密没
1920	第1回メーデー 第1回国勢調査（総人口7700万人）	菊池寛『真珠夫人』	
1921		志賀直哉『暗夜行路』	ワシントン会議
1922	アインシュタイン来日	『週刊朝日』『サンデー毎日』創刊 森鷗外没	大隈重信、山県有朋没
1923		『文藝春秋』創刊 有島武郎心中	関東大震災
1924	築地小劇場開場 甲子園球場完成 大阪毎日新聞が100万部突破		第二次護憲運動
1925	ラジオ放送開始 初の地下鉄（上野～浅草）着工	『キング』創刊	普通選挙法公布
1926	NHK設立	円本時代始まる 川端康成『伊豆の踊子』	昭和へ

芥川龍之介

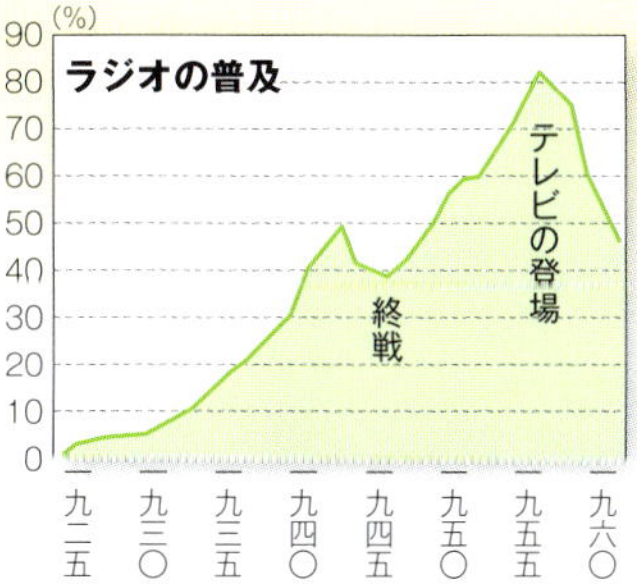

もっと知りたい！

理化学研究所

高峰譲吉の発案で一九一七年に創立された日本初の総合科学研究所。ノーベル賞受賞者である湯川秀樹、朝永振一郎をはじめ、鈴木梅太郎、長岡半太郎など、日本を代表する科学者を輩出しました。

放送開始時のラジオ受信契約

ラジオ放送が始まった当初は、受信契約料金が必要でした。その額は月二円。当時の物価は入浴料五銭、理髪料八〇銭くらいなので、大まかに換算するとおよそ月一万円。あまりにも高いということでまもなく一円に値下げされました。

大正時代

バブルの後はいつでも同じ？

あっという間にはじけた第一次世界大戦バブル　恐慌の時代へ

POINT
- 未曾有の金融恐慌で始まった昭和の歴史
- 世界恐慌の打撃で昭和恐慌に陥った経済
- 中小銀行を吸収し経済界を支配した財閥

戦後恐慌と金融恐慌

第一次世界大戦で好景気を迎えた日本でしたが、大戦後、列強の生産力が回復すると輸出は後退し株価が暴落して一気に不況に転落しました。

そんな状況に関東大震災が追い討ちをかけます。政府は決済不能となった震災手形に対して特別融資を行い、その後未決済分の処理に取り掛かりました。

しかし、銀行の経営状態が悪化していることが明らかとなり、取り付け騒ぎが起こったのでした。これが、金融恐慌の始まりです。政府は、三週間の支払猶予を命じて全国の銀行を一時休業させました。そして、日本銀行に非常貸し出しを行わせたのです。

この金融恐慌で中小銀行は相次いで倒産しましたが、大銀行を持つ財閥はそれらを吸収し経済界の支配を強めていくとともに、三井や三菱は政党とも結びつき発言力を持つようになっていきました。

金解禁と世界恐慌

第一次世界大戦中、金の輸出を禁止していた政府は、為替相場の安定と輸出促進のため金の輸出解禁に踏み切りました。しかし、その準備が整う頃、ニューヨークの株価が大暴落。影響は拡大し、**世界恐慌**となりました。日本の金輸出解禁は最悪のタイミングに当たったのです。イギリスなどが金輸出を禁止すると、日本もそれに倣いましたが、すでに恐慌は国内に浸透し、

もっと楽しむ！

『昭和恐慌　日本ファシズム前夜』
長幸男著　岩波現代文庫
世界恐慌下の金解禁によって、日本はかつてない経済危機に陥りましたが、なぜ金解禁は強行されたのか。井上蔵相や高橋是清をはじめ、石橋湛山、河上肇、三木清らの発言など、左右のイデオロギーを取り上げ、日本がファシズムへ突き進んだ経緯を克明に描きます。現在の経済状況を考える上で示唆的な研究書。

もっと知りたい！

財閥
財閥の中でも三井は立憲政友会、三菱は憲政会（のちの立憲民政党）との結びつきを強めました。三井

恐慌時代の経済の動き

年	月	おもな出来事
1914	6	第一次世界大戦勃発、参戦
1915	12	大戦景気
1917	9	金輸出禁止
1918	8	米騒動。第一次世界大戦終結
1920	3	株価暴落、戦後恐慌始まる
1923	9	関東大震災。震災手形割引損失補償令公布
1927	3	金融恐慌、銀行の休業続出
	4	緊急勅令で3週間のモラトリアム（支払猶予令）実施
1928	6	張作霖爆殺事件
1929	10	ニューヨーク株価大暴落、世界恐慌始まる
	11	金輸出解禁令公布
1930	1	金輸出解禁令実施
		この年、農作物価格暴落で農村危機
1931	4	重要産業統制法公布－カルテル結成推進
	9	満州事変起こる
	12	金輸出再禁止。軍需産業好況
		この年、全国失業者推定170万人
1932	3	満州国建国宣言
		日本・満州経済ブロック形成
1933	3	米、ニューディール政策

物価や株価は下落、賃金はカットされリストラによる失業者があふれました。農村では農家の困窮が深刻となり、婦女子の身売りが行われるようになりました。

このような状況で青年将校らを中心に国家改造運動が活発となります。政治家とともに、政党と癒着して利益を上げていた財閥が非難の対象とされました。

歴史 CLOSE UP!

大臣の失言はいつの時代も

現代でも大臣の発言が物議をかもすことは珍しくありませんが、1927年に当時の蔵相、片岡直温の発言でたいへんな事態になりました。衆議院の予算委員会で、危機的状況にあった渡辺銀行を「破綻した」と言ってしまったのです。翌日全国で取り付け騒ぎが発生し、多くの銀行が休業に追い込まれました。

世界恐慌前後の物価動向

（1928年を100とする）

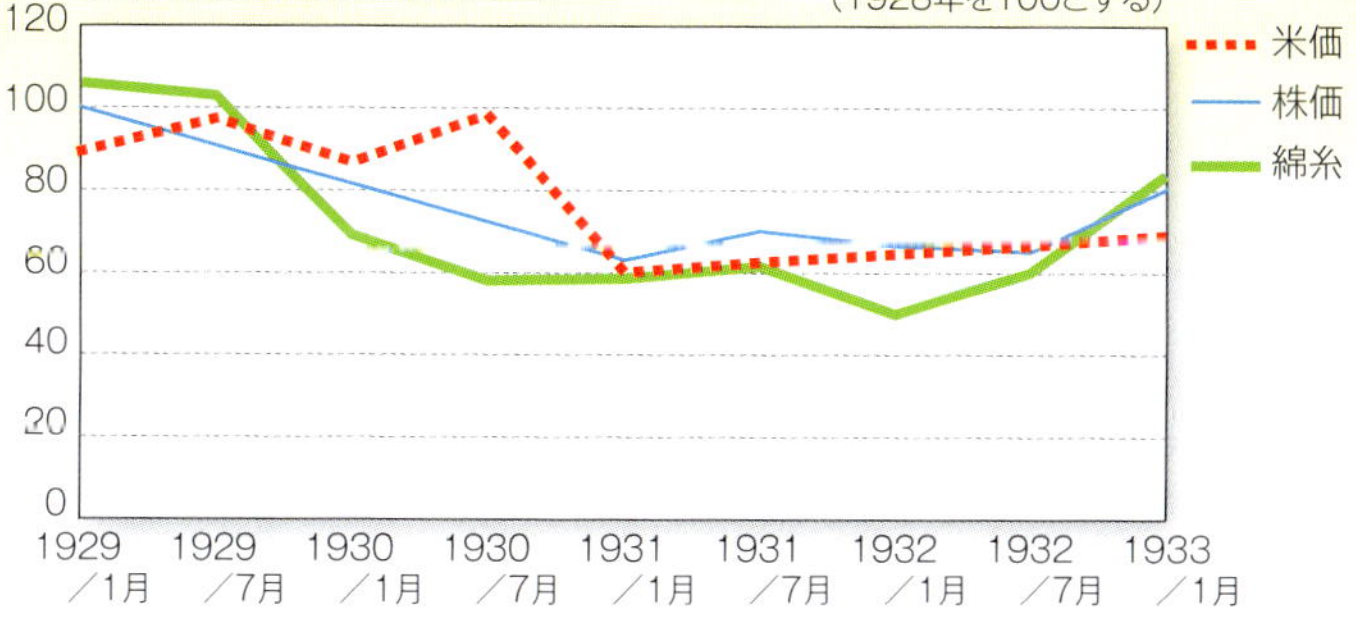

はドル買いによって巨利を得たため非難されました。なお、当時の四大財閥、五大銀行は次の通り。

四大財閥 三井、三菱、安田、住友

五大銀行 三井、三菱、住友、安田、第一

大正→昭和（初期）

昭和時代

満州事変による国連脱退 ついに孤立の道へ

協調外交の行き詰まりと軍部の暴走による崩壊

POINT
- 中国国民政府の勢力拡大に対抗する軍部
- 満州事変が原因で世界から孤立の道へ
- 停戦協定で一応解決していた満州事変

張作霖爆殺事件

政府の協調外交路線に対する軍部などからの批判は次第に強まりました。政府は中国に対してもこの政策を貫いていましたが、国民政府が北部に進軍すると、日本人居留民保護を名目に**山東出兵**を行いました。満州の実力者で親日派の**張作**《ちょうさく》**霖**《りん》を利用して満州の利権を守り、拡大しようとしましたが、張が協力的ではなかったため、満州に駐屯していた関東軍は極秘裏に張の乗る列車を爆破し殺害。この事件について、当時の**田中義一**《たなかぎいち》首相は軍法会議を開こうとしたものの、軍部に反対され真相究明はできずに終わりました。

一方、張作霖の子張学《ちょうがく》良《りょう》が国民政府に忠誠を誓ったため、満州はその勢力下となりました。政府は関税自主権を容認するなど中国との協調外交を継続していきます。

しかし軍部を無視して**ロンドン海軍軍縮条約**に調印したため、統帥権を侵すものだと軍に強く非難されました。協調外交は軍部の独走によって崩壊していくのです。

関東軍の暴走

国民政府が台頭し、日本軍大尉が殺害される事件が起こるなど、満州の雰囲気は緊迫していました。**柳**《りゅう》**条湖**《じょうこ》で満鉄の線路が爆破されると、関東軍はこれを中国側の仕業とし、南満州の都市を武力制圧しました（**満州事変**）。政府や軍参謀の一部は戦線不拡大の方針

もっと楽しむ！

『最終戦争論』
石原莞爾著　中公文庫ほか
昭和一五年に京都で行われた講演をもとにまとめられたもの。日本の運命を変えた陸軍の異端児の姿を知ることができる。

もっと知りたい！

満州事変
関東軍は満州国建国の謀略を進めるため柳条湖事件を起こしましたが、その背景には満鉄の経営不振がありました。
柳条湖事件を密かに計画したのは、板垣征四郎大佐ら関東軍参謀の一部で、計画立案の中心は石原莞爾中佐でした。しかし、満州経営の確立前に中国へ戦線を拡大することには反対していました。

でしたが、関東軍はこれを無視します。

翌年、清朝最後の皇帝**溥《ふ》儀《ぎ》**を擁立して満州国の建国を宣言させます。政府はそれを後から認めました。世論は関東軍を支持していたのです。国際社会は満州国を調査させ、国際連盟で日本軍の撤兵が可決。日本はこれを不服とし国際連盟を脱退します。

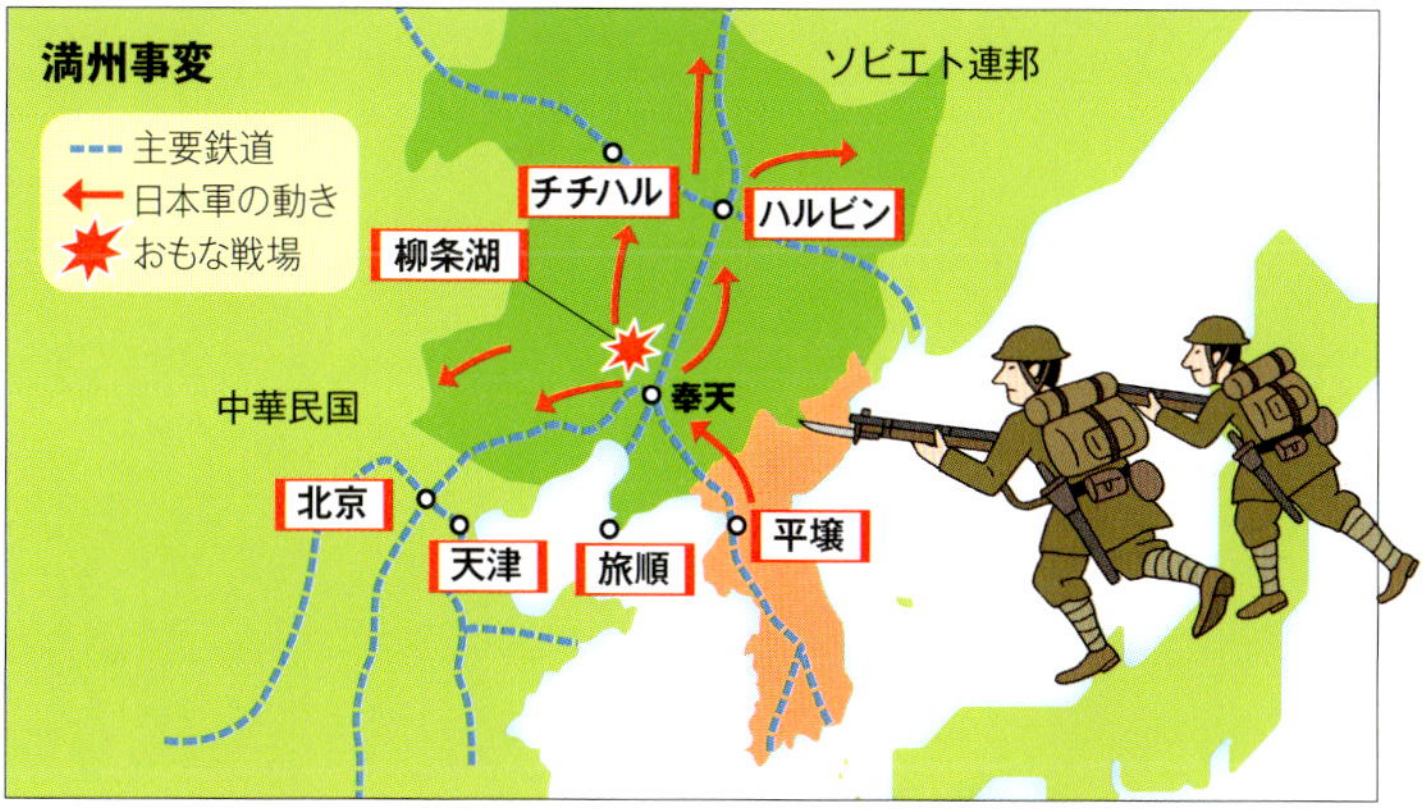

軍部の中国・国内での動き

年	月日	おもな出来事
1926		蔣介石、北伐開始
1927	5	第一次**山東出兵**
	6	東方会議開催
1928	4	第二次山東出兵
	5	済南事件ー日本軍、国民政府軍と衝突
	6	**張作霖爆殺事件**（満州某重大事件）
	7	国民政府、日華通商条約破棄を通告
	8	パリ不戦条約調印
	12	張学良（張作霖の子）、国民政府に忠誠。満州、その支配下に
1929	7	田中内閣、張作霖爆殺事件の真相を軍部の反対で追及できず総辞職
1930	4	**ロンドン海軍軍縮条約調印**。統帥権干犯問題起こる
	5	**日華関税協定調印**ー条件付きで中国の関税自主権承認
1931	3	三月事件ー軍部のクーデター計画発覚
	6	中村大尉事件ー大尉、北満州視察中、中国兵に殺害される
	7	万宝山事件ー中国人農民と朝鮮人農民衝突
	9.18	**満州事変**ー柳条湖で満鉄爆破事件
	10	十月事件ー軍部のクーデター計画発覚 国際連盟、満州撤兵勧告案可決。政府、調査団派遣を提案
	11	関東軍、チチハル占領。**不拡大方針崩壊**
1932	1	関東軍、錦州占領
	1.28	第一次上海事変ー海軍、上海で中国軍と戦闘
	2	血盟団事件ー井上前蔵相、団琢磨三井理事長暗殺（3月）される リットン調査団来日
	3	**満州国建国宣言**
	5.15	五・一五事件ー海軍将校ら犬養首相暗殺
	9	日満議定書調印　政府、満州国を承認
	10	リットン報告書発表
1933	2	**国際連盟、対日満州撤兵勧告案42対1で可決**
	3	**国際連盟を脱退**
	5	**塘沽停戦協定調印**ー満州事変終結、満州と中国の分離確立

溥儀

昭和時代

軍部の権力強化により戦争時代始まる

政党政治を崩壊させた海軍将校のクーデター　五・一五事件

POINT
- 社会の行き詰まりを示すテロとクーデターが頻発
- 軍部の動きを後押しした国家主義改革勢力
- 政治的発言力を確実に増大させた軍部

社会の閉塞感

暴走は満州の関東軍だけではありません。軍部の不満は抑え難いものとなっていました。失業者の増加、農村の貧窮など、社会には閉塞感が漂っています。この時期、軍部は何度もクーデターを企てました。軍部内の秘密結社桜会がクーデターを企てた三月事件などです。

その前年には浜口《はまぐち》首相が狙撃されましたが、犯人は桜会会員が主宰する右翼団体員でした。

満州事変が勃発する頃には、軍部へ対する国民の期待は高まっていました。国家主義改革勢力も軍を後押しする形となり、テロ組織の**血盟団**《けつめいだん》が**井上準之助**《いのうえじゅんのすけ》前蔵相や、**団琢磨**《だんたくま》三井理事長らを暗殺する事件が起きました。

政党内閣の終結

一九三二年五月一五日海軍の青年将校が**犬養毅**《いぬかいつよし》首相らを射殺する事件が起きました。**五・一五事件**です。事件後、軍部は政党内閣の継続に反対し、元老西園寺公望《さいおんじきんもち》が妥協人事として、穏健派の元海軍大将の斎藤実《さいとうまこと》を首相に推しました。斎藤内閣、次の岡田《おかだ》内閣と軍勢力が続き、軍部の発言力は次第に増していきます。陸軍は「国防の本義と其《その》強化の提唱」というパンフレットを発表し、軍事だけではなく、政治や思想、国民生活の改革を訴えました。軍部の権力が政党を上回るのは時間の問題でした。

もっと楽しむ！

「わが青春に悔なし」

映画　46年　黒澤明監督

昭和八（一九三三）年、鳩山文相が京大の滝川教授の辞職を要求した滝川事件をモデルにした作品。キャンパスを追われ大学を去った教授、その娘と学生が辿った戦争中の苦しい生活と、戦後の自由の回復までを描いています。

写真協力：（財）川喜多記念映画文化財団

戦争へ進む日本の国内政治の動き

年	月日	おもな出来事
1928	6	張作霖爆殺事件
1929	7	田中内閣総辞職。浜口雄幸内閣成立
1930	4	ロンドン海軍軍縮条約調印。統帥権干犯問題起こる
	11	**浜口首相狙撃**される(翌年死去)
1931	3	**三月事件**ー軍部のクーデター計画発覚
	4	第二次若槻礼次郎内閣成立
	9	満州事変ー柳条湖で満鉄爆破事件
	10	**十月事件**ー軍部のクーデター計画発覚
	11	関東軍、チチハル占領。不拡大方針崩壊
	12	犬養毅内閣成立
1932	2〜3	**血盟団事件**ー井上前蔵相、団琢磨三井理事長暗殺される
	3	満州国建国宣言
	5.15	**五・一五事件**ー海軍将校ら犬養首相暗殺
	5	斎藤実(元海軍大将)内閣成立
	9	日満議定書調印ー政府、満州国を承認
1933	3	国際連盟を脱退
	4	滝川事件ー鳩山文相、京大滝川教授の辞職要求
	5	塘沽停戦協定調印ー満州事変終結、満州と中国の分離確立
	6	共産党幹部ら、獄中転向声明
1934	7	岡田啓介(海軍大将)内閣成立
	10	**陸軍パンフレット頒布**ー陸軍、政治、経済、思想などの改革主張
	12	ワシントン条約破棄
1935	2	貴族院で美濃部達吉の**天皇機関説攻撃**
	8	政府、**国体明徴声明**
1936	1	ロンドン海軍軍縮会議脱退を通告
	2.26	**二・二六事件**ー陸軍皇道派将校ら反乱(29日帰順)
	3	広田弘毅(前外相)内閣成立
	5	軍部大臣現役武官制復活
	11	日独防共協定成立

犬養毅

もっと知りたい!

「話せばわかる」

五・一五事件の日は日曜日でした。首相官邸に乱入した将校らは警備の巡査一名を射殺。別の巡査が犬養に逃げるよう叫びましたが、「私は逃げない。その者たちと会う。話せばわかる」と言い、将校らを私室に通しました。その直後に銃声があり、将校らは逃亡。犬養はこめかみに弾丸を受けていたといわれます。しかし、犬養は座って、「今の者をもう一度呼んで来い。話して聞かせてやる」とも言ったのです。息を引き取ったのは、その六時間後のことでした。

五・一五事件の経緯

午後五時すぎ

- 政友会本部に手榴弾投げ込まれる
- 内大臣牧野伸顕邸にピストル発射
- 警視庁、日本銀行、三菱銀行にピストルや手榴弾

五時半頃

- 首相官邸に三上、山岸両海軍中尉に率いられた九人の将校乱入

七時頃

- 尾久など数か所の変電所が襲撃され、軽度の損害

昭和時代

強まる国家主義的な風潮

陸軍の発言力をさらに強めることになった二・二六事件

天皇機関説の否定

国家主義的傾向の強まりは、共産主義や社会主義にも影響を与え、共産党からも多数が国家主義側へと転向しました。思想や言論の統制が厳しくなると、**美濃《みの》部《べ》達吉《たつきち》**の**天皇機関説《てんのうきかんせつ》**が政治問題視されます。この説は人間としての天皇と国家機関としての天皇を区別し、天皇はあくまでも国の最高機関であり憲法に従って統治権を行使するという内容で、それまで広く承認されていたものでした。軍部などはこの学説を不敬だとして非難。政府は**国体明徴《こくたいめいちょう》声明《せいめい》**を出して天皇機関説を否定しましたが、これは明治憲法の理念を否定することを意味しました。

皇道派のクーデター

国体明徴声明の翌年、それまでにない大規模な正規軍の反乱である**二・二六事件**が起きます。五〇年ぶりの大雪の早朝、**陸軍皇道派**の青年将校たちは、一四〇〇名あまりの兵を率いて首相や大臣の官邸、報道機関などを襲撃。皇道派は天皇中心の改革を唱え、**北一輝《きたいっき》**の思想に影響を受けていました。一方、これに対立していたのが陸軍の統制強化と政府の改革を目指す統制派でした。

当初、陸軍当局は事件処理に戸惑いましたが、天皇の強い意向もあって武力鎮圧に乗り出します。計画的な蜂起ではなかったため、反乱軍は三日後までに投降しました。軍法会議により、北一輝を含む一七名に死刑

POINT

- 一段と強化された思想、言論の取り締まり
- 皇道派と統制派が激しく対立していた陸軍
- 皇道派は除かれ新統制派が軍を独走へ

もっと楽しむ!

『北一輝論』

国家主義思想の青年たちの精神的な支えとなった北一輝。彼の著書『日本改造法案大綱』は国家主義運動の経典とされました。昭和史を解明する上で欠くことのできない北一輝の生い立ちから「革命家」に成長する過程を、新しく発見された資料をもとに追っていきます。

松本健一著
講談社学術文庫

二・二六事件

判決が下され、その年の七月にほとんどの刑が執行されました。将校の中には獄中で天皇の失政を非難する者もいたといいます。

軍内部の粛清を行った陸軍は、満州事変の首謀者である**石原莞爾**《いしはらかんじ》ら新統制派が中心となって発言力をさらに強めていきます。

歴史 CLOSE UP!

首謀者の心境は?

日本のファシズムの理論的指導者であった北一輝。皇道派の将校とともに刑場に向かう途中、側近が「我々も天皇陛下万歳を三唱しましょうか」と言ったところ、北は「わたしはやめましょう」と答えたと伝えられています。事件の首謀者は、必ずしも天皇崇拝者ではなかったのです。

もっと知りたい!

二六日朝の襲撃・占拠状況

五時頃	陸相官邸
同	警視庁
五時五分	蔵相私邸 高橋蔵相殺害
五時五分頃	内大臣私邸 斎藤内大臣射殺
五時一〇分	侍従長官邸
五時一〇分頃	首相官邸 岡田首相避難 松尾大佐射殺
五時四〇分頃	伊藤屋旅館 牧野伸顕避難
六時頃	教育総監私邸 渡辺教育総監刺殺
六時三五分頃	内相官邸 後藤内相不在
八時五五分頃	朝日新聞
同	電報通信
九時三〇分	報知新聞
同	陸軍省
同	参謀本部
九時三五分頃	日日新聞
九時四〇分	国民新聞
九時五〇分頃	時事新報

昭和時代

政治に堂々と介入し始めた軍部

短期間で中国制圧は可能と判断した軍首脳部の誤算　日中戦争の始まり

POINT
- 組閣にも口出しした陸軍の発言力
- 解決したはずだった盧溝橋事件の処理
- 和平交渉の可能性を自ら断った近衛文麿

近衛文麿首相誕生

二・二六事件の翌年、衆議院議会で軍部の横暴を批判した浜田国松《はまだくにまつ》議員に対して、寺内《てらうち》陸相は軍人侮辱だと述べました。浜田はこれに激怒し、「侮辱があったなら割腹する。なければ君が割腹しろ」と叫び議場は混乱。軍部は広田《ひろた》内閣に不満を持っていたこともあり、解散を主張しました。内閣総辞職後も、陸軍は後任者に反対するなどの態度を取ります。すでにそれだけの発言力を持っていたのです。現況を打破する首相として、政府、国民の期待を背負って登場したのが、若い公爵、**近衛文麿**《このえふみまろ》でした。

盧溝橋事件

近衛首相は就任直後から難問に直面しました。**盧溝**《ろこう》**橋**《きょう》事件の発生です。北京郊外の盧溝橋付近で発砲があり日中両軍が衝突したこの事件に対し、政府は不拡大方針を取り、現地でも停戦協定が成立しました。しかし、陸相らは日本人の安全を守るための出兵を強く要求。軍首脳部は短期間で中国を制圧できると考えていたのです。

結局、事件から四日後、政府は強硬路線を打ち出し、出兵させます。解決済みだった事件は、日中戦争開始の象徴的事件となってしまったのです。

その後、日本軍は一気に進軍。独大使を通じて和平交渉が行われていましたが、**蔣介石**《しょうかいせき》が南京を脱出すると、近衛首相はそれを敗北と考え「国民政府を対手《あいて》と

もっと楽しむ！

「スパイ・ゾルゲ」
映画　03年　篠田正浩監督
ソ連のスパイとして重要な役割を果たしたゾルゲと、尾崎秀実らとを軸に日中戦争の泥沼から、さらに太平洋戦争へと突き進んでいく時代を描いた作品。当時の上海や東京の街並みが再現されています。

DTSデラックス・エディション（3枚組）
発売：アスミック・エース
販売：東宝
DVD発売中6000円＋税

せず」と声明を出し、自ら和平の機会を断ってしまいます。外相を和平交渉に当たらせたものの、日本軍部の不満もあり失敗に終わりました。

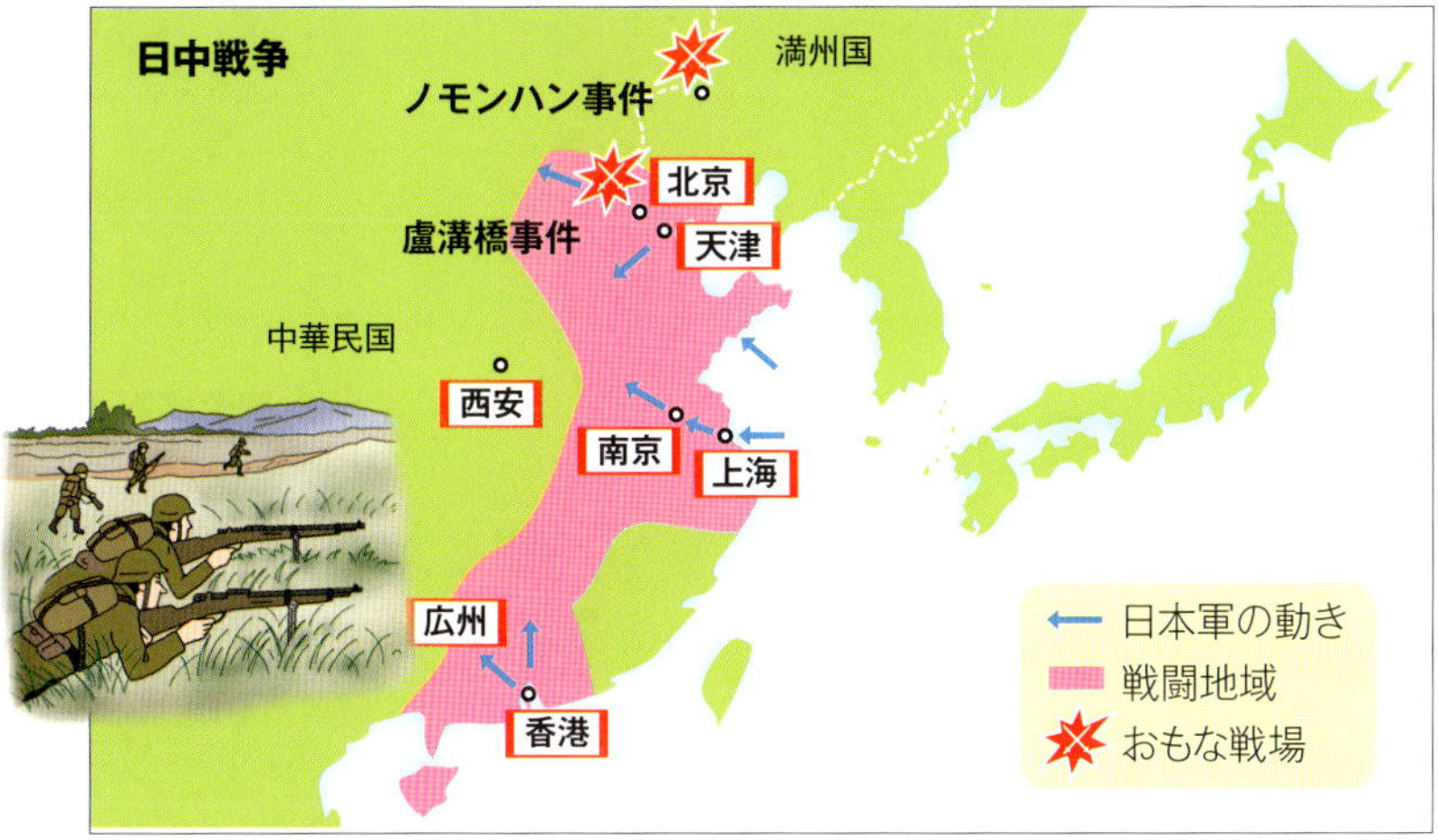

日中戦争勃発前後の動き

年	月	おもな出来事
1931	9	満州事変
1932	3	満州国建国宣言
	5	五・一五事件
1933	3	国際連盟を脱退
1936	2	二・二六事件
	11	日独防共協定成立
1937	1	軍部を批判した浜田衆院議員、寺内陸相と腹切り問答。陸海相、解散を主張し、広田内閣総辞職。後任に宇垣一成指名されるが、陸軍反発
	2	林銑十郎内閣成立
	6	第一次近衛文麿内閣成立
	7.7	**盧溝橋事件**（日中戦争へ）
	8	上海で日中両軍衝突、全面戦争に突入
	11	日独伊防共協定成立
	12	日本軍、南京を占領。南京事件ー市民を虐殺
1938	1	政府、**対中和平交渉打ち切り声明**
	4	国家総動員法公布
	6	宇垣外相、対中和平交渉（～9月）
	7	張鼓峰事件ー日ソ両軍衝突
	11	政府、**東亜新秩序の建設を声明**
1939	1	平沼騏一郎内閣成立
	5	ノモンハン事件ー日ソ両軍衝突（9月　停戦協定）
	7	米、日米通商航海条約破棄を通告
	8	独ソ不可侵条約調印につき、平沼内閣総辞職。阿部信行内閣成立
	9.1	第二次世界大戦始まる
1940	1	米内光政内閣成立
	3	汪兆銘、**南京に国民政府樹立**
	6	近衛文麿、新体制推進の決意表明
	7	第二次近衛内閣成立

昭和時代

長引く戦争の下で規制された生活

日中戦争で厳しさを増した国民への統制　戦時体制の確立

POINT

- ナチス的な全体主義国民組織を目指す
- 政党、労働組合などもすべて一本化に
- 強まる思想、言論への統制、検閲

国家総動員体制

日中戦争が長期化の様相を見せてくると、政府は国家総動員体制を築いて経済等を統制する必要が出てきました。

近衛《このえ》首相は「支那《しな》事変（日中戦争）中は発動しない」と約束して**国家総動員法**を公布しましたが、その一カ月後には施行されました。これにより政府は様々な分野にわたって、議会の議決を経ることなく、統制を加えることができるようになりました。

第二次世界大戦が始まると、国民徴用令などにより一般国民が軍需産業に動員され、企業なども**戦時経済体制**に協力するようになりました。国民の生活への規制も強まり、贅沢は敵という風潮が広まりました。

大政翼賛会

一九四〇年、首相の座を退いていた近衛文麿は新体制運動の声明を出し、第二次内閣を成立させます。近衛は軍部を抑えて政治権力を奪回するつもりでしたが、結局その構想は骨抜きにされ、指導的組織として設立されたのが、**大政翼賛《たいせいよくさん》会《かい》**でした。

この組織はドイツに生まれたナチスのような一国一党の全体主義的国民組織ではなく、諸勢力を寄せ集めた団体のようであり、総裁である首相が強力な指導力を発揮することはできませんでした。それでも国民を戦争に動員するために果たした役割は大きいと言えます。こうして野党の存在を

もっと楽しむ！

『父の詫び状』

向田邦子著　文春文庫ほか

太平洋戦争前後、ごくありふれた普通の家庭で起こる様々な出来事や情景をさりげない表現で豊かに描いたエッセイ集。戦争を目前にしていた時代でも、当然のことながら「日常生活」があったことを気づかせてくれます。二四編あまりのエッセイの中でも、ユーモアがあり温もりのある表題作は絶賛されました。

もっと知りたい！

戦時下のスローガン

- 一九三一　満蒙は日本の生命線
- 一九三三　国防は台所から
- 一九三七　死線（四銭）を越えて

戦時中の生活統制

年	戦時統制の動き
1937	日中戦争開始
1938	**国家総動員法** メーデー禁止、電力国家管理法、ガソリン切符制
1939	**第二次世界大戦勃発** 賃金統制令、パーマ禁止、ネオン全廃、国民徴用令、価格等統制令、映画脚本検閲
1940	**大政翼賛会発足** 大日本産業報国会結成、砂糖・マッチ切符制、国民服制定、ダンスホール閉鎖、東京に「ぜいたくは敵だ」の看板、奢侈品等製造販売制限（七・七禁令）
1941	**太平洋戦争開始** 国民学校令、言論出版等臨時取締法、米の配給制、木炭配給通帳制、気象報道禁止
1942	味噌・しょう油切符制 全出版物発行承認制、塩配給通帳制、衣料品切符制
1943	学徒戦時動員体制確立要綱決定、徴兵年齢１年繰下げ（19歳）、学徒出陣、英語禁止
1944	**東京空襲本格化** 学童集団疎開決定、家庭用砂糖配給停止、学徒勤労令、たばこ配給制、歌舞伎座等閉鎖新聞の夕刊廃止、「中央公論」等廃刊命令
1945	**敗戦** 学校授業１年間停止決定

認める議会制度は消滅し、戦争に反対する意見が表に出てくることはなくなりました。

太平洋戦争に突入すると、経済の統制や出版の検閲などはさらに強化されていき、戦況の悪化に従って国民の負担はますます重くなっていきました。

歴史 CLOSE UP!

厭世気分で乱れる風俗

1930年代前半から、社会不安を背景にして、都会では退廃的なエロ・グロ・ナンセンス時代が訪れ、カフェやダンスホールが人気でした。しかし、日中戦争が始まると、風俗の取り締まりが強化されました。ダンスホールは40年の10月に閉鎖され、最終日は超満員の客で賑わいました。

一九三九　生めよ殖やせよ国のため（子宝報国）

一九四〇　ぜいたくは敵だ　大東亜共栄圏確立　八紘一宇

一九四一　進め一億火の玉だ　月月火水木金金

一九四二　欲しがりません勝つまでは

一九四四　鬼畜米英

一九四五　一億玉砕

醇風美俗

政府の国民に対する規制は次第に強まりました。簡素な生活が求められ、まさに「贅沢は敵」になっていきます。政府は人情味にあふれた美しい風俗という意味で「醇《じゅん》風《ぷう》美《び》俗《ぞく》」を強要していったのです。

戦時下の服装

男性はカーキ色の国防服、女性はモンペが当時の一般的な服装。

大正→昭和（初期）

昭和時代

どうなる日本 第二次世界大戦の開始

日米開戦の決め手となった? 日独伊三国同盟の締結

POINT
- 政府が理解に苦しんだ独ソ不可侵条約の調印
- 大戦不介入の立場を変えたドイツの勢い
- アメリカとの関係を悪化させた三国同盟

欧州の天地は複雑怪奇

日中戦争が続く中、ヨーロッパ情勢も緊迫していきました。ドイツがオーストリアやチェコを併合したのです。英仏との対立を深めたドイツは、日本との関係強化のためソ連を仮想敵国とした**日独伊防共協定**を、英仏も対象とした軍事同盟に発展させようと働きかけてきました。

その頃、日本軍はノモンハン事件などソ連と武力衝突を起こし大きな痛手を負っていました。そのため陸軍はドイツとの提携に賛成しましたが、海軍や外務省は英米を敵にするとして反対しました。

当時の平沼《ひらぬま》内閣はこの問題で閣内でも対立していましたが、そこに**独ソ不可侵条約**調印のニュースが届きます。ドイツが共通の敵国であるはずのソ連と手を結んだことで、政府の外交は方向性を失い、平沼首相は「欧州の天地は複雑怪奇」との言葉を残して総辞職しました。

北守南進と日米交渉

第二次世界大戦が始まると、政府は当初不介入の立場でドイツとの軍事同盟にも消極的でした。しかし、ドイツが快進撃を続けると陸軍は同盟を強く主張するようになり、内閣に圧力をかけました。

枢密院《すうみついん》議長を辞任した近《この》衛《え》文麿《ふみまろ》は、次期陸相候補の**東条《とうじょう》英機《ひでき》**らと会談し第二次内閣を組閣。**日独伊三国同盟**を締結し、大政翼賛会《たいせいよくさんかい》を発足させました。政府は

もっと楽しむ!

『アドルフに告ぐ』
手塚治虫著　文春文庫ビジュアル版

ベルリン・オリンピックからイスラエル建国までを描いた大作。在神戸ドイツ総領事館員の息子アドルフ・カウフマン、神戸のパン屋の息子アドルフ・カミル、そしてアドルフ・ヒトラー。三人のアドルフを軸にして物語は展開していきます。

もっと知りたい!

斎藤隆夫の演説

日中戦争が泥沼化する中、この問題を糾弾した議員がいました。民政党の自由主義者、斎藤隆夫です。一九四〇年二月、斎藤は中国の独立を尊重することと東亜新秩序の建設が、なぜ両立するのか、日中

第二次世界大戦前の国際関係

北守南進政策を取って仏領インドシナに進駐する一方、**日ソ中立条約**を締結します。同時に近衛内閣は、悪化していた日米関係を調整しようと交渉を始めましたが、よほど日本が譲歩しない限りアメリカの対日感情が好転しないことはもはや明らかでした。

歴史CLOSE UP! 大戦の結果を予言したのは？

第二次世界大戦の開戦からしばらくの間、ドイツの軍事的な優勢が続くと、日本国内にはイギリスは屈し、ドイツの勝利で大戦が終わるとの見方が広まりました。元老の西園寺公望は「結局はイギリス側の勝利に帰する」と語っていましたが、当時は「ドイツ熱」が蔓延し、この発言は無視されたのでした。

戦争はいつ、どのように終わるのか、など鋭い追及を行いました。二時間にわたる議会での演説の後、場内は拍手に包まれたといいます。しかし、斎藤の演説は日中戦争という「聖戦」を冒涜するものだとされ、衆議院から除名されてしまいました。

流れを知る！

一九三九
五月 ノモンハン事件。第二次世界大戦始まる

一九四〇
七月 第二次近衛内閣成立
一〇月 大政翼賛会発足

一九四一
一〇月 ゾルゲ事件。東条英機（陸軍）内閣成立
一二月 太平洋戦争開始

一九四四
七月 サイパン日本軍、全滅。東条内閣総辞職

一九四五
三月 東京大空襲
四月 米軍、沖縄本島に上陸。鈴木貫太郎（海軍）内閣成立
八月 広島・長崎に原爆投下。ポツダム宣言受諾

昭和時代

時代の流れはもはや止められず

日米交渉に望みを託しつつ突き進んだ開戦への道　太平洋戦争

POINT

- 日本の状況を決定的にしたABCD包囲網
- 日米の戦争回避へ尽力する近衛と対立した東条
- 開戦への転機、ゾルゲ事件とハル・ノート

追い詰められた日本

日米交渉は続けられていたものの、日本への石油輸出を禁止するなど、アメリカの姿勢は強硬でした。米英の他、中国、オランダによる対日経済制裁は**ＡＢＣＤ包囲網**と呼ばれ、日本を追い詰めます。特に石油がなくなれば軍艦も飛行機も動かせません。南進政策が取られたのは**大東亜《だいとうあ》共栄《きょうえい》圏《けん》**の確立という名目の他に、石油の確保という不可欠な目的もありました。

日米開戦へ

近衛首相は開戦派の**松岡《まつおか》洋右《ようすけ》**外相を除いて第三次内閣を組閣したものの、ＡＢＣＤ包囲網は軍部の態度を決定的にしました。陸相の東条英機《とうじょうひでき》は近衛と対立。アメリカの態度軟化のためには、中国の日本軍を撤兵するしかないと判断した近衛は、そのことを東条に求めたものの当然拒否されました。

その時、内閣を崩壊させる事件が起こります。**ゾルゲ事件**です。

ソ連のスパイ、**ゾルゲ**に情報を提供していたのは、近衛のブレーンである昭和研究会のメンバーの**尾崎秀実《おざきほつみ》**でした。近衛内閣は総辞職し、その後東条内閣が成立しました。

最後の決断を後押ししたのは、日米交渉の相手ハル国務長官の満州事変以来の日本の行動をすべて否定した覚書だったのです。政府はこれを最後通牒と判断。開戦を最終的に決定したのです。

もっと楽しむ！

『俘虜記』
著者の従軍体験を緻密で分析的な文体で描いたノンフィクション風の作品。思想書ともいえる内容で、他の戦争小説とは一線を画しています。

大岡昇平著
新潮文庫

「戦場のメリークリスマス」
映画　83年　大島渚監督
デビッド・ボウイ、坂本龍一、ビートたけしなど、出演者の豪華さでも話題となった作品。ジャワ島の日本軍捕虜収容所を舞台に、兵士たちの交流を描いています。

太平洋戦争

歴史CLOSE UP! 日本で最も有名なスパイ事件

尾崎が初めてゾルゲと出会ったのは上海でした。その後ゾルゲは新聞記者として来日し、尾崎と再会。近衛内閣の情報をソ連に打電します。日本の対ソ連開戦の可能性を確かめることが目的でした。結局事件は露呈し尾崎とゾルゲは死刑になりました。

もっと知りたい!

ハル・ノート（覚書）の内容

国務長官ハルが日本政府に要求した内容は、次のようなものでした。

・中国、インドシナからの撤兵
・満州国を否定
・三国同盟の破棄

とうてい受け入れられるような要求ではなく、日米交渉は決裂。というより交渉を終わらせるために、無理難題を押し付けてきたという意見もあります。

昭和時代▼

多大な犠牲を出してようやく終戦を迎える

緒戦の勝利から一転、無残な結果を残すことに

POINT
- 開戦から快進撃を続けたのは最初の半年
- 各地で敗戦を重ねた3年間の戦い
- 政府に終戦を決意させたのはソ連の参戦

勝利に酔う日々

真珠湾攻撃を皮切りに、日本軍はマニラ、シンガポール、ビルマなどに勢力を広げ、南進政策を実行します。この快進撃に国内は沸き返り、政府に対する国民の支持は高まります。東《とう》条《じょう》内閣は**翼賛選挙**《よくさんせんきょ》を実施し、当選者の八割は政府系団体の推薦者となりました。

また政府は**大東亜共栄**《だいとうあきょうえい》**圏**《けん》確立のため、日本の勢力下にあった中国の南京政府、満州国、タイ、ビルマ、フィリピン、自由インド仮政府の代表者を東京に集めて大東亜会議を開催しました。しかし、実質的な議論はなく、これらの国でも日本に対する抵抗の動きが高まりつつありました。

戦争継続の無謀

国民は依然として日本の連戦連勝の歓喜の中にいましたが、実際は半年ほどですでに戦況は悪化。**ミッドウェー海戦**や**ガダルカナル**での敗北などの事実は、国民には知らされていなかったのです。

敗北が初めて報じられたのは**アッツ島の日本軍全滅**でした。学徒出陣や疎開が行われるようになった一九四四年、サイパンが陥落。東条内閣は退陣し小磯内閣が成立しました。その後も日本軍の敗退が続き、ついに米軍の本土空襲が本格化します。大本営政府連絡会議に代わって設置された最高戦争指導会議は、それでも本土決戦を決定しました。米軍が沖縄に上陸すると、鈴木内閣が成立。**ポツ**

もっと楽しむ！

『戦艦大和ノ最期』

著者は、戦艦大和乗組員の中の一割に満たない生存者。船内では、青年たちがなぜ戦うのか議論していました。絶望の中にありながら国の未来を思う姿に、戦争とは何なのか考えさせられます。

吉田満著
講談社文芸文庫

『黒い雨』

井伏鱒二著　新潮文庫ほか

一九四五年八月六日、広島を一瞬にして地獄へと変えた原子爆弾。しかし、被災者たちは何が落とされたのか知ることはできませんで

ダム宣言が発表されますが内閣はこれを無視します。広島、長崎への原爆投下の悲劇は政府を終戦へと動かしますが、ポツダム宣言受諾を決定したのはソ連が参戦したためでした。この状況に至っても陸相などは戦争継続を主張します。最終的に天皇が裁断するという形で「終戦」を迎えることとなりました。日本の兵士、国民の犠牲者は二五〇万人以上だったと推定されています。

空襲による被災者状況

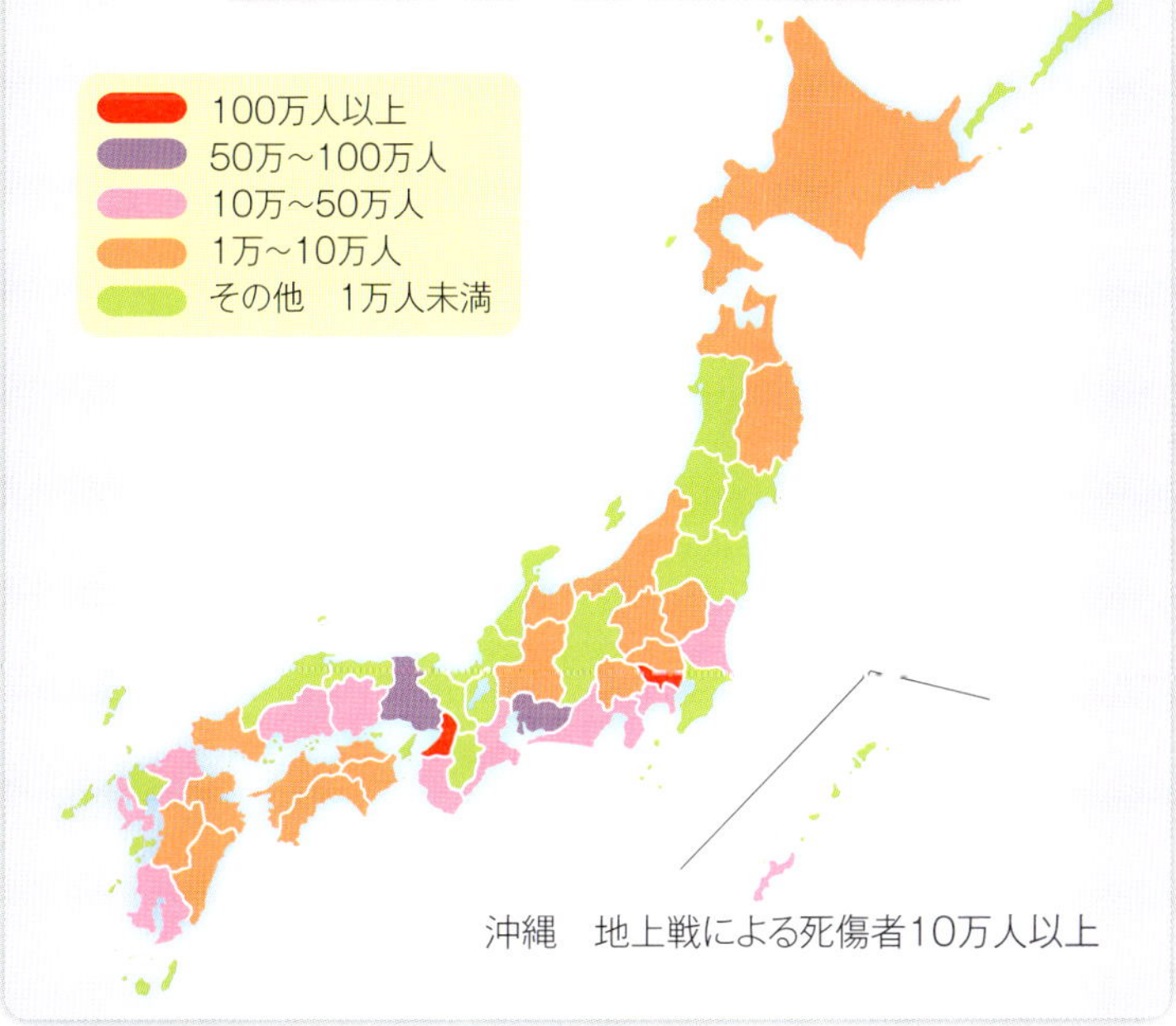

原爆ドーム（提供：広島市）

連合国の対日首脳会談

年月	会談・出席者	内容
1943.11	カイロ会談 ルーズベルト、チャーチル、蒋介石	日本の無条件降伏、 領土の確定など
1945.2	ヤルタ会談 ルーズベルト、チャーチル、スターリン	ソ連の対日参戦、 旧ロシア領の回復と千島の獲得
1945.7	ポツダム会談 トルーマン、チャーチル（のちアトリー）、スターリン	日本の無条件降伏と基本条件

した。未曾有の惨劇に直面した家族の日記を追いながら、八月六日とその後の生活を描いた作品です。

COLUMN 6

統帥権とは何だったのか

無謀な戦争を行った昭和を考える上で「統帥権《とうすいけん》」を重視したのは司馬遼太郎でした。統帥権とは簡単に言えば軍隊の指揮権のこと。明治二二年に制定された大日本帝国憲法第一一条には「天皇は陸海軍を統帥す」とあります。その一一年前に統帥権を確立したのは山県有朋です。統帥権の成立については、司馬遼太郎の『この国のかたち』に書かれています。

山県は軍事作戦を実行するのは参謀本部に限定し、軍事行政に当たる陸軍省と切り離します。参謀本部は天皇直属とされ、内閣は口出しができなくなりました。参謀本部（＝統帥権）と国務大臣（＝内閣）は同格となり、その上にいるのは天皇のみとなったのです。ただし、天皇の地位は形式的なもので、参謀本部のトップ（総長）が天皇に直接上奏し、軍事作戦を実行する形となりました。

こうして統帥権の独立が完成しましたが、明治の元勲たちが存命中は、軍の独走は抑制されていました。統帥権が軍に利用され始めるのは大正時代以降で、昭和に入るとその動きは決定的となります。一九三〇（昭和五）年、政府がロンドン海軍軍縮条約を調印すると、軍部は統帥権干犯だと政府を非難。浜口雄幸首相は襲撃されます。

当時は軍縮・協調外交の時代でしたが、この頃から軍部が本格的に台頭し、翌三一年の満州事変で世論はひっくりかえりました。事変の首謀者である石原莞爾《いしはらかんじ》は、自分が統帥権を干犯していることを自覚していましたが、責任を取らされることはなく、むしろ出世していきます。統帥権の独立によって、軍人を政治の統制下に置くという当然の処置は取られず、軍部に声援を送る国内の雰囲気は歯止めがきかなくなっていったのです。

統帥権を最後に引き受けたのは東条英機でした。東条は政府と統帥の矛盾や陸軍と海軍の対立に苦しみます。そして、自分が内閣と統帥の両方に関与できる天皇のような地位に就くことを決意。首相、陸相と参謀総長を兼任しました。しかし、周囲からの反対が強く、軍事作戦失敗の責任を問われ退陣します。

統帥権の思想とは戦争を行うのは「国家」ではなく「軍」であるというものです。山県が確立した統帥権の独立は、独り歩きを始め暴走するに至りました。東条英機が統帥権を担った時、すでに日本は取り返しのつかない状況になっていたのは言うまでもありません。

東京裁判によりA級戦犯として死刑となった東条は、刑の執行の直前にメモを残しました。その最後には「統帥権マチガイ」と書かれていました。

第7章

現代の日本

【昭和（戦後）→現代】

日本史
第7章

日米関係を基本に発展した社会と経済

歴史の流れ【昭和（戦後）→現代】

- 敗戦後の民主化
- 占領下から独立へ
- 安保体制確立
- 五五年体制

アメリカとの関係

戦争が終わると、町には物があふれたヤミ市が現れました。庶民は食べるものにも苦労しましたが、復興に向かってたくましく生きていたのです。

占領軍であるGHQが「指導」する形で、日本の民主化への改革が進められました。マッカーサーとともに改革計画を推進していった日本側の主役は吉田《よしだ》茂《しげる》でした。吉田はGHQ（アメリカ）が指導する政策の真意を見抜き、巧みな交渉とその行動力で、日本を占領軍から独立させることに尽力します。

平和憲法として成立した日本国憲法も、日米関係の中で初めから揺らいでいました。当初は、日本の軍備をまったく認めない姿勢を取っていたGHQ案でしたが、憲法成立時に日本政府によって解釈の幅ができる内容となりました。朝鮮戦争が勃発すると、アメリカと政府は日本の再軍備化を目指すようになっていきます。また軍事力強化を狙った日米新安全保障条約の締

新安保条約、アメリカの傘下へ

高度経済成長から経済大国へ

冷戦崩壊と五五年体制の終焉

バブル時代から景気後退へ

結が国会で強行採決されると、これに反対する数十万人規模の抗議運動「安保《あんぽ》闘《とう》争《そう》」が起こります。

驚異的な経済復興

戦後の復興は驚くべきスピードで進められました。朝鮮戦争による特別な需要（特需）の増加などがありましたが、その経済発展は世界にも例がないほどでした。オイル・ショックなどがありましたが、昭和四〇年代の高度経済成長期を経て、日本は世界第二位の経済大国となります。しかしその陰で多くの社会問題も発生しています。特に公害問題は深刻でした。

オイル・ショック後の低迷する世界経済からいち早く立ち直った日本経済は、プラザ合意による円高時代を迎え、新たな段階に進みます。それが実態のないバブル経済でした。バブルに踊り、踊らされた数年を経て、バブルはあっさりはじけてしまいます。

戦後半世紀を経て、日本は自他ともに認める経済大国となりました。その間日本の政治体制も変化し続けました。世界に目を向ければ、冷戦が終結し、協調の時代へと移り変わってきています。今後は、国際社会の中で日本が果たすべき役割が何かをしっかりと考えていく時代になっているのです。

昭和時代▼

アメリカの目論見通りの改革!?

GHQの間接統治下で進められた民主化政策　戦後処理の展開

POINT
- 実質的にアメリカが握った占領の主導権
- GHQによって断行された様々な改革
- 非軍事化から経済復興へ移った後期改革

初期の五大改革

連合国軍最高司令官マッカーサーが来日すると、**GHQ**（**連合国軍最高司令官総司令部**）主導のもとに日本の戦後処理が慌しく始まりました。

GHQは政治、経済などすべてに自由化を求めました。しかし、東久邇宮《ひがしくにのみや》内閣はこれに対応できずに退陣し、協調外交推進者だった幣原喜重郎《しではらきじゅうろう》が首相に就任。マッカーサーは幣原首相に女性の解放、労働組合の結成奨励、教育制度改革、秘密警察等の廃止、経済の民主化の**五大改革**を実行するよう指令しました。GHQは政府が改革を実施する間接統治の形を採っていたのです。

一方、戦争責任者は逮捕され、軍国主義者は公職を追放されました。また、天皇は自身の神格性を否定しました。

対日政策の転換

日本の非軍事化がほぼ完了すると、GHQは経済の復興に政策を転換していきます。占領軍の権限を日本政府に徐々に移し、日本を友好国とすることが目的となったのです。

予算の均衡、徴税計画促進、物価や為替の統制などの九つの経済安定原則が発表され、GHQの財政顧問ドッジが政策を示しました（**ドッジ・ライン**）。為替レートが設定され、一ドルは三六〇円に決まります。税制については財政学者の**シャウプ**が勧告書を作成しました。

もっと楽しむ!

「野良犬」
バスの中で拳銃をすられた刑事が、その拳銃を見つけ出すまでを描いています。戦後の闇市などの雰囲気が出ています。

映画　49年　黒澤明監督
東宝ビデオ【期間限定プライス版】
DVD発売中 2500円＋税

『堕落論』
坂口安吾著　新潮文庫
戦後日本の姿を著者独特の冷徹な目で分析。単なる戦後の社会時評ではなく「人間とはどういうものか」を考察しています。

戦後改革

5大改革

女性解放 → 婦人参政権の保障
- 衆議院議員選挙法改正（1945.12）

労働組合奨励 → 労働者の地位向上へ
- 労働三法の成立
  労働組合法（1945.12）、労働関係調整法（1946.9）
  労働基準法（1947.4）

教育制度改革 → 教育の自由主義化
- 軍国主義者を教育機関から追放（1945.10）
- 教育基本法・学校教育法（1947.3）
- 教育勅語の失効（1948.6）

圧政撤廃 → 政治的自由の保障
- 治安維持法、特別高等警察（特高）廃止（1945.10）
  政治犯の釈放（1945.10）
- 軍国主義者公職追放（1946.1）

経済民主化→独占的経済支配からの解放
- 財閥解体（1945.11）
- 第一次農地改革（1946.2）
- 独占禁止法（1947.4）

歴史 CLOSE UP! 終戦直後の怪事件

1949年7月、国鉄の大量人員整理が発表されました。それから約1カ月の間に3つの大きな事件が起きています。当時の国鉄総裁が轢死体で発見された下山事件、無人電車が暴走し6人が死亡した三鷹事件、レールの細工で列車が脱線転覆し、3人が死亡した松川事件。いずれも未解決事件です。

政治改革

憲法改正
- 大日本帝国憲法の改正
- 日本国憲法
  （1946.11.3公布　1947.5.3施行）

天皇人間宣言
- 神格化の否定（1946.1.1）
- （日本国憲法公布後）象徴天皇に

『静かなタフネス10の人生』
城山三郎著　文春文庫ほか
超一流企業のトップから退き、財界の重鎮となった一〇人へのインタビュー集。財閥解体により社員が三〇〇〇人から三七人になった三井物産の話など、戦後の日本企業が歩んできた道がうかがえます。

流れを知る！

一九四五
八月一五日　天皇「終戦」詔勅放送
八月三〇日　マッカーサー来日
九月　ミズーリ号で降伏文書調印
九月一〇月　マッカーサー、幣原首相に五大改革を指令

一九四六
一月一日　天皇、神格否定
五月三日　極東国際軍事裁判（東京裁判）開廷

一九四七
一月三一日　マッカーサー、ゼネスト中止命令

一九四八
一一月　東京裁判判決
一二月　経済安定九原則発表

一九四九
四月　単一為替レート設定
八月　税制改革勧告

昭和時代

憲法問題調査委員会で作られた改革案とは？

大日本帝国憲法はGHQの指針を受けた形で改正された

POINT

- 保守的だった日本側の憲法改正案
- 自主防衛を否定していたマッカーサー案
- 柱となった主権在民、平和主義、人権尊重

憲法問題調査委員会

戦後すぐに政府関係者や外務・法務官僚は、**憲法改正**の必要性に気づいていました。近衛文麿《このえふみまろ》はこの点をマッカーサーに確認し、自らも改正案を作成します。松本烝治《まつもとじょうじ》国務大臣を委員長とする憲法問題調査委員会が設置され改正案を作りましたが、毎日新聞はこれをスクープしその保守的な内容を批判しました。これをきっかけにマッカーサーはGHQに草案の作成を指示。日本側の改正案を拒否し、マッカーサー草案と呼ばれるGHQの案を手渡しました。この日を境に憲法作成の流れは大きく変わりました。

帝国議会の審議

急ピッチでまとめられた改正案は、議会で審議され国会の一院制を二院制にするなど何点かを修正。マッカーサー案では自衛のための軍事力保持さえも否定されていたのです。

第九条は「日本国民は正義と秩序を基調とする国際平和を誠実に希求し国権の発動たる戦争と武力による威嚇又は武力の行使は、国際紛争を解決する手段としては、永久にこれを放棄する」と始まり、これに続く第二項は「陸海空軍その他の戦力は、これを保持しない」となっていました。議会ではこの二項の初めに「前項の目的を達するため」の文言を挿入しました。この点は現在も自衛隊の合法違法の問題として議論されています。

もっと楽しむ！

『落日燃ゆ』
城山三郎著　新潮文庫ほか
東京裁判で絞首刑となったA級戦犯のうち、ただ一人文官だった広田弘毅を描いた作品。

『風の男　白洲次郎』
英国大使時代の吉田茂と親しくなり、戦後は吉田の右腕となりGHQと渡り合った白洲次郎。日本国憲法誕生の現場に立ち会い、サンフランシスコ条約締結の委員団にも同行。

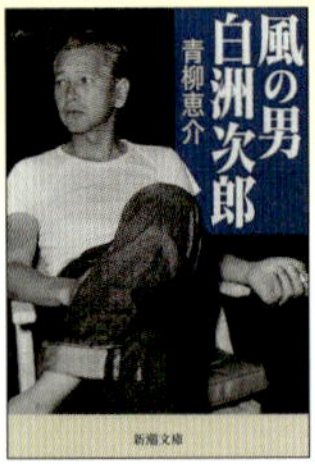

青柳恵介著
新潮文庫

日本国憲法成立の過程

GHQ
憲法の自由主義化を示唆
→
内閣
憲法改正の必要性を認識
↓
憲法問題調査委員会の設置
草案：天皇の統治権を認める
↑
毎日新聞がスクープ！

拒否
←

ＧＨＱ憲法草案作成
↓ 提示
ＧＨＱ草案を基に
憲法改正案を発表
↓
第90回帝国議会において
憲法改正案可決、日本国憲法成立
1946.11.3　公布 ↓　1947.5.3　施行

新憲法3原則
①主権在民（第1条）
②平和主義（第9条）
③基本的人権の尊重（第11条）

「ＧＨＱ＝General Headquarters of Supreme Commander for the Allied Powers」

歴史 CLOSE UP!
「朕」から「わたくし」に

新憲法施行後、初の国会開会式の勅語では、天皇が「本日、第１回国会の開会式に臨み、全国民を代表する諸君と一堂に会することは、わたくしの深く喜びとするところである」と、自らをそれまでの「朕」ではなく「わたくし」と呼びました。「人間宣言」を出した天皇を象徴するエピソードです。

連合国による占領体制

極東委員会
米（議長）・英・仏・ソ・中・カナダ・オーストラリア
インド・オランダ・フィリピン・ニュージーランド
↓ 基本方針
米国政府
↓
連合国軍最高司令官総司令部（GHQ）
↓ 指令・勧告
日本政府
↓
国　民

流れを知る！

一九四五
八月一五日　「終戦」詔勅放送
九月二日　ミズーリ号上で降伏文書調印
一〇月九日　幣原内閣成立
一〇月二五日　憲法問題調査委員会設置
一一月二二日　近衛、帝国憲法改正要綱を天皇に奉答
一二月二六日　憲法研究会、憲法草案要綱発表

一九四六
二月一日　毎日新聞、憲法問題調査委員会試案をスクープ
二月三日　マッカーサー、ＧＨＱに憲法草案作成を指示
二月八日　日本政府、ＧＨＱに憲法改正要綱を提出
二月一三日　ＧＨＱ、要綱を拒否。政府にＧＨＱ草案を渡す
三月六日　政府、ＧＨＱとの協議に基づいた改正草案要綱発表
六月二〇日　帝国議会に大日本帝国憲法改正案を提出
一一月三日　日本国憲法公布

一九四七
五月三日　日本国憲法施行
六月二三日　第一回国会開会式

昭和時代

朝鮮戦争により日本占領政策が変化

七年にわたった連合国の日本占領の終了　平和条約と日米安保

POINT

- 日本に特需景気をもたらした朝鮮戦争
- アメリカとの単独講和の調印を重視した政府
- 「独立」後へ向けた警察予備隊と破防法

朝鮮戦争勃発

一九五〇年、マッカーサーは年頭の挨拶で日本の自衛権を認めるような発言をしました。その背景には朝鮮半島の緊張がありました。米ソが対立する中、北朝鮮が韓国を攻撃し**朝鮮戦争**が勃発。米軍は国連軍として日本を拠点に半島へ向かいました。この戦争の物資調達のための**特需景気**が起こり、日本は不況を脱します。また米軍不在を埋めるため、マッカーサーは**警察予備隊**の創設を指示。戦争と前後して共産主義者を追放するレッド・パージも盛んに行われました。国連軍を指揮していたマッカーサーは、途中から参戦した中国の本土爆撃を主張してトルーマン大統領と対立し、解任されました。

米軍駐留の決定

政府は講和条約を結んで独立することを望み、アメリカもこれ以上占領を長引かせるのは得策ではないと考えていました。問題となるのは米軍基地のことだったため、政府は米軍の駐留を望むという形で基地の存続を認めました。講和条約の相手は複数でしたが、条約草案はアメリカが単独で作成しました。共産圏も含めた全面講和に調印すべきとの声もあったものの、政府はアメリカが提案する講和案をいかに調印するか、ということのみを重要視しました。こうして**サンフランシスコ平和条約**が結ばれ、GHQの日本占領は終了したのです。

もっと楽しむ！

『日本三文オペラ』

大阪の旧陸軍工廠に打ち捨てられている大砲、重機、鉄骨などに目をつけた「アパッチ族」。そのほとんどは在日朝鮮人でした。彼らの生きるためのエネルギッシュな姿を描いた作品です。

開高健著
新潮文庫

サンフランシスコ平和条約（1951.9.8）

条約調印国（48カ国）	<欧米>アメリカ、イギリス、フランス、オランダ、オーストラリア、ニュージーランド他 <アジア>イラン、イラク、サウジアラビア、トルコ他 <中南米>アルゼンチン、ブラジル、メキシコ他 <アフリカ>エジプト、エチオピア、南アフリカ他
調印拒否国（3カ国）	ソビエト連邦、ポーランド、チェコスロバキア
会議不参加国（3カ国）	インド、ビルマ、ユーゴスラビア
会議非招聘国	中華民国、 中華人民共和国

※国名は当時のもの

歴史 CLOSE UP!

朝鮮戦争と占領政策

朝鮮戦争が勃発すると、アメリカは日本を共産主義拡大の防波堤と考えました。共産主義者が追放されるレッド・パージが行われ、一方で日本の自衛力（軍事力）を増強するため、終戦後公職を追われた旧軍人3250人の追放を解除。これにより彼らは警察予備隊に応募することが許されたのです。

占領終了に当たって、政府は警察権を強化した破壊活動防止法を提出していましたが、メーデー事件により議会での論議が進み、公布にこぎつけました。朝鮮戦争と占領期間の終結によって、米軍との協力体制が確立され、自衛隊設立の基礎が築かれたのです。

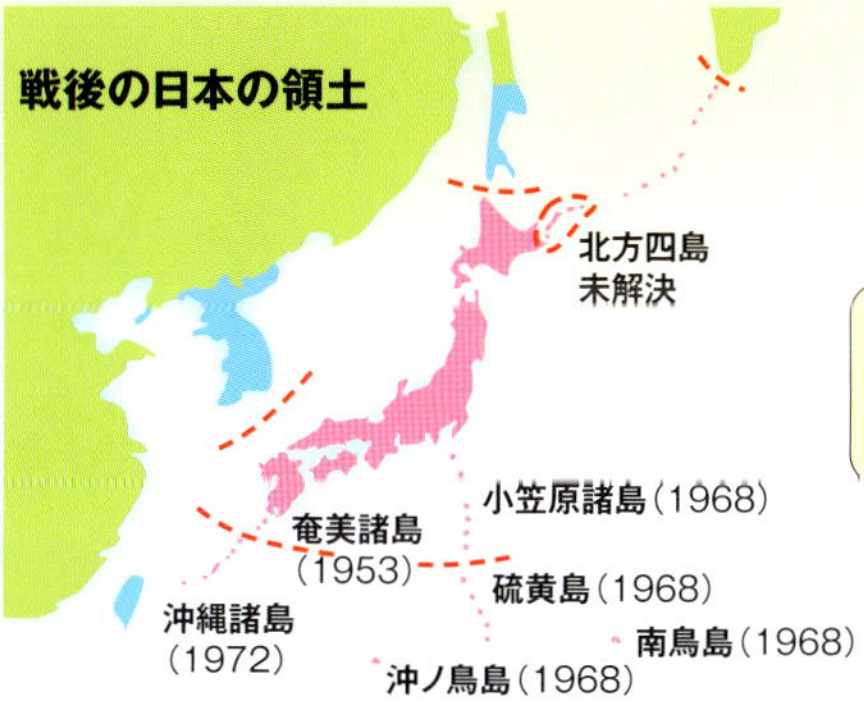

太平洋戦争前の日本領
サンフランシスコ平和条約による日本の領土
その後復帰した地域と年

昭和時代

保守対革新の図式 五五年体制の成立

革新政党の日本社会党と保守政党の自由民主党の対立

POINT

- 米の後押しで再軍備へと傾く保守勢力
- 保守に対抗して分裂していた社会党左右両派が統一
- 日ソ共同宣言によって国際連合に加盟

防衛庁と自衛隊

「独立」を果たした日本は、平和憲法を掲げながらも軍備の強化に向かっていきました。後押ししたのはアメリカです。朝鮮戦争が休戦した後も、アメリカ政府は日本の再軍備の必要性に触れ、軍事、経済など日米相互に保障するMSA協定に調印。日本政府は陸海空の自衛隊を発足させ、防衛庁を設置しました。

　再軍備を公言し憲法改正を目指す動きがあった保守勢力に対し、左右に分裂していた**社会党**は再統一。保守派は日本民主党と自由党が合同して**自由民主党**を結成しました。こうして政界には三分の二が保守勢力、残りが革新勢力という**五五年体制**と呼ばれる図式ができ上がりました。

もはや戦後ではない

　その翌年、日本はソ連との共同宣言に調印します。戦争状態の終結や国交の回復を盛り込んだものではありましたが、平和条約の締結は交渉を継続すると記すに留まりました。

　平和条約締結後に領土問題解決に取り組むことになったものの、この問題は現在も未解決のままです。しかし、共同宣言という形ではあっても日ソが合意に達したことで、日本は国際連合に加盟することができたのです。

　一九五五年から二年ばかり、日本は**神武**《じんむ》**景気**と呼ばれた好景気に恵まれます。一九五六年の経済白書には「もはや戦後ではない」と

もっと楽しむ！

「ゴジラ」

現在も世界的な人気を誇るシリーズの第一作。水爆実験により眠りを覚まされたゴジラは、水爆の放射能を蓄積して火を吐きます。時代を見事に象徴した作品。

映画　54年　本多猪四郎監督
発売・販売：東宝
DVD発売中　昭和29年度作品
【60周年記念版】　2500円+税

「キューポラのある街」

映画　62年　浦山桐郎監督

吉永小百合主演。鋳物の街として知られる埼玉県川口市を舞台に、戦後の変わり行く社会を描いた作品。職人気質の父と労働組合の若者の対立など、新しい思想を受け

いう言葉が記されました。
日本は未曾有《みぞう》の高度成長へと向かいつつありました。しかし、その一方で日米関係を中心に政治的混乱は深まっていきます。

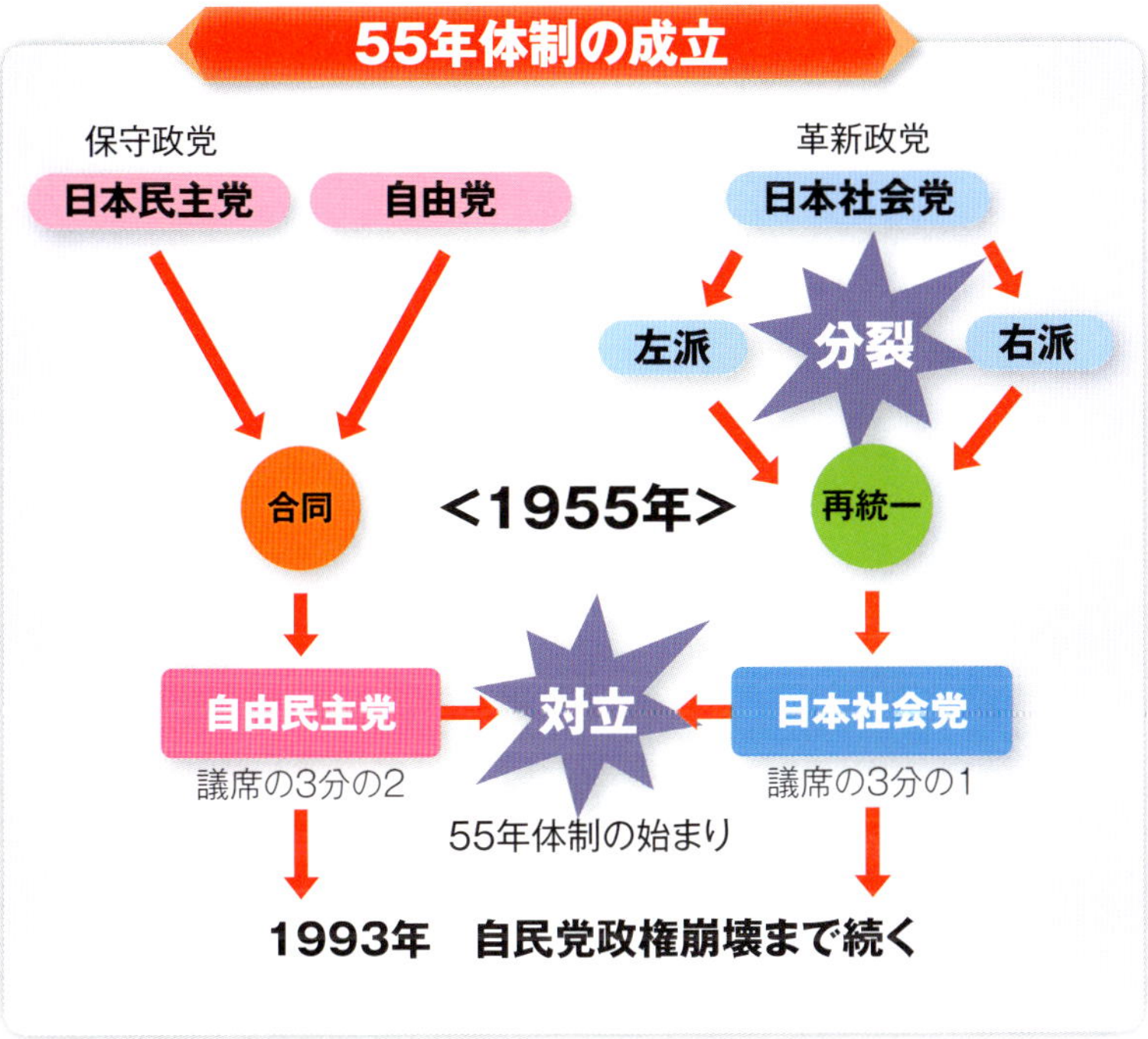

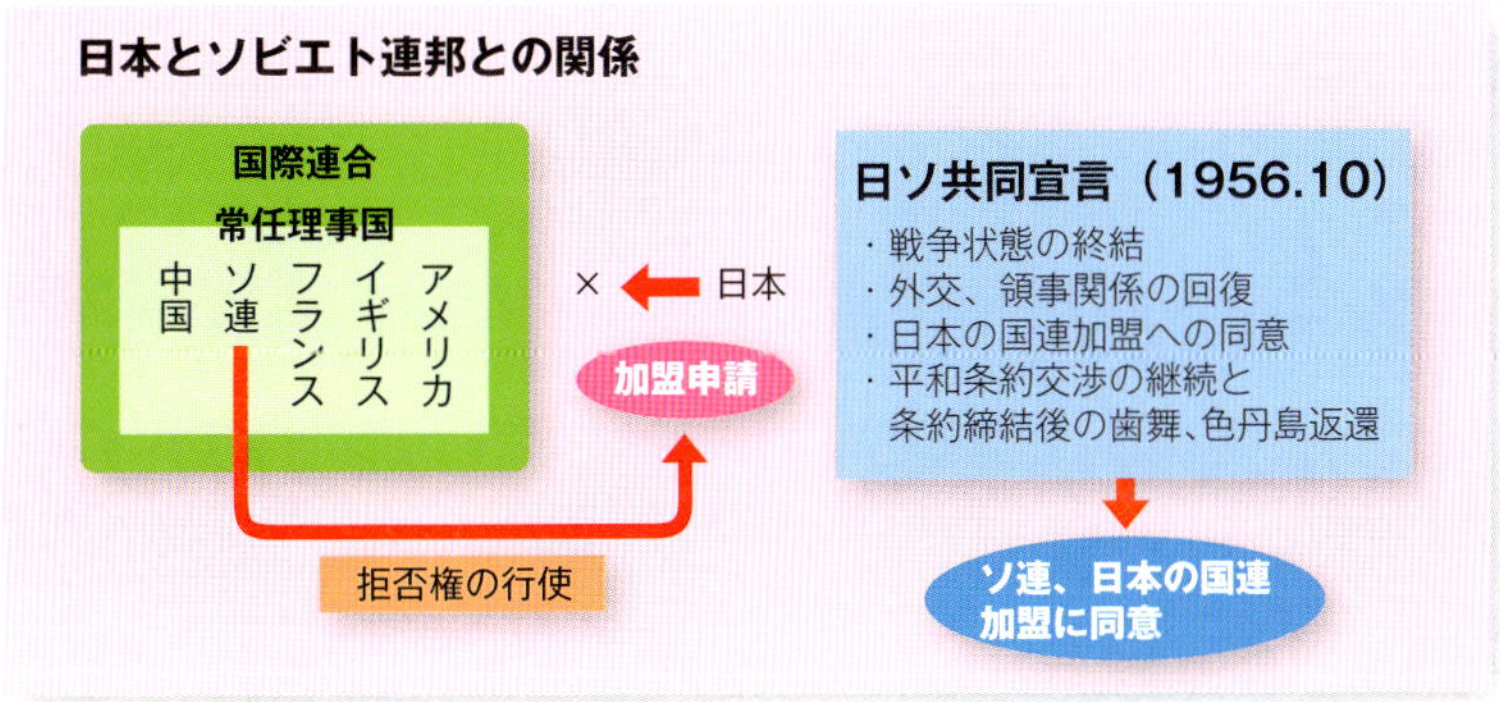

入れる若者世代と親の世代の違いに主人公は苦しみますが、貧しくとも自活の道を探ります。

流れを知る！

一九五三
三月 吉田内閣バカヤロー解散
五月 第五次吉田内閣
一一月 米ニクソン副大統領来日、日本は再軍備すべきと発言

一九五四
三月 日米相互防衛援助（MSA）協定調印
七月 防衛庁・自衛隊発足
一一月 日本民主党結成（総裁鳩山一郎）
一二月 第一次鳩山内閣成立

一九五五
一〇月 社会党統一
一一月 自由民主党結成

一九五六
一〇月 日ソ共同宣言調印
一二月 国際連合加盟石橋湛山内閣成立
この年の経済白書で「もはや戦後ではない」と記載

昭和時代

国内を騒然とさせた新安保条約の締結

警官隊も導入して強行採決をした岸内閣の強硬な政治

安保交渉と皇太子結婚

病に倒れた石橋湛山《いしばしたんざん》の後に首相となったのは**岸信介**《きしのぶすけ》でした。岸は安保条約の問題点を解決し、日米新時代の構築を宣言します。問題点とはアメリカの**日本防衛義務**が記されていないことや条約の期限が明記されていないことでした。岸は訪米し、これらを明確にした**新安保**《しんあんぽ》**条約**《じょうやく》**締結**の交渉を開始することをアメリカ政府に同意させました。

その頃国内では、教員の勤務評定制度を徹底させる通達が出され、これに反対する教職員らのデモが激しくなっていました。岸内閣は警察の権限を強化した警職法を国会に提出。警職法は廃案となりましたが、岸の強硬姿勢は保守対革新の対立をより鮮明にします。

安保改正の動きに反対する運動も次第に激しくなり、国内は騒然とした雰囲気になりました。皇太子（現天皇）の結婚が発表されたのは、この時代のことです。

声なき声の支持

一九六〇年は戦後最大の政治の年でした。**新安保条約**と**日米**《にちべい》**地位**《ちい》**協定**《きょうてい》は、自民党が単独で採決を強行しました。

翌日、一カ月後に条約が参議院の審議を経ずに自然承認されることがわかり、反対派は呆然となりました。連日デモが続きましたが、岸首相は「あくまで新安保の成立を期する。声なき声の支持あり」と言って強硬姿勢を崩しませんでし

POINT

- 旧安保の問題点を解決し日米新時代へ
- アメリカの安全保障体制に組み込まれる
- 世論が沸騰しながらも自然承認・成立となった条約

もっと楽しむ！

『小説吉田学校〈第二部〉党人山脈』
吉田茂のもとで仕事をした政治家たちのその後を追ったシリーズ作品。第二部では鳩山首相から岸首相、そして池田首相までが描かれています。

戸川猪佐武著
学陽書房人物文庫

『テロルの決算』
沢木耕太郎著　文春文庫ほか
六〇年、演説中に社会党委員長浅沼稲次郎が右翼団体員の少年、山口二矢に刺殺された事件を描いたノンフィクション作品。

た。その後も大規模な反対運動があり、死者を出しながらも、結局六月一九日、新安保条約は成立しました。現在に続く日米関係が確立されたのです。

新安保成立までの流れ

1957	2	第一次岸信介内閣成立
	6	日米共同声明ー日米新時代、日本の再軍備化等を確認
1958	6	第二次岸内閣成立
	10	日米安保条約改定交渉開始 旧安保条約の問題点 アメリカに日本の防衛義務なし 有効期限不明確 日本の防衛力強化義務 日本の国内争乱に対して米軍出動
1959	3	安保改定阻止国民会議結成
	11	安保反対デモ国会構内乱入
1960	1	岸首相らの渡米に、全学連羽田デモ事件
	1.19	日米相互協力及び安全保障条約（新安保）、日米地位協定調印 新安保条約の内容 アメリカに日本防衛義務 有効期限10年。自動延長 日米相互の経済協力、防衛強化 国内争乱への米軍出動条項削除 在日米軍の行動について事前協議
	5.19	衆議院、警官隊導入し会期延長、自民党単独で新安保条約強行採決
	5.20	参議院の審議、採決がなくても、1カ月後に自然承認・成立となる 「条約承認に関する特例」の存在が国民に知れ渡る
	5.21	社会党、新聞各社、岸内閣総辞職を訴える 連日、国会デモ
	6.15	東大学生樺美智子圧死。全国でデモ・スト参加580万人
	6.19	新安保条約自然成立
	7.15	岸内閣総辞職

賛成派
アメリカと同盟を結ぶことで、他国の日本への武力攻撃を阻止
軍事的支出を抑制しながら、安全確保

反対派
アメリカの軍事戦略に巻き込まれる
集団自衛権の行使に当たり、憲法9条に反する

国民闘争へ 反対デモ盛り上がり

岸信介

流れを知る！

一九五七
二月 第一次岸信介内閣成立
六月 日米共同声明、日米新時代、日本の再軍備化等を確認

一九五八
六月 第二次岸内閣成立
一〇月 日米安保条約改定交渉開始。警察官職務執行法改正案が廃案に
一一月 皇太子の結婚を発表

一九五九
三月 安保改定阻止国民会議結成
四月 皇太子結婚式
一一月 安保反対デモで国会構内乱入

一九六〇
四月 沖縄県祖国復帰協議会結成
五月二一日 社会党、新聞各社、岸内閣の総辞職を訴える国会請願デモ
六月一五日 東大学生の樺美智子圧死
六月一九日 新安保条約自然成立
七月一五日 岸内閣総辞職
一〇月 社会党委員長浅沼稲次郎、演説中に刺殺される

昭和時代

驚異的な高度経済成長で急上昇する対外評価

経済大国への第一歩と同時に公害大国へ仲間入りした日本

POINT
- 経済の時代到来を強調した池田内閣の政策
- ゆるぎない国際競争力をつけた日本経済
- 驚異的な経済発展の「ツケ」—公害問題

経済重視の政策へ

岸内閣の次の内閣を率いた**池田勇人**《いけだはやと》首相は、経済政策の充実化をはかり、一〇年で国民所得を二倍にする**所得倍増計画**を打ち出しました。これは当時の驚異的な経済成長率を考えれば決して無謀な計画ではなく、実際、その後の成長率は目標を上回りました。

対外的にも経済政策が推進され、アメリカの他に中国ともLT協定（LとTは交渉者の頭文字）が結ばれました。日本経済はすでに充分な国際競争力をつけていたため、**GATT**や**IMF**などでもより責任のある重要な国と位置付けられ、**OECD**にも加盟することになりました。

そして、このような日本の成長ぶりと繁栄を内外に示したのが、**新幹線の開業**や**東京オリンピックの開催**だったのです。

公害発生

しかし、急速な経済の成長は、同時に公害発生の原因ともなりました。**水俣病**《みなまたびょう》や**イタイイタイ病**、**四日市ぜんそく**などが大きな問題となり、その頃日本は世界でも有数の公害大国になってしまってたのでした。

池田内閣の次の**佐藤栄作**《さとうえいさく》内閣も、それまでの経済政策を引き継いでいました。しかし、公害問題が深刻化したために、**公害対策基本法**を公布しました。その四年後の一九七一年には、環境庁が設置されることとなります。

もっと楽しむ!

『粗にして野だが卑ではない』石田禮助の生涯

三井物産で華々しい業績をあげた石田禮助は、池田首相の強い要望により財界人で初めて国鉄総裁となりました。石田禮助の気骨と合理主義を克明な取材で描いた作品。

城山三郎著
文春文庫

おもな公害

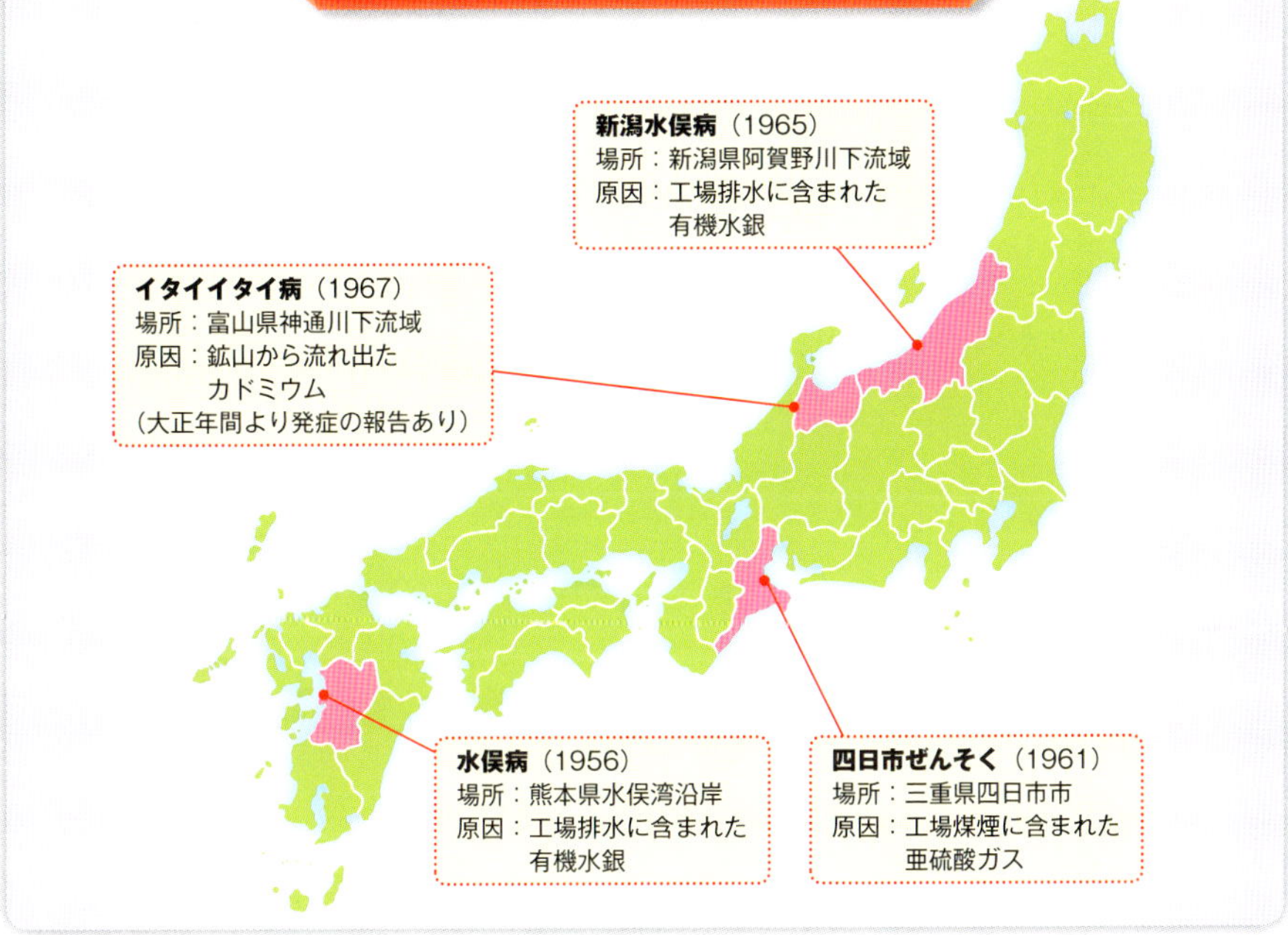

家電製品普及率

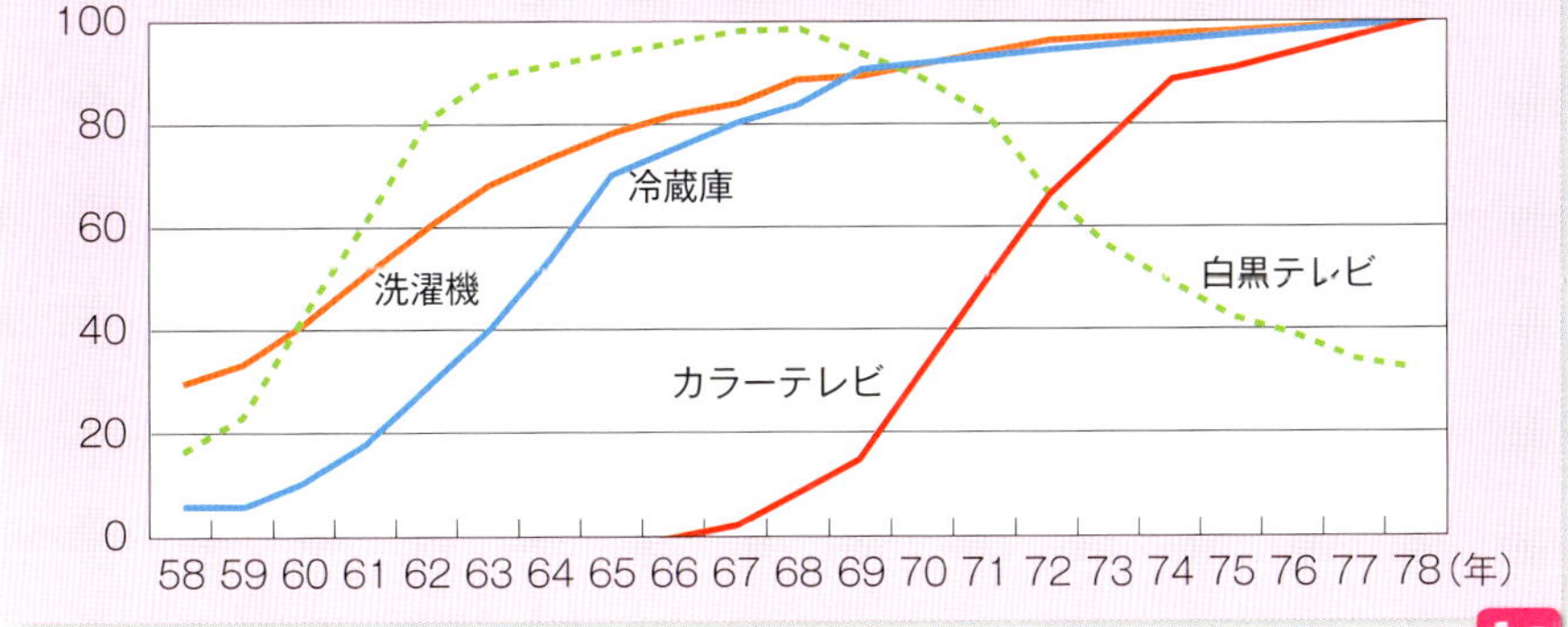

流れを知る！

一九六〇

六月 日米新安保条約成立

七月 岸内閣総辞職。第一次池田勇人内閣成立

一二月 第二次池田内閣成立

一九六一

六月 農業基本法成立

一九六二

二月 日米関税引き下げ協定調印

一一月 日中LT貿易協定（準政府間貿易についての覚書）

一九六三

二月 GATT十一条国に移行

一九六四

四月 IMF八条国に移行。経済協力開発機構（OECD）に加盟

一〇月 東海道新幹線開業。東京オリンピック開催

一一月 第一次佐藤栄作内閣成立

一九六五

六月 新潟で水俣病表面化。日韓基本条約調印

一九六七

四月 富山県イタイイタイ病問題化

八月 公害対策基本法公布

九月 初の大気汚染公害訴訟（四日市ぜんそく）

昭和時代▼

アメリカに振り回される日本外交

戦争による「不正常な状態」の終結へ　沖縄返還と日中共同声明

POINT

- 全国に広がった学生運動と反安保運動
- 基地問題はそのままの沖縄返還
- 為替と対中政策でのニクソン・ショック

日米共同声明

一九六九年、訪米した佐藤栄作首相は**日米共同声《にちべいきょうどうせい》明《めい》**を出し、安保条約の堅持と沖縄返還の確約を果たしてきました。**沖縄返還**に関しては、米軍が沖縄に核兵器を保持していないことが重要視され、佐藤首相はその前々年、核兵器を「持たず、作らず、持ち込ませず」との**非核三原則《ひかくさんげんそく》**を表明していました。沖縄は「核ぬき」で返還されたものの、基地問題は現在に至るまで根本的に解決されていません。

なお、六〇年代半ばから授業料などをめぐって私立大学で紛争が起こり始めていましたが、東大医学部の改革問題で東大闘争が始まると、全国的に**学生運動**が拡大、激化しました。七〇年には安保条約が自動延長されるにあたって、反安保運動が広まりました。

ニクソン・ショック

沖縄返還の前後、アメリカの取った政策が日本を直撃しました。経済が低迷していたアメリカは、日本が固定相場制の下で円安を利用して輸出を増加させていることに不満を感じ、日本や西ドイツなど国際収支黒字国の為替レートの引き上げを要求しました。

さらにニクソン大統領は訪中し、関係改善を発表します。中華民国（台湾）と講和条約を結んでいた日本は衝撃を受けました。これらふたつは**ニクソン・ショック**と呼ばれます。首相となった**田中角栄《たなかかくえい》**は、早

もっと楽しむ！

「突入せよ！『あさま山荘』事件」
映画　02年　原田眞人監督
七二年に起こった連合赤軍立てこもり事件を、警察側から描いています。生中継された事件の裏側では、警視庁と地元警察の対立などが繰り広げられていたのでした。

『二十歳の原点』
学生運動の中で「生」に苦しみ、二〇歳で自殺した大学生の日記を編集した作品。

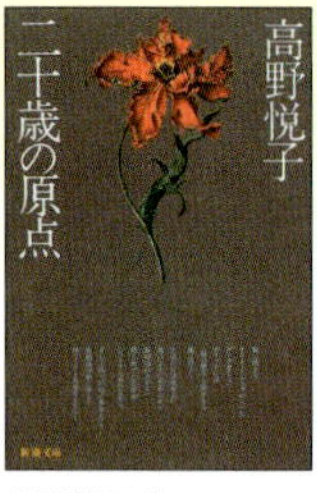

高野悦子著
新潮文庫

沖縄本島のおもな米軍基地

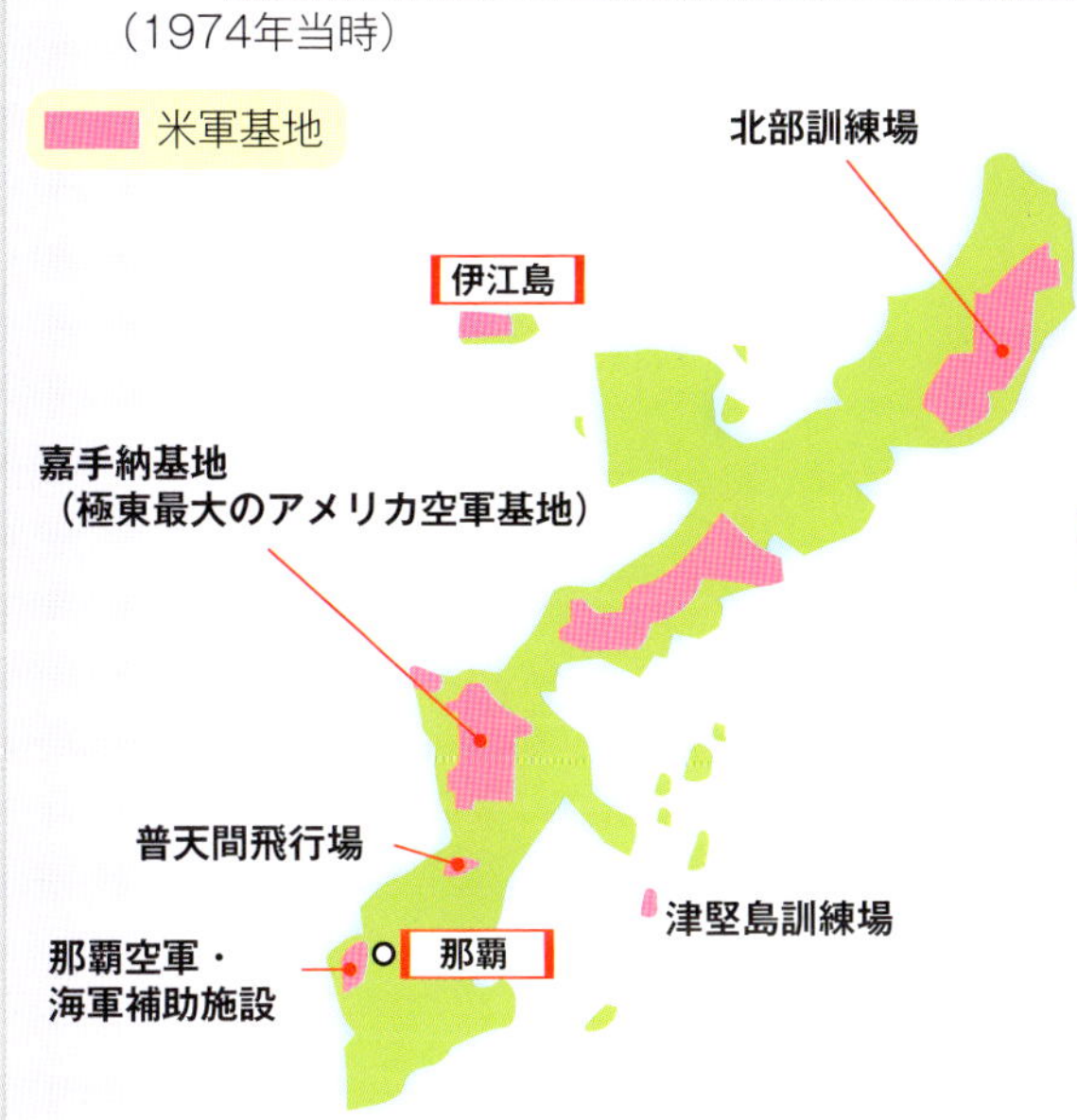

ニクソン

佐藤栄作

速訪中し**日中共同声明**を発表。中華民国との国交は断絶しました。

日本は中華民国政府を相手に戦争をしていたので、声明では日中間に「戦争状態」の語を使わず「不正常な状態」という言葉が使われました。平和友好条約が調印されるのは六年後のこととなります。

歴史 CLOSE UP!　「核ぬき、本土なみ」の沖縄基地？

沖縄返還の際、日米の共同宣言には「日本を含む極東の安全を損なうことなく…」と明記されており、これが基地の存続を示すものだということは明らかでした。政府は「核ぬき」は明確ながら、基地の「本土なみ」については不明瞭な態度を取ります。当然、沖縄県民はこの姿勢に不満でした。

流れを知る！

一九六八
四月　小笠原返還協定（六月返還）
この年、GNP資本主義国第二位。学生運動活発化

一九六九
一月　東大安田講堂封鎖解除
一一月　佐藤首相訪米、日米共同声明で沖縄七二年返還確認

一九七〇
二月　核拡散防止条約調印
三月　日本万国博覧会開催
六月　日米安保条約、自動延長全国で反安保運動

一九七一
六月　沖縄返還協定調印
一二月　為替相場基準レートが、一ドル＝三〇八円に

一九七二
二月　連合赤軍浅間山荘事件。ニクソン米大統領訪中
五月　沖縄返還、沖縄県復活
七月　第一次田中角栄内閣成立
九月　田中首相訪中、日中共同声明発表。日中国交回復

昭和時代

良くも悪くも強い印象を残した田中角栄

日本を揺るがした戦後最大の汚職事件　ロッキード事件

POINT

- アメリカ上院の小委員会から発覚した大事件
- 政界、財界を巻き込んだロッキード社
- 逮捕後も政界に影響力のあった田中角栄

田中首相金脈問題

田中角栄《たなかかくえい》は様々な面で異色の政治家でした。新潟の高等小学校を出た後、夜学の工業高校を卒業。東大卒のエリートと渡り合い、そのトップに立った田中に快哉を叫ぶ国民は少なくありませんでした。ひと際強い個性や独特な語り口も人気で、その存在感は際立っていました。

その一方で、田中首相の金脈や人脈については悪い噂も絶えませんでした。一九七四年一〇月発売の「文藝春秋」に掲載された立花《たちばな》隆《たかし》の「田中角栄研究—その金脈と人脈」は、支持母体である越山会の実態を暴露。田中内閣は総辞職に追い込まれました。

田中前首相、逮捕

その二年後、日本を揺るがす事件が、アメリカの上院で明らかになります。**ロッキード事件**です。同社のコーチャン副会長は、会社事業の建て直しなどのために日本への政界工作を行ったと証言。日本でも追及が始まりました。

ロッキード社からは三〇億円以上が日本側に支払われ、うち二一億円は事件の黒幕とされた児玉誉士夫《こだまよしお》に渡されました。

さらにロッキード社のエアバス売り込みを請け負った丸紅や、エアバス採用を決めた全日空などの大企業を巻き込みながら、政治家も深く事件に関与していることが明らかになります。

そして、ついに田中角栄の逮捕にまで事件は発展しま

もっと楽しむ！

『異形の将軍　田中角栄の生涯』

田中角栄の人物像を真正面から取り上げたドキュメント色の強い作品。いまだに政界に影を落とす政治家と政界の全体像がわかります。

津本陽著
幻冬舎

もっと知りたい！

田中金権体質

立花隆は綿密な取材と検証によって、田中の資産、政治資金の流れなどに関する疑惑を詳細にレポートしました。この記事は国会で取り上げられ、自民党も田中首相に

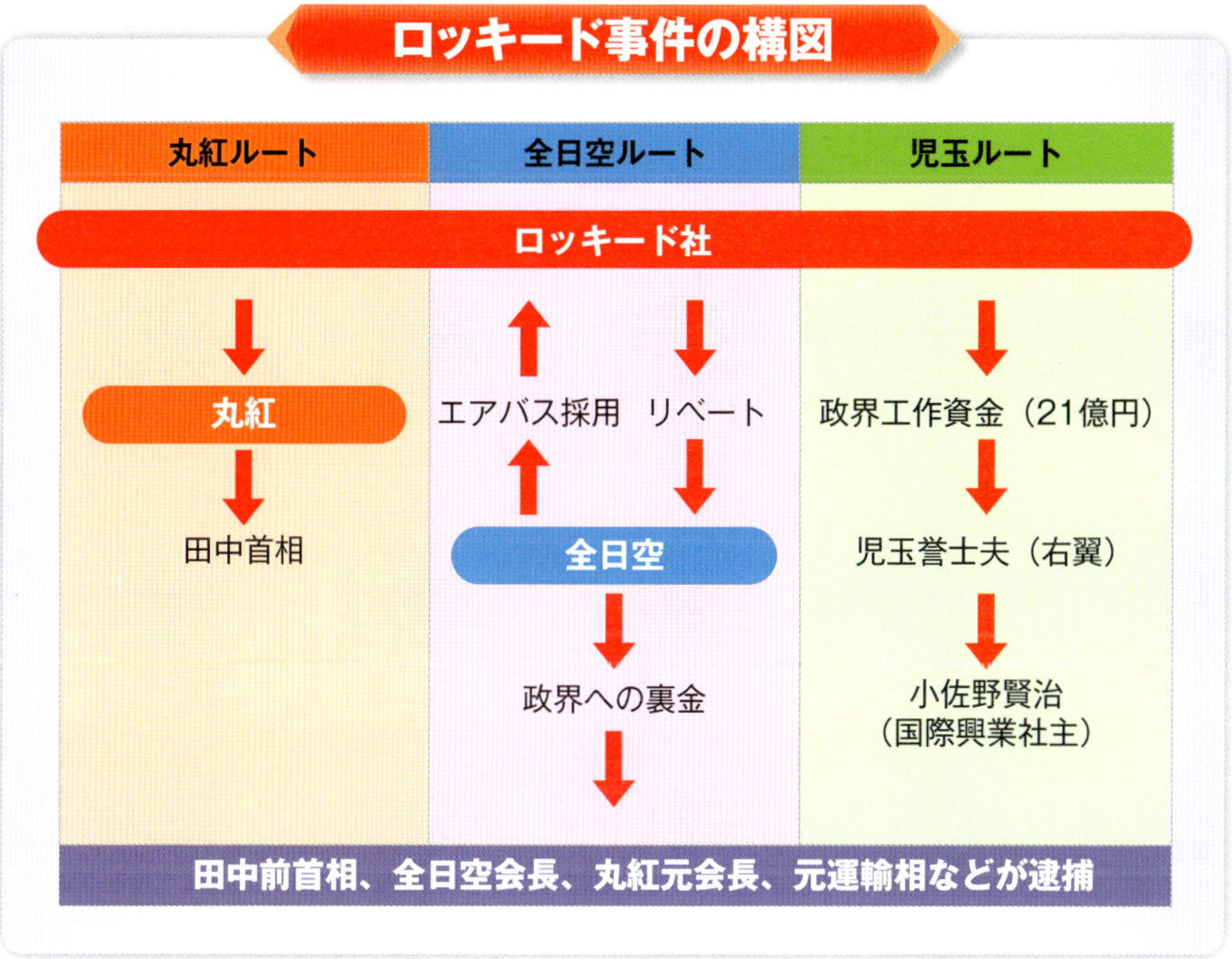

した。

前首相逮捕の事態を受けて、当時の三木武夫《みきたけお》首相は事件の徹底解明に動きましたが、自民党内には反発があり、逆に三木首相は退陣に追い込まれてしまいます。この体質は非難され、自民党から離党する議員もいました。しかし、ロッキード事件後も田中角栄の影響力は弱まることはありませんでした。

田中角栄

対する真相表明要求を余儀なくされます。結局およそ一カ月後に田中は辞意を発表しました。その後、ロッキード事件が発覚。田中の政治生命は終わったかに見えましたが、控訴審判決で有罪となりながら、政界への影響力は衰えませんでした。

事件当事者、それぞれの事情

ロッキード社
破産寸前の事業の建て直し
→コーチャン副会長、日本、オランダなどへ政治工作

全日空若狭社長
国際線進出目指すため
→橋本運輸相へ全日空が優位になる航空政策への働きかけ

檜山丸紅社長
ロッキード社のエアバス・トライスター売り込みを請け負い、田中首相と会談
→田中首相、ニクソン大統領との会談でエアバスの緊急導入確約

田中首相
中曽根通産相にそれ以前の政策を転換するよう指示
→ロッキード社エアバス導入へ

昭和時代

オイル・ショックで日本中が大パニック！

ついに高度経済成長にブレーキかかる！　石油の価格急騰

POINT

- 変動為替相場制へ移行後、インフレに
- 戦後初のマイナス成長で高度成長が終焉
- 世界不況に対応するため始まったサミット

大きく変わる世界経済

アメリカの画策による蔵相会議で、一ドル＝三〇八円に円が切り上げられましたが、アメリカ経済は改善されませんでした。そこで翌々年、**変動為替相場**への移行が実施され、円は一ドル二五七円から二六四円の間で変動することになりました。

この影響を緩和しようとした政府は、**金融緩和政策**を取りましたがその政策が行き過ぎ土地が高騰。東京の地価は前年と比べて四割近くまで上昇し、インフレが進みました。

庶民がパニックに

その状況の中、中東で第四次中東戦争が勃発します。それにより石油の価格が急騰し、**オイル・ショック**が起こったのです。庶民はトイレットペーパーや洗剤などの買い占めに飛び回り、日本中がパニックに陥りました。

異常とも言えるインフレは、翌七四年の一月まで続くこととなります。この年、日本は戦後初めてとなるマイナス成長を経験します。こうして、世界でも類を見ない日本の高度経済成長の時代は終わりを告げたのでした。

世界的な不況に対して、アメリカ、イギリス、フランス、西ドイツ、イタリア、そして日本の六ヵ国の首脳による**先進国首脳会議**（**サミット**）が開催されました。その後、カナダも加わって、サミットは毎年開かれることとなります。

もっと知りたい！

石油値上げへの反応

当初通産省は備蓄は充分であり、消費抑制の必要はないと声明します。しかし、一ヵ月後には大口需要者への供給削減などを緊急に決め、石油確保のために中東の外交政策も変更しました。田中首相も列島改造計画をスローダウンさせるとコメント。一二月の半ばを過ぎて、政府はついに「石油緊急事態」の声明を発表したのです。

高度経済成長の終焉

2つのショックと国内政策の誤り

ドル・ショック
（ニクソン・ショック）

$

アメリカ経済の建て直しのための経済政策

・金·ドルの交換停止（1971.8.15）
・為替レートの変更（1971.12.18）
・変動相場制へ（1973.2.14）
→急激な円高の進行で、輸出産業は大打撃

オイル・ショック

oil

第4次中東戦争（1973.10）の際、アラブ石油輸出国機構が西側諸国に取った石油輸出制限

・石油資源をほぼ中東からの輸入に頼る日本
・石油価格の大幅値上げ（ガソリン·灯油の急騰）
・物不足とマスコミの過激報道
→パニック（トイレットペーパー、洗剤の買い占め）狂乱物価

国内政策

・日本列島改造論（1972.6）
→落ち込む内需拡大のための大型公共事業
→土地の買いあさりが始まり、地価高騰

↓

急激な経済成長率の低下、初めてのマイナス成長

流れを知る！

一九七一
八月 ドル・ショック（金・ドル交換停止）

一九七二
六月 田中角栄「日本列島改造論」発表
七月 第一次田中角栄内閣成立
九月 日中共同声明発表

一九七三
二月 変動為替相場制へ移行
八月 金大中氏拉致事件発生
一〇月 第四次中東戦争勃発
第一次オイル・ショック。狂乱物価、異常インフレ進行

一九七四
一〇月 田中首相金脈問題表面化
一一月 田中内閣総辞職表明
一二月 三木武夫内閣成立

一九七五
一一月 第一回先進国首脳会議（ランブイエ・サミット）、三木首相出席

一九七六
二月 ロッキード事件表面化
七月 田中前首相、ロッキード事件で逮捕

昭和時代▼

円高から狂乱のバブル経済の時代に

停滞する世界経済からひと足早く脱出に成功し経済大国へ

POINT

- 低迷する労働運動が経済に好結果をもたらす
- 円の価値を劇的に上昇させたプラザ合意
- 実態とかけ離れたバブル経済の狂乱と破綻

ハイテク分野の成長

七〇年代前半の第一次オイル・ショック、そして後半の第二次オイル・ショックと、世界経済は低迷を続けていましたが、金融引き締めや企業の緊縮経営によって日本はこれを乗り切り、世界に先駆けて不況から脱出することに成功しました。欧米諸国では労働者の賃金確保などが重要な問題となるのに対し、日本では労働運動が低迷していたため賃金の上昇率を欧米より抑えられたことが、不況脱出のポイントとなったとされています。

また、自動車や電気製品の他にハイテク分野の半導体やICなどが急速に発達し、輸出されたことも景気回復に貢献しました。

日本経済の転換期

八〇年代に入ると、大きな転換期が訪れます。ニューヨークのプラザホテルで開催された米英仏独日の五カ国蔵相・中央銀行総裁会議で、ドルの引き下げとマルク、円の切り上げが決定されたのでした。いわゆる**プラザ合意**です。これにより輸入物価は下がり、国内需要によって経済は成長しました。それまで一ドル二四〇円台だったのが、八七年には一二〇円台にまで上昇したのです。円高によって輸出産業は不況に陥りましたが、経済の勢いはアメリカを上回ることとなりました。

内需拡大と**金融緩和政策**により資金が過剰となると、銀行は資金を企業に貸

もっと楽しむ!

『複合汚染』

七九年、オイル・ショック直後に書かれた作品。農薬など環境汚染について徹底的に調査し、考察したレポートです。これらの問題提起は今なお新鮮で有効に感じられます。

有吉佐和子著
新潮文庫

もっと知りたい!

バブル経済のその後

八九年一二月をピークに株価は下落し始め、上がり続けた土地価格も少し遅れて下がり始め、土地の

バブル経済への歩み

プラザ合意(1985.9)
5ヵ国(米英仏独日)蔵相・中央銀行総裁会議でドル高是正を確認

↓

低金利政策を実施(公定歩合　5%→2.5%)
上向いていた景気をさらに勢いづける

↓

低金利政策で
銀行に資金がだぶつく

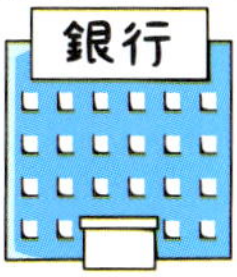

↓

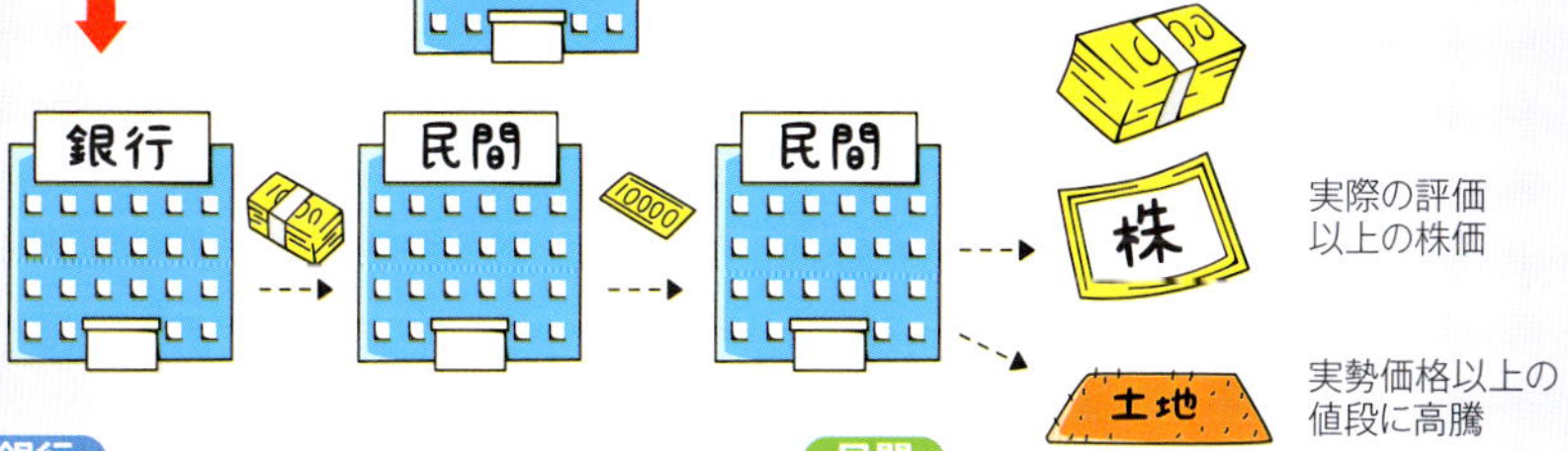

銀行
民間への無責任な資金貸付 ▶ 後の**不良債権**に

民間
豊富な資金を元に土地・株への投資

➡ 実態のない経済「バブル経済」へ

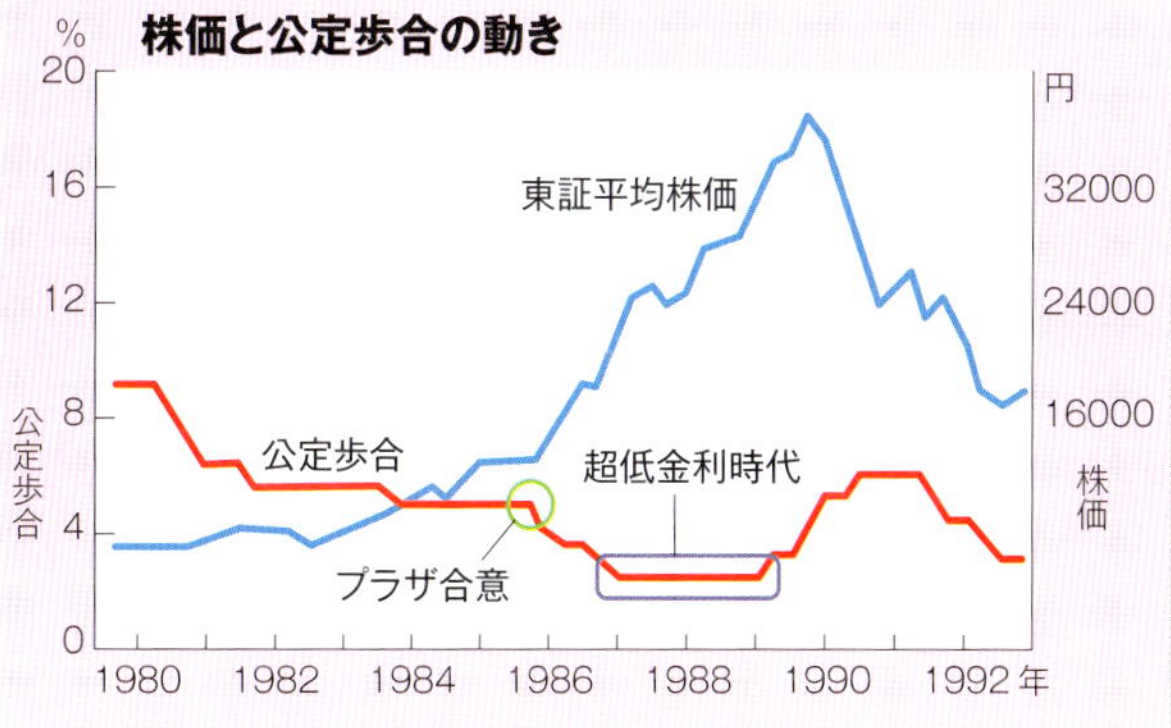

し付け、企業はそれを土地と株に投資しました。それにより地価・株価は投機的な高騰を始め、実態とかけ離れた**バブル経済**の時代が訪れます。

値段は下がらないという〝土地神話〟も崩壊しました。

流れを知る!

一九八三
一二月　第二次中曽根内閣成立

一九八五
四月　NTT、JT発足
九月　プラザ合意。ドル引き下げ、マルク・円切り上げ決定

一九八六
七月　第三次中曽根内閣成立

一九八七
五月　防衛費、戦後初の対GNP比一%枠突破
一一月　竹下登内閣成立
この年、地価・株価高騰。バブル経済の始まり

一九八八
一人あたりの国民所得がアメリカを抜いて世界　に

一九八九
一月　昭和天皇崩御。平成に
四月　消費税等の新税制開始
一二月　東証株価最高値三万八九一五円を記録

平成時代

冷戦終結と五五年体制の終焉

阪神・淡路大震災、地下鉄サリン事件…混乱する日本

激動の昭和が終わる

一九八九年一月七日、昭和天皇が亡くなりひとつの時代に幕が下りました。その年末、ソ連のゴルバチョフ書記長とアメリカのブッシュ大統領がマルタ島で会談を行い、**東西冷戦の終結**を宣言します。奇しくもこの年、日本と世界は同時に新たな時代へと向かうこととなったのです。翌年には東西ドイツが統一。世界は平和の時代に入ったかに見えましたが、**湾岸戦争**が勃発し、政治、経済の矛盾や問題点が世界に点在していることを改めて露わにしました。日本はイラクを攻撃する多国籍軍に金銭面の支援を行いましたが、人的貢献の可否が重要な問題となり、賛否両論の中、**PKO協力法案**が成立しました。

国内ではバブル経済が破綻し、景気は急速に冷え込みました。また、巨額のヤミ政治資金が議員に渡った佐川急便事件が発覚。いわゆる族議員や自民党による政治に対する国民の不信感が頂点に達します。そして、四〇年近く続いた**自民党単独政権**と**五五年体制**は終わりを迎えたのです。

自民再び与党へ

宮沢喜一《みやざわきいち》内閣が総辞職した後に登場したのは、日本新党の**細川護熙**《ほそかわもりひろ》内閣でした。颯爽《さっそう》と現れた非自民の首相に国民は大きな期待をかけました。しかし、その新しい政治の時代は、細川首相の資金疑惑によってわずか八カ月ほどで終わり、続く羽田孜《はたつとむ》内閣も二カ月

もっと楽しむ!

「金融腐蝕列島〔呪縛〕」
映画　99年　原田眞人監督
高杉良原作。三〇〇億円の不正融資疑惑が持ち上がった銀行本店を舞台に、企業が再生の一歩を踏み出すまでを描いた作品。責任を回避しようとする上層部に反発した若手中間管理職が、古い慣習などの呪縛から逃れようとする姿を追っていきます。

『突破者』
宮崎学著　幻冬舎アウトロー文庫
京都のヤクザの息子として生まれた著者が関わってきた、学生ゲバルト、週刊誌記者、ゼネコン恐喝、バブル期の地上げなど、社会の裏側を描いた自伝。グリコ・森永事件では犯人にもされかけた波瀾万丈の半生は、読み応えがあります。

POINT

- 米ソを軸とした東西冷戦構造が崩れる
- 38年続いた自民党単独政権から連立政権へ
- 期待を背負った連立政権の迷走

で崩壊。その後、自民党と社会党が連立するという村《むら》山富市《やまとみいち》内閣が成立します。

迷走する連立政権政治に追い打ちをかけたのは、**阪神・淡路大震災、地下鉄サリン事件**です。政治、社会情勢ともに日本は大きな混乱に陥りました。

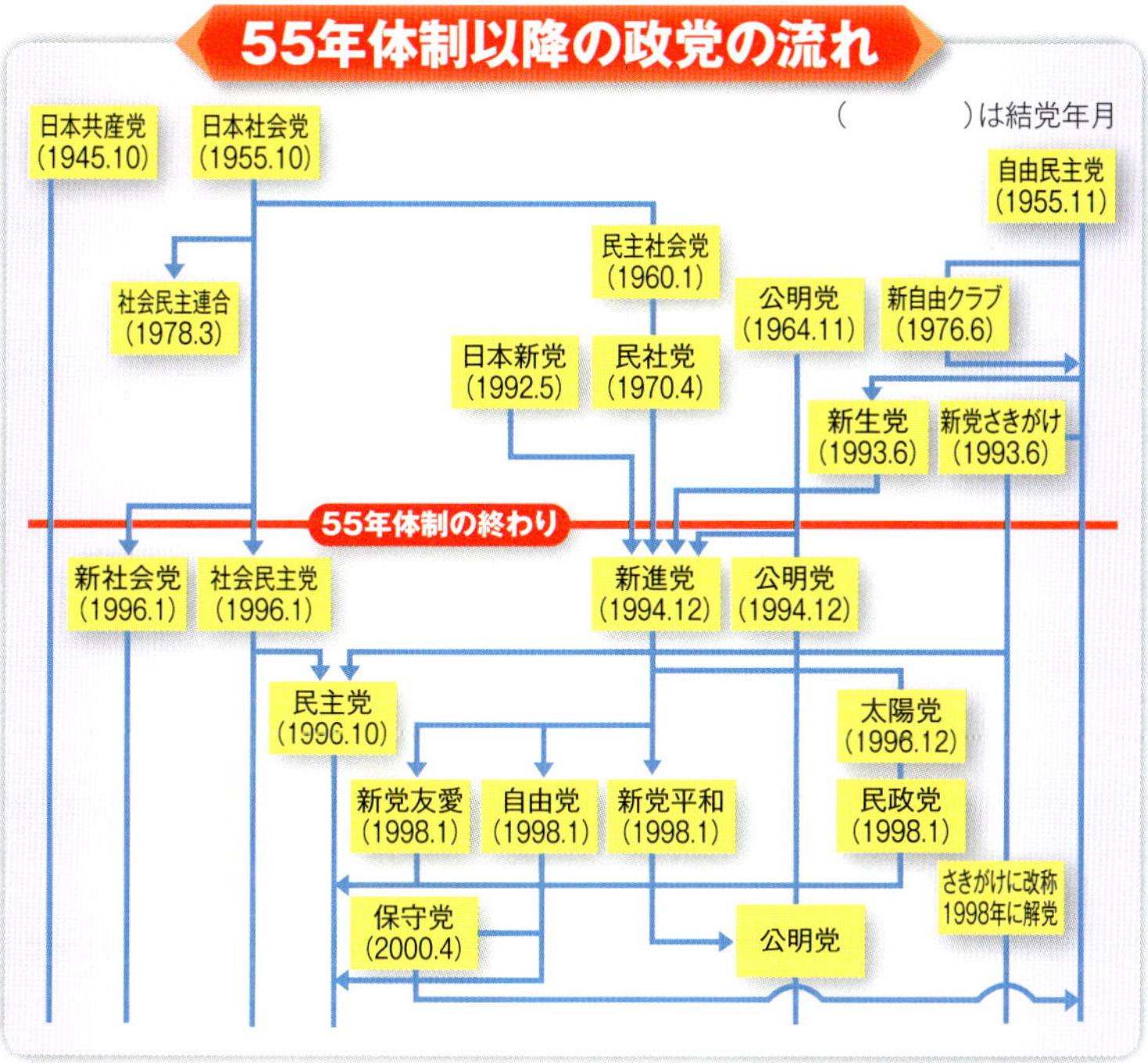

歴史CLOSE UP! 自民党政権復帰後

1996年以降は、自民党主体の連立政権が成立します。この政権の中で、消費税率アップ、規制緩和、行政改革などが着手されました。1999年には、日米防衛協力のための新指針関連法(ガイドライン関連法)や通信傍受法などの重要法案が成立していったのです。

阪神・淡路大震災

流れを知る!

一九八九
- 一一月　独、ベルリンの壁撤去
- 一二月　米ソ、マルタ会談

一九九〇
- 二月　株価の暴落始まる
- 六月　日米構造協議最終決着
- 一〇月　東西ドイツ統一

一九九一
- 一月　湾岸戦争、多国籍軍に九〇億ドル支援
- 一一月　宮沢喜一内閣成立
- 一二月　ソビエト連邦解体

一九九二
- 六月　PKO(国連平和維持活動)協力法成立

一九九三
- 三月　佐川急便事件
- 六月　自民党分裂
- 八月　細川護熙連立内閣成立

一九九四
- 四月　羽田孜内閣成立
- 六月　村山富市内閣成立

一九九五
- 一月　阪神・淡路大震災
- 三月　東京地下鉄サリン事件

平成時代▼

消費社会から情報社会へ

自由の回復からめまぐるしい変化の時代へ　戦後から現代までの文化

POINT

- 敗戦後すぐに復興を目指した庶民たち
- 経済の発展とともに豊かになる物質文化
- 多様な文化と流行はどこへ向かうのか

「リンゴの歌」

　戦後の日本を代表する歌は「リンゴの歌」でしょう。敗戦は庶民たちを落胆させ、あるいは喜ばせました。悲惨な状況ですが、日々の生活を休むわけにはいきません。不安な中にもヤミ市は活況をみせます。戦後すぐにスポーツや宝くじが復活し、英語会話が流行したことは庶民たちのバイタリティを示しています。

　NHKの「のど自慢素人音楽会」も一九四六年から放送されます。この番組に出ていた少女が、後に**美空《みそら》ひばり**としてデビューするのです。

　五〇年代になると、映画で**黒澤明《くろさわあきら》**や**溝口健二《みぞぐちけんじ》**が活躍し、世界にも認められる作品を発表していきます。

消費社会から情報社会へ

　所得倍増が叫ばれた六〇年代には、いわゆる**三種の神器**が急速に普及していきました。オリンピック景気、その後のいざなぎ景気によって、本格的な消費社会の時代となります。

　同時に、公害問題が深刻化したことにより経済発展の犠牲者が続出しました。また、安保反対運動や学生運動などがピークに達し、社会が動揺していたのもこの時代でした。

　その後も新製品が次々と現れます。特に電化製品などの分野で、日本製品は世界へと進出しました。経済大国の地位とともに、物質文化の面でも優位を保った日本は、情報社会時代へと向かっていくのです。

もっと楽しむ！

「ゆきゆきて、神軍」
映画　87年　原一男監督
パイオニアLDC　DVD　発売中
ニューギニア戦の生き残り奥崎謙三が、終戦後にもかかわらず仲間の兵士を処刑した元上官を訪ね、真実を追究する姿を追ったドキュメンタリー作品です。天皇糾弾活動を行ってきた奥崎は、最後に元上官の殺人未遂で実刑判決を受けました。

『コリアン世界の旅』
野村進著
講談社プラスアルファ文庫
在日朝鮮人・韓国人などを通して「コリアン世界」を追求したノンフィクション。日本の社会での彼らの役割、仕事などから、改めて日本の姿が浮かび上がってきます。

戦後文化年表

年代	生活・家電	スポーツ・行事・芸能	その他
四〇～五〇年代	民放ラジオ放送開始（51） NHKテレビ放送開始（52） トランジスタラジオ発売（55） 関門トンネル開通（58） メートル法実施（59）	相撲・プロ野球復活（45） 古橋広之進、全米水泳選手権で世界記録を含め4種目で優勝（49） 第1回NHK紅白歌合戦（51） 黒沢明監督映画「羅生門」ベネチア映画祭グランプリ（51） 力道山全盛期（54）	湯川秀樹にノーベル物理学賞（49） 岩宿遺跡発掘（49） 皇太子（現天皇陛下）ご成婚（59） 
六〇年代	カラーテレビ放送開始（60） 原子力発電開始（63） 海外旅行自由化（64） 東海道新幹線開業（64） 家庭用電子レンジ発売（66） 東名高速道路全線開通（69）	東京オリンピック開催（64） ビートルズ来日公演（66） 	朝永振一郎にノーベル物理学賞（65） 川端康成にノーベル文学賞（68）
七〇年代	マクドナルド1号店開店（71） コンビニ営業開始（74） 家庭用ビデオ発売（75） 8ビットパソコン発売（77） ウォークマン発売（79）	大阪万博開催（70） 札幌オリンピック開催（72） 	高松塚古墳壁画発見（72） 江崎玲於奈にノーベル物理学賞（73） 佐藤栄作にノーベル平和賞（74）
八〇年代	東北上越新幹線開業（82） 国鉄分割民営化（87） 青函トンネル開通（88） 瀬戸大橋開通（88）	モスクワ五輪ボイコット（80） ドラマ「おしん」記録的ヒット（83） 筑波科学博覧会（85）	福井謙一にノーベル化学賞（81） 利根川進にノーベル生理学・医学賞（87） 吉野ヶ里遺跡発掘（89）
九〇年代	DOS/Vパソコン発売（90） 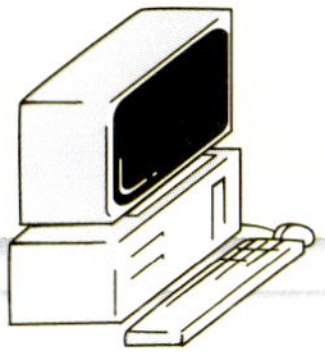	Jリーグ発足（93） 野茂英雄大リーグに（95） 長野オリンピック開催（98） サッカーワールドカップ初出場（98）	日本初の宇宙飛行士誕生（92） 大江健三郎にノーベル文学賞（94）

もっと知りたい！

三種の神器と3C

戦後、生活が豊かになるにつれ、家庭内の電化が進みました。中でも一九五〇年代に「三種の神器」と呼ばれた白黒テレビ・電気冷蔵庫・電気洗濯機は、豊かさの象徴でした。

六〇年代後半になると、一般家庭の「三種の神器」の普及率は七割を超えました。その頃になると、豊かさの象徴は「3C」（車Car・カラーテレビColor TV・クーラーCooler）へと変わっていきました。

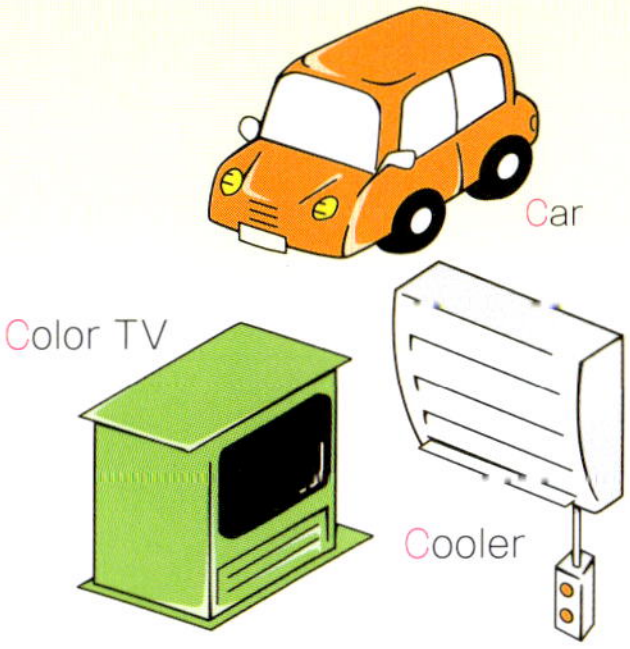

ま

前島密　まえじまひそか ―― 204
枕草子　まくらのそうし ―― 76
松尾芭蕉　まつおばしょう ―― 162
マッカーサー　まっかーさー ―― 272
末期養子　まつごようし ―― 152
松平容保　まつだいらかたもり ―― 192
松平定信　まつだいらさだのぶ ―― 168
松平慶永　まつだいらよしなが ―― 192
松永久秀　まつだいらひさひで ―― 114
松の廊下事件　まつのろうかじけん ―― 156
満州事変　まんしゅうじへん ―― 254
曼荼羅　まんだら ―― 74
政所　まんどころ ―― 87
マンモス　まんもす ―― 14
万葉仮名　まんようがな ―― 41

み

水野忠邦　みずのただくに ―― 174
密教　みっきょう ―― 74
ミッドウェー海戦　みっどうぇーかいせん ―― 268
港川人　みなとがわじん ―― 15
水俣病　みなまたびょう ―― 284
源実朝　みなもとのさねとも ―― 88、98
源高明　みなもとのたかあきら ―― 64
源（木曽）義仲　みなもと（きそ）よしなか ―― 82
源頼家　みなもとのよりいえ ―― 88
源頼朝　みなもとのよりとも ―― 82、84、86
任那　みまな ―― 26
屯倉　みやけ ―― 29
三好長慶　みよしながよし ―― 114
民権論　みんけんろん ―― 232
民撰議員設立建白書　みんせんぎいんせつりつけんぱくしょ ―― 214
民本主義　みんぽんしゅぎ ―― 242
睦奥宗光　むつむねみつ ―― 220
紫式部　むらさきしきぶ ―― 76
村田清風　むらたせいふう ―― 177
村山富市　むらやまとみいち ―― 295

め

明治六年の政変　めいじろくねんのせいへん ―― 208

も

物部麁鹿火　もののべのあらかび ―― 36
森鷗外　もりおうがい ―― 233
モンゴロイド　もんごろいど ―― 14
文徳天皇　もんとくてんのう ―― 62
文武天皇　もんむてんのう ―― 47

や

薬師三尊像　やくしさんぞんぞう ―― 49
薬師寺東塔　やくしじとうとう ―― 49
山県有朋　やまがたありとも ―― 238
山背大兄王　やましろのおおえのおう ―― 42
邪馬台国　やまたいこく ―― 24
山名持豊（宗全）　やまなもちとよ（そうぜん） ―― 108
山内豊信（容堂）　やまのうちとよしげ（ようどう） ―― 198
山本権兵衛　やまもとごんべえ ―― 238
弥生人　やよいじん ―― 14

ゆ

由井正雪の乱　ゆいしょうせつのらん ―― 152
雄略天皇　ゆうりゃくてんのう ―― 27

よ

遥任　ようにん ―― 66
吉田兼好　よしだけんこう ―― 98
吉野ヶ里遺跡　よしのがりいせき ―― 22
吉野作造　よしのさくぞう ―― 242
四日市ぜんそく　よっかいちぜんそく ―― 284

ら

ラクスマン　らくすまん ―― 170

り

理化学研究所　りかがくけんきゅうじょ ―― 251
立憲改進党　りっけんかいしんとう ―― 216
立憲帝政党　りっけんていせいとう ―― 216
柳条湖　りゅうじょうこ ―― 254
遼東半島　りょうとうはんとう ―― 223

れ

連署　れんしょ ―― 92

ろ

六波羅探題　ろくはらたんだい ―― 92
鹿鳴館　ろくめいかん ―― 220
盧溝橋事件　ろこうきょうじけん ―― 260
ロッキード事件　ろっきーどじけん ―― 288
ロンドン海軍軍縮条約
ろんどんかいぐんぐんしゅくじょうやく ―― 254

わ

倭寇　わこう ―― 110
ワシントン会議　わしんとんかいぎ ―― 244
和田義盛　わだよしもり ―― 89
倭の五王　わのごおう ―― 26

日米修好通商条約　にちべいしゅうこうつうしょうじょうやく —— 186
日蓮　にちれん —— 96
日露戦争　にちろせんそう —— 224
日光東照宮　にっこうとうしょうぐう —— 150
日清戦争　にっしんせんそう —— 220
日ソ中立条約　にっそちゅうりつじょうやく —— 265
新田義貞　にったよしさだ —— 100
日朝修好条規　にっちょうしゅうこうじょうき —— 222
二・二六事件　ににろくじけん —— 258
二宮尊徳（金次郎）　にのみやそんとく（きんじろう） —— 176
日本国憲法　にほんこくけんぽう —— 277
日本書紀　にほんしょき —— 32、58
日本民主党　にほんみんしゅとう —— 280
日本労働総同盟　にほんろうどうそうどうめい —— 246

の

ノモンハン事件　のもんはんじけん —— 264
ノルマントン号事件　のるまんとんごうじけん —— 220

は

裴世清　はいせいせい —— 38
廃藩置県　はいはんちけん —— 202
廃仏毀釈運動　はいぶつきしゃくうんどう —— 206
白村江の戦い　はくすきのえのたたかい —— 44
白鳳文化　はくほうぶんか —— 48
羽田孜　はたつとむ —— 294
八月十八日の政変　はちがつじゅうはちにちのせいへん —— 194
バブル経済　ばぶるけいざい —— 293
浜北人　はまきたじん —— 15
林羅山　はやしらざん —— 151
原敬　はらたかし —— 242
パリ講和会議　ぱりこうわかいぎ —— 244
ハリス　はりす —— 186
バルチック艦隊　ばるちっくかんたい —— 225
ハル・ノート　はるのーと —— 266
判官贔屓　はんがん（ほうがん）びいき —— 85
万国平和会議　ばんこくへいわかいぎ —— 226
阪神・淡路大震災　はんしんあわじだいしんさい —— 295
半済令　はんぜいれい —— 106
版籍奉還　はんせきほうかん —— 202
班田収授法　はんでんしゅうじゅのほう —— 47、57

ひ

非核三原則　ひかくさんげんそく —— 286
東廻り航路　ひがしまわりこうろ —— 160
東山文化　ひがしやまぶんか —— 112
比企氏の乱　ひきしのらん —— 89
引付衆　ひきつけしゅう —— 92
樋口一葉　ひぐちいちよう —— 233
一橋派　ひとつばしは —— 188
日野富子　ひのとみこ —— 108
卑弥呼　ひみこ —— 24
評定衆　ひょうじょうしゅう —— 92
平塚雷鳥　ひらつからいちょう —— 246

ふ

フェートン号事件　ふぇーとんごうじけん —— 170
溥儀　ふぎ —— 255
福沢諭吉　ふくざわゆきち —— 206
武家諸法度　ぶけしょはっと —— 144
藤原京　ふじわらきょう —— 46
藤原清衡　ふじわらのきよひら —— 69
藤原純友　ふじわらのすみとも —— 68
藤原仲麻呂　ふじわらのなかまろ —— 54
藤原秀衡　ふじわらのひでひら —— 84
藤原広嗣　ふじわらのひろつぐ —— 54
藤原不比等　ふじわらのふひと —— 52
藤原冬嗣　ふじわらのふゆつぐ —— 61、62
藤原道長　ふじわらのみちなが —— 64
藤原基経　ふじわらのもとつね —— 62
藤原百川　ふじわらのももかわ —— 60
藤原良房　ふじわらのよしふさ —— 62
藤原北家　ふじわらほっけ —— 62
婦人参政権　ふじんさんせいけん —— 275
普通選挙法　ふつうせんきょほう —— 248
仏教の伝来　ぶっきょうでんらい —— 40
不入　ふにゅう —— 67
富本銭　ふほんせん —— 53
不輸　ふゆ —— 67
プラザ合意　ぷらざごうい —— 292
フロイス　ふろいす —— 136
文永の役　ぶんえいのえき —— 94
平家物語　へいけものがたり —— 98
平治の乱　へいじのらん —— 72
平城京　へいじょうきょう —— 52
平城天皇　へいぜいてんのう —— 60
平民宰相　へいみんさいしょう —— 242
ペリー　ぺりー —— 184

ほ

保元の乱　ほうげんのらん —— 72
方広寺　ほうこうじ —— 142
方丈記　ほうじょうき —— 98
北条早雲　ほうじょうそううん —— 114
北条時政　ほうじょうときまさ —— 88
北条時宗　ほうじょうときむね —— 94
北条政子　ほうじょうまさこ —— 88
北条泰時　ほうじょうやすとき —— 90
北条義時　ほうじょうよしとき —— 89
法然　ほうねん —— 96
法隆寺金堂　ほうりゅうじこんどう —— 48
ポーツマス条約　ぽーつますじょうやく —— 225
北面の武士　ほくめんのぶし —— 70
戊辰戦争　ぼしんせんそう —— 200
細川勝元　ほそかわかつもと —— 108
細川護熙　ほそかわもりひろ —— 294
ポツダム宣言　ぽつだむせんげん —— 208
本阿弥光悦　ほんあみこうえつ —— 150
本能寺の変　ほんのうじのへん —— 126

た

第一次世界大戦 だいいちじせかいたいせん ―― 240
大化改新 たいかのかいしん ―― 42
大逆事件 たいぎゃくじけん ―― 230
太閤検地 たいこうけんち ―― 130
大東亜共栄圏 だいとうあきょうえいけん ―― 266、268
大嘗会 だいじょうえ ―― 48
大正政変 たいしょうせいへん ―― 238
大政奉還 たいせいほうかん ―― 198
第二次世界大戦 だいにじせかいたいせん ―― 264
大日本帝国憲法 だいにほんていこくけんぽう ―― 218
太平記 たいへいき ―― 112
平清盛 たいらのきよもり ―― 72
平忠常 たいらのただつね ―― 68
平将門 たいらのまさかど ―― 68
台湾出兵 たいわんしゅっぺい ―― 210
高杉晋作 たかすぎしんさく ―― 190、196
高橋是清 たかはしこれきよ ―― 243
高松塚古墳 たかまつづかこふん ―― 48
武田信玄 たけだしんげん ―― 117
橘諸兄 たちばなのもろえ ―― 54
田堵 たと ―― 66
田荘 たどころ ―― 28
田中角栄 たなかかくえい ―― 288
田中正造 たなかしょうぞう ―― 231
田沼意次 たぬまおきつぐ ―― 166
種子島銃 たねがしまじゅう ―― 120
田部 たべ ―― 29
俵屋宗達 たわらやそうたつ ―― 150
団琢磨 だんたくま ―― 256

ち

治安維持法 ちあんいじほう ―― 248
地下鉄サリン事件 ちかてつさりんじけん ―― 295
近松門左衛門 ちかまつもんざえもん ―― 162
知行国制度 ちぎょうこくせいど ―― 70
地租改正 ちそかいせい ―― 202
張作霖 ちょうさくりん ―― 254
朝鮮出兵 ちょうせんしゅっぺい ―― 130
朝鮮戦争 ちょうせんせんそう ―― 278

つ

徒然草 つれづれぐさ ―― 98

て

帝国議会 ていこくぎかい ―― 218
鉄器 てっき ―― 20
寺内正毅 てらうちまさたけ ―― 240
寺田屋騒動 てらだやそうどう ―― 192
天下布武 てんかふぶ ―― 122
天智天皇 てんじてんのう ―― 44
天正遣欧使節 てんしょうけんおうしせつ ―― 120
天津条約 てんしんじょうやく ―― 222
天皇機関説 てんのうきかんせつ ―― 242、258
天皇人間宣言 てんのうにんげんせんげん ―― 275
天平文化 てんぴょうぶんか ―― 58
天保の改革 てんぽうのかいかく ―― 174
天武天皇 てんむてんのう ―― 45、46
天明の打ちこわし てんめいのうちこわし ―― 169
天暦の治 てんりゃくのち ―― 64

と

道鏡 どうきょう ―― 59
道元 どうげん ―― 96
東洲斎写楽 とうしゅうさいしゃらく ―― 178
東条英機 とうじょうひでき ―― 264
東大寺大仏殿 とうだいじだいぶつでん ―― 58
銅鐸 どうたく ―― 21
徳川（一橋）慶喜 とくがわ（ひとつばし）よしのぶ ―― 188、194、198、200
徳川家光 とくがわいえみつ ―― 144
徳川家茂 とくがわいえもち ―― 188
徳川家康 とくがわいえやす ―― 133、140、142
徳川綱吉 とくがわつなよし ―― 154
徳川秀忠 とくがわひでただ ―― 142
徳川吉宗 とくがわよしむね ―― 164
徳宗（北条宗家） とくそう（ほうじょうそうけ） ―― 92
独ソ不可侵条約 どくそふかしんじょうやく ―― 264
ドッジ・ライン どっじらいん ―― 274
鳥羽上皇 とばじょうこう ―― 70、72
鳥羽・伏見の戦い とばふしみのたたかい ―― 200
伴造 とものみやつこ ―― 28
伴善男 とものよしお ―― 62
豊臣秀吉 とよとみひでよし ―― 128
豊臣秀頼 とよとみひでより ―― 132、142
ドル・ショック どるしょっく ―― 291

な

ナウマンゾウ なうまんぞう ―― 14
中臣鎌足 なかとみのかまたり ―― 42、52
中大兄皇子 なかのおおえのおうじ ―― 42
仲間 なかま ―― 160
長屋王 ながやおう ―― 52
名代 なしろ ―― 29
夏目漱石 なつめそうせき ―― 232
南紀派 なんきは ―― 188
南北朝 なんぼくちょう ―― 102
南北朝文化 なんぼくちょうぶんか ―― 112

に

新島襄 にいじまじょう ―― 206
ニクソン・ショック にくそんしょっく ―― 286
西原借款 にしはらしゃっかん ―― 240
西廻り航路 にしまわりこうろ ―― 160
二十一カ条の要求 にじゅういちかじょうのようきゅう ―― 240
日英同盟 にちえいどうめい ―― 224
日独伊三国同盟 にちどくいさんごくどうめい ―― 264
安保条約（日米安全保障条約）
あんぽじょうやく（にちべいあんぜんほしょうじょうやく） ―― 282

米騒動　こめそうどう ― 242
後冷泉天皇　ごれいぜいてんのう ― 70
金剛力士像　こんごうりきしぞう ― 98
墾田永年私財法　こんでんえいねんしざいほう ― 56

さ

西園寺公望　さいおんじきんもち ― 256
西郷隆盛　さいごうたかもり ― 196、208、212
最澄　さいちょう ― 74
斎藤隆夫　さいとうたかお ― 264
斎藤道三　さいとうどうさん ― 116
斎藤実　さいとうまこと ― 256
財閥　ざいばつ ― 228、252
嵯峨天皇　さがてんのう ― 60
坂本竜馬　さかもとりょうま ― 196、198
佐川急便事件　さがわきゅうびんじけん ― 294
冊封体制　さくほうたいせい ― 39
鎖国　さこく ― 146
薩長同盟　さっちょうどうめい ― 196
佐藤栄作　さとうえいさく ― 284、286
侍所　さむらいどころ ― 89
三経義疏　さんぎょうのぎしょ ― 40
参勤交代　さんきんこうたい ― 144
三国干渉　さんごくかんしょう ― 222
3C　さんしー ― 297
三種の神器　さんしゅのじんぎ ― 296
三条実美　さんじょうさねとみ ― 208
三世一身の法　さんぜいっしんのほう ― 56
三大事件建白書　さんだいじけんけんぱくしょ ― 216
山東出兵　さんとうしゅっぺい ― 254
サンフランシスコ平和条約
さんふらんしすこへいわじょうやく ― 278
三方領知替　さんぽうりょうちがえ ― 174

し

GHQ　じーえいちきゅー ― 274
シーメンス事件　しーめんすじけん ― 238
自衛隊　じえいたい ― 280
賤ヶ岳の戦い　しずがたけのたたかい ― 128
使節遵行　しせつじゅんぎょう ― 106
幣原喜重郎　しではらきじゅうろう ― 244、274
地頭　じとう ― 86
持統天皇　じとうてんのう ― 46
寺内町　じないまち ― 118
品部　しなべ ― 31
柴田勝家　しばたかついえ ― 128
島津久光　しまづひさみつ ― 192
島原の乱　しまばらのらん ― 146
シャーマン　しゃーまん ― 20
シャウプ　しゃうぶ ― 274
社会党　しゃかいとう ― 280
自由党　じゆうとう ― 216、280
自由民権運動　じゆうみんけんうんどう ― 216
自由民主党　じゆうみんしゅとう ― 280
守護　しゅご ― 86
朱子学　しゅしがく ― 150
醇風美俗　じゅんぷうびぞく ― 263
蔣介石　しょうかいせき ― 260
城下町　じょうかまち ― 118
彰義隊　しょうぎたい ― 200
承久の乱　じょうきゅうのらん ― 90
正長の土一揆　しょうちょうのつちいっき ― 107
上知令　じょうちれい ― 174
聖徳太子　しょうとくたいし ― 36
正徳の治　しょうとくのち ― 158
承平・天慶の乱　しょうへいてんぎょうのらん ― 68
聖武天皇　しょうむてんのう ― 52、54
縄文土器　じょうもんどき ― 18
生類憐みの令　しょうるいあわれみのれい ― 154
殖産興業　しょくさんこうぎょう ― 204
所得倍増計画　しょとくばいぞうけいかく ― 284
舒明天皇　じょめいてんのう ― 42
白河上皇　しらかわじょうこう ― 70
新古今和歌集　しんこきんわかしゅう ― 98
壬午軍乱　じんごぐんらん ― 222
真珠湾攻撃　しんじゅわんこうげき ― 268
新人　しんじん ― 15
壬申の乱　じんしんのらん ― 44
神仏習合　しんぶつしゅうごう ― 74
親鸞　しんらん ― 96

す

菅原道真　すがわらのみちざね ― 62
調所広郷　ずしょひろさと ― 176
受領　ずりょう ― 66

せ

征韓論　せいかんろん ― 208
清少納言　せいしょうなごん ― 76
青銅器　せいどうき ― 20
青鞜社　せいとうしゃ ― 246
西南戦争　せいなんせんそう ― 212
世界恐慌　せかいきょうこう ― 252
関ヶ原の戦い　せきがはらのたたかい ― 140
関所　せきしょ ― 148
石匙　せきひ ― 19
石斧　せきふ ― 19
前九年の役　ぜんくねんのえき ― 68
先進国首脳会議（サミット）　せんしんこくしゅのうかいぎ ― 290
千利休　せんのりきゅう ― 134

そ

惣村　そうそん ― 106
惣無事令　そうぶじれい ― 128
惣領　そうりょう ― 94
蘇我入鹿　そがのいるか ― 42
蘇我馬子　そがのうまこ ― 36
蘇我蝦夷　そがのえみし ― 42
租庸調　そようちょう ― 56
ゾルゲ事件　ぞるげじけん ― 266
尊王攘夷　そんのうじょうい ― 102、194

化政文化　かせいぶんか ―― 178
刀狩　かたながり ―― 130
勝海舟　かつかいしゅう ―― 186、196、200
葛飾北斎　かつしかほくさい ―― 178
甲子の宣　かっしのせん ―― 44
桂離宮　かつらりきゅう ―― 150
加藤高明　かとうたかあき ―― 249
狩野永徳　かのうえいとく ―― 134
姓　かばね ―― 28
鎌倉幕府　かまくらばくふ ―― 86
鎌倉六宗　かまくらろくしゅう ―― 96
鴨長明　かものちょうめい ―― 98
刈田狼藉　かりたろうぜき ―― 106
観阿弥・世阿弥　かんあみ・ぜあみ ―― 112
冠位十二階の制　かんいじゅうにかいのせい ―― 36
環濠集落　かんごうしゅうらく ―― 22
韓国併合　かんこくへいごう ―― 226
漢書　かんじょ ―― 23
鑑真　がんじん ―― 50
完新世（沖積世）　かんしんせい（ちゅうせきせい） ―― 14
寛政の改革　かんせいのかいかく ―― 168
関東軍　かんとうぐん ―― 254
観応の擾乱　かんのうのじょうらん ―― 102
関白　かんぱく ―― 62
桓武天皇　かんむてんのう ―― 60

き

岸信介　きしのぶすけ ―― 282
『魏志』倭人伝　ぎしわじんでん ―― 24
北一輝　きたいっき ―― 246、258
北山文化　きたやまぶんか ―― 112
木戸孝允　きどたかよし ―― 196、210
吉備真備　きびのまきび ―― 50、54
旧人　きゅうじん ―― 14
旧石器時代　きゅうせっきじだい ―― 16
教育制度改革　きょういくせいどかいかく ―― 274
行基　ぎょうき ―― 59
享保の改革　きょうほうのかいかく ―― 164
吉良上野介義央　きらこうずけのすけよしなが ―― 156
金印　きんいん ―― 23
金槐和歌集　きんかいわかしゅう ―― 98
金閣　きんかく ―― 112
銀閣　ぎんかく ―― 112
欽明天皇　きんめいてんのう ―― 36
禁門（蛤御門）の変　きんもん（はまぐりごもん）のへん ―― 194
金融恐慌　きんゆうきょうこう ―― 252

く

空海　くうかい ―― 74
薬子の変　くすこのへん ―― 60
楠木正成　くすのきまさしげ ―― 101
国造　くにのみやつこ ―― 29
口分田　くぶんでん ―― 46
クラーク　くらーく ―― 205
黒船　くろふね ―― 184

け

敬神党の乱　けいしんとうのらん ―― 212
継体天皇　けいたいてんのう ―― 36
血盟団　けつめいだん ―― 256
検非違使　けびいし ―― 61
元寇　げんこう ―― 94
源氏物語　げんじものがたり ―― 76
原人　げんじん ―― 14
遣隋使　けんずいし ―― 38
憲政擁護運動　けんせいようごうんどう ―― 238
遣唐使　けんとうし ―― 50
元和偃武　げんなえんぶ ―― 144
言文一致体　げんぶんいっちたい ―― 232
憲法十七条　けんぽうじゅうしちじょう ―― 37
建武の新政　けんむのしんせい ―― 100
元禄小判　げんろくこばん ―― 155
元禄文化　げんろくぶんか ―― 162

こ

五・一五事件　ごいちごじけん ―― 256
弘安の役　こうあんのえき ―― 94
江華島事件　こうかとうじけん ―― 210
皇極天皇　こうぎょくてんのう ―― 42
庚午年籍　こうごねんじゃく ―― 44
甲申事変　こうしんじへん ―― 222
更新世（洪積世）　こうしんせい（こうせきせい） ―― 14
幸田露伴　こうだろはん ―― 233
皇道派　こうどうは ―― 258
幸徳秋水　こうとくしゅうすい ―― 230
弘仁・貞観文化　こうにんじょうがんぶんか ―― 74
光仁天皇　こうにんてんのう ―― 60
高師直　こうのもろなお ―― 102
公武合体政策　こうぶがったいせいさく ―― 192
孝明天皇　こうめいてんのう ―― 192
後円融上皇　ごえんゆうじょうこう ―― 104
五箇条の誓文　ごかじょうのせいもん ―― 200
古今和歌集　こきんわかしゅう ―― 76
国際連盟　こくさいれんめい ―― 244
国風文化　こくふうぶんか ―― 77
護憲運動　ごけんうんどう ―― 248
後三年の役　ごさんねんのえき ―― 68
古事記　こじき ―― 32、58
五五年体制　ごじゅうごねんたいせい ―― 280
後白河法皇　ごしらかわほうおう ―― 82、84
御成敗式目　ごせいばいしきもく ―― 92
後醍醐天皇　ごだいごてんのう ―― 100
五大老　ごたいろう ―― 132
児玉誉士夫　こだまよしお ―― 288
骨格器　こっかくき ―― 19
国家総動員法　こっかそうどういんほう ―― 262
国権論　こっけんろん ―― 232
後藤象二郎　ごとうしょうじろう ―― 198
後鳥羽上皇　ごとばじょうこう ―― 90
近衛文麿　このえふみまろ ―― 260
小早川秀秋　こばやかわひであき ―― 141
五奉行　ごぶぎょう ―― 132
古墳　こふん ―― 30
小牧・長久手の戦い　こまきながくてのたたかい ―― 128

索引

あ

相沢忠洋　あいざわただひろ —— 16
青木昆陽　あおきこんよう —— 178
芥川龍之介　あくたがわりゅうのすけ —— 251
明智光秀　あけちみつひで —— 122、126
阿衡の紛議　あこうのふんぎ —— 62
赤穂浪士　あこうろうし —— 156
朝倉敏景 あさくらとしかげ —— 116
浅野内匠頭長矩　あさのたくみのかみながのり —— 156
足尾鉱毒問題　あしおこうどくもんだい —— 230
足利尊氏　あしかがたかうじ —— 100、102
足利直義　あしかがただよし —— 102
足利義尚　あしかがよしひさ —— 108
足利義政　あしかがよしまさ —— 108、112
足利義満　あしかがよしみつ —— 102、112
飛鳥文化　あすかぶんか —— 40
安土桃山文化　あづちももやまぶんか —— 134
阿部正弘　あべまさひろ —— 184
アヘン戦争　あへんせんそう —— 184
新井白石　あらいはくせき —— 158
安閑天皇　あんかんてんのう —— 36
安康天皇　あんこうてんのう —— 26
安政の五カ国条約　あんせいのごかこくじょうやく —— 187
安政の大獄　あんせいのたいごく —— 188
安徳天皇　あんとくてんのう —— 83
安保改正　あんぽかいせい —— 282

い

井伊直弼　いいなおすけ —— 186、188
イエズス会　いえずすかい —— 120
池田勇人　いけだはやと —— 284
石田三成　いしだみつなり —— 133、140
石原莞爾　いしはらかんじ —— 259
石山本願寺　いしやまほんがんじ —— 124
出雲阿国　いずものおくに —— 134
イタイイタイ病　いたいいたいびょう —— 284
板垣退助　いたがきたいすけ —— 212、214、216
市川房枝　いちかわふさえ —— 246
一揆　いっき —— 106
一向一揆　いっこういっき —— 124
乙巳の変　いっしのへん —— 42
一遍　いっぺん —— 96
伊藤博文　いとうひろぶみ —— 210、214、226
稲作　いなさく —— 20
稲荷山古墳　いなりやまこふん —— 27
犬養毅　いぬかいつよし —— 238、249、256
犬上御田鍬　いぬかみのみたすき —— 50
井上馨　いのうえかおる —— 220
井上準之助　いのうえじゅんのすけ —— 256
岩倉具視　いわくらともみ —— 198、208、210
岩崎弥太郎　いわさきやたろう —— 204
岩宿　いわじゅく —— 16
允恭天皇　いんぎょうてんのう —— 26
院政　いんせい —— 70
院宣　いんぜん —— 70

う

ヴェルサイユ条約　ヴぇるさいゆじょうやく —— 244
浮世絵　うきよえ —— 162、178
氏　うじ —— 28
氏長者　うじのちょうじゃ —— 64
歌川広重　うたがわひろしげ —— 178
厩戸皇子　うまやどのおうじ —— 36
運慶・快慶　うんけい・かいけい —— 98

え

ABCD包囲網　えーびーしーでぃーほういもう —— 265、266
栄西　えいさい —— 97
ええじゃないか　ええじゃないか —— 191
会合衆　えごうしゅう —— 118
越後屋　えちごや —— 160
江藤新平　えとうしんぺい —— 212
榎本武揚　えのもとたけあき —— 200
延喜の治　えんぎのち —— 64
猿人　えんじん —— 14
袁世凱　えんせいがい —— 240
エンタシスの柱　えんたしすのはしら —— 40

お

オイル・ショック　おいるしょっく —— 290
奥州藤原氏　おうしゅうふじわらし —— 69、84
応仁の乱　おうにんのらん —— 108
大海人皇子　おおあまのおうじ —— 44
大石良雄（内蔵助）　おおいしよしお（くらのすけ） —— 156
大臣　おおおみ —— 28
大久保利通　おおくぼとしみち —— 196、208、210
大隈重信　おおくましげのぶ —— 214、216、239
大坂夏の陣　おおさかなつのじん —— 143
大坂冬の陣　おおさかふゆのじん —— 142
大塩平八郎の乱　おおしおへいはちろうのらん —— 172
大杉栄　おおすぎさかえ —— 246
大津事件　おおつじけん —— 220
大連　おおむらじ —— 28
沖縄返還　おきなわへんかん —— 286
荻生徂徠　おぎゅうそらい —— 157
荻原重秀　おぎわらしげひで —— 154
奥の細道　おくのほそみち —— 162
尾崎秀実　おざきほつみ —— 266
尾崎行雄　おざきゆきお —— 238
織田信長　おだのぶなが —— 116、122、124、126
小野妹子　おののいもこ —— 38

か

解体新書　かいたいしんしょ —— 178
海舶互市新例　かいはくごししんれい —— 158
部曲　かきべ —— 28
勘解由使　かげゆし —— 60
和宮　かずのみや —— 192

●イラスト――――さとうただし　瀬川尚志　YAGI
●デザイン――――吉田香織（株式会社スタジオダンク）
●DTP――――――株式会社明昌堂
●編集協力――――株式会社フィグインク

※なお、本文中で紹介しました書籍等の中には、絶版等のため、現在では入手困難なものも含まれています。
これらの価格等の情報は変更することがあります。

※本書は、当社刊『もう一度学びたい日本の歴史』（2004年2月発行）をオールカラーにリニューアルし、書名・ページ数・価格等を変更したものです。

オールカラーでわかりやすい！ 日本史《にほんし》

●編　者――――西東社編集部［せいとうしゃへんしゅうぶ］
●発行者――――若松 和紀
●発行所――――株式会社西東社《せいとうしゃ》
〒113-0034 東京都文京区湯島2-3-13
営業部：TEL（03）5800-3120　FAX（03）5800-3128
編集部：TEL（03）5800-3121　FAX（03）5800-3125
URL：http://www.seitosha.co.jp/

ISBN978-4-7916-2304-4